Aufbaukurs Deutsch für Dummies – Schummelseite

Begrüßen und sich verabschieden

- Hallo! *(haloo)*
- Guten Tag! *(guuten taak)*
- Guten Morgen! *(guuten moagen)*
- Guten Abend! *(guuten aabent)*
- Na? *(na)*
- Auf Wiedersehen! *(auf wiidazeen)*
- Tschüss! *(tschüüs)*
- Mach's gut! *(maxxs guut)*
- Bis bald! *(bis balt)*
- Bis dann! *(bis dan)*
- Schönes Wochenende! *(schöönes woxxenende)*

Nützliche Fragen

- Wie geht's? *(wii geets)*
- Ich heiße … *(ich haise)*/Wie heißen Sie? *(wii haisen zii)*
- Wie spät ist es? *(wii schpeet ist es)*
- Wie viel kostet das? *(wii fiil kostet das)*
- Können Sie mir bitte helfen? *(könen zii miia bite helfen)*
- Wo ist …? *(wo ist)*
- Wo ist die Bushaltestelle? *(woo ist dii bushalteschtele)*
- Wo ist hier eine Toilette? *(woo ist hiia aine toolete)*
- Wie komme ich zum Bahnhof? *(wii kome ich tsum baanhoof)*
- Wann fängt der Film an? *(wan fenkt dea film an)*
- Wie lange dauert der Film? *(wii lange dauat dea film)*
- Wie lange haben Sie heute geöffnet *(wii lange haaben zii hoite geöfnet)*
- Können Sie das bitte noch einmal wiederholen? *(könen zii das bite noxx ainmaal wiidahoolen)*

Nützliche Redewendungen

- Danke. *(danke)*
- Vielen Dank. *(fiilen dank)*
- Gern geschehen. *(gean gescheen)*
- Entschuldigung. *(entschuldigung)*

Aufbaukurs Deutsch für Dummies – Schummelseite

- ✔ Das macht nichts. *(das maxxt nichts)*
- ✔ Wie bitte? *(wii bite)*
- ✔ Bitte sprechen Sie ein bisschen langsamer! *(bite schprexxen zii ain bischen langzama)*
- ✔ Alles Gute! *(ales guute)*
- ✔ Viel Glück! *(fiil glük)*
- ✔ Viel Erfolg! *(fiil eafolk)*
- ✔ Viel Spaß! *(fiil schpaas)*
- ✔ Gesundheit! *(gezunthait)* (wenn jemand niest)

Das Gespräch in Gang halten

- ✔ Ach so! *(axx zoo)*
- ✔ Wirklich? *(wiaklich)*
- ✔ Echt? *(echt)*
- ✔ Erzähl mal! *(eatseel maal)*
- ✔ Genau! *(genau)*
- ✔ Na klar! *(na klaa)*
- ✔ Hervorragend! *(heafoaraagent)*
- ✔ Auch das noch! *(auxx das noxx)*
- ✔ Übrigens … *(üübrigens)*
- ✔ Dazu fällt mir ein … *(daatsuu felt miia ain)*

Viel mit einem Wort ausdrücken

- ✔ Aha! *(aha)* (So ist das also. Ich habe es verstanden.)
- ✔ Aua! *(aua)* (Es tut weh.)
- ✔ Hmm. *(hm)* (Ich denke nach. Lass mich überlegen.)
- ✔ Brr. *(brr)* (Es ist kalt. Mir ist kalt.)
- ✔ Juhuu! *(juhuu)* (Ich freue mich.)
- ✔ Puh! *(puu)* (Es ist anstrengend.)
- ✔ Psst! *(pst)* (Bitte sei leise.)
- ✔ Toll! *(tol)* (Es gefällt mir.)
- ✔ Huch *(huch)* (Ich bin überrascht. Ich habe mich erschrocken.)
- ✔ Schnickschnack *(schnikschnak)* (Das ist nicht richtig. Das ist Unsinn.)

Aufbaukurs Deutsch für Dummies

Wiebke Strank

Aufbaukurs Deutsch für Dummies

WILEY

WILEY-VCH Verlag GmbH & Co. KGaA

Bibliografische Information der Deutschen Nationalbibliothek
Die Deutsche Nationalbibliothek verzeichnet diese Publikation
in der Deutschen Nationalbibliografie; detaillierte bibliografische
Daten sind im Internet über http://dnb.d-nb.de abrufbar.

1. Auflage 2016

© 2016 WILEY-VCH Verlag GmbH & Co. KGaA, Weinheim

All rights reserved including the right of reproduction in whole or in part in any form.

Alle Rechte vorbehalten inklusive des Rechtes auf Reproduktion im Ganzen oder in Teilen und in jeglicher Form.

Wiley, the Wiley logo, Für Dummies, the Dummies Man logo, and related trademarks and trade dress are trademarks or registered trademarks of John Wiley & Sons, Inc. and/or its affiliates, in the United States and other countries. Used by permission.

Wiley, die Bezeichnung »Für Dummies«, das Dummies-Mann-Logo und darauf bezogene Gestaltungen sind Marken oder eingetragene Marken von John Wiley & Sons, Inc., USA, Deutschland und in anderen Ländern.

Das vorliegende Werk wurde sorgfältig erarbeitet. Dennoch übernehmen Autorin und Verlag für die Richtigkeit von Angaben, Hinweisen und Ratschlägen sowie eventuelle Druckfehler keine Haftung.

Printed in Germany
Gedruckt auf säurefreiem Papier

Coverfoto: ©iStock.com/canadastock
Die Illustrationen des Bandes stammen von Leonie Simmerl, Aschaffenburg
Korrektur: Frauke Wilkens, München
Satz: inmedialo Digital- und Printmedien UG, Plankstadt
Druck und Bindung: Media Print, Paderborn

ISBN: 978-3-527-71088-1

Über die Autorin

Wiebke Strank hat Germanistik, Anglistik und Skandinavistik studiert und ein Aufbaustudium der japanischen Sprachen und Kultur in Tübingen und Kyoto absolviert. Sie war DAAD-Lektorin für deutsche Sprache und Kultur an der Universität Exeter und Lehrbeauftragte am Lektorat Deutsch als Fremdsprache der Universität Kiel. Seit 2012 ist sie Dozentin für wissenschaftliches Schreiben an der Fachhochschule Kiel.

Danksagung

Ich danke Herrn Martin Lange, Leiter des Lektorats Deutsch als Fremdsprache der Universität Kiel, für die Vermittlung an den Verlag und natürlich für seine langjährige Ermunterung und Unterstützung in vieler Hinsicht. Frau Inken Bohn von Wiley-VCH danke ich für die gute Zusammenarbeit.

Cartoons im Überblick
von Christian Kalkert

Seite 27

Seite 71

Seite 203

Internet: www.stiftundmaus.de

Wissenshungrig?

Wollen Sie mehr über die Reihe *... für Dummies* erfahren?

Registrieren Sie sich auf www.fuer-dummies.de für unseren Newsletter und lassen Sie sich regelmäßig informieren. Wir langweilen Sie nicht mit Fach-Chinesisch, sondern bieten Ihnen eine humorvolle und verständliche Vermittlung von Wissenswertem.

Jetzt will ich's wissen!

Abonnieren Sie den kostenlosen
... für Dummies-Newsletter:

www.fuer-dummies.de

Entdecken Sie die Themenvielfalt
der *... für Dummies*-Welt:

- **Computer & Internet**
- **Business & Management**
- **Hobby & Sport**
- **Kunst, Kultur & Sprachen**
- **Naturwissenschaften & Gesundheit**

Inhaltsverzeichnis

Über die Autorin 7
Danksagung 7

Einführung 23

Über dieses Buch 23
Konventionen in diesem Buch 24
Törichte Annahmen über den Leser 24
Wie dieses Buch aufgebaut ist 24
    Teil I: Erste Schritte 25
    Teil II: Deutsch im Alltag 25
    Teil III: Besondere Anlässe und Deutsch für unterwegs 25
    Teil IV: Der Top-Ten-Teil 25
    Anhang: Das fällt mir leicht! Grundlagen der deutschen Grammatik 25
Symbole, die in diesem Buch verwendet werden 26
Wie es weitergeht 26

Teil I
Erste Schritte 27

Kapitel 1
Sie sehen täglich deutsche Wörter 29

Auf der Straße 29
Rund ums Haus 30
Unterwegs 34
Beim Einkaufen 36
So lernen Sie schnell noch mehr 37
    Wörter mit anderen Wörtern zusammen verstehen 37
    Mehr und mehr verstehen 37
    Wörter miteinander vergleichen 37
    Jede Gelegenheit nutzen 37
Die Aussprache üben 41
    Das Alphabet 41
    Lange und kurze Vokale 42
    Die »... für Dummies«-Lautschrift des Deutschen 43
    Vokale mit Punkten darüber 44
    Ein bisschen wie Hochzeit: Zwei Vokale treffen aufeinander 45
    Susi, sag mal »saure Sahne« 46
    Und noch so ein komischer Buchstabe: ß 46
    Wenn ein s zu einem alten Dampfzug wird 46

Auch ohne Erkältung: ch aussprechen	47
Leicht verwechselbare Laute	48
Achtung bei einigen Buchstaben	49
Am Anfang ein bisschen mehr: Die Betonung	50
Buchstaben am Wortende	52
Wie Sie schnell Deutsch lernen	52
Der Selbstlern-Viersprung	53
Einen Deutschkurs besuchen	54
Mit einem Lernpartner/Tandempartner lernen	55

Kapitel 2
Den Grundwortschatz lernen — 57

»Ja«, »Nein«, »Danke« – alltägliche Ausdrücke	57
»Genau!«, »So ist es!«, »Wirklich?« – etwas erwidern können	58
Wenn das Gesagte für Sie neu ist	59
Wenn etwas für Sie genauso zutrifft	59
»Wie viel?«, »Wie groß?«, »Wie spät?« – Zahlen, Maße, Uhrzeiten	60
Fragewörter: Wer? Was? Wo? Wann?	60
Die Zahlen	60
Geldbeträge in Euro und Cent	61
Maße und Zahlen	61
So lange dauert es	61
Die Uhrzeit	62
Viel mit einem einzigen Wort ausdrücken: Ausrufe	62
Substantive, Verben, Adjektive: Drei Wortarten für den Anfang	64
Substantive sind Hauptwörter	64
Häufige Hauptwörter nach Themen geordnet	65
Verben sind Aktionswörter	65
Neue Verben ganz einfach lernen	68
Eigenschaftswörter: Adjektive	69
Wort und Wort ergibt ein neues Wort	69
Neue Wörter leicht lernen	70
Mit Vokabelkarten lernen	70

Teil II
Deutsch im Alltag — 71

Kapitel 3
»Guten Tag«, »Moin« oder »Grüß Gott«? Grüßen und sich vorstellen — 73

Die passende Begrüßung finden	73
»Moin, Moin« oder »Grüezi«: Lokal kommt an	73
Alltägliche und förmliche Begrüßungen	73
Die passende Begrüßung zu jeder Tageszeit	74
Die richtige Antwort auf die Begrüßung	74

Inhaltsverzeichnis

»Jörg, moin!«, »Wie geht's«? Du oder Sie? Die richtige Anrede ... 75
»Wie geht's?« Nach dem Befinden fragen ... 76
    Gut, sehr gut oder nicht so gut heute? ... 76
Kurz und einfach: Sich selbst und andere vorstellen ... 78
    Schmidt – Wecker ... 78
    Namen, Namen, Namen ... 78
Länder, Städte und Sprachen ... 79
    Städte beschreiben ... 82
Berufsausbildung, Schule ... 82
Es gibt ein Wiedersehen – Austausch von Kontaktdaten ... 86
    Und so tauschen Sie Kontaktdaten aus ... 88
Viele Möglichkeiten der Verabschiedung ... 88
Auf Deutsch schreiben: Kontaktinformationen als Kurznotiz aufschreiben ... 90

Kapitel 4
Das Wetter, meine Familie, der Urlaub – Small Talk ... 91

Wer? Wo? Wie? Warum? Fragen stellen ... 91
Über die Familie sprechen ... 92
    Wortschatz Familie ... 92
Es sieht nach Regen aus: Über das Wetter sprechen ... 94
    Den Wetterbericht verstehen und wiedergeben ... 94
    Regen, Regen und noch mehr Regen ... 96
Ich spiele Gitarre – über Hobbys und Interessen sprechen ... 97
Über den Urlaub sprechen ... 98
Etwas gut oder schlecht finden – seine Meinung ausdrücken ... 99
Über das Tagesgeschehen sprechen ... 101
Übrigens und apropos ... 102
Auf Deutsch einen kurzen Brief schreiben ... 104

Kapitel 5
Abendbrot essen oder essen gehen ... 107

Essenszeit: Hauptmahlzeiten und Zwischenmahlzeiten ... 107
    Das Frühstück ... 107
    Auswahlfragen formulieren ... 108
    Das Mittagessen ... 108
    Was man vor, beim und nach dem Essen sagen kann ... 110
    Abräumen und abwaschen ... 111
    Abendbrot und Abendessen ... 113
Im Supermarkt einkaufen ... 114
    Abteilungen im Supermarkt ... 115

Auf dem Markt	118
Obst einkaufen	118
Ein, zwei, drei Stück oder lieber gleich ein Kilo	120
Gemüse einkaufen	122
Fragen zu den Waren stellen	123
Was man sonst noch auf dem Markt kaufen kann	123
Ein bisschen mehr und ein bisschen weniger	124
Gemeinsam kochen	125
Brötchen, Semmeln, Wecken: Beim Bäcker	125
Mit oder ohne Sahne? Im Café	127
Ein kleines oder ein großes Schnitzel? Im Restaurant	129
Höflichkeitsform beim Reservieren und Bestellen	130
Im Restaurant	131
Die Speisekarte lesen	131
Bei der Bedienung bestellen	132
Zahlen, bitte	133
Damen oder Herren: Könnten Sie mir sagen, wo die Toilette ist?	133
Einen Einkaufszettel (für andere) schreiben	135

Kapitel 6
Einkaufen – im Kaufhaus, auf dem Flohmarkt oder im Schuhgeschäft   137

Geschäfte und Läden	137
Im Kaufhaus	139
Nach den Öffnungszeiten fragen	140
Feiertage	140
Kleidung und Schuhe kaufen	141
Unterschiedliche Kleidung	141
Von Kopf bis Fuß: Verschiedene Kleidungsstücke	141
Was ist der Unterschied?	144
Immer zwei	144
Farben	145
Materialien für Kleidung	147
Kleidungsgrößen und Schuhgrößen	147
Gut, besser, am besten: Vergleichen	148
Kleidung vergleichen	148
Preise vergleichen	149
Können Sie mir helfen? Um Beratung bitten	149
Das steht Ihnen aber gut! Komplimente machen und annehmen	150
Kann ich mit Karte zahlen/bezahlen?	151
Zu klein, zu groß, zu kurz: Etwas umtauschen	151
Kleidung und Schuhe reparieren lassen – beim Schneider und beim Schuster	152

Inhaltsverzeichnis

Einkaufen in kleinen Geschäften	153
Eine Tageszeitung bitte: Im Zeitschriftenladen	154
Im Buchladen	154
Im Schreibwarengeschäft	155
Haben Sie auch Sonnencreme? Im Drogeriemarkt	157
Alles zusammen für fünf Euro? Auf dem Flohmarkt	158
Auf Deutsch schreiben: Auf eine Anzeige antworten	159

Kapitel 7
Erledigungen: Auf der Post, bei der Bank und auf Ämtern — 161

Auf der Post	161
Rund um den Brief	161
Am Schalter	162
Bei der Bank und am Geldautomaten	163
Am Geldautomaten	163
Am Bankschalter	164
Eine Versicherung abschließen	165
Mein Laptop ist kaputt, mein Fahrrad hat einen Platten	166
Anmelden, Abmelden, Ummelden: Auf dem Amt	167
Amtssprache: Die Sprache, die auf dem Amt gesprochen wird	167
Das macht man auf dem Amt	169
Verschiedene Ämter	170
Auskünfte, Informationen und Beratung	173
Auf Deutsch schreiben: Unterlagen an Ämter verschicken	174

Kapitel 8
Richtig verbunden: Telefonieren und Textnachrichten schreiben — 175

Wie sind Sie zu erreichen?	175
Eine Telefonnummer angeben	176
Telefonate führen	177
Ein Telefongespräch annehmen	177
Jemanden anrufen	177
Eine Nachricht hinterlassen	178
Anlässe für Telefonate	178
Erste Hilfe bei Verständnisproblemen am Telefon	179
Falsch verbunden	180
Noch einmal nachfragen	180
Am Telefon buchstabieren	180
Kann ich etwas ausrichten? Eine Telefonnotiz aufnehmen	181
Ein Telefongespräch beenden	181
Textnachrichten und Nachrichten in sozialen Netzwerken	182
Auf Deutsch schreiben: Eine Telefonnotiz schreiben	183

Kapitel 9
Drei Zimmer, Küche, Bad: Auf dem Wohnungsmarkt — 185

- Eine Wohnungsanzeige entschlüsseln — 185
  - Wichtiger Wortschatz zum Thema Wohnungssuche — 186
  - Fragen zur Wohnung — 187
- Wohnungen und Häuser — 188
  - Die Himmelsrichtungen: Norden, Süden, Osten und Westen — 189
  - Vom Erdgeschoss zum Dachboden — 190
  - Die Zimmer — 191
  - Die Einrichtung — 192
- Die Wohnungsbesichtigung — 193
  - Mieter, Vermieter und Vormieter — 193
  - Wie hoch sind die Nebenkosten? — 193
  - Die Wohnung nehme ich: Einen Mietvertrag abschließen — 194
- Eine Wohnung renovieren — 194
  - Im Baumarkt — 194
  - Einen Handwerker finden — 195
- Sich einrichten — 195
  - Im Möbelgeschäft — 195
  - Haushaltsgeräte kaufen — 199
- Beim Umzug helfen alle mit — 200
- Auf Deutsch schreiben: Auf eine Wohnungsanzeige antworten — 202

Teil III
Besondere Anlässe und Deutsch für unterwegs — 203

Kapitel 10
Was machen wir heute Abend? Kultur und Stadtleben — 205

- Sich verabreden — 205
  - Zeitangaben — 205
  - Den Einstieg finden — 207
  - Zusagen und absagen — 208
  - Details verabreden — 210
  - Absagen oder verschieben — 210
- Auf eine Party gehen — 211
  - Kleiner Partywortschatz — 212
  - Was man auf einer Party sagen kann — 213
  - Um Antwort wird gebeten — 213
  - Was bringen Sie mit? — 214
- Im Theater, bei einer Show oder im Kino — 215
  - Eintrittskarten kaufen — 216
  - Über das Stück sprechen — 217

Inhaltsverzeichnis

Im Konzert oder auf einem Konzert	218
Der Auftritt	219
Museen und Ausstellungen	220
An einer Führung teilnehmen	221
Sehenswürdigkeiten erkunden	221
Bei der Touristeninformation	222
Hochhaus, Turm und Brücke: Bauwerke	223
Beim Stadtrundgang	224
Einladungen annehmen	225
Um Antwort wird gebeten	226

Kapitel 11
Nach dem Weg fragen — 227

In Bewegung bleiben: Verben der Fortbewegung	227
Kommen und gehen	227
Arten der Fortbewegung	228
Vorangehen, weitergehen, weggehen	230
Die Vergangenheitsform mit »sein« bilden	231
Neue Verben lernen	231
Wo geht's hier zum Bahnhof? Nach dem Weg fragen	231
Wo ist …?	232
Vor, hinter, neben: Ortspräpositionen	234
Sich am Stadtplan orientieren	235
Wegbeschreibung	235
Entfernungen und Zeitangaben	239
Wie weit ist es?	239
Wie lange dauert es?	240
Wie genau ist deine Einschätzung?	240
Eine Abkürzung nehmen	240
Wie komme ich zum Busbahnhof?	241
Deutsch schreiben: Eine Wegbeschreibung geben	242

Kapitel 12
Unterwegs mit unterschiedlichen Verkehrsmitteln — 243

Bus und Bahn: Verkehrsmittel	243
Fahrkarten kaufen	244
Einsteigen, aussteigen, umsteigen	247
Im Bus	248
Das Liniennetz	248
An der Bushaltestelle	249
Einmal Kurzstrecke bitte! Fahrkarten beim Busfahrer kaufen	249
Der ZOB	250
Mit den Mitfahrenden kommunizieren	250
Stationen und Haltestellen	252

Straßenbahn, S-Bahn und U-Bahn ... 252
   Bei der Verkehrsauskunft ... 254
   Betriebsänderungen ... 255
Ein Taxi nehmen ... 255
   Ein Taxi bestellen ... 255
   Im Taxi ... 256
Am Bahnhof ... 257
   Von welchem Gleis fährt der Zug nach … ... 258
   Lautsprecherdurchsagen verstehen ... 258
Am Flughafen ... 261
   Wortfamilie »fliegen« ... 261
   Fliegen, flog, geflogen: Die sogenannten starken Verben ... 262
   Beim Check-in ... 262
   Willkommen an Bord ... 263
   Gepäckrückgabe, Pass- und Zollkontrolle ... 264
Pünktlich sein, verspätet oder früher als geplant ankommen ... 264
   Kommen wir noch pünktlich? ... 264
   Bescheid sagen ... 265
Deutsch schreiben: Eine Jahreskarte beantragen oder kündigen ... 266
   Einige Fragen vorab ... 266
   Einen Bestellschein ausfüllen ... 268
   Kündigungsschreiben aufsetzen ... 269

Kapitel 13
Auf Reisen — 271

Eine Reise planen ... 271
   Kalender und Daten ... 273
   Pässe, Visa und andere Reiseformalitäten ... 275
Im Reisebüro ... 277
   Selbst machen oder machen lassen ... 277
   Was für eine Reise soll es sein? ... 277
Hotel, Jugendherberge, Zelt und wo man sonst noch übernachten kann ... 278
   Ein Zimmer reservieren ... 279
   Ankommen und Einchecken ... 279
   Höfliche Sprache ... 281
   Vor der Abreise: Auschecken ... 281
Auf Deutsch schreiben: Eine Urlaubspostkarte schreiben ... 283

Kapitel 14
Im Notfall Feuerwehr und Krankenwagen oder Polizei rufen — 285

Bei Notfällen oder einem Unfall um Hilfe bitten ... 285
   Um Hilfe bitten ... 285
   Notfallnummern für Feuerwehr, Krankenwagen und Polizei ... 286

Ein Problem schildern	286
Einer anderen Person helfen	286
Nach einer Person fragen, die Ihre Sprache spricht	287
Krankheiten vorbeugen	287
Körper und Gesundheit	288
Mit dem Arzt sprechen	289
Zu welchem Arzt müssen Sie?	290
Bei der Sprechstundenhilfe	290
Bei der Vorsorgeuntersuchung	291
Wo tut es weh? Schmerzen beschreiben	292
Andere Krankheitssymptome beschreiben	292
Ich habe eine Allergie: Besondere Umstände nennen	293
Untersucht werden	293
Höfliche Sprache beim Arzt	294
Die Diagnose verstehen	295
Behandelt werden	295
Ich habe ein Rezept: In der Apotheke	297
Wo ist die nächste Apotheke?	299
Im Krankenhaus	300
Beim Zahnarzt	300
Mit der Polizei sprechen	302
Beschreiben, was gestohlen wurde	302
Auf Deutsch schreiben: Gute Besserung wünschen	303

Teil IV
Der Top-Ten-Teil — 305

Kapitel 15
In Windeseile: Zehn Tipps, um schnell Deutsch zu lernen und zu verbessern — 307

»Aufbaukurs Deutsch für Dummies« lesen	307
Mit anderen lernen	307
Die Gelegenheit ergreifen	308
Filme im Fernsehen und Kino anschauen	308
Mit Musik geht alles besser	309
Was interessiert Sie besonders?	309
Hören und Lesen gleichzeitig	309
Im Internet	309
Im Wörterbuch nachschlagen	310
In Bewegung bleiben	310

Kapitel 16
Zehn besondere Anlässe und die dazugehörigen Redewendungen — 311

- Herzlich willkommen — 311
- Herzlichen Glückwunsch zum/zur … — 311
- Herzliches Beileid — 312
- Frohe Weihnachten, Frohe Ostern — 312
- Frohes neues Jahr — 312
- Gute Besserung — 313
- Gute Reise — 313
- Guten Rutsch — 313
- Helau! Alaaf — 313
- Viel Glück — 314

Kapitel 17
Zehn deutsche Sprichwörter — 315

- Aller Anfang ist schwer — 315
- Eile mit Weile — 315
- Wer rastet, der rostet — 315
- Es ist nicht alles Gold, was glänzt — 315
- Hunde, die bellen, beißen nicht — 316
- Kommt Zeit, kommt Rat — 316
- Lachen ist die beste Medizin — 316
- Scherben bringen Glück — 316
- Je später der Abend, desto netter die Gäste — 316
- Ende gut, alles gut — 316

Kapitel 18
Zehn Redewendungen, um Gespräche in Gang zu halten — 317

- Nicht wahr? ne? — 317
- Genau — 317
- Echt? — 317
- Na klar — 318
- Hervorragend — 318
- Auch das noch — 318
- Das kann ja wohl nicht wahr sein — 318
- Dazu fällt mir ein … — 318
- Gesundheit — 319
- Alles klar — 319

Anhang
Das fällt mir leicht! Grundlagen der deutschen Grammatik　321

Was Sie schon gelernt haben oder noch einmal nachschlagen können	321
Mehr zum Substantiv	321
Nominativ, Akkusativ, Dativ und Genitiv	322
Der bestimmte und der unbestimmte Artikel	322
Mehrzahlformen (Pluralformen)	323
Der Artikel bei Wörtern in der Mehrzahl	324
Häufige Substantive mit Artikel und Pluralform	325
Pronomen	327
Mehr zu Verben	327
»Ich« oder »du«	327
Regelmäßige und unregelmäßige Verben	328
Die Verben »sein« und »haben«	332
Was man so will, soll, kann, darf oder muss: Modalverben	333
Ein bisschen knifflig: Adjektivendungen	334
Präpositionen für Orte und Zeiten	335
Präpositionen für Zeitangaben	335
Präpositionen für Ortsangaben	335
Wechselpräpositionen	335
Einfache Sätze bilden	336
Einfache Satzbaupläne	336
Trennbare Verben	337
Sätze mit Hilfsverben	337
Fragesätze	337
Nein, das geht nun wirklich nicht! Wie man Nein sagt	338
Verwendung von »nicht«	338
Verwendung von »kein«	338
»Doch« und »sondern«	338
Lange Sätze zusammenbauen: Satzverbindungen	339
»Und«, »oder«	339
»Aber« und »sondern«	339
»Weil« und »obwohl«	339
»Als«, »seit«, »während« und »nachdem«	340
»Damit«, »sodass« und »um zu«	340
»Wenn«	340
»Entweder … oder« und »sowohl … als auch«	340
Vergangenheit und Zukunft ausdrücken	341
Wie war dein Tag? In der Vergangenheitsform erzählen	341
Es war einmal … – die andere Vergangenheitsform	341
Wie wird das Wetter? Vermutungen über die Zukunft anstellen	341

Stichwortverzeichnis　343

Einführung

Aufbaukurs Deutsch für Dummies hilft Ihnen, die deutsche Sprache zu lernen und zu verbessern. Der Grundwortschatz wird in Alltagssituationen und mit Sätzen vorgestellt, die Sie täglich gebrauchen können. Dazu finden Sie auch Erläuterungen zum Aufbau des deutschen Wortschatzes, Übungen und Tipps zum schnelleren Vokabellernen.

Die Redewendungen, die ich vorstelle, werden Sie im Alltag, auf der Straße, im Bus und beim Einkaufen immer wieder hören. Lesen Sie die Beispieldialoge und hören Sie diese auf der CD an. So werden Ihnen eigene Formulierungen bald leichtfallen.

Dies ist kein Grammatikbuch. Dennoch wird Ihnen Grammatik immer dort, wo es passt, vorgestellt. Ein Grammatik-Anhang fasst das Gelernte zusammen und bietet einen weiterführenden Überblick.

Das eigens für dieses Buch entwickelte, einfach verständliche ... *für Dummies*-Lautschriftsystem hilft bei der Aussprache. Zusätzlich sind viele der im Buch enthaltenen Dialoge auch auf der CD. Am Anfang dieser CD finden Sie außerdem zahlreiche Übungen zur Verbesserung der Aussprache.

Am Ende werden Sie sagen können: Deutsch fällt mir leicht und macht dazu noch Spaß!

Alles klar? Dann fangen wir doch einfach an.

Über dieses Buch

Aufbaukurs Deutsch für Dummies ist ein motivierendes Selbstlernbuch, kann aber von den Lernenden oder Lehrenden auch kursbegleitend eingesetzt werden – als Ergänzung zum Kursbuch oder »heimliches Kursbuch«, das manches noch einmal etwas einfacher, lustiger, praktischer oder eben auf andere Weise erklärt.

Sie können dieses Buch ganz individuell nutzen. Sie müssen nicht mit Kapitel 1 beginnen. Werfen Sie einen Blick ins Inhaltsverzeichnis und schlagen Sie das Buch dort auf, wo Sie etwas wissen möchten. Sind Sie auf Reisen und möchten ein Hotelzimmer buchen? Möchten Sie im Kaufhaus ein Kleidungsstück umtauschen? Sind Sie auf Wohnungssuche und brauchen ein paar Sätze und Wörter, die Sie bei der Wohnungsbesichtigung verwenden können? Möchten Sie Ihren Wortschatz zu verschiedenen Themen erweitern? Oder möchten Sie Ihre Aussprache verbessern? Brauchen Sie ein bisschen Inspiration und Lerntipps? Natürlich ist dieses Buch nicht vergleichbar mit einem Sprachkurs, den Sie ein paar Mal die Woche besuchen. Idealerweise ist es eine gute Ergänzung dazu.

Das Buch eignet sich auch wunderbar für das Lernen im Sprachaustausch (Tandem). Hier lernen Sie Deutsch von einem Muttersprachler und bringen ihm im Gegenzug Ihre Muttersprache oder eine andere Sprache, die Sie gut beherrschen, bei.

Konventionen in diesem Buch

Damit Sie das Buch leicht verwenden können, folgt es einfachen Regeln:

- ✔ Wichtige Begriffe und Vokabeln sind in **fett** hervorgehoben.
- ✔ Die Aussprache ist in *kursiv* gedruckt.
- ✔ In jedem Kapitel finden Sie thematisch geordneten Wortschatz und zahlreiche nützliche Beispielsätze.
- ✔ In den Dialogen werden diese in einer typischen Alltagssituation in einen Zusammenhang gebracht. Viele Dialoge finden Sie auf der CD zum Hören und Nachsprechen.
- ✔ Hervorgehoben durch Symbole finden Sie Weiterführendes zur Grammatik, zum Wortschatz und zur Landeskunde oder einfach Lustiges und Wissenswertes.
- ✔ Jedes Kapitel schließt mit einem längeren Dialog zum Lesen und Anhören ab, der das Gelernte noch einmal zusammenfasst und in einen zusammenhängenden Kontext stellt. Daran anschließend finden Sie Beispiele für schriftliche Texte auf Deutsch: Vorlagen mit Variationsmöglichkeiten zur Selbstgestaltung einfacher Gebrauchstexte.

Törichte Annahmen über den Leser

Beim Schreiben dieses Buches habe ich mir Sie als Leser so vorgestellt:

- ✔ Sie sind kein »Nullanfänger« und können schon etwas Deutsch, sodass Sie die Erklärungstexte im Großen und Ganzen verstehen können. Dabei ist es nicht wichtig, alles (sofort) zu verstehen. Eine Sprache lernt man nach und nach. Beim wiederholten Lesen werden Sie immer mehr verstehen.
- ✔ Sie wollen im Alltag, manchmal ganz nebenbei, Deutsch lernen und sind auf der Suche nach praktischen Beispielsätzen.
- ✔ Sie wollen mit Spaß Deutsch lernen.
- ✔ Vielleicht sind Sie auch ein Tandemlerner oder Lehrer, der in diesem Buch einiges an Anregungen, vor allem zum Lernen im Alltag, findet.
- ✔ Sie wollen dieses Buch zu einem längerfristigen Begleiter machen. Zuerst werden Sie Grundlegendes wiederholen und festigen wollen, um später immer mehr Nuancen und Facetten zu entdecken.

Wie dieses Buch aufgebaut ist

Dieses Buch ist in fünf Teile gegliedert. Teil I hilft Ihnen bei den ersten Grundlagen: den ersten Wörtern, dem Aufbau des Grundwortschatzes und der Verbesserung der Aussprache. In Teil II geht es um Alltagssituationen, während sich Teil III besonderen Situationen wie Reisen oder auch dem Notfall widmet. In Teil IV lernen Sie zahlreiche Redewendungen kennen, um noch fließender zu sprechen. Teil V – der Anhang – fasst die bisher nebenbei gelernte Grammatik zusammen und gibt einen weiterführenden Überblick.

Teil I: Erste Schritte

In diesem Teil geht es um die Grundlagen der deutschen Sprache. Sie lernen die wichtigsten Ausspracheregeln kennen. Die Aussprache kann auch mithilfe zahlreicher Übungen zum Anhören und Nachsprechen auf der CD verbessert werden. Danach geht es um den Aufbau des Grundwortschatzes mithilfe der Alltagssprache und alltäglichen Situationen sowie mithilfe von Wortschatzstrukturen.

Teil II: Deutsch im Alltag

Hier werden verschiedene Alltagssituationen durchgespielt. Nachdem Sie unterschiedliche Begrüßungen für verschiedene Anlässe gelernt haben, geht es darum, sich vorzustellen und über sich selbst zu erzählen: über den Beruf, die Familie und über Hobbys. Danach werden weitere Gesprächssituationen aufgegriffen; es geht um kurze Unterhaltungen über das Wetter und über das aktuelle Tagesgeschehen. Essen und essen gehen, im Restaurant bestellen oder auch im Kaufhaus oder anderen Geschäften einkaufen sind weitere Alltagssituationen, die hier mit ihrem Wortschatz vorgestellt werden und in Dialogen eingeübt werden können.

Es folgen Erledigungen, beispielsweise bei der Bank, auf der Post und bei Ämtern. Sie lernen, auf Deutsch Telefongespräche zu führen und SMS und E-Mails zu schreiben. Das letzte Kapitel, in dem es um Häuser, Wohnungen und Zimmer geht, enthält nützlichen Wortschatz und Phrasen für die Wohnungssuche und die Einrichtung.

Teil III: Besondere Anlässe und Deutsch für unterwegs

Hier geht es um besondere Situationen wie die Gestaltung eines freien Abends mit einer Party, einem Theater-, Kino- oder Konzertbesuch. Danach lernen Sie den Wortschatz rund um Verkehrsmittel und Fortbewegung. Sie lernen, nach dem Weg zu fragen und verschiedenes nützliches Vokabular zu Bus, Bahn, Taxi und Flugzeug. Wenn Sie eine Reise unternehmen wollen, finden Sie hier Dialoge zum Thema Reiseplanung und Übernachtung im Hotel. Ein Kapitel bereitet Sie sprachlich auf den Notfall vor, der dann hoffentlich nicht eintritt. Aber auch wenn Sie keinen Krankenwagen rufen müssen, werden Sie vielleicht einmal zum Arzt müssen oder etwas in der Apotheke kaufen wollen. Auch dann können die hier vorgestellten Sätze hilfreich sein.

Teil IV: Der Top-Ten-Teil

Hier kommen noch ein paar nette Extras. Verschiedene Lerntipps von ernst bis spielerisch helfen Ihnen, sprachlich am Ball zu bleiben. Mit einer Übersicht über die Ausdrücke zu besonderen Anlässen haben Sie immer das richtige Wort parat. Verschiedene norddeutsche und süddeutsche Floskeln und auch Sprichwörter lassen Sie mit der Sprache spielen. Schließlich erfahren Sie noch einige praktische Ausdrücke, die Ihnen helfen, fließend zu klingen und Gespräche in Gang zu halten.

Anhang: Das fällt mir leicht! Grundlagen der deutschen Grammatik

Der Anhang vermittelt mit einfachen Erklärungen und übersichtlichen Tabellen die Grundlagen der deutschen Grammatik.

Symbole, die in diesem Buch verwendet werden

Die weiterführenden Informationen, die in diesem Buch enthalten sind, habe ich mit folgenden Symbolen gekennzeichnet:

Bei diesem Symbol finden Sie nützliche Lerntipps zum eigenständigen Weiterlernen. Das können Tipps zum Vokabellernen und zur Wortschatzerweiterung sein, zum Lernen und Einüben der Grammatik, zum Hör- oder Leseverstehen oder auch zur Verbesserung der Aussprache. Hier gibt es auch Hinweise auf weiterführende Bücher (wie Lernerwörterbücher) oder Internetlinks.

Das Ausrufezeichen weist auf häufig vorkommende sprachliche Irrtümer oder Verwechslungen hin. Das können ähnlich klingende und daher leicht verwechselbare Wörter oder auch Wörter mit zwei Bedeutungen sein. Auch Ausnahmen zu grammatischen Regeln finden Sie bei diesem Symbol.

Wenn Sie dieses Symbol sehen, erkläre ich eine Grammatikregel, zusätzliche Informationen zur Grammatik oder auch Regeln zum Wortschatz und zu Wortschatzstrukturen wie Wortzusammensetzungen oder Wortableitungen.

Hier wird etwas Interessantes, Weiterführendes oder Lustiges erzählt. Sie erhalten zusätzliche Informationen und Wissenswertes zu sprachlichen Konventionen, Redewendungen, zu der Herkunft bestimmter Wörter oder auch zu regionalen Besonderheiten und zur Landeskunde.

Das CD-Symbol weist darauf hin, dass der betreffende Dialog oder Wortschatz auf der CD zu finden ist. Sie können durch Anhören und Nachsprechen den Wortschatz üben. Eine gute Übung ist es auch, die Rolle eines Sprechers zu übernehmen und im Dialog mitzusprechen.

Wie es weitergeht

Fangen Sie einfach mit Kapitel 1 an und widmen Sie sich den Wörtern, die Sie um sich herum sehen, legen Sie sich mithilfe von Kapitel 2 ein neues Vokabelheft an oder werfen Sie noch einmal einen Blick in das Inhaltsverzeichnis und schlagen Sie das Buch an der Stelle auf, an der ein Thema, das Sie interessiert, behandelt wird. Sind Sie auf Reisen und wollen nach dem Weg fragen? Müssen Sie heute noch zur Post und Briefmarken kaufen oder zur Bank ein Konto eröffnen? Wollen Sie mit Ihren Freunden essen gehen und einen Tisch im Restaurant reservieren? Zu allen Themen finden Sie hier den richtigen Wortschatz und viele Übungen. Unter http://www.wiley-vch.de/publish/dt/books/ISBN978-3-527-71088-1 finden Sie zwei Bonuskapitel – eines zum Thema Freizeit, Erholung und Sport mit drei Bonustracks zum Anhören und Nachsprechen und eines mit Sätzen, die Sie besonders norddeutsch oder besonders süddeutsch klingen lassen. Viel Spaß beim Deutschlernen!

Teil 1

Erste Schritte

In diesem Teil ... geht es um die Grundlagen der deutschen Sprache. Zunächst lernen Sie die wichtigsten Ausspracheregeln kennen. Zu diesen Ausspracheregeln gibt es auch zahlreiche Übungen auf der beiliegenden CD. So können Sie durch wiederholtes Anhören und Nachsprechen die Aussprache üben und verbessern. Danach geht es um den Grundwortschatz, um die Wörter, die immer wieder vorkommen. Sie erfahren, wie Sie in Alltagssituationen die wichtigsten Wörter schnell lernen können. Auch Wortschatzstrukturen helfen, den Grundwortschatz zu erweitern und zu festigen. Schließlich stelle ich verschiedene Lerntechniken vor wie Vokabelkarten oder Sätze, in denen die Wörter im Zusammenhang stehen, die beim Wiederholen und Behalten nützlich sind.

Sie sehen täglich deutsche Wörter

In diesem Kapitel

- Deutsche Wörter, denen Sie auf der Straße, in Geschäften, auf Schildern begegnen
- Die ersten 100 Wörter
- Grundlagen der deutschen Aussprache
- Wie Sie schnell Deutsch lernen können

In diesem Kapitel geht es um das Lernen wichtiger Wörter und die Aussprache. Außerdem erhalten Sie Tipps, wie Sie schnell Deutsch lernen können. Jeden Tag sehen Sie deutsche Wörter. Nutzen Sie die Gelegenheit, um zu lernen. Nehmen Sie ein zweisprachiges Wörterbuch (Deutsch – Ihre Muttersprache) mit und schlagen Sie die Wörter dort nach.

Auf der Straße

Diese Wörter begegnen Ihnen unterwegs, auf der Straße, an Gebäuden, in Geschäften oder auf Schildern. Welche davon kennen Sie schon? Welche sind neu?

Deutsch	Ihre Muttersprache
der Hauptbahnhof	
die Post	
das Hotel	
die Sonne	
der Sonnenschein	
das Rathaus	
neu	
das Krankenhaus	
krank	
die Stadt	
städtisch	
das Parkhaus	
parken	
das Haus	
die Bücherei	
die Stadtbücherei	
das Schwimmbad	

Schlagen Sie in Ihrem Wörterbuch nach.

Deutsch	Ihre Muttersprache
schwimmen	
der Bruder	
die Brüder	
die Schule	
die Hochschule	
die Volkshochschule	
der Kindergarten	
das Kind	

Sehen Sie, wie Sie ganz einfach bereits mehr als 25 Wörter gelernt (oder wiederholt) haben? Machen Sie weiter so!

Vergleichen Sie Teile von Wörtern, die Sie unterwegs sehen. Hier haben Sie zum Beispiel die Begriffe Rat**haus**, Kranken**haus** und Park**haus**. Alle drei enthalten das Wort Haus, das auch viele andere Gebäude bezeichnet: Hochhaus (ein Haus mit vielen Wohnungen), Ferienhaus, Gartenhaus, Reihenhaus, Einfamilienhaus (ein Haus für nur eine Familie).

Rund ums Haus

Dieser Wortschatz begegnet Ihnen in den Gebäuden, zum Beispiel in einem Hotel, in der Schule oder im Rathaus. Andere Wörter finden Sie auf Schildern, die außen an den Gebäuden hängen.

Abbildung 1.1: Es gibt viele unterschiedliche Häuser.

   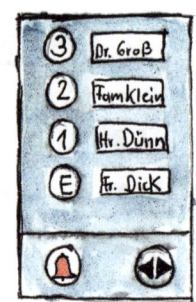
  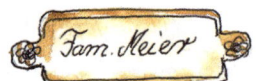
  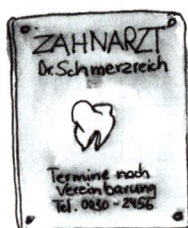  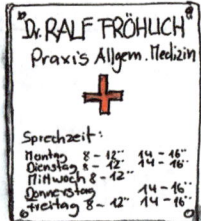

Abbildung 1.2: Diese Wörter finden Sie außen und innen auf Schildern.

1 ➤ Sie sehen täglich deutsche Wörter

Schlagen Sie in Ihrem Wörterbuch nach.

Deutsch	Ihre Muttersprache
der Eingang	
der Ausgang	
das Licht	
(das Licht) einschalten	
(das Licht) anschalten = das Licht einschalten	
(das Licht) ausschalten	
der Aufzug	
das Stockwerk	
der Stock = das Stockwerk	
das Erdgeschoss	
die Erde	
die Toilette	
die Dame	
die Frau	
der Herr	
der Mann	
der Brief	
die Familie	
der Arzt	
die Medizin	
die Allgemeinmedizin	
der Zahnarzt	
der Tierarzt	
das Papier	
die Verpackung	
die Ausfahrt	
die Einfahrt	

Das sind mehr als 25 weitere Wörter!

Unterwegs

Diesen Wortschatz finden Sie in der Stadt: auf Fahrzeugen, auf Straßenschildern, am Bahnhof oder an der Bushaltestelle.

Abbildung 1.3: Diese Fahrzeuge sehen Sie oft auf den Straßen.

Schlagen Sie in Ihrem Wörterbuch nach.

Deutsch	Ihre Muttersprache
das Taxi	
die Polizei	
das Polizeiauto	
der Bus	
der Schulbus	
der Fahrplan	
die (Bus-)Linie	
die Haltestelle	

Deutsch	Ihre Muttersprache
halten	
die Feuerwehr	
das Feuer	
der Notarzt	
der Notfall	
der Wagen	

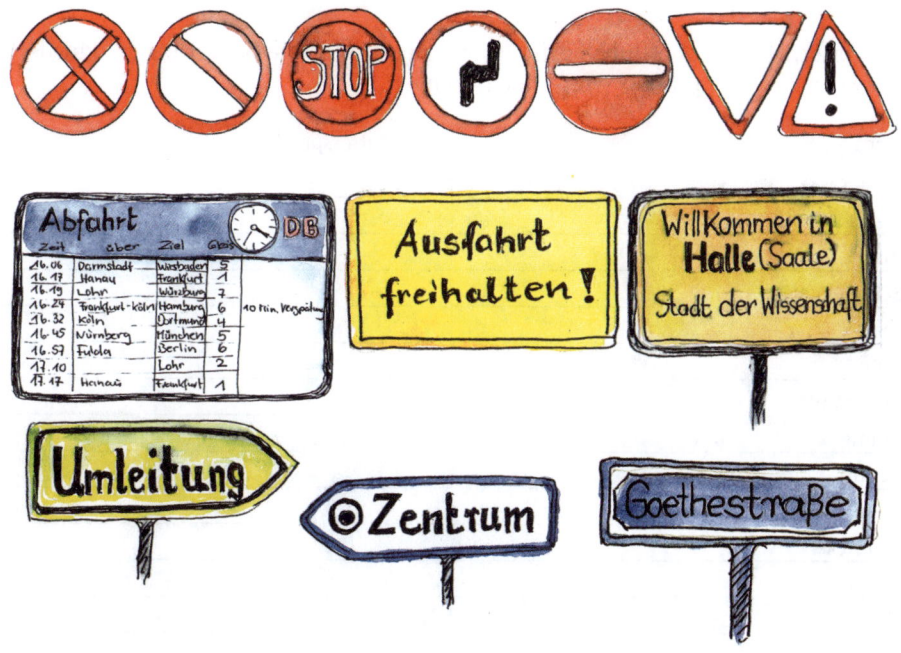

Abbildung 1.4: Diese Informationen stehen oft auf Schildern.

Schlagen Sie in Ihrem Wörterbuch nach.

Deutsch	Ihre Muttersprache
die Abfahrt	
die Ankunft	
von	
nach	
über	
die Information	
hier	
willkommen	

Deutsch	Ihre Muttersprache
Stadt	
die Umleitung	
das Zentrum	
die Straße	
der Weg	

Beim Einkaufen

Dieser Wortschatz begegnet Ihnen beim Einkaufen. Es sind die Wörter für verschiedene Geschäfte. Schlagen Sie in Ihrem Wörterbuch nach.

Deutsch	Ihre Muttersprache
die Bäckerei	
die Fleischerei	
der Fisch	
die Schneiderei	
waschen	
das Foto	
die Elektronik	
die Blume	
der Schuh	
die Möbel	
die Apotheke	
der Stern	
der Löwe	
die Bank	
die Reise	
das Reisebüro	
der Schlüssel	
der Friseur	
der Fuß	
der Juwelier	
der Optiker	
die Kunst	
der Tee	
das Café	
die Gemütlichkeit	

Jetzt haben Sie schon über 100 Wörter gelernt!

1 ▶ Sie sehen täglich deutsche Wörter

So lernen Sie schnell noch mehr

Jetzt haben Sie mithilfe von Bildern und mit Wörtern, die Ihnen in Ihrem Alltag oft begegnen, schon über 100 Wörter gelernt oder wiederholt. Im Folgenden finden Sie ein paar Tipps, wie Sie schnell noch mehr Wörter lernen.

Wörter mit anderen Wörtern zusammen verstehen

Schlüsseldienst, Fußpflege, Kunsthandlung, Wein-Depot, Tee-Kontor … Beim ersten Lesen verstehen Sie vielleicht nur die Wörter **Schlüssel**, **Fuß**, **Kunst**, **Wein** oder **Tee**.

Dann aber verstehen Sie:

- ✔ Ein Schlüsseldienst macht Ihnen einen zweiten Schlüssel, eine Kopie von Ihrem Schlüssel.
- ✔ Die Fußpflege kümmert sich um Ihre Füße, schneidet die Fußnägel.
- ✔ In einer Kunsthandlung können Sie Bilder oder Poster kaufen. Es ist ein Kunst-Geschäft.
- ✔ Ein Wein-Depot ist ein Geschäft für Wein.
- ✔ Ein Tee-Kontor ist ein Geschäft für Tee.

Mehr und mehr verstehen

Sie haben jetzt das Wort »Schneiderei« gelernt. Bei Ihrer nächsten Tour in die Stadt sehen Sie dann das Schild »Änderungsschneiderei schnell, preiswert und zuverlässig«. Jetzt können Sie wieder weitere Wörter lernen:

- ✔ etwas ändern = etwas anders machen, eine Änderungsschneiderei macht Ihre Hose kürzer, länger weiter, enger … und diese Schneiderei macht es:
- ✔ schnell = nicht langsam
- ✔ preiswert = billig, es kostet wenig Geld
- ✔ zuverlässig = sie macht gute Arbeit

Wörter miteinander vergleichen

Weiter vorn in diesem Kapitel haben Sie gesehen, dass einige Wörter auf **-haus** enden: Rathaus, Krankenhaus, Parkhaus … So können Sie auch die Wörter mit **-arzt**, wie Zahn**arzt** und Tier**arzt,** miteinander vergleichen. Oder auch Bäcker**ei**, Fleischer**ei** und Schneider**ei**. Hier sehen Sie: Einige Geschäfte enden auf **-ei**.

Jede Gelegenheit nutzen

Wenn Sie darauf achten, sehen Sie fast überall neue Wörter: auf allen Produkten beim Einkaufen, auf Schildern, jeden Tag in vielen Situationen.

- ✔ Auf allen Produkten beim Einkaufen:
  - Reis
  - Mehl

Aufbaukurs Deutsch für Dummies

38

1 ➤ Sie sehen täglich deutsche Wörter

Abbildung 1.5: Hier können Sie einkaufen.

- Zucker
- Schokolade
- Vollmilch
- Orangensaft
- Apfelsaft
- Aspirin
- Pflaster
- Essigreiniger

✔ Auf Schildern:
- Sonderangebot: Mehrkornbrot jetzt 20% günstiger (mit Brot)
- Öffnungszeiten Montag bis Samstag von 8–20 Uhr
- Heute geschlossen
- Herzlich willkommen in Ihrem Drogeriemarkt!
- Bitte nicht rauchen!
- Vorsicht, bissiger Hund!
- Ein Herz für Kinder

✔ Jeden Tag in vielen Situationen:
- am Geldautomaten

Abbildung 1.6: Diese Informationen finden Sie an Geldautomaten.

1 ➤ Sie sehen täglich deutsche Wörter

Schauen Sie in der Bücherei (Ort, an dem Sie Bücher lesen und leihen können) einmal in ein Bildwörterbuch. Auch zu Hause können Sie sich mit Wörtern umgeben. Schreiben Sie einfach Wörter auf Haftnotizzettel und hängen Sie diese überall hin, zum Beispiel der Tisch (auf den Tisch), der Kühlschrank (an den Kühlschrank), die Tür (an die Tür) und so weiter.

Die Aussprache üben

Das Alphabet

Sie können nun mithilfe der mehr als 100 Wörter, die Sie eben gelernt (oder wiederholt) haben, und einigen anderen Wörtern des Grundwortschatzes Ihre Aussprache verbessern. Wir beginnen mit dem Alphabet. Für jeden Buchstaben gibt es zwei Beispielwörter.

Track 2

So klingen die Buchstaben des deutschen Alphabets:

- ✔ A Abend, anschalten
- ✔ B Bank, binden
- ✔ C Café, campen
- ✔ D Dame, dann
- ✔ E Esel, elektrisch
- ✔ F Familie, feiern
- ✔ G Gemütlichkeit, gegen
- ✔ H Hotel, haben
- ✔ I Igel, informieren
- ✔ J Juwelier, jeder
- ✔ K Kind, können
- ✔ L Löwe, lassen
- ✔ M Mann, mieten
- ✔ N Notarzt, nichts
- ✔ O Ofen, offen
- ✔ P Post, packen
- ✔ Q Qualm, quadratisch
- ✔ R Rathaus, rufen
- ✔ S Sonne, essen

- ✔ T Tee, tief
- ✔ U Uhr, umfallen
- ✔ V Verpackung, versetzen
- ✔ W Welt, willkommen
- ✔ X Taxi, mixen
- ✔ Y Baby, Handy
- ✔ Z Zentrum, zahlen

Lange und kurze Vokale

Die Laute a, e, i, o und u nennt man Vokale. Es gibt zwei Arten von Vokalen: lange Vokale und kurze Vokale.

Track 3

Hören Sie sich die langen und die kurzen Vokale an. Die Laute a, e, i, o und u nennt man Vokale. Es gibt lange Vokale und kurze Vokale. Hier hören Sie zunächst die kurzen Vokale:

- ✔ a wie in anschalten
- ✔ e wie in elektrisch
- ✔ i wie in informieren
- ✔ o wie in offen
- ✔ u wie in umfallen

Nun hören Sie Beispiele für lange Vokale:

- ✔ a wie in Abend
- ✔ e wie in Esel
- ✔ i wie in Igel
- ✔ o wie in Ofen
- ✔ u wie in Uhr

Die langen und kurzen Vokale werden mit den gleichen Buchstaben geschrieben. Versuchen Sie, den Unterschied zu hören.

Track 4

Hören Sie nun ein paar deutsche Namen. So klingen kurze und lange Vokale:

- Anna   Adrian
- Emma   Emil
- Ilka   Ida
- Oliver   Ole
- Ulrich   Uwe

Die »... für Dummies«-Lautschrift des Deutschen

In Ihrem Wörterbuch finden Sie eine Lautschrift, die Ihnen die Aussprache erklärt. Vielleicht ist es das internationale phonetische Alphabet. Diese Lautschrift ist sehr genau und daher auch etwas kompliziert. Es gibt dort möglicherweise Zeichen, die Sie nicht kennen. In diesem Buch lernen Sie erst einmal eine einfache Lautschrift. Sie müssen dazu keine neuen Zeichen lernen.

Ein langes a schreibe ich in der ... *für Dummies*-Lautschrift einfach mit zwei Buchstaben (aa). Genauso geht es mit den anderen langen Vokalen: (ee), (ii), (oo) und (uu). Also:

- Adrian *(aadrijan)*
- Emil *(eemiil)*
- Ida *(iidaa)*
- Ole *(oole)*
- Uwe *(uuwe)*

Die kurzen Vokale sind noch einfacher. Die bleiben, wie sie sind:

- Anna *(ana)*
- Emma *(ema)*
- Ilka *(ilka)*
- Oliver *(oliwer)*
- Ulrich *(ulrich)*

Bei diesen Wörtern hätte ich also eigentlich gar keine Lautschrift dazuschreiben müssen. Sie werden (fast) genauso ausgesprochen, wie sie geschrieben werden. Das ist im Deutschen oft so. Daher verwende ich die ... *für Dummies*-Lautschrift nur da, wo ich sie zur Erklärung brauche. Wenn Sie sich dazu auch die Hörbeispiele auf der CD anhören, werden Sie die deutsche Aussprache schnell lernen!

Vokale mit Punkten darüber

Wer hat vergessen, die Flecken wegzuradieren? Nein, das sind doch Punkte, die da hingehören! Ein **ä** ist etwas anderes als ein **a**, ein **o** etwas anderes als ein **ö** und ein **u** etwas anderes als ein **ü**.

- A/a ≠ Ä/ä
- O/o ≠ Ö/ö
- U/u ≠ Ü/ü

Die Pünktchen sind also wichtig. Denn Sie wollen bei einer Einladung vielleicht nur einen Br**u**der und nicht alle acht Br**ü**der einladen (oder umgekehrt). In einigen Gegenden in Deutschland wird das lange ä ein bisschen anders ausgesprochen als das lange e. Das soll Sie jetzt aber nicht stören. Machen Sie es sich einfach! Trainieren Sie lieber das ö und das ü! Dazu müssen Sie den Mund einfach noch runder machen als beim o und u (noch mehr einen Kussmund machen). Trainieren Sie Ihre Gesichtsmuskeln!

Track 5

Hören Sie die Unterschiede von Wörtern mit und ohne Umlaut.

- backen   Bäckerei
- Stadt   städtisch
- offen   öffnen
- Bahnhof   Bahnhöfe
- Fuß   Füße

Üben Sie das ö und das ü. Dazu müssen Sie den Mund einfach noch runder machen als beim o und u.

- Löwe
- Öl
- schön
- Brötchen
- küssen
- Schlüssel
- über
- gemütlich

Zungenbrecher sind Sätze, die besonders schwer auszusprechen sind. Sie sind schwer, weil sie viele gleiche oder ähnliche Laute enthalten. Auch mit Zungenbrechern können Sie auf lustige Weise die Aussprache üben.

Track 6

Nun hören Sie ein paar Zungenbrecher. Das sind Sätze, mit denen Sie die Aussprache üben können.

✔ In der Rhön da ist es schön. In Grömitz ist's noch schöner.

✔ In Lübeck ist es kühler als in Tübingen und München.

✔ In der öden Wüste döst der schöne Löwe gemütlich in der größten Höhle.

✔ Herr Günter Gröger ist schon morgens früh um fünf Uhr fünfundfünfzig fröhlich und holt Brötchen.

Die sogenannten Umlaute **ä**, **ö** und **ü** sind später für die Grammatik wichtig:

✔ ein **A**rzt, zwei **Ä**rzte

✔ ein F**u**ß, zwei F**ü**ße

✔ die St**a**dt, st**ä**dtisch

✔ die K**u**nst, k**ü**nstlerisch

✔ gr**o**ß, gr**ö**ßer, am gr**ö**ßten

Auch die deutsche Feuerwehr macht ihr Warnsignal auf üüüü. Das Wort hierfür ist Tatütata *(tatüütataa)*.

Ein bisschen wie Hochzeit: Zwei Vokale treffen aufeinander ...

... und es entsteht ein völlig neuer Laut.

✔ a + u = au

✔ e + i = ei (gesprochen *ai*)

✔ e + u = eu (gesprochen *oi*)

✔ ä + u = äu (gesprochen *oi*)

Track 7

So klingt es, wenn zwei Vokale aufeinandertreffen:

✔ Auto

✔ Ausfahrt

✔ ein

✔ Einfahrt

✔ Feuerwehr

✔ Euro

Diese Laute (au, ei, eu und äu) nennt man auch »Diphthonge« *(diftonge)*.

> Verwechseln Sie nicht **ei** und **ie**! Die Hauptstadt von Österreich heißt **Wien** *(wiin)*. Ein roter Burgunder ist ein **Wein** *(wain)*.

Susi, sag mal »saure Sahne«

Der Buchstabe **s** kann auf zwei Arten ausgesprochen werden: hart oder weich.

Track 8

Hören Sie sich die Unterschiede an. So klingt ein weiches s:

- Sonne
- Friseur
- Reise
- Susie, sag mal »saure Sahne«! »Saure Sahne«, sagt Susie.

Und so klingt ein hartes s:

- Ausfahrt
- Bus
- Haus

Und noch so ein komischer Buchstabe: ß

Dieser Buchstabe heißt Eszett *(estset)*. Lassen Sie sich nicht verwirren und sprechen Sie diesen Buchstaben einfach wie hartes s aus:

- Fuß *(fuus)* – Füße *(füüse)*
- Straße *(schtraase)*
- süß *(süüs)*

> Wissenswertes zum Buchstaben ß: In der Rechtschreibreform (1996) wurde das Wort **Kuß** reformiert und wird nun also **Kuss** geschrieben. Darüber gab es viel Streit. Eine Parole lautete: Ein Kuß muss ein Kuß bleiben! Die Schweiz sieht das entspannt. Im Deutschen der Schweiz (Schweizerdeutsch) gibt es kein ß …

Wenn ein s zu einem alten Dampfzug wird

Die Kombination **sch** wird durch die Zähne gepresst gesprochen, als wenn Sie einen Dampfzug nachahnen wollten: **Sch sch sch** …

Track 9

Üben Sie nun die Aussprache des Lautes sch.

- ✔ Schule
- ✔ Schuh
- ✔ Schlüssel
- ✔ Schneiderei
- ✔ Fisch
- ✔ Fleischerei
- ✔ anschalten
- ✔ ausschalten

St wie in Stadt und **sp** wie in spielen sollten am Anfang eigentlich **Scht** *(schtadt)* und **schp** *(schpielen)* geschrieben werden, denn genau so werden sie gesprochen – werden sie aber leider nicht (außer natürlich in unserer schönen … *für Dummies*-Lautschrift).

Daher müssen Sie bei **st** und **sp** am Anfang eines Wortes immer ein bisschen aufpassen. Denken Sie einfach auch hier an den alten Zug:

- ✔ Stadt *(schtat)*
- ✔ Stern *(schtean)*
- ✔ Stockwerk *(schtokweak)*
- ✔ Straße *(schtraase)*
- ✔ Spiel und Spaß *(schpiil unt schpaas)*
- ✔ Sport *(schpoat)*
- ✔ Sprache *(schpraaxxe)*

Spricht man das hier jetzt *(s)* oder *(z)* oder *(sch)* oder …? Keine Sorge! In diesem Buch hilft Ihnen überall, wo es nötig ist, die … *für Dummies*-Lautschrift. Sie können sich aber merken: **ss** und **ß** wird immer hart *(s)* ausgesprochen.

Auch ohne Erkältung: ch aussprechen

Der Laut **ch** gilt oft als schwierig auszusprechen. Auch deshalb, weil es zwei unterschiedliche Aussprachen gibt, eine »weiche« und eine »harte« Aussprache. Aber mit etwas Übung ist auch dies kein Problem! Hören Sie sich die Beispiele auf der CD an und sprechen Sie sie nach.

Track 10

Üben Sie nun die Aussprache des weichen ch.

✔ Milch

✔ Bücherei

✔ Gemütlichkeit

Es gibt auch ein hartes ch. Hören Sie die Beispiele.

✔ rauchen

✔ Buch

✔ Sprache

Das »leichte« ch wird auch Ich-Laut genannt, weil es in dem Wort **ich** vorkommt. Seien Sie jetzt mal bisschen »ich-verliebt« und üben Sie laut: **Ich, ich, ich, ich, ich!** In der ... *für Dummies*-Lautschrift wird dieses »leichte« ch so geschrieben: *(ch)*.

Das »harte« ch wird auch Ach-Laut genannt, weil es in dem Wort **ach** vorkommt. **Ach!** können Sie immer rufen, wenn Ihnen etwas nicht gefällt, wenn Sie traurig sind oder wenn Sie sich über etwas ärgern. Ist das nicht praktisch? Üben Sie also laut: **Ach! Ach! Ach! Ach!** In der ... *für Dummies*-Lautschrift wird dieses »schwerere« ch so geschrieben: *(xx)*.

Halten Sie für hinterher ein Glas Wasser bereit und üben Sie das »schwere« ch *(xx)* mit diesem Zungenbrecher: Bei Nacht sind alle Drachen wach und lesen lachend ein Buch *(bai naxxt zint ale draxxen waxx unt leezen laxxent ain buuxx)*.

Leicht verwechselbare Laute

Folgende Laute können Sie leicht verwechseln, wenn Sie sie aus den Sprachen, die Sie bisher gelernt haben, noch nicht beide kennen.

Track 11

Lernen Sie die Unterschiede zwischen den leicht verwechselbaren Lauten »b« und »w« und »l« und »r«. Hören Sie und sprechen Sie nach.

✔ Bäckerei

✔ Bank

✔ Bahnhof

✔ Wagen

✔ waschen

✔ Vera

✔ Polizei

1 ► Sie sehen täglich deutsche Wörter

- ✔ Juwelier
- ✔ Löwe
- ✔ Reise
- ✔ Bücherei
- ✔ Fleischerei
- ✔ Elektronik

Achtung bei einigen Buchstaben

Die Buchstaben Z/z, J/j, W/w und H/h werden im Deutschen anders ausgesprochen als in manchen anderen Sprachen.

Track 12

Jetzt lernen Sie, wie man das »z« ausspricht. Hören Sie und sprechen Sie die Beispielwörter nach.

- ✔ Zentrum
- ✔ Zahnarzt
- ✔ Medizin
- ✔ Zucker
- ✔ Ziel
- ✔ Zug

Gewöhnen Sie sich an den Laut *(ts)* mit diesem Zungenbrecher: Zehn zahme Ziegen zogen zehn Zentner Zucker zum Zoo *(tseen tsaame tsiigen tsoogen tseen tsentna tsuka tsum tsoo)*.

Track 13

Hören Sie nun auf der CD, wie das »j« und das »w« gesprochen werden. Das »h« kann man manchmal hören, manchmal nicht.

- ✔ Juwelier
- ✔ Junge
- ✔ Januar
- ✔ Wasser
- ✔ Wald
- ✔ warum

- ✔ Hotel
- ✔ Herren
- ✔ Krankenhaus
- ✔ Abfahrt
- ✔ Schuh
- ✔ Apotheke

Am Anfang ein bisschen mehr: Die Betonung

Auch die Betonung im Deutschen ist sehr einfach. Oft ist sie am Anfang. Betonung bedeutet, einen Teil des Wortes stärker auszusprechen. Viele Wörter werden am Anfang betont:

- ✔ Bahnhof (*baanhoof*)
- ✔ Blume (*bluume*)
- ✔ Buslinie (*busliinje*)
- ✔ Dame (*daame*)
- ✔ Fahrplan (*faaplaan*)
- ✔ Feuer (*foia*)
- ✔ Feuerwehr (*foiawea*)
- ✔ Foto (*footoo*)
- ✔ Haltestelle (*halteschtele*)
- ✔ Hauptbahnhof (*hauptbaanhoof*)
- ✔ Kindergarten (*kindagaaten*)
- ✔ Krankenhaus (*krankenhaus*)
- ✔ Hochschule (*hooxxschuule*)
- ✔ Volkshochschule (*folkshooxxschuule*)

Bei kurzen Wörtern gibt es ja nur den Anfang:

- ✔ Bank (*bank*)
- ✔ Brief (*briif*)
- ✔ Fisch (*fisch*)
- ✔ Frau (*frau*)
- ✔ Fuß (*fuus*)

1 ➤ Sie sehen täglich deutsche Wörter

Manche kurzen Teile am Anfang, wie zum Beispiel ge-, be-, ver-, zer-, werden nicht betont. Die Betonung rutscht dann auf die zweite Stelle:

- Gemütlichkeit *(gemüütlichkait)*
- Verpackung *(fapakung)*

Und dann gibt es Wörter, die an unterschiedlichen Stellen betont werden.

- Café *(kafee)*
- Friseur *(frizöör)*
- Bäckerei *(bekerai)*
- Bücherei *(bücherai)*
- Familie *(famiilie)*
- Elektronik *(elektroonik)*
- Allgemeinmedizin *(algemainmeditsiin)*

Hier lernen Sie die erste Faustregel. Eine Faustregel ist eine Regel, die einfach praktisch ist, weil sie zwar nicht immer, aber sehr oft richtig ist.

Wenn Sie unsicher sind: Betonen Sie einfach am Anfang. Das ist sehr oft richtig. Und das dünne Ende kommt noch.

Am Ende eines Wortes ist alles immer ein bisschen anders. Es ist leiser, dünner, weniger betont. Die ganze Power ging sozusagen in die Betonung am Anfang. Ein **e** ist dann kein richtiges **e** mehr, sondern viel schwächer.

Track 14

So klingt die schwache Betonung am Wortende:

- Blume
- Dame
- Schule
- Straße
- Kindergarten
- schwimmen
- waschen

Ich habe es in der Lautschrift trotzdem als *(e)* stehen lassen, weil die Lautschrift so besser zu lesen ist. So ist in der ... *für Dummies*-Lautschrift mit *(e)* sowohl das »normale« e wie in

Emma *(ema)* und Emil *(eemil)* als auch das »dünne, schwache« **e** wie am Ende von Blume *(bluume)* gemeint. Sie kommen damit natürlich klar. Denken Sie einfach daran: Am Ende des Wortes ist alles ein bisschen leiser, dünner, schwächer, weniger betont.

So klingt ein -er am Wortende auch eher wie ein *(a)*:

- Kinder *(kinda)*
- Männer *(mena)*
- Häuser *(hoisa)*

Wenn man Angst hat, dass später noch etwas Schwieriges passiert, kann man sagen: Und das dicke Ende kommt noch. Das ist natürlich pessimistisch. Optimistischer ist das Sprichwort: Ende gut, alles gut.

Buchstaben am Wortende

Der Buchstabe d wird am Wortende *(t)* gesprochen:

- Schwimmbad *(schwimbat)*
- Fahrrad *(faarat)*
- Hund *(hunt)*

Und auch andere Buchstaben verändern ihren Laut am Wortende:

- gelb *(gelp)*
- Flug *(fluuk)*
- Honig *(hoonich)*

Aber keine Sorge: Hier hilft Ihnen immer die … *für Dummies*-Lautschrift.

Leute, die eine gute Aussprache gelernt haben, imitieren meistens ein Vorbild; sie machen die Aussprache von jemand anderem nach. Suchen Sie sich doch auch jemanden, den Sie nachmachen können, zum Beispiel einen Schauspieler oder eine Schauspielerin in einem Film, den Sie mögen.

Wie Sie schnell Deutsch lernen

Schnell Deutsch lernen können Sie auf drei Arten:

- allein, im Selbststudium
- in einem Deutschkurs
- zusammen mit einem Lernpartner/-tandempartner oder in einer Lerngruppe

Am besten ist natürlich eine Kombination aus allen drei Arten.

1 ➤ Sie sehen täglich deutsche Wörter

Der Selbstlern-Viersprung

Beim Sprachenlernen kann es nützlich sein, darauf zu achten, regelmäßig etwas aus allen vier Bereichen zu lernen: beim Wortschatz (neue Wörter lernen), bei der Grammatik (neue Regeln und Strukturen lernen und einüben), beim Hören/Sprechen (mündliche Sprache) und beim Lesen/Schreiben (schriftliche Sprache).

Den Wortschatz lernen

Hier einige nützliche Tipps, wie Sie Ihren Wortschatz erweitern können:

- ✔ Lernen Sie jeden Tag neue Wörter: Wörter, die Sie hören, Wörter aus Texten …
- ✔ Schlagen Sie viel im Wörterbuch nach.
- ✔ Schreiben Sie die Wörter in ein Vokabelheft.
- ✔ Wiederholen Sie die Wörter öfter.
- ✔ Hören Sie die Wörter gesprochen, etwa mit einem MP3-Player.

Die Grammatik lernen

Die Regeln der Grammatik kann man lernen. Aber wichtig ist es auch, diese Regeln durch zahlreiche Übungen zu festigen. So können Sie regelmäßig Grammatik üben:

- ✔ Hinten in diesem Buch (im Anhang) finden Sie eine Grammatikübersicht. In einer Grammatik werden die Regeln einer Sprache erklärt.
- ✔ In einer sogenannten Übungsgrammatik finden Sie viele unterschiedliche Übungsaufgaben zum Grammatiklernen. Arbeiten Sie ruhig mit zwei oder drei unterschiedlichen Übungsgrammatiken. So festigen Sie die Strukturen mehr und mehr.
- ✔ Auch im Internet gibt es zahlreiche Übungen zu verschiedenen Themen der Grammatik.
- ✔ Versuchen Sie die neu gelernten Regeln im Gespräch anzuwenden. Grammatik lernt man vor allem durch Wiederholen: Wiederholen Sie Grammatikübungen immer wieder, bis Sie sie im Schlaf können.

Wenn man etwas sehr gut kann, nicht mehr nachdenken muss, sagt man: »Das kann ich im Schlaf.«

Hören und Sprechen

Zuerst kommt das Hören, dann das Sprechen. Hören Sie so viel wie möglich.

- ✔ Hören Sie, was Sie interessiert und was Ihnen Spaß macht: Nachrichten im Radio, deutsche Songtexte, spannende Podcasts …
- ✔ Auch Fernsehen und Kinofilme sind eine gute Hörübung.
- ✔ Hören und Lesen zusammen ist besonders gut, da Sie mit zwei Sinnen gleichzeitig arbeiten. Lesen Sie die Dialoge in diesem Buch und hören Sie sie gleichzeitig auf der beiliegenden CD.

✔ Sprechen lernt man durch Sprechen. Suchen Sie sich zuerst kurze Wörter und Sätze, die Sie sagen wollen. Je mehr Sie üben, desto fließender werden Sie sprechen.

Lesen und Schreiben

Wie beim »Hören« gilt auch für das »Lesen«: Suchen Sie sich aus, was Sie gerne lesen möchten. So sind Sie motiviert, viel zu lesen.

✔ Lesen Sie, was Sie interessiert und was Ihnen Spaß macht: Zeitungen, Zeitschriften, Ratgeber, Comics, Blogs im Internet ...

✔ Lesen Sie zuerst wenig, später mehr und mehr: Am Anfang reichen die dick gedruckten Schlagzeilen (Überschriften) in der Zeitung. Später lesen Sie mithilfe Ihres Wörterbuchs einen kurzen Zeitungsartikel.

✔ In diesem Buch finden Sie viele Übungen zum Schreiben kurzer Texte im Alltag (auf Deutsch schreiben).

> Lesen und hören Sie auch Texte, die ein bisschen schwieriger sind. Sie müssen nicht immer alles verstehen! Am besten lernen Sie, wenn Sie einen Teil, die Hauptsache, verstehen. Das andere drum herum nehmen Sie zum Teil unbewusst wahr und lernen so noch ganz viel nebenbei.

Einen Deutschkurs besuchen

Informieren Sie sich, wo überall in Ihrer Stadt Deutschkurse angeboten werden. Meistens gibt es viele Möglichkeiten: die Volkshochschule, das Goethe-Institut, eine private Sprachenschule ...

Wählen Sie die beste Möglichkeit für sich aus:

✔ Was kostet der Kurs?

✔ Wo findet der Kurs statt?

✔ Wer ist der Lehrer/die Lehrerin?

✔ Was werde ich lernen?

✔ Welches Lehrbuch benutzen wir?

✔ Nach welcher Methode werde ich lernen? Werden wir viel sprechen oder viel Grammatik lernen?

✔ Wie viele Lernende sind in einer Gruppe?

✔ Welche Prüfung (Examen) muss ich machen? Gibt es ein Zertifikat?

> Beginnen Sie nicht unbedingt bei null! Auch wenn Sie meinen, nur ganz wenig zu können: Machen Sie einen Einstufungstest. Es ist ein Missverständnis, eine Sprache von Anfang an auf eine einzige Weise und auf einem einzigen Weg richtig lernen zu können. Wenn Sie schon ein bisschen können, sind Sie in einem Kurs für fortgeschrittene Anfänger besser aufgehoben als in einem Kurs für Anfänger.

1 ➤ Sie sehen täglich deutsche Wörter

Mit einem Lernpartner/Tandempartner lernen

Suchen Sie sich einen Lernpartner/eine Lernpartnerin. Das kann zum Beispiel jemand sein, der gerne Ihre Muttersprache lernen möchte.

✔ Kaufen Sie sich dazu ein … *für Dummies*-Buch Ihrer Muttersprache. Wenn Ihre Muttersprache zum Beispiel Spanisch ist, kaufen Sie sich *Spanisch für Dummies*. Dann haben Sie Wörter, Sätze und Übungen, die Sie Ihrem Lernpartner beibringen können.

✔ Verabreden Sie feste Zeiten, zum Beispiel einmal pro Woche 30 Minuten Deutsch und dann 30 Minuten Ihre Muttersprache.

✔ Überlegen Sie sich, was Sie Ihren Tandempartner fragen wollen.

Diese Dinge könnten Sie Ihrem Lernpartner/Ihrer Lernpartnerin sagen:

✔ Sie zeigen auf eine Stelle im Buch: »Das hier verstehe ich nicht. Kannst du mir das erklären?« *(das hia faschtee ich nicht. kanst du mia das akleeren)*

✔ »Bitte sag mir mal einen Satz, in dem das Wort ›Bücherei‹ vorkommt!« *(bite zaak mia maal ainen zats in deem das woat büücherai foakomt)*

Ihr Tandempartner sagt daraufhin vielleicht: »Ich gehe heute Nachmittag in die Bücherei.«

✔ »Kannst du das noch mal wiederholen?« *(kanst du das noxx maal wiidahoolen)*

Ihr Tandempartner sagt dann den Satz noch einmal:

✔ »Kannst du mir das aufschreiben?« *(kanst du mia das aufschraiben)*

✔ »Ich habe hier eine Liste mit neuen Wörtern, die ich lernen will. Kannst du diese Wörter für mich auf meinen MP3-Player sprechen?« *(ich haabe hia aine liste mit noien wöatan dii ich leanen wil. kanst du diize wöata füa mich auf mainen empeedraipleeja schprechen)*

Dann können Sie sich Ihre neue Wortliste zu Hause immer wieder anhören.

✔ »Können wir heute über das Thema ›Basketball‹ sprechen?« *(könen wia hoite üüba das teema baasketbal schprechen)*

✔ Na klar! *(na klaa)*

Na klar! *(na klaa)* ist eine andere Möglichkeit **Ja!** zu sagen. Wenn Sie zu etwas **sehr gerne** Ja sagen, sagen Sie: »Na klar!«

Den Grundwortschatz lernen

In diesem Kapitel

▶ Die wichtigsten Ausdrücke für den Alltag

▶ Kurze Wörter und praktische Ausdrücke

▶ Zahlen, Maße und Uhrzeiten

▶ Der, die oder das?

▶ Immer mehr Wörter lernen

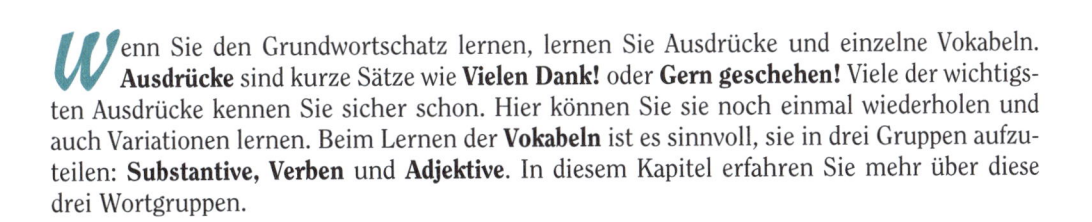

Wenn Sie den Grundwortschatz lernen, lernen Sie Ausdrücke und einzelne Vokabeln. **Ausdrücke** sind kurze Sätze wie **Vielen Dank!** oder **Gern geschehen!** Viele der wichtigsten Ausdrücke kennen Sie sicher schon. Hier können Sie sie noch einmal wiederholen und auch Variationen lernen. Beim Lernen der **Vokabeln** ist es sinnvoll, sie in drei Gruppen aufzuteilen: **Substantive, Verben** und **Adjektive**. In diesem Kapitel erfahren Sie mehr über diese drei Wortgruppen.

»Ja«, »Nein«, »Danke« – alltägliche Ausdrücke

Hier sehen Sie einige Ausdrücke, die man jeden Tag verwendet. Sie lernen auch, wie Sie sie ein bisschen variieren können: **Ja** *(jaa)* und **Nein** *(nain)*.

Kommst du heute mit ins Kino? Ja. oder **Nein.**

Wenn Sie Ihre Antwort verstärken wollen, können Sie sagen:

✔ **Ja, sehr gerne!** *(jaa. zeea geane)* oder

✔ **Nein, auf keinen Fall!** *(nain. auf kainen fal)*

✔ **Vielleicht** *(filaicht)*. Wenn Sie nicht Ja und nicht Nein sagen wollen, sagen Sie: Vielleicht …

Im Scherz können Sie auch **Jein** *(jain)* sagen, eine Mischung aus Ja und Nein.

✔ **Danke.** *(danke)*

✔ **Danke für die schönen Blumen.** *(danke füa dii schöönen bluumen)*

✔ **Danke, dass du mir hilfst.** *(danke das duu mia hilfst)*

Folgt ein Hauptwort, sagen Sie **Danke für …**, folgt ein Satz, sagen Sie **Danke, dass …**; Sie können aber auch ganz einfach nur **Danke!** sagen oder **Vielen Dank!** *(fiilen dank)*. **Bitte. Gern (geschehen).** *(bite gean gescheen)* ist die Antwort auf **Danke!** oder **Vielen Dank!** Sie können auch nur **Bitte!** *(bite)* sagen. Oder auch nur: **Gern!** *(gean)*.

Im vollen Bus stoßen zwei Menschen aneinander.

✔ **Entschuldigung!** *(entschuldigung)*

Der eine tritt dem anderen versehentlich auf den Fuß.

✔ **Au! Das war mein Fuß!** *(au das waa main fuus)* **Entschuldigung!** *(entschuldigung)*

✔ **Entschuldigung! Es tut mir leid.** *(entschuldigung es tuut mia lait)*

Wenn Sie sich stärker entschuldigen wollen, sagen Sie noch einen Satz mehr: **Es tut mir leid.** **Es tut mir leid** hat die gleiche Bedeutung wie **Entschuldigung!** Aber zwei Sätze sind stärker als einer.

(Das) macht nichts! *(das maxxt nichts)* **Das macht nichts!** oder **Macht nichts!** ist die Antwort auf **Entschuldigung!** Sie können auch **Kein Problem!** *(kain probleem)* sagen.

Jemand niest und braucht ein Taschentuch. Sie wünschen **Gesundheit!** *(gezunthait)*. Die Antwort auf **Gesundheit!** ist **Danke!**

Wie bitte? *(wii bite)* sagen Sie, wenn Sie etwas nicht verstanden haben. Es bedeutet: Bitte sagen Sie es noch einmal.

Alltägliche Ausdrücke im Gespräch

Lesen Sie die folgenden kurzen Gespräche.

✔ **Kommst du heute mit ins Kino?** *(komst duu hoite mit ins kiinoo)* **Ja, sehr gerne!** *(jaa. zeea geane)*

✔ **Danke, dass du mir hilfst.** *(danke das duu mia hilfst)* **Gern geschehen.** *(gean gescheen)*

✔ **Au! Das war mein Fuß!** *(au das waa main fuus)* **Entschuldigung! Tut mir leid.** *(entschuldigung tuut mia lait)* **Macht nichts!** *(maxxt nichts)*

✔ **Hatschi!** *(haatschii)* **Gesundheit!** *(gezunthait)* **Danke!** *(danke)*

✔ **Ich heiße Kleinemeyer.** *(ich haise klainemaia)* **Wie bitte?** *(wii bite)* **Kleinemeyer ist mein Name. Anja Kleinemeyer.** *(klainemaia ist main naame / anja klainemaia)*

»Genau!«, »So ist es!«, »Wirklich?« – etwas erwidern können

Was können Sie **antworten**, wenn jemand etwas zu Ihnen sagt? Wenn Sie zustimmen (Ja sagen), etwas genauso sehen, der gleichen Meinung sind, können Sie sagen:

✔ **Genau!** *(genau)*

✔ **So ist es!** *(zoo ist es)*

✔ **Das stimmt!** *(das schtimt)*

✔ **Das finde ich auch!** *(das finde ich auch)*

2 ➤ Den Grundwortschatz lernen

Die einfachste Möglichkeit ist es, hier einfach **Mmh** *(mm)* zu sagen.

Das Wetter ist heute wirklich schlecht *(das weta ist hoite wiaklich schlecht)*. **Mmh. Das stimmt.** *(mm. das schtimt)*

Wenn das Gesagte für Sie neu ist

Wenn Sie die Informationen noch nicht gehabt haben, können Sie Ihr Erstaunen so ausdrücken:

✔ **Wirklich?** *(wiaklich)*

✔ **Ach ja?** *(axx jaa)*

✔ **Ach so!** *(axx zoo)*

An diese kurzen Wörter können Sie auch einen zweiten Satz anfügen:

✔ **Wirklich? Das ist ja interessant.** *(wiaklich/das ist ja interesant)*

✔ **Ach so! Das wusste ich nicht.** *(axx zoo das wuste ich nicht)*

Wenn Sie sehr erstaunt sind, können Sie auch **Donnerwetter!** *(donaweta)* rufen. Damit zeigen Sie, dass Sie sehr überrascht über die neue Information sind. Donner ist eigentlich der laute Teil des Gewitters (ein Wetter, bei dem es donnert und blitzt und oft hinterher regnet).

Wenn etwas für Sie genauso zutrifft

Wenn etwas für Sie genauso zutrifft (gleich ist), können Sie einfach mit **Ich auch** *(ich auxx)* antworten:

✔ **Ich mag Hunde sehr gern.** *(ich maak hunde zeea gean)* **Ich auch.** *(ich auxx)*

✔ **Ich spiele gern Badminton.** *(ich schpiile gean betminten)* **Ich auch.** *(ich auxx)*

Wenn etwas für Sie genauso nicht zutrifft, können Sie **Ich auch nicht** *(ich auxx nicht)* sagen: **Ich mochte den Film nicht.** *(ich moxxte den film nicht)* **Ich auch nicht.** *(ich auxx nicht)*.

Lesen Sie die folgenden kurzen Gespräche. Sprechen Sie die Erwiderungen (Antworten) mit.

✔ **Das Wetter ist heute wirklich schlecht.** *(das weta ist hoite wiaklich schlecht)* **Mmh. Das stimmt.** *(mm. das schtimt)*

✔ **Der Film fängt erst um 22 Uhr an.** *(dea film fenkt east um tswaiuntswanzich uua an)* **Wirklich? So spät? Das wusste ich nicht.** *(wiaklich/zoo schpeet/das wuste ich nicht)*

✔ **Ich spiele gern Badminton.** *(ich schpiile gean betminten)* **Ja, ich auch.** *(jaa ich auxx)* **Aber ich habe lange nicht mehr gespielt.** *(aaba ich haabe lange nicht meea geschpiilt)* **Wirklich? Ich auch nicht. Wollen wir nicht einmal zusammen spielen?** *(wiaklich/ich auch nicht/wolen wia nicht ainmal tsusamen schpiilen)*

»Wie viel?«, »Wie groß?«, »Wie spät?« – Zahlen, Maße, Uhrzeiten

Ein paar **einfache Fragen** gleich am Anfang zu lernen ist praktisch, denn man braucht sie immer wieder. Viele Fragen beginnen mit den **W-Fragewörtern**: Wer? Was? Wo? Wann? Wie?

Fragewörter: Wer? Was? Wo? Wann?

- ✔ **Wer?** *(wea)* **Wer ist das?** *(wea ist das)* **Das ist Jan Weiler.** *(das ist jan waila)*
- ✔ **Was?** *(was)* **Was ist das?** *(was ist das)* **Das ist ein Schnürsenkel.** *(das ist ain schnüüazenkel)*
- ✔ **Wo?** *(wo)* **Wo ist mein Schlüssel?** *(wo ist main schlüsel)* **Dein Schlüssel liegt auf dem Tisch.** *(dain schlüsel liikt auf deem tisch)*
- ✔ **Wann?** *(wan)* **Wann fängt der Film an?** *(wan fenkt dea film an)* **Der Film fängt um fünfzehn Uhr dreißig** (15:30 Uhr) **an.** *(der film fenkt um fünftseen uua draisich an)*

Das Fragewort wie wird oft **mit einem weiteren Wort** kombiniert: Wie viel? Wie groß? Wie weit? Wie lange? Wie spät? und andere mehr.

- ✔ **Wie viel?** *(wii fiil)* **Wie viel kostet das?** *(wii fiil kostet das)* **Dreiundzwanzig Euro** (23 Euro). *(draiundtswantsich oiroo)*
- ✔ **Wie groß?** *(wii groos)* **Wie groß bist du?** *(wii groos bist du)* **Ich bin ein Meter vierundachtzig** (1,84 m). *(ich bin ain meeta fiauntaxxtsich)*
- ✔ **Wie weit?** *(wii wait)* **Wie weit ist es nach Hamburg?** *(wii wait ist es naxx hamburk)* **Zweihundert Kilometer** (200 km). *(tswaihundeat kiiloomeeta)*
- ✔ **Wie lange?** *(wii lange)* **Wie lange dauert der Film?** *(wii lange dauat dea film)* **Neunzig Minuten** (90 min.). *(neuntsich minuuten)*
- ✔ **Wie spät?** *(wii schpäät)* **Wie spät ist es jetzt?** *(wii schpäät ist es jetst)* **Acht Uhr.** *(axxt uua)*

Die Zahlen

Lernen Sie auch die Antworten auf diese einfachen Fragen. Dazu benötigen Sie die **Zahlen**:

- ✔ 1 **eins** *(ains)*
- ✔ 2 **zwei** *(tswai)*
- ✔ 3 **drei** *(drai)*
- ✔ 4 **vier** *(fia)*
- ✔ 5 **fünf** *(fümf)*
- ✔ 6 **sechs** *(zeks)*
- ✔ 7 **sieben** *(ziiben)*
- ✔ 8 **acht** *(axxt)*
- ✔ 9 **neun** *(noin)*
- ✔ 10 **zehn** *(tseen)*
- ✔ 11 **elf** *(elf)*
- ✔ 12 **zwölf** *(tswölf)*

2 ➤ Den Grundwortschatz lernen

- ✔ 13 **dreizehn** *(draitseen)*
- ✔ 14 **vierzehn** *(fürtseen)*
- ✔ 15 **fünfzehn** *(fünftseen)*
- ✔ 16 **sechzehn** *(zechtseen)*
- ✔ 17 **siebzehn** *(ziiptseen)*
- ✔ 18 **achtzehn** *(axxtseen)*
- ✔ 19 **neunzehn** *(nointseen)*
- ✔ 20 **zwanzig** *(tswantsich)*
- ✔ 21 **einundzwanzig** *(ainuntswantsich)*
- ✔ 22 **zweiundzwanzig** *(tswaiuntswantsich)*

- ✔ ...
- ✔ 30 **dreißig** *(draisich)*
- ✔ 40 **vierzig** *(fürtsich)*
- ✔ 50 **fünfzig** *(fünftsich)*
- ✔ 60 **sechzig** *(zechtsich)*
- ✔ 70 **siebzig** *(ziiptsich)*
- ✔ 80 **achtzig** *(axxtsich)*
- ✔ 90 **neunzig** *(nointsich)*
- ✔ 100 **hundert** *(hundeat)*

Geldbeträge in Euro und Cent

So können Sie mit den Zahlen und den Wörtern **Euro** *(oiro)* und **Cent** *(sent)* auf die Frage antworten, wie teuer etwas ist.

- ✔ **Wie viel kostet es?** *(wii fiil kostet es)*
- ✔ **Es kostet 85 Euro und 99 Cent** (85,99 Euro). *(es kostet fümwunaxxtsich oiro unt noinunnointsich sent)*

Maße und Zahlen

Auch für Längenangaben benötigt man Zahlen.

- ✔ km = **Kilometer** *(kilomeeta)*
- ✔ m = **Meter** *(meeta)*
- ✔ cm = **Zentimeter** *(tsentimeeta)*
- ✔ mm = **Millimeter** *(milimeeta)*
- ✔ 1,87 m = **ein Meter siebenundachtzig** *(ain meeta ziibenunaxxtsich)*

So lange dauert es

So kombiniert man Zahlen mit Stunde/Minute/Sekunde, um die **Dauer** *(daua)* auszudrücken:

- ✔ **eine Stunde** *(aine schtunde)*
- ✔ **zwei Stunden** *(tswai schtunden)*
- ✔ **zweieinhalb Stunden** *(tswai-ainhalp schtunden)*
- ✔ 10 min. = **zehn Minuten** *(tseen minuuten)*
- ✔ 1 min. = **60 Sekunden** *(zechtsich zeekunden)*

Für eine Stunde und eine halbe Stunde (1,5 Stunden) kann man auch **andert**halb Stunden *(andathalp schtunden)* sagen.

Einen sehr kurzen Moment, eine sehr kurze Zeit nennt man auch einen **Augenblick**. Wenn Sie jemanden bitten, ein wenig zu warten, können Sie sagen: **Einen Augenblick bitte!** *(ainen augenblik bite)*

Die Uhrzeit

Nach der **Uhrzeit** *(uuatsait)* fragt man so: **Entschuldigung, können Sie mir sagen, wie spät es ist?** *(entschuldigung könen zii mia zaagen wii schpeet es ist)*

Track 15

Herr Meier fragt Herrn Müller nach der Uhrzeit.

Herr Meier: **Entschuldigung, können Sie mir sagen, wie spät es ist?**

(entschuldigung könen zii mia zaagen wii schpeet es ist)

Herr Müller: **Ja, einen Augenblick, bitte. Es ist gleich Viertel nach zehn.**

(jaa, ainen augenblik bite es ist glaich fötel naaxx tseen)

Herr Meier: **Vielen Dank!**

(fiilen dank)

- ✔ 11:00: **Es ist elf Uhr.** *(es ist elf uua)*
- ✔ 11:15: **Es ist elf Uhr fünfzehn. Es ist Viertel nach elf.** *(fötel naxx elf)*
- ✔ 11:30: **Es ist elf Uhr dreißig. Es ist halb zwölf.** *(halp tswölf)*
- ✔ 11:45: **Es ist elf Uhr fünfundvierzig. Es ist Viertel vor zwölf.** *(fötel foa tswölf)*
- ✔ 11:05: **Es ist elf Uhr fünf. Es ist fünf nach elf.** *(fünf naxx elf)*
- ✔ 11:50: **Es ist elf Uhr fünfzig. Es ist zehn vor zwölf.** *(tseen foa tswölf)*

Wenn etwas schnell gehen muss, sehr eilig ist, können Sie sagen: **Es ist höchste Zeit!** *(es ist höchste tsait)*, oder scherzhaft: **Es ist höchste Eisenbahn!** *(es ist höchste aisenbaan)* (weil eine Eisenbahn sehr schnell ist).

Viel mit einem einzigen Wort ausdrücken: Ausrufe

Lernen Sie diese kurzen Wörter. Sie können damit viel sagen.

- ✔ **Aha!** *(aha)* So ist das! Ich habe es verstanden. Sie können auch **Ach so!** *(axx zoo)* sagen.
- ✔ **Aua!** *(aua)* Ich habe mir wehgetan. Es tut weh.

2 ▶ Den Grundwortschatz lernen

✔ **Hmm …** *(hm)* Ich denke nach. Lass mich überlegen!

✔ **Brr!** *(brr)* Es ist kalt. Mir ist kalt.

✔ **Toll!** *(tol)* Es gefällt mir. Hier gibt es viele Möglichkeiten. Sie können zum Beispiel auch **Prima!** *(priima)*, **Klasse!** *(klase)* oder **Super!** *(zuupa)* sagen.

✔ **Juhuu!** *(juhuu)* Ich freue mich. Sie können auch **Hurra!** *(huraa)* sagen

✔ **Puh!** *(puu)* Es ist anstrengend.

✔ **Psst!** *(psst)* Bitte sei leise!

✔ **Huch?** *(huuxx)* Ich bin überrascht. Ich bin erschrocken.

Schnickschnack! *(schnikschnak)* bedeutet **Das ist nicht richtig. Das ist Unsinn.** Sie können auch **Quatsch!** *(kwatsch)* sagen. Oder, wenn Ihnen das Wort **Schnickschnack** noch nicht lang und lustig genug ist, können Sie auch **Papperlapapp** *(papalapap)* rufen.

Oft werden Sie diese kurzen Ausrufe auch mit einem erklärenden Satz dahinter hören:

✔ **Puh! Ist das anstrengend.** *(puu. ist das anschtrengent)*

✔ **Juhuu! Ich freue mich so!** *(juhuu. ich froie mich zoo)*

✔ **Aha! So ist das also.** *(aha. zoo ist das alzoo)*

Track 16

Hören Sie sich die Ausrufe auf der CD an. Achten Sie auf die Betonung: Wo geht die Stimme nach unten und wird tiefer, wo geht die Stimme nach oben und wird höher?

✔ Aha!

✔ Aua!

✔ Hmm …

✔ Brr, ganz schön kalt!

✔ Toll!

✔ Juhuu!

✔ Puh, ist das anstrengend.

✔ Psst, leise bitte!

✔ Huch, was ist das denn?

✔ Schnickschnack!

✔ Papperlapapp!

Substantive, Verben, Adjektive: Drei Wortarten für den Anfang

Hier erfahren Sie etwas über die wichtigsten Wortarten: die Hauptwörter (Substantive), Verben und Adjektive. Das reicht für den Anfang.

Substantive sind Hauptwörter

Sie erkennen Hauptwörter daran, dass sie mit einem **großen Buchstaben** anfangen: **F**rau, **H**und, **H**aus, **S**onne, **B**lume, **B**ank, **B**us, **B**ahnhof, **H**altestelle, **S**tockwerk. Viele Hauptwörter sind Wörter für **Dinge**, zum Beispiel Bleistift, Kugelschreiber, Flasche, Teller, Tasse. Aber nicht alle. Es gibt auch **abstrakte Hauptwörter**, zum Beispiel Wörter für **Zustände**: Fröhlichkeit, Gemütlichkeit, Freiheit.

Hauptwörter haben fast immer einen Artikel, der dazugehört, entweder **der**, **die** oder **das**: der Baum, der Hund, die Sonne, die Schule, das Haus, das Kind.

Der, die oder das

Es gibt leider keine festen Regeln, wann man **der**, wann man **die** und wann man **das** verwenden muss. Sie sollten daher ein Hauptwort immer mit seinem Artikel zusammen lernen. Es gibt aber einige Merkhilfen.

Der verwendet man,

- ✔ wenn **Männer** gemeint sind: der Vater, der Bruder, der Bauer, der Verkäufer.
- ✔ bei **Jahreszeiten, Monaten und Wochentagen**: der Frühling, der Sommer, der Herbst, der Winter, der Januar, der Februar, der März …, der Montag, der Dienstag, der Mittwoch …
- ✔ bei **Himmelsrichtungen**: der Norden, der Süden, der Osten, der Westen, der Südwesten …
- ✔ wenn das Wort auf **-ismus** endet: der Tourismus, der Optimismus, der Mechanismus.

Die verwendet man,

- ✔ wenn **Frauen** gemeint sind: die Mutter, die Schwester, die Ärztin, die Verkäuferin.
- ✔ bei vielen (nicht allen) **Bäumen** und **Pflanzen**: die Eiche, die Linde, die Buche, die Rose, die Tulpe, die Nelke.
- ✔ oft (nicht immer), wenn das Wort auf **-e** endet: die Blum**e**, die Sonn**e**, die Famili**e**, die Reise.
- ✔ wenn das Wort auf **-heit, -keit, -schaft, -ung** endet: die Schönheit, die Geschwindigkeit, die Gesellschaft, die Verpackung.

Bemerkenswert ist, dass Autonamen und Motorradnamen immer die gleichen Artikel haben. Autonamen haben den Artikel **der**: der Mercedes, der VW, der Opel, Motorräder den Artikel **die**: die Yamaha, die Honda.

Das verwendet man,

✔ wenn das Wort auf **-chen** endet: das Mädchen, das Männchen, das Häuschen.

✔ wenn das Wort auf **-um** endet: das Zentrum, das Datum, das Fotoalbum.

✔ wenn das Wort auf **-zeug** endet: das Spielzeug, das Feuerzeug, das Fahrzeug.

Es gibt noch viel mehr Merkhilfen, aber meistens sind sie sehr speziell oder es gibt viele Ausnahmen. Es hilft nichts: Sie müssen zu jedem Wort den Artikel lernen. Besser noch, Sie lernen in kleinen Einheiten, zum Beispiel: **das große Haus, das blaue Fahrrad, die bunte Blume** … Dann lernen Sie auch gleich die Adjektivendungen mit dazu.

> Um die deutschen Artikel (der, die, das) zu lernen, braucht man ein »Gedächtnis wie einen Terminkalender« (schreibt Mark Twain in seinem Essay »Die schreckliche deutsche Sprache«).

Häufige Hauptwörter nach Themen geordnet

Legen Sie sich ein eigenes **Miniwörterbuch** an mit allen Wörtern, die Sie schon gelernt haben. Ordnen Sie die Wörter nach Hauptwörtern (Substantiven), Aktionswörtern (Verben) und Eigenschaftswörtern (Adjektiven) an. Die Hauptwörter wiederum ordnen Sie **nach Themen**.

✔ **Körperteile:** der Kopf, der Arm, das Bein, die Hand, die Finger, der Fuß …

✔ **Kleidung:** die Hose, das Hemd, die Jacke, der Pullover, die Schuhe, die Strümpfe …

✔ **Essen und Trinken:** das Frühstück, das Mittagessen, das Brot, die Milch, der Käse, der Honig …

✔ **Natur:** der Berg, das Meer, der Strand, der Baum, das Pferd, die Biene …

✔ **Wetter:** der Himmel, die Wolke, die Sonne, der Regen, der Schnee, das Gewitter …

> Hier noch eine kleine Merkhilfe zum Thema Wetterwörter: Niederschläge wie Regen, Schnee, Hagel, Tau, Nebel und so weiter haben als Artikel **der**.

Vergessen Sie nicht, für jedes Wort den Artikel oder sogar eine kleine Einheit (wie zum Beispiel das schwarze Auto, der kleine Tisch) zu notieren.

Verben sind Aktionswörter

Viele Verben beschreiben Tätigkeiten. Es gibt nicht so viele Verben wie Substantive. Die wichtigsten Verben sind schnell gelernt. Lernen Sie Verben immer zusammen mit einem **Beispielsatz**.

Einige wichtige Verben sind:

- **haben** *(haaben)*

  Ich habe ein blaues Fahrrad. *(ich haabe ain blaues faaraat)*
- **sein (ich bin, wir sind)** *(zain ich bin wia sint)*

  Ich bin Arzt. *(ich bin aatst)*
- **machen** *(maxxen)*

  Was machst du morgen? *(was maxxst duu moagen)*
- **wollen** *(wolen)*

  Wollen wir morgen ins Kino gehen? *(wollen wiia moagen ins kiino geen)*
- **können (ich kann)** *(könen ich kan)*

  Kannst du das reparieren? *(kanst duu das reepariiren)*
- **müssen (ich muss)** *(müsen ich mus)*

  Ich muss immer früh aufstehen. *(ich mus ima früü aufschteen)*

Verben der Bewegung:

- **gehen** *(geen)*

  Wohin gehst du? *(wohin geest duu)*
- **kommen** *(komen)*

  Woher kommst du? *(woohea komst duu)*
- **sitzen** *(zitsen)*

  Möchten Sie sitzen? *(möchten zii zitsen)*
- **stehen** *(schteen)*

  Ich kann stehen. *(ich kan schteen)*
- **fahren (du fährst, er fährt)** *(faaren du feast eea feeat)*

  Wohin fährt der Bus? *(woohin feat dea bus)*
- **fliegen** *(fliigen)*

  Wie schnell fliegt das Flugzeug? *(wii schnel fliikt das fluuktsoik)*
- **schwimmen** *(schwimen)*

  Im Sommer gehen wir im Meer schwimmen. *(im zoma geen wiia im meea schwimen)*

Verben der Wahrnehmung:

- **sehen** *(zeen)*

  Wir sehen mit den Augen. *(wiia zeen mit deen augen)*

2 ➤ Den Grundwortschatz lernen

✔ **hören** *(höören)*
  Wir hören mit den Ohren. *(wiia höören mit deen ooren)*
✔ **fühlen** *(füülen)*
  Wir fühlen mit der Haut. *(wiia füülen mit dea haut)*
✔ **riechen** *(riichen)*
  Wir riechen mit der Nase. *(wiia riichen mit dea naaze)*
✔ **schmecken** *(schmeken)*
  Wir schmecken mit der Zunge. *(wiia schmeken mit dea tsunge)*

Verben zur Sprache und Kommunikation:

✔ **sprechen** *(schprechen)*
  Sprechen Sie Deutsch? *(schprechen zii doitsch)*
✔ **sagen** *(zaagen)*
  Was hast du gesagt? *(was hat duu gezaakt)*
✔ **erzählen** *(atseelen)*
  Erzähl doch mal von deiner Reise! *(atseel doxx maal fon daina raize)*
✔ **fragen** *(fraagen)*
  Darf ich Sie etwas fragen? *(daaf ich zii etwas fraagen)*
✔ **antworten** *(antwoaten)*
  Er antwortet nicht. *(ea antwoatet nicht)*
✔ **telefonieren** *(telefoniiaren)*
  Lass uns morgen telefonieren. *(las uns moagen telefoniiaren)*
✔ **schreiben** *(schraiben)*
  Ich schreibe meiner Freundin einen Brief. *(ich schraibe maina froindin ainen briif)*
✔ **lachen** *(laxxen)*
  Der Film war so lustig, ich musste immer wieder lachen. *(dea film waa zoo lustich ich muste ima wiida laxxen)*
✔ **zeigen** *(tsaigen)*
  Zeig mal, wie das geht! *(tsaik maal wii das geet)*

Geben und nehmen:

✔ **geben** *(geeben)*
  Ich gebe dir mein altes Handy. *(ich geebe diia main altes hendi)*

✔ **bekommen** *(bekomen)*

  Du bekommst mein altes Handy. *(duu bekomst main altes hendi)*

✔ **brauchen** *(brauxxen)*

  Brauchst du ein neues Handy? *(brauxxst duu ain noies hendi)*

✔ **bringen** *(bringen)*

  Ich bringe das Handy morgen mit. *(ich bringe das hendi moagen mit)*

Verschiedene Tätigkeiten:

✔ **arbeiten** *(aabaiten)*

  Ich arbeite in einer großen Firma. *(ich aabaite in aina groosen fiama)*

✔ **tragen** *(traagen)*

  Kannst du die Wasserkiste allein tragen? *(kanst duu dii wasakiste alain traagen)*

✔ **helfen** *(helfen)*

  Oder soll ich dir helfen? *(ooda zol ich diia helfen)*

✔ **essen** *(esen)*

  Was essen wir heute zu Mittag? *(was esen wiia hoite tsuu mitaak)*

✔ **denken** *(denken)*

  Ich muss erst ein bisschen nachdenken. *(ich mus east ain bischen naxxdenken)*

✔ **lernen** *(leanen)*

  Wie lange lernen Sie schon Deutsch? *(wii lange leanen zii schoon doitsch)*

✔ **lesen** *(leezen)*

  Ich lese gerne Krimis. *(ich leeze geane krimis)*

> Zunächst lernen Sie die wichtigsten Verben, die Grundverben. Später lernen Sie viele andere hinzu. Zum Beispiel lernen Sie zuerst das Verb **sprechen**. Später lernen Sie verschiedene Wörter für sprechen, wie **flüstern** (leise sprechen), **rufen** (laut sprechen) oder **nuscheln** (undeutlich sprechen).

Neue Verben ganz einfach lernen

Viele neue Verben entstehen im Deutschen dadurch, dass eine Vorsilbe (wie auf-, zu-, ab-) vor das Grundverb gesetzt wird. So sind mit dem Grundverb »machen« folgende Kombinationen möglich:

✔ **auf** + machen = aufmachen: **Es hat geklingelt. Kannst du mal bitte die Tür aufmachen?**

✔ **zu** + machen = zumachen: **Es ist kalt. Kannst du mal bitte das Fenster zumachen?**

✔ **an** + machen = anmachen: **Es wird langsam dunkel. Wir sollten das Licht anmachen.**

2 ➤ Den Grundwortschatz lernen

✔ **aus** + machen = ausmachen: **Das Wasser kocht. Kannst du bitte den Herd ausmachen?**

✔ **ab** + machen = abmachen: **Ich möchte die Jacke gleich tragen. Könnten Sie das Preisschild abmachen?**

Eigenschaftswörter: Adjektive

Adjektive beschreiben, **wie** etwas ist: groß, klein, lang, kurz, grün, gelb oder blau. Manche Adjektive sind **Farben:** rot, gelb, grün, blau, braun, schwarz, orange, rosa, lila, hellblau, dunkelblau.

✔ der rote Pullover

✔ die blaue Hose

✔ die braunen Schuhe

Viele Adjektive haben ein **Gegenteil**: Was **groß** ist, ist **nicht klein**.

✔ groß ist nicht klein   ✔ kalt ist nicht warm

✔ lang ist nicht kurz   ✔ weich ist nicht hart

✔ leicht ist nicht schwer   ✔ nass ist nicht trocken

✔ hell ist nicht dunkel   ✔ voll ist nicht leer

✔ laut ist nicht leise   ✔ neu ist nicht alt

✔ schnell ist nicht langsam   ✔ billig ist nicht teuer

Wort und Wort ergibt ein neues Wort

Oft werden zwei Wörter miteinander verbunden, sodass sich ein neues Wort ergibt. Diese Wörter können Hauptwörter, Verben oder Adjektive sein.

✔ schlafen + das Zimmer = das Schlafzimmer

✔ arbeiten + das Zimmer = das Arbeitszimmer

✔ backen + der Ofen = der Backofen

✔ die Sonne + die Brille = die Sonnenbrille

✔ die Hand + die Tasche = die Handtasche (eine kleine Tasche)

✔ das Haus + das Tier = das Haustier (ein Tier wie Katze, Hund oder Kaninchen)

✔ der Spiegel + das Ei = das Spiegelei (ein gebratenes Ei)

✔ der Tisch + die Decke = die Tischdecke

Ihre Lieblingswörter

Sammeln Sie Ihre Lieblingswörter. Lieblingswörter sind Wörter, die Ihnen besonders gut gefallen. Das können Wörter sein, die Sie besonders finden, die Sie an etwas Schönes erinnern oder einfach nur lustig klingen.

Hier ein paar Vorschläge:

- der Sonnenschein: die warmen Strahlen der Sonne
- der Marienkäfer: ein kleiner roter Käfer mit schwarzen Punkten
- das Sonntagsbrötchen: Brötchen, das man am Sonntag isst
- der Schneeglöckchen: eine kleine weiße Blume, die im Januar aus dem Schnee hervorschaut
- der Feierabend: Ende der Arbeitszeit an diesem Tag
- ausschlafen: so lange schlafen, wie man möchte
- der Kaffeeklatsch: ein Treffen mit Kaffee, Kuchen und gemütlichen Gesprächen
- das i-Tüpfelchen: der kleine Punkt auf dem Buchstaben i

Was sind Ihre Lieblingswörter?

Neue Wörter leicht lernen

Im Folgenden lernen Sie verschiedene Techniken kennen, mit denen Sie neue Wörter wiederholen können. Wiederholung ist wichtig, um sich die Wörter dauerhaft zu merken.

Mit Vokabelkarten lernen

Wie können Sie sich all diese neuen Wörter gut merken? Eine Methode ist, sich alles auf **Vokabelkarten** zu notieren. Besorgen Sie sich kleine Kärtchen im DIN-A6-Format. Auf die Vorderseite der Kärtchen schreiben Sie das neu gelernte Wort, zum Beispiel »die Wolke«. Auf die Rückseite schreiben Sie dann das Wort in Ihrer Muttersprache.

Und so lernen Sie mit Vokabelkarten:

- Sehen Sie sich auf den Karten zuerst die Seiten mit den deutschen Wörtern an. Versuchen Sie sich daran zu erinnern, was diese Wörter in Ihrer Muttersprache bedeuten.
- Die Karten mit den Wörtern, die Sie schon können, legen Sie nach und nach weg.
- Lernen Sie so lange, bis Sie alle Wörter können.
- Drehen Sie dann die Karten um. Sehen Sie sich die Seiten mit den Wörtern in Ihrer Muttersprache an.
- Die Karten mit den Wörtern, die Sie auf Deutsch können, legen Sie nach und nach weg. Lernen Sie auch hier so lange, bis Sie alle Wörter können.

Wiederholen Sie die Wörter immer wieder. Wiederholen Sie die Wörter zum Beispiel am nächsten Tag, dann nach einer Woche, dann nach einem Monat und dann noch einmal nach einem halben Jahr. So können Sie sich Wörter gut merken.

Teil II

Deutsch im Alltag

In diesem Teil ...

geht es um Deutsch, das im Alltag gesprochen wird. Ich stelle verschiedene Alltagssituationen vor. Als Erstes geht es um unterschiedliche Begrüßungen, förmliche und nicht förmliche, allgemeine und lokale Begrüßungen und natürlich auch um Verabschiedungen. Danach lernen Sie, über sich selbst zu erzählen, über den Beruf, die Familie und über Hobbys. Beim Small Talk auf der Straße geht es oft ums Wetter oder die kurzen Gespräche drehen sich um das Tagesgeschehen. Auch hierfür finden Sie in diesem Teil viele Beispiele.

Anschließend geht es ums Einkaufen sowie ums Essen und Essengehen. Verschiedene Dialoge und Beispielsätze drehen sich um das Bestellen und Bezahlen im Restaurant oder im Café. In thematisch geordneten Wortlisten finden Sie viele Vokabeln zum Einkaufen und Nachfragen im Kaufhaus oder anderen Geschäften wie etwa in einer Buchhandlung oder in einem Kleidungsgeschäft. Auch wenn Sie etwas Gekauftes umtauschen wollen, weil es Ihnen doch nicht gefällt oder nicht passt, werden die Beispielsätze nützlich sein. Es folgt das Thema Erledigungen, wie bei der Bank, auf der Post und bei Ämtern. Und Sie lernen, auf Deutsch Telefongespräche zu führen und SMS und E-Mails zu schreiben. Das letzte Kapitel, in dem es um Häuser, Wohnungen und Zimmer geht, enthält nützlichen Wortschatz und Phrasen für die Wohnungssuche und die Einrichtung der Wohnung.

»Guten Tag«, »Moin« oder »Grüß Gott«? Grüßen und sich vorstellen

In diesem Kapitel

▸ Die passende Begrüßung für jede Situation

▸ Du oder Sie?

▸ Sich vorstellen und über sich sprechen

▸ Namen, Länder, Städte und Sprachen sowie Berufe

▸ Sich verabschieden

Ein Gespräch beginnt mit der Begrüßung. In diesem Kapitel lernen Sie die wichtigsten Redewendungen für die Begrüßung kennen. Außerdem geht es darum, wann man »Du« und wann man »Sie« sagen sollte und was man auf die Frage »Wie geht es Ihnen?« antworten kann. Der Grundwortschatz zu den Themen Namen, Länder, Städte, Sprachen und Berufe helfen dabei, sich und andere vorzustellen. Sie lernen, Informationen über Ihre Adresse und Telefonnummer auszutauschen und einen Termin für ein weiteres Treffen zu verabreden.

Die passende Begrüßung finden

Ein **Guten Tag** *(guuten taak)* passt fast immer. Aber je nach Situation, bei Unbekannten oder bei Freunden, morgens oder abends, können Sie auch noch andere Begrüßungen verwenden.

»Moin, Moin« oder »Grüezi«: Lokal kommt an

Je nachdem, wo Sie sind, werden Sie verschiedene Begrüßungen kennenlernen. Unter Bekannten und Freunden werden diese lokalen Begrüßungen gern gehört:

✔ in Norddeutschland **Moin, Moin!** *(moin moin)*

✔ in Süddeutschland und Österreich **Grüß Gott!** *(grüüs got)* oder **Servus!** *(zerwus)*

✔ in der Schweiz **Grüezi!** *(grüüetsii)* oder **Grüessech!** *(grüüesech)*

✔ im Ruhrgebiet **Tach (auch)!** *(tach auxx)*

Alltägliche und förmliche Begrüßungen

Die bekannteste und gewöhnlichste Begrüßung ist wohl:

✔ **Guten Tag!** *(guuten taak)*

- **Guten Tag, Herr Beckmann!** *(guuten taak hea bekman)*
- **Guten Tag, Frau Schröder!** *(guuten taak frau schrööda)*

Unter Bekannten und Freunden wird daraus auch oft einfach **Hallo!** *(haloo)* oder wie im Englischen **Hi!** *(hai)*. Sie können Freunde auch ohne weitere Begrüßung **Na?** *(na)* fragen. Das ist kurz für **Na, wie geht's?** Sie müssen auf diese Frage nicht antworten.

Die passende Begrüßung zu jeder Tageszeit

Je nach Tageszeit passt eine andere Begrüßung:

- morgens (etwa von 5 Uhr bis 11 Uhr): **Guten Morgen!** *(guuten morgen)*
- danach (etwa von 11 Uhr bis 18 Uhr): **Guten Tag!** *(guuten taak)*
- abends (etwa von 18 Uhr bis 23 Uhr): **Guten Abend!** *(guuten aabent)*

Die richtige Antwort auf die Begrüßung

Am einfachsten ist es, so zu antworten, wie Sie begrüßt wurden, also:

- Begrüßung: **Guten Tag.** Die Antwort: **Guten Tag.**
- Begrüßung: **Hallo.** Die Antwort darauf: **Hallo.**
- Begrüßung: **Na?** Die Antwort darauf: **Na?**

Sie können dann **Wie geht's?** *(wii geets)* oder **Wie geht es Ihnen?** *(wii geet es iinen)* anschließen.

Lesen Sie folgende Begrüßungsdialoge:

Tom:	**Hallo Ben!**
	(haloo ben)
Ben:	**Hi Tom!**
	(hai tom)
Frau Schröder:	**Guten Tag, Herr Beckmann!**
	(guuten taak hea bekman)
Herr Beckmann:	**Guten Tag, Frau Schröder! Wie geht es Ihnen?**
	(guuten taak frau schrööda / wii geet es iinen)
Sabine:	**Moin Jörg!**
	(moin jöak)

»Jörg, moin!«, »Wie geht's«? Du oder Sie? Die richtige Anrede

Wie geht's? oder **Wie geht es Ihnen? Du** oder **Sie? Herr Klein** oder **Stefan**? Wann passt ein **Du** und wann das **Sie**? Tabelle 3.1 zeigt Ihnen, wann welche Anrede passt.

Förmlich, offiziell	Formlos, persönlich
Sie	du
Herr Meyer	Stefan
Wie geht es Ihnen?	Wie geht es dir?

Tabelle 3.1: Die richtige Wahl – förmliche und formlose Anrede

Ein **Sie** ist meist richtig:

✔ wenn Sie die Person zum ersten Mal treffen

✔ wenn Sie die Person nicht gut kennen

✔ beim Einkaufen, zum Verkäufer/zur Verkäuferin

✔ zu Lehrern

✔ auf Ämtern

✔ unter Arbeitskollegen

Ein **du** ist meist richtig:

✔ bei Kindern unter 16 Jahren

✔ unter Freunden

✔ unter Schülern und Studenten

✔ wenn Sie selbst Vater/Mutter sind: bei den Eltern anderer Kinder

✔ unter (oft jüngeren) Arbeitskollegen, die dies so vereinbart haben

Wenn Sie unsicher sind, ist das »Sie« eine gute Wahl. Das ist meistens für den Anfang nicht falsch. Vielleicht wird Ihnen dann wie im folgenden Beispiel das **Du** angeboten:

✔ **Wollen wir nicht du sagen?** *(wolen wia nicht duu zaagen)*

✔ **Ach, lass uns doch du sagen!** *(axx las uns doxx duu zaagen)*

✔ **Wir können doch du sagen. Ich heiße Friederike.** *(wia könen doxx duu zaagen ich haise friideriike)*

Sie können natürlich auch selbst mit diesen Sätzen das Du anbieten. Sagt man **Sie** zueinander, heißt das **sich siezen**. Sagt man du zueinander, heißt das **sich duzen**. Sie hören vielleicht also auch den Satz:

✔ **Wollen wir uns nicht duzen?** *(wolen wia uns nicht duutsen)* oder

✔ **Sollen wir uns nicht einfach duzen?** *(zolen wia uns nicht ainfach duutsen)*

Lesen Sie den folgenden Dialog:

Peter Grimm: **Guten Tag, Herr Klein! Wie geht es Ihnen?**

(guuten taak hea klain/wii geet es iinen)

Stefan Klein: **Ach, hallo, guten Tag, Herr Grimm. Wissen Sie was? Sollen wir uns nicht einfach duzen?**

(axx haloo guuten taak hea grim/wisen sii was? solen wia uns nicht ainfaxx duutsen)

Peter Grimm: **Ja, gern. Ich heiße übrigens Peter.**

(jaa gean/ich haise übrigens peeta)

Stefan Klein: **Und ich bin Stefan.**

(unt ich bin stefan)

»Wie geht's?« Nach dem Befinden fragen

Nach der Begrüßung, wie **Hallo** oder **Guten Tag**, können Sie mit einer Frage fortfahren:

✔ **Guten Tag. Wie geht es Ihnen?** *(guuten taak/wii geet es iinen)*

✔ **Hallo. Wie geht es dir?** *(haloo/wii geet es dia)*

Oder kurz: **Wie geht's?** *(wii geets)*. Die normale Antwort darauf ist: **Gut, danke!** *(guut, danke)* oder **Danke, gut!** *(danke, guut)*. Dies sind zwar zwei kurze Wörter, aber lassen Sie sich ruhig Zeit mit der Aussprache. Betonen Sie beide Wörter.

Gut, sehr gut oder nicht so gut heute?

Manchmal haben Sie vielleicht keine Lust, mit dem Standard **Danke, gut!** zu antworten. Dann können Sie die nachfolgenden Varianten benutzen.

Es geht mir sehr gut

Wenn es Ihnen **sehr gut** geht, können Sie sagen:

✔ **Danke, mir geht's ausgezeichnet!** *(danke mia geets ausgetsaichnet)*

✔ **Hervorragend!** *(heafoaraagent)*

✔ **Alles bestens!** *(ales bestens)*

Es geht mir mittelmäßig gut

Wenn es Ihnen **mittelmäßig gut** geht, können Sie sagen:

✔ **Es geht.** *(es geet)*

✔ **Ganz gut.** *(gans guut)*

✔ **Alles in Ordnung.** *(ales in oatnung)*

Es geht mir nicht so gut

Wenn es Ihnen **nicht so gut** geht, können Sie sagen:

✔ **Nicht so gut.** *(nicht soo guut)*

✔ **Na ja. Bin im Stress.** *(na jaa/bin im schtres)*

✔ **Muss ja.** *(mus ja)*

> Da die Frage **Wie geht's?** so häufig gestellt wird, hat natürlich keiner Lust, immer nur mit **Danke, gut!** zu antworten. Deshalb gibt es viele Möglichkeiten. So können Sie zum Beispiel **Alles in Butter!** *(ales in buta)* oder **Kann nicht klagen!** *(kan nicht klaagen)* sagen. Hören Sie sich einmal um und sammeln Sie Antworten auf einer besonderen Seite in Ihrem Vokabelheft!

Wenn Sie geantwortet haben, können Sie natürlich gleich zurückfragen:

✔ **Danke, gut, und Ihnen?** *(danke/guut/unt iinen)*

✔ **Danke, gut, und dir?** *(danke/ guut/unt dia)*

✔ **Danke, gut. Und wie geht es Ihnen?** *(danke/guut/unt wii geet es iinen)*

Track 17

Anna fragt ihre Freundin Paula, wie es ihr geht. Achten Sie auf die Betonungen und sprechen Sie nach.

Anna: **Hallo, Paula. Lange nicht gesehen! Wie geht's?**

(halo paula/lange nicht gezeen/wii geets)

Paula: **Danke, gut. Und dir?**

(danke guut / unt dia)

Anna: **Ja, auch gut.**

(jaa/auxx guut)

Sie können sich auch nach gemeinsamen Freunden, Bekannten oder anderen Familienmitgliedern erkundigen. Dann fragen Sie:

✔ **Und wie geht es Ihrem Mann?** *(unt wii geet es iirem man)*

✔ **Und wie geht es Ihrer Familie?** *(unt wii geet es iirer famiilje)*

✔ **Und – weißt du, wie's Paul geht?** *(unt/waist du wiis paul geet)*

Wie man weiter über die Familie spricht, lernen Sie in Kapitel 4.

Kurz und einfach: Sich selbst und andere vorstellen

Wenn Sie eine andere Person das erste Mal treffen, möchten Sie sich vorstellen. Und das geht so:

✔ **Ich heiße … = Mein Name ist … = Ich bin …**

✔ **Ich heiße Alexander Schmidt.** *(ich haise aleksanda schmit)*

✔ **Mein Name ist Alexander Schmidt.** *(main naame ist aleksanda schmit)*

✔ **Ich bin Alexander Schmidt.** *(ich bin aleksanda schmit)*

Die andere Person antwortet dann genau mit dem gleichen Satz: **Ich heiße Jana Wecker.** Einfach und kurz, oder? Es geht aber auch noch kürzer. Dann nennen beide Personen einfach nur ihren Nachnamen. Dazu ein Händeschütteln. Fertig.

Schmidt – Wecker

Diese Floskeln passen immer, egal ob in einer förmlichen oder informellen Situation. Und selbst wenn Sie sich in einer sehr förmlichen Situation vorstellen müssen, müssen Sie nur ein wenig mehr sagen.

Lesen Sie dazu folgenden Dialog:

Frau Huber: **Darf ich mich vorstellen? Mein Name ist Rita Huber.**

(daaf ich mich foastelen / main naame ist riita huuba)

Herr Schulz: **Angenehm. Ich heiße Schulz.**

(angeneem / ich haise schults)

Namen, Namen, Namen

Jetzt lernen Sie ein bisschen Wortschatz zum Thema Namen. Tragen Sie unter die deutschen Wörter und die Lautschrift die Übersetzung in Ihrer Muttersprache ein. Wenn Ihnen die Bedeutungen noch nicht klar sind, lesen Sie zuerst die Erklärungen weiter unten.

✔ **der Vorname** *(foanaame)*

_____

✔ **der Nachname** *(naxxnaame)*

_____

✔ **der Familienname** *(famiilijennaame)*

_____

✔ **der Rufname** *(ruufnaame)*

_____

✔ **der Spitzname** *(schpitsnaame)*

_____

3 ➤ Grüßen und sich vorstellen

Ein Name besteht meist aus zwei Teilen: dem Vornamen und dem Nachnamen. Männliche Vornamen sind zum Beispiel: Anton, Jürgen oder Oliver. Weibliche Vornamen sind zum Beispiel: Tina, Susanne oder Silke. Häufige deutsche Nachnamen sind: Meyer, Müller, Schmidt, Schulz, Krüger oder Becker. Ein anderes Wort für Nachname ist Familienname.

Viele Nachnamen leiten sich von Berufsbezeichnungen ab:

✔ Bäcker (auch Becker als Name) ist jemand, der Brot backt.

✔ Müller ist jemand, der eine Mühle besitzt und dort aus Korn Mehl herstellt.

✔ Schmied ist jemand, der Dinge aus Eisen herstellt, zum Beispiel Werkzeuge oder Hufeisen für Pferde.

Wenn Sie genau fragen oder erklären möchten, was der Vorname und was der Nachname ist, machen Sie das so wie im folgenden Dialog:

✔ **Ich heiße Paul Andreas.** *(ich haise paul andreas)*

✔ **Andreas ist der Vorname?** *(andreas ist der foanaame)*

✔ **Nein. Andreas ist der Nachname. Mein Vorname ist Paul.** *(nain/andreas ist dea naaxxnaame/main foanaame ist paul)*

Wie heißt eine Durchschnittsperson? Wenn jemand als Beispiel gemeint ist, heißt die Person oft Erika Mustermann *(eerika mustaman)*, wenn es sich um eine Frau handelt. Wenn es sich um einen Mann handelt, wird oft der Name Otto Normalverbraucher *(oto nomaalfabrauxxa)* verwendet.

Viele Menschen haben zwei oder mehr Vornamen. Der Vorname, mit dem Sie angesprochen werden, ist der Rufname. Oft müssen Sie in Formularen eine Linie unter Ihren Rufnamen ziehen. Dort steht dann: Rufname bitte unterstreichen.

Freunde geben ihren Freunden Spitznamen, die aus dem Vornamen oder aus dem Nachnamen entstehen können, zum Beispiel:

✔ Micha für Michael

✔ Schumi für Schumacher

✔ Tini für Christina

Wie nennen Ihre Freunde Sie?

Länder, Städte und Sprachen

Wenn Sie sich vorstellen, sprechen Sie sicher oft über:

✔ Ihr Herkunftsland oder Ihre Heimatstadt

✔ das Land, in dem Sie leben

✔ die Stadt, in der Sie wohnen

- ✔ Länder, in die Sie schon einmal gereist sind
- ✔ Städte, die Sie schon einmal besucht haben
- ✔ Sprachen, die Sie sprechen

Mit folgenden Satzmustern geht das ganz einfach. Sie müssen nur das entsprechende Land aus der Liste oder einen Städtenamen einsetzen. Und das Beste daran: Bei diesen Satzmustern müssen Sie nichts mehr an der grammatischen Form der Wörter verändern.

- ✔ **Ich komme aus** _____. *(ich kome aus)*
- ✔ **Ich wurde in** _____ **geboren.** *(ich wuade in … gebooren)*
- ✔ **Ich habe in** _____ **gelebt.** *(ich habe in … gelebt)*
- ✔ **Ich lebe jetzt in** _____. *(ich lebe jetst in)*
- ✔ **Ich war schon einmal in**_____. *(ich waa schoon ainmaal in)*

Setzen Sie bei _____ ein Wort aus folgender Liste oder einen beliebigen Städtenamen ein:

- ✔ **Afghanistan** *(afgaanistaan)*
- ✔ **Belgien** *(belgijen)*
- ✔ **Bosnien und Herzegowina** *(bosnien unt hertsegowina)*
- ✔ **Brasilien** *(braziilijen)*
- ✔ **Bulgarien** *(bulgaarien)*
- ✔ **China** *(chiina)*
- ✔ **Deutschland** *(doitschlant)*
- ✔ **Frankreich** *(frankraich)*
- ✔ **Ghana** *(gaana)*
- ✔ **Griechenland** *(griichenlant)*
- ✔ **Großbritannien** *(groosbritanijen)*
- ✔ **Indien** *(indijen)*
- ✔ **dem Irak** *(deem iraak)*
- ✔ **dem Iran** *(deem iraan)*
- ✔ **Japan** *(jaapan)*
- ✔ **Kasachstan** *(kazachstan)*
- ✔ **dem Kosovo** *(deem kozoowoo)*
- ✔ **Kroatien** *(kroaatsijen)*
- ✔ **Lettland** *(letlant)*
- ✔ **dem Libanon** *(deem liibanon)*
- ✔ **Litauen** *(litauen)*
- ✔ **Marokko** *(maroko)*
- ✔ **Mazedonien** *(mazedonijen)*
- ✔ **Nigeria** *(nigeerija)*
- ✔ **Pakistan** *(paakistaan)*
- ✔ **den Philippinen** *(deen filipiinen)*
- ✔ **Polen** *(poolen)*
- ✔ **Portugal** *(portugal)*
- ✔ **Österreich** *(östaraich)*
- ✔ **Rumänien** *(rumänijen)*
- ✔ **Russland** *(ruslant)*
- ✔ **Schweden** *(schweeden)*
- ✔ **der Schweiz** *(dea schwaits)*
- ✔ **Serbien** *(zerbijen)*
- ✔ **der Slowakei** *(dea slowakai)*
- ✔ **Slowenien** *(sloweenijen)*
- ✔ **Spanien** *(schpaanijen)*

3 ➤ Grüßen und sich vorstellen

- ✔ Sri Lanka *(sri lanka)*
- ✔ Südkorea *(züüdkoreeja)*
- ✔ Syrien *(züürijen)*
- ✔ der Tschechischen Republik *(dea tschechischen republiik)*
- ✔ Thailand *(tailant)*
- ✔ Tunesien *(tuneezijen)*
- ✔ der Türkei *(dea türkai)*
- ✔ der Ukraine *(dea ukraiine)*
- ✔ Ungarn *(ungaan)*
- ✔ den USA *(deen uu es aa)*
- ✔ Vietnam *(wiietnam)*
- ✔ Weißrussland *(waisruslant)*

Sie können sagen: **Ich komme aus Hamburg** *(ich komme aus hambuak)*. Sie können natürlich auch Städtenamen und Ländernamen kombinieren, zum Beispiel: **Ich komme aus Zürich in der Schweiz** *(ich kome aus tsüürich in dea schwaits)*.

Eine kleine Grammatikregel müssen Sie beachten: Wenn Sie das Wort **in** und das Wort **dem** kombinieren, wird daraus das zusammengezogene Wort **im**. in + dem wird zu im. Hier ein Beispielsatz: **Ich war schon einmal im Iran** *(ich waa schoon ainmaal im iraan)*.

Jetzt noch ein einfaches Beispiel, mit dem Sie die Sprachen benennen können, die Sie sprechen: **Ich spreche (…)** *(ich schpreche)*. Wenn Sie die Sprache nur ein wenig können, sagen Sie einfach: **Ich spreche ein bisschen (…)** *(ich schpreche ain bischen)*.

So können Sie mithilfe folgender Liste aufzählen und kombinieren, zum Beispiel: **Ich spreche Portugiesisch, Deutsch, Spanisch und ein bisschen Englisch** *(ich schpreche portugiisisch/ doitsch/schpaanisch unt ein bischen englisch)*.

Hier einige Sprachen:

- ✔ **Deutsch** *(doitsch)*
- ✔ **Arabisch** *(araabisch)*
- ✔ **Englisch** *(englisch)*
- ✔ **Französisch** *(frantsöözisch)*
- ✔ **Griechisch** *(griichisch)*
- ✔ **Italienisch** *(italjeenisch)*
- ✔ **Kroatisch** *(kroaatisch)*
- ✔ **Kurdisch** *(kurdisch)*
- ✔ **Niederländisch** *(niidalendisch)*
- ✔ **Persisch** *(perzisch)*
- ✔ **Portugiesisch** *(portugiizisch)*
- ✔ **Russisch** *(rusisch)*
- ✔ **Spanisch** *(schpaanisch)*
- ✔ **Türkisch** *(türkisch)*
- ✔ **Vietnamesisch** *(wiietnameezisch)*

Städte beschreiben

Vielleicht möchten Sie noch etwas über Ihre Heimatstadt oder Städte, in denen Sie gelebt haben, erzählen. Hierzu sind die folgenden Sätze nützlich:

✔ _____ ist die Hauptstadt von _____. *(... ist die hauptschtat fon ...)*

✔ _____ ist eine große Stadt / eine kleine Stadt. *(... ist aine groose schtat / aine klaine schtat)*

✔ _____ ist eine schöne Stadt. *(... ist aine schööne schtat)*

✔ _____ liegt am Meer/liegt an einem Fluss. *(... liikt am meea / liikt an ainem flus)*

✔ **Dort gibt es viele Sehenswürdigkeiten zum Beispiel** _____. *(doot giipt es fiile zeenswüadichkaiten / tsum baischpiil ...)*

Daniela beschreibt ihre Heimatstadt Köln: Köln ist eine schöne Stadt in Nordrhein-Westfalen. Sie ist die viertgrößte Stadt in Deutschland. Köln liegt an einem Fluss, am Rhein. Es gibt dort viele Sehenswürdigkeiten, zum Beispiel den Kölner Dom.

Berufsausbildung, Schule

Wenn Sie über sich erzählen, werden Sie sicher auch sagen, welchen Beruf Sie haben. Hier einige Möglichkeiten. Sagen Sie einfach: **Ich bin ...** *(ich bin)*, und ergänzen Sie dann den Beruf, zum Beispiel **Ich bin Arzt./Ich bin Ärztin.** *(ich bin aatst / ich bin ertstin)* Wenn Ihnen das zu kurz ist, können Sie auch sagen: **Ich bin Arzt von Beruf.** oder **Von Beruf bin ich Arzt.** *(ich bin aatst fon beruuf / fon beruuf bin ich aatst)*

✔ **der Angestellte/die Angestellte** *(dea angeschtelte / dii angeschtelte)*

✔ **der Architekt/die Architektin** *(dea aachitekt / dii aachitektin)*

✔ **der Arzt/die Ärztin** *(dea aatst / dii ertstin)*

✔ **der Bauarbeiter/die Bauarbeiterin** *(dea bauaabaita / dii bauaabaitarin)*

✔ **der Busfahrer/die Busfahrerin** *(dea busfaara / die busfaarerin)*

✔ **der Elektriker/die Elektrikerin** *(dea eelektrika / die eelektrikarin)*

✔ **der Fabrikarbeiter/die Fabrikarbeiterin** *(dea fabriikaabaita / dii faabriikaabaiterin)*

✔ **der Gastwirt/die Gastwirtin** *(dea gastwiat / dii gastwiatin)*

✔ **der Hausmann/die Hausfrau** *(dea hausman / dii hausfrau)*

✔ **der Hotelfachmann/die Hotelfachfrau** *(dea hootelfachmann / dii hootelfachfrau)*

✔ **der Informatiker/die Informatikerin** *(dea infomaatiker / dii infomaatikerin)*

✔ **der Ingenieur/die Ingenieurin** *(dea indschenöör / dii indschenöörin)*

✔ **der Kaufmann/die Kauffrau** *(dea kaufmann / dii kauffrau)*

✔ **der Kellner/die Kellnerin** *(dea kelna / dii kelnarin)*

3 ➤ Grüßen und sich vorstellen

✔ **der Koch/die Köchin** *(dea koxx/dii köchin)*

✔ **der Krankenpfleger/die Krankenschwester** *(dea krankenfleega/dii krankenfleegarin)*

✔ **der Lehrer/die Lehrerin** *(dea leera/dii leerarin)*

✔ **der Maschinenbauer/die Maschinenbauerin** *(dea maschiinenbaua/dii maschiinenbauarin)*

✔ **der Polizist/die Polizistin** *(dea politsist/dii politsistin)*

✔ **die Reinigungskraft/die Reinigungskraft** *(reinigungskraft)*

✔ **der Sekretär/die Sekretärin** *(dea sekreteer/dii sekreteerin)*

✔ **der Selbstständige/die Selbstständige** *(dea selbstschtendige/dii selbstschtendige)*

✔ **der Techniker/die Technikerin** *(dea technika/dii technikerin)*

✔ **der Unternehmensberater/die Unternehmensberaterin** *(dea untaneemensberaata/dii untaneemensberaatarin)*

✔ **der Verkäufer/die Verkäuferin** *(dea fakeufa/dii fakeuferin)*

Schauspieler, Reiseleiter, Arzt, Selbstständiger oder Feuerwehrmann gelten bei manchen als Traumberufe. Ein **Traumberuf** *(traumberuuf)* ist ein Beruf, den man sehr gerne ausüben möchte. Was ist Ihr Traumberuf? Was war Ihr Traumberuf, als Sie ein Kind waren?

Sie können auch einfach sagen, wo Sie arbeiten:

✔ **Ich arbeite in einer großen Firma.** *(ich aabaite in aina groosen fiamaa)*

✔ **Ich arbeite bei Siemens.** *(ich aabaite bai ziimens)*

✔ **Ich arbeite im Krankenhaus.** *(ich aabaite im krankenhaus)*

✔ **Ich arbeite in einem Café.** *(ich aabaite in ainem kafee)*

✔ **Ich arbeite an der Universität.** *(ich aabaite an dea uniweaziteet)*

Vielleicht gehen Sie noch oder wieder zur Schule oder sind in der Berufsausbildung. Dann können Sie sagen:

✔ **Ich gehe noch zur Schule.** *(ich gee/e noxx tsua schuule)*

✔ **Ich gehe wieder zur Schule.** *(ich gee/e wiida tsua schuule)*

✔ **Ich lerne gerade Deutsch.** *(ich leane geraade doitsch)*

✔ **Ich gehe zur Berufsschule.** *(ich gee/e tsua beruufsschuule)*

✔ **Ich mache eine Ausbildung als (Koch).** *(ich maxxe aine ausbildung als koxx)*

✔ **Ich studiere (Maschinenbau) an der Fachhochschule.** *(ich schtudiire maschiinenbau an dea fachhooxxschuule)*

✔ **Ich studiere (International Management) an der Universität.** *(ich schtudiire … an der universiteet)*

Aufbaukurs Deutsch für Dummies

die Architektin

der Arzt

der Bauarbeiter

der Busfahrer

die Hausfrau

die Hotelfachfrau

der Informatiker

der Koch

der Krankenpfleger

die Lehrerin

3 ▶ *Grüßen und sich vorstellen*

Abbildung 3.1: Berufsbezeichnungen

Es gibt ein Wiedersehen – Austausch von Kontaktdaten

Sie haben jemanden kennengelernt, beruflich oder privat, und sich vorgestellt. Jetzt möchten Sie sich wiedersehen. Mit diesen Floskeln können Sie sich verabreden und Kontaktdaten austauschen:

- ✔ **Es war schön, Sie kennenzulernen.** *(es waa schöön zii kenentsuuleanen)*
- ✔ **Es hat mich gefreut, Sie kennenzulernen.** *(es hat mich gefroit zii kenentsuuleanen)*
- ✔ **Es hat mich sehr gefreut. (***es hat mich zeea gefroit.)*

So verabreden Sie das nächste Treffen:

- ✔ **Wollen wir uns wiedersehen?** *(wolen wia uns wiidazeen)*
- ✔ **Wann sehen wir uns wieder?** *(wan zeen wia uns wiida)*
- ✔ **Sollen wir uns nächste Woche noch einmal treffen?** *(zolen wii uns neechste woxxe noxx ainmaal trefen)*
- ✔ **Wie wäre es am Donnerstag, den 15. Mai, um 15:30 Uhr?** *(wii weere es am donastaak deen fünftseenten mai um fünftseen uua draisich)*

Wenn Sie sich an einem bestimmten Tag treffen wollen, müssen Sie den Wochentag nennen:

- ✔ **Montag** *(moontaak)*
- ✔ **Dienstag** *(diinstaak)*
- ✔ **Mittwoch** *(mitwoxx)*
- ✔ **Donnerstag** *(donastaak)*
- ✔ **Freitag** *(fraitaak)*
- ✔ **Samstag** *(zamstaak)*
- ✔ **Sonntag** *(zontaak)*

Was ist der Unterschied zwischen Samstag und Sonnabend? Es gibt keinen Unterschied, beide Wörter bedeuten das Gleiche. Früher wurde Sonnabend eher in Norddeutschland verwendet und Samstag eher in Süddeutschland. Aber heute können Sie beide Wörter überall hören.

Wenn Ihre Verabredung in weiter Zukunft liegt, müssen Sie einen Monat nennen:

- ✔ **Januar** *(januaa)*
- ✔ **Februar** *(feebruaa)*
- ✔ **März** *(merts)*
- ✔ **April** *(april)*
- ✔ **Mai** *(mai)*
- ✔ **Juni** *(juuni)*

3 ➤ Grüßen und sich vorstellen

✔ **Juli** *(juuli)*

✔ **August** *(august)*

✔ **September** *(zeptemba)*

✔ **Oktober** *(oktooba)*

✔ **November** *(nowemba)*

✔ **Dezember** *(deetsemba)*

Besonders wichtig sind die ersten Datumszahlen: **der erste, der zweite und der dritte**.

✔ 1.: **der erste (Mai)** *(dea eeaste mai)*

✔ 2.: **der zweite** *(dea tswaite)*

✔ 3.: **der dritte** *(dea drite)*

Danach wird es einfach. Hänge Sie einfach **-te** ans Ende der Zahl: vier und -te wird zu vierte, fünf und -te wird zu fünfte …

✔ 4.: **der vierte** *(dea fiiate)*

✔ 5.: **der fünfte** *(dea fünfte)*

✔ 6.: **der sechste** *(dea zekste)*

✔ 7.: **der siebente** *(dea ziimte)*

✔ 8.: **der achte** *(dea achte)*

✔ 9.: **der neunte** *(dea nointe)*

✔ 10.: **der zehnte** *(dea tseente)*

✔ 11.: **der elfte** *(dea elfte)*

✔ 12.: **der zwölfte** *(dea tswölfte)*

✔ 13.: **der dreizehnte** *(dea draitseente)*

✔ 14.: **der vierzehnte** *(dea fürtseente)*

✔ 15.: **der fünfzehnte** *(dea fünftseente)*

> Das System ist eigentlich ganz einfach. Ab der Zahl vier wird immer ein -te an die Zahl hinten angehängt: **vier + -te** wird zu **der vierte**, **fünf + -te** wird zu **der fünfte** und so weiter. Nur bei der Aussprache von **der siebente** gibt es eine Besonderheit: Die Aussprache von **der siebente** *(ziibente)* wird oft zusammengezogen, sodass daraus *(ziimte)* wird. Üben Sie am Beispiel: **der siebente Dezember** *(ziimte detsember)*, **der siebente Tag** *(ziimte taak)*, **der siebente Monat** *(ziimte moonat)*, **der 7.7.** *(ziimte ziimte)*.

Mehr zu den Zeitangaben (wie 15:30 Uhr) finden Sie in Kapitel 2.

Und so tauschen Sie Kontaktdaten aus

So fragen Sie nach Details im Namen:

- ✔ **Wie war noch mal Ihr voller Name?** *(wii waa noxx maal iia fola naame)* Der volle Name ist der Vorname mit dem Nachnamen.

- ✔ **Wie buchstabiert man das?** *(wii buxxstabiiat man das)* So können Sie fragen, wie der Name geschrieben wird.

So fragen Sie nach der Kontaktadresse:

- ✔ **Wo wohnen Sie?** *(wo woonen zii)*
- ✔ **Wie ist Ihre Telefonnummer?** *(wii ist iire telefoonnuma)*
- ✔ **Haben Sie auch ein Handy?** *(haaben zii auch ain hendi)*
- ✔ **Wie ist Ihre E-Mail-Adresse?** *(wii ist iire iimeeladrese)*

So nennen Sie Ihre eigene Kontaktadresse:

- ✔ **Hier ist meine Telefonnummer/E-Mail-Adresse.** *(hiia ist maine telefoonnuma/iimeeladrese)*

- ✔ **Hier ist meine Visitenkarte.** *(hiia ist maine wisiitenkaate)*

Vielleicht werden Sie auch gefragt, wie man Sie am besten erreichen kann. Dann können Sie so antworten:

- ✔ **Ich bin telefonisch am besten abends zu erreichen.** *(ich bin telefoonisch am besten aabents tsuu arraichen)*

Wie Sie eine Kurznotiz mit Ihren Kontaktdaten schreiben und dabei die richtigen Abkürzungen verwenden, steht am Ende dieses Kapitels.

Viele Möglichkeiten der Verabschiedung

So wie **Hallo!** und **Guten Tag!** die üblichen Redewendungen bei der Begrüßung sind, so sind es für die Verabschiedung **Tschüss!** *(tschüüs)* und **Auf Wiedersehen!** *(auf wiidazeen)*. Was können Sie noch sagen? Eine Möglichkeit ist, darauf hinzuweisen, wann Sie sich wiedersehen. Das machen Sie mit dem Wort **bis** *(bis)*.

- ✔ Wenn Sie sich in sehr kurzer Zeit wiedersehen: **Bis gleich!** *(bis glaich)*
- ✔ Wenn Sie sich später am Tag noch einmal sehen: **Bis später!** *(bis schpeeta)*
- ✔ Wenn Sie sich am nächsten Tag wiedersehen: **Bis morgen!** *(bis moagen)*
- ✔ Wenn Sie sich an einem bestimmen Tag wiedersehen: **Bis Donnerstag!** *(bis donastaak)*
- ✔ Wenn Sie noch nicht wissen, wann Sie sich wiedersehen: **Bis dann!** *(bis dan)*

3 ▶ Grüßen und sich vorstellen

Sie können auch zum Abschied etwas Gutes wünschen.

✔ **Einen schönen Tag noch!** *(ainen schöönen taak noxx)*

✔ **Schönes Wochenende!** *(schöönes woxxenende)*

✔ **Gute Nacht!** *(gute naxxt)*

Die Redewendung **Auf Wiedersehen!** enthält die beiden Wörter **wieder** (noch einmal) und **sehen**. Am Telefon kann man sich aber nicht sehen. Was sagt man also am Telefon? Am Telefon sagen Sie deshalb **Auf Wiederhören!** Das heißt: Wir telefonieren wieder einmal.

Wenn Sie wissen, was der andere als Nächstes macht, können Sie auch sagen:

✔ **Viel Spaß im Kino!** *(fiil schpaas im kiino)*

✔ **Viel Glück!** *(fiil glük)*

✔ **Viel Erfolg!** *(fiil afolk)*

✔ **Gute Reise!** *(guute raize)*

Sie können Ihre guten Wünsche auch an einen gemeinsamen Bekannten richten:

✔ **Grüß (Marion) von mir!** *(grüüs maarion fon mia)*

Track 18

Anna und Paula sehen sich nach längerer Zeit wieder. Paula stellt ihr Martin vor.

Anna: **Hallo Paula! Lange nicht mehr gesehen! Wie geht es dir?**

(halo paula / lange nicht mea gezeen / wii geet es dia)

Paula: **Hallo Anna! Gut. Und dir? Das hier ist übrigens Martin.**

(halo ana / guut / unt dia / das hia ist übrigens maatiin

Anna: **Hallo. Wollen wir auch du sagen?**

(halo / wolen wia auch duu zaagen)

Martin: **Ja, gerne. Ist doch einfacher.**

(jaa geane / ist doxx ainfaxxa)

Anna: **Was macht ihr beiden heute noch?**

(was maxxt iia baiden hoite noxx)

Paula: **Wir wollen ins Kino.**

(wia wolen ins kiino)

Anna: **Ja, dann viel Spaß im Kino!**

(ja dan fiil schpaas im kiino)

Paula: **Ja, danke! Bis bald!**

(jaa/danke bis balt)

Anna: **Tschüss, bis bald!**

(tschüüs/bis balt)

Auf Deutsch schreiben: Kontaktinformationen als Kurznotiz aufschreiben

Mit folgenden Abkürzungen können Sie Ihre Kontaktinformationen als Kurznotiz aufschreiben:

✔ **Str.** für Straße

✔ **Tel.** für Telefon

✔ **mobil** für Mobiltelefon, Handy

✔ **AB** für Anrufbeantworter

✔ **E-Mail** für E-Mail-Adresse

So schreiben Sie, wann Sie gut zu erreichen sind:

✔ telefonisch am besten morgens/vormittags/tagsüber/abends zu erreichen

✔ gerne auch per E-Mail/SMS

Kontaktinformationen als Kurznotiz

Jan Wecker

Hansenstr. 45

34567 Homberg

Tel.: 05681-678993 (AB)

mobil: 017678365526

E-Mail: jan.wecker@meineemail.de

telefonisch am besten abends zu erreichen, gerne auch per E-Mail

Das Wetter, meine Familie, der Urlaub – Small Talk

4

In diesem Kapitel

- Wer? Wo? Wie? Warum? Fragen stellen
- Über die Familie, Hobbys oder das Wetter sprechen
- Die Meinung ausdrücken
- Das aktuelle Tagesgeschehen kommentieren
- Einen kurzen Brief schreiben

In einem kurzen Gespräch (Small Talk, Plauderei) spricht man gerne über die Familie, das Wetter, über die Freizeit, über Hobbys und Ferien. Auch das aktuelle Tagesgeschehen und die eigene Meinung werden oft zum Thema. In diesem Kapitel lernen oder wiederholen und systematisieren Sie den Grundwortschatz zu diesen Themen und üben gängige Ausdrücke. Eine schriftliche Plauderei ist der kurze persönliche Brief, für den Sie am Ende ein einfaches Beispiel finden.

Wer? Wo? Wie? Warum? Fragen stellen

Um Fragen zu stellen, müssen Sie die sogenannten W-Fragewörter kennen. Schlagen Sie in einem zweisprachigen Wörterbuch nach und ergänzen Sie daneben die Übersetzung in Ihrer Muttersprache!

- ✔ **Wer** *(wea)*
- ✔ **Wann** *(wan)*
- ✔ **Wo** *(woo)*
- ✔ **Wie** *(wii)*
- ✔ **Warum** *(warum)*

Die Fragewörter bilden den Anfang der Fragesätze, zum Beispiel:

- ✔ **Wer ist das? Das ist der Torwart von Herta BSC.** *(wea ist das / das ist dea tooawaat fon heataa bee es tsee)*
- ✔ **Wann fängt das Konzert an? Um halb acht.** *(wan fengt das kontseat an / um halp axxt)*
- ✔ **Wo ist der Eingang? Dort hinten.** *(woo ist dea aingang / doat hinten)*
- ✔ **Wie lange dauert der Film? Zwei Stunden.** *(wii lange dauat dea film / tswai schtunden)*
- ✔ **Warum lachst du? Anna hat etwas Lustiges gesagt.** *(waarum laxxst duu / ana hat etwas lustiges gezaakt)*

Über die Familie sprechen

In diesem Abschnitt geht es darum, über die Familie zu sprechen und die einzelnen Familienmitglieder vorzustellen. Wer ist das auf dem Foto dort? Wie heißt er? Was macht er? Wer gehört noch zur Familie?

Wortschatz Familie

Mithilfe von Fotos können Sie etwas über Ihre Familie erzählen. Sagen Sie dann einfach:

Das ist ...

- ✔ **mein Sohn** *(main zoon)*
- ✔ **meine Tochter** *(maine toxxta)*
- ✔ **mein Mann/mein Freund/mein Partner** *(main man/main froint/main paatna)*
- ✔ **meine Frau/meine Freundin/meine Partnerin** *(maine frau/maine froindin/maine paatnerin)*
- ✔ **mein Vater** *(main faata)*
- ✔ **meine Mutter** *(maine muta)*
- ✔ **mein Bruder** *(main bruuda)*
- ✔ **meine Schwester** *(maine schwesta)*
- ✔ **mein Onkel** *(main onkel)*: der Bruder Ihres Vaters oder Ihrer Mutter
- ✔ **meine Tante** *(maine tante)*: die Schwester Ihres Vaters oder Ihrer Mutter
- ✔ **mein Großvater** *(main groosfaata)*: der Vater Ihres Vaters oder Ihrer Mutter
- ✔ **meine Großmutter** *(maine groosmuta)*: die Mutter Ihres Vaters oder Ihrer Mutter
- ✔ **mein Enkel** *(main enkel)*: der Sohn Ihres Sohnes oder Ihrer Tochter
- ✔ **meine Enkelin** *(maine enkelin)*: die Tochter Ihres Sohnes oder Ihrer Tochter
- ✔ **mein Neffe** *(main nefe)*: der Sohn Ihres Bruders oder Ihrer Schwester
- ✔ **meine Nichte** *(maine nichte)*: die Tochter Ihres Bruders oder Ihrer Schwester

Schreiben Sie sich die Bezeichnungen in Ihrer Muttersprache dazu und eventuell sogar die Namen der Personen, so können Sie sich den Wortschatz »Familie« leicht merken.

> Das Wort Freund/Freundin hat zwei Bedeutungen. Einerseits kann es einfach »Bekannter, befreundete Person, jemand, mit dem ich mich gut verstehe« bedeuten. Die andere Bedeutung des Wortes ist Lebenspartner oder Lebenspartnerin.

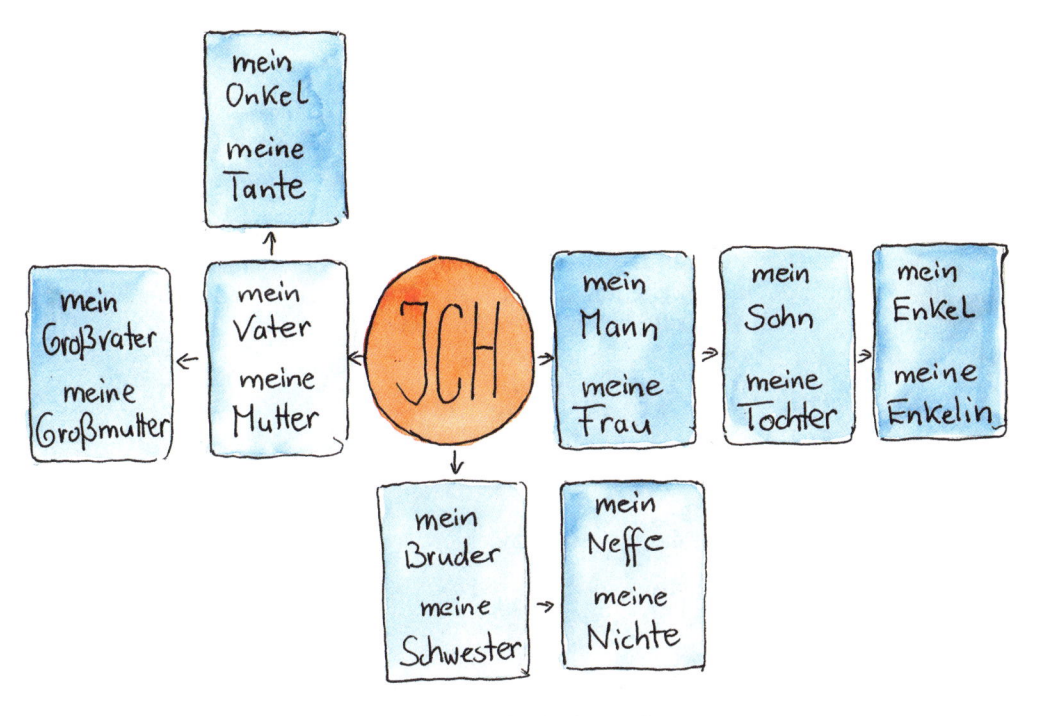

Abbildung 4.1: So sieht ein Stammbaum aus.

Vielleicht haben Sie auch Gruppenfotos. Dann benutzen Sie die Mehrzahl.

Das sind …

✔ **meine Kinder** *(maine kinda)*: Söhne und Töchter

✔ **meine Eltern** *(maine eltan)*: Vater und Mutter

✔ **meine Verwandten** *(maine fawanten)*: alle in der Familie

Eine lustig klingende Bezeichnung für einen Verwandten ist **Schwippschwager** *(schwipschwaaga)*. Der Mann Ihrer Schwester ist Ihr Schwager *(schwaaga)*. Der Bruder des Mannes Ihrer Schwester ist Ihr Schwippschwager. Alles klar?

Gehören auch Haustiere zu Ihrer Familie? Dann können Sie sagen:

Ich habe auch …

✔ **einen Hund** *(ainen hunt)*

✔ **eine Katze** *(aine katse)*

✔ **ein Kaninchen** *(ain kaniinchen)*

✔ **ein Meerschweinchen** *(ain measchwainchen)*

- einen Hamster *(ainen hamsta)*
- eine Schildkröte *(aine schiltkrööte)*
- einen Wellensittich *(ainen welensitich)*

Er heißt …/Sie heißt … und ist … Jahre alt. *(er haist/zii haist … unt ist … jaare alt)*

> Typische »klassische« Hundenamen sind Bello/Bella, Waldi, Schnuffi, Fiffi, Senta, Lassie oder Hasso. Heute sind aber »moderne« Namen wie Benny oder Rocky beliebt. Typische Katzennamen sind Minka oder Tinka für eine Katze und Mikesch oder Tiger für einen Kater. Wie heißt Ihr Haustier?

Es sieht nach Regen aus: Über das Wetter sprechen

Über das Wetter gibt es immer etwas zu sagen. Es ist entweder zu kalt, zu heiß, zu regnerisch oder aber genau richtig.

Sie können ein Gespräch über das Wetter beginnen, indem Sie sagen:

- **Ganz schön heiß heute!** *(gans schöön hais hoite)*

oder, im Gegenteil:

- **Ganz schön kalt heute!** *(gans schöön kalt hoite)*

Eines von beidem wird, jedenfalls im Vergleich zu gestern, schon stimmen.

Den Wetterbericht verstehen und wiedergeben

Folgenden Wortschatz benötigen Sie, um den Wetterbericht zu verstehen. Schlagen Sie die Wörter in Ihrem zweisprachigen Wörterbuch nach und ergänzen Sie die Bezeichnungen in Ihrer Muttersprache daneben.

Abbildung 4.2: Mit diesen Wörtern beschreiben Sie das Wetter.

4 ➤ Das Wetter, meine Familie, der Urlaub – Small Talk

- ✔ Die Temperatur beträgt 20 Grad.
- ✔ Grad über null/unter null
- ✔ Niederschläge: Regen, Schnee, Hagel
- ✔ niederschlagsfrei: kein Niederschlag
- ✔ vereinzelte Schauer: ein bisschen Regen
- ✔ gelegentlich heiter: manchmal kein Regen
- ✔ Sturmwarnung, Unwetterwarnung: Es gibt einen gefährlichen Sturm oder ein gefährliches Wetter.

Jetzt können Sie auf die Frage antworten: **Wie wird das Wetter morgen?** *(wii wiad das weta moagen)* oder aber von sich aus sagen: **Morgen soll es ...** *(moagen zol es)*

- ✔ **regnen** *(reegnen)*
- ✔ **schön werden** *(schöön werden)*
- ✔ **heiß werden** *(hais werden)*
- ✔ **schneien** *(schnain)*

Wenn man über das Wetter spricht, spricht man oft von **es**:

- ✔ **Es regnet.**
- ✔ **Es schneit.**
- ✔ **Es ist schön.**

Auch die gefühlte Temperatur, können Sie mit **es ist** ausdrücken: **Es ist warm/kalt/heiß/kühl/schwül.**

Hier die Adjektive in der Reihenfolge von **kalt** bis **heiß**:

- ✔ **kalt**
- ✔ **kühl** = ein bisschen kalt
- ✔ **warm**
- ✔ **schwül** = warm und feucht
- ✔ **heiß**

Jetzt können Sie das Ganze noch mit einem kleinen Wort ergänzen: **sehr, ziemlich, angenehm** oder **zu**:

- ✔ **Es ist sehr kalt/warm/heiß.**
- ✔ **Es ist ziemlich kalt/kühl/warm/schwül/heiß**: ein bisschen schwächer als »sehr«
- ✔ **Es ist angenehm kühl/warm**: und das gefällt Ihnen!
- ✔ **Es ist zu kalt/warm/heiß**: und das gefällt Ihnen nicht!

Regen, Regen und noch mehr Regen

Manchmal regnet es viel und manchmal regnet es nur ein bisschen:

- **Es nieselt.** *(es niizelt)*: Es regnet ein wenig.
- **Es regnet.** *(es reegnet)*
- **Es gießt.** *(es giist)*: Es regnet stark.
- **Es gießt in Strömen.** *(es giist in schtröömen)*: Es regnet sehr stark.
- **Ich muss einen Regenschirm mitnehmen.** *(ich mus ainen reegenschiam mitneemen)*: Damit Sie nicht nass werden.
- **Es donnert.** *(es donat)*: ein lautes Geräusch
- **Es blitzt.** *(es blitst)*: ein heller Lichtstrahl
- **Es gibt ein Gewitter.** *(es giipt ain gewita)*: Es donnert und blitzt.

Ein Regenschauer oder einfach nur **Schauer** *(schaua)* ist ein kurzer Regen. Ein Schauer geht bald vorüber, bald hört es wieder auf zu regnen. Vielleicht kann man sich in einem Hauseingang **unterstellen** *(untaschtelen)* und warten, bis der Regen vorbei ist.

Aber hoffentlich können Sie ganz oft sagen: **Was für ein schönes Wetter heute!** *(was für ain schöönes weta hoite)* Und wenn nicht, sagen Sie einfach: **Warten wir, bis der Schauer vorbei ist!** *(waaten wia bis dea schaua foobai ist)*

Track 19

Anna und Michael sprechen über das Wetter.

Anna: **Ganz schön kalt heute.**

(gans schöön kalt hoite)

Michael: **Ja, und es sieht nach Regen aus. Leider habe ich meinen Regenschirm nicht mit.**

(jaa/unt es ziit naxx reegen aus/laida haabe ich mainen reegenschiam nicht mit)

Anna: **Aber heute Nachmittag soll es schön werden, sagt der Wetterbericht.**

(aba hoite naxxmitag zol es schöön weaden saakt dea wetabericht)

Michael: **Das ist gut, da wollte ich doch noch Tennis spielen.**

(das ist guut/daa wollte ich doxx noxx tenis schpiilen)

4 ➤ Das Wetter, meine Familie, der Urlaub – Small Talk

Ich spiele Gitarre – über Hobbys und Interessen sprechen

Was ist Ihr Hobby? Hören Sie gerne Musik? Oder treiben Sie Sport? Beim Small Talk kommt man schnell auf Hobbys und Interessen zu sprechen. Mehr über Musik, Sport und andere Interessen finden Sie in Kapitel 11.

- ✔ **Was ist Ihr Hobby?** *(was ist iia hobi)*: Was machen Sie gern?
- ✔ **Was machen Sie gern in Ihrer Freizeit?** *(was maxxen zii gean in iira fraitsait)*: Freizeit ist die Zeit, in der Sie nicht arbeiten.
- ✔ **Hören Sie gern Musik?** *(höören zii gean muziik)*
  - Ich höre gern Soul/Popmusik / klassische Musik/Jazz/Xavier Naidoo/…/.

    (ich hööre gean sool / popmuuziik / klasische muuziik / dschäs / zewiia naiduu)
  - Ich spiele Gitarre/Klavier/Keyboard/…/. *(ich schpiile gitare / klawiia / kiiboat)*
- ✔ **Treiben Sie Sport?** *(traiben zii schpoat)*
  - Ich spiele Basketball/Fußball/Tennis/Schach/…/. *(ich schpiile baasketball / fuusball / tenis / schaxx)*

> 🎯 Wie Sie sehen, kommen Sie mit einem einfachen **Ich spiele …** *(ich schpiile)* sehr weit. Nach **ich spiele** können viele Sportarten und Musikinstrumente folgen: **Ich spiele Volleyball. Ich spiele Handball. Ich spiele Tischtennis. Ich spiele Klavier. Ich spiele Geige. Ich spiele Gitarre.**

- ✔ **Lesen Sie gern?** *(leezen zii gean)*
  - Was lesen Sie gerade? *(was leezen zii geraade)*
  - Ich lese gern. *(ich leeze gean.)*
  - Ich lese gerade ein Buch von Jan Weiler. *(ich leeze geraade ain buuxx fon jan waila)*
  - Ich gehe gern ins Kino. *(ich geele gean ins kiino)*

Ich lese gerade bedeutet **in letzter Zeit, jetzt. Was liest du gerade?** *(was liist duu geraade)* **Ich lese gerade ein Buch über Berlin. Das ist sehr interessant. Und was liest du gerade?** *(ich leeze geraade ain buuch üüba bealiin / das ist zeea interesant / unt was liist duu geraade)*

Über den Urlaub sprechen

In einem kurzen Gespräch wird auch oft und gern über den Urlaub geredet. Was machen Sie, wenn Sie mehrere Tage oder sogar Wochen freihaben? Der Urlaub und die Ferien sind das Gleiche: **der Urlaub** *(dea uualaup)*, **die Ferien** *(dii feerien)*.

Aber Urlaub **haben** und in den Urlaub **fahren** sind zwei unterschiedliche Dinge.

✔ **Urlaub haben** *(uualaup haaben)*: freie Tage haben

- **Ich habe ab Montag eine Woche Urlaub.** *(ich haabe ap zontaak aine woxxe uualaup)*

✔ **in den Urlaub fahren** *(in den uualaup faan)*: irgendwo hinfahren, eine Reise machen

- **Ich fahre in den Urlaub, nach Italien.** *(ich faare in den uualaup/naxx iitaalijen)*

Frau Schmidt hat ab Montag Urlaub, Herr Beckmann wird zu Hause bleiben. Lesen Sie das kurze Gespräch über den Urlaub.

Herr Beckmann: **Ab Montag habe ich eine Woche frei.**

(ap moontaak haabe ich aine woxxe frai)

Frau Schmidt: **Und, was machen Sie in Ihren Ferien? Fahren Sie in den Urlaub?**

(unt/was maxxen zii in iiren feerije/faaren zii in deen uualaup)

Herr Beckmann: **Nein, ich bleibe zu Hause und lese ein gutes Buch!**

(nain/ich blaibe tsuu hauze unt leeze ain guutes buuxx)

In der Schule gibt es viele Ferien:

✔ Osterferien: im März und April

✔ Sommerferien: sechs Wochen im Sommer

✔ Herbstferien: im Oktober

✔ Weihnachtsferien: im Dezember

Wenn Sie arbeiten, müssen Sie sich **Urlaub nehmen** *(uualaup neemen)*, das heißt mit Ihrem Chef und Ihren Kollegen verabreden, wann Sie Ferien machen.

Wenn Sie lange keinen Urlaub gehabt haben und viel gearbeitet haben, sind Sie vielleicht erschöpft und brauchen dringend Urlaub, um sich zu erholen. In diesem Fall können Sie sagen: Ich bin **urlaubsreif** *(uualaupsraif)*. Oder: Ich bin wirklich urlaubsreif.

Wenn es noch lange hin ist bis zum nächsten Urlaub, gibt es vielleicht wenigstens einen **Feiertag** *(faiataak)*. Feiertage sind zum Beispiel:

✔ Neujahr am 1. Januar

✔ Karfreitag und Ostermontag im März oder April

4 ▶ Das Wetter, meine Familie, der Urlaub – Small Talk

✔ der 1. Mai
✔ Himmelfahrt im Mai
✔ Pfingstmontag im Mai oder Juni
✔ Tag der Deutschen Einheit am 3. Oktober
✔ Der erste und zweite Weihnachtstag am 25. und 26. Dezember

Im folgenden Gespräch geht es um den Urlaub:

Paula: **Mann, ich bin wirklich urlaubsreif!**

(man/ich bin wiaklich uualaupsraif)

Martin: **Kannst du dir nicht noch Urlaub nehmen?**

(kanst duu dia nicht noxx uualaup neemen)

Paula: **Nein, ich habe alle Urlaubstage verbraucht. Aber zum Glück gibt es im Mai ja viele Feiertage.**

(nain/ich haabe ale uualaupstaage fabrauxxt/aaba tsum glük giipt es im mai jaa fiile faiataage)

Und selbst wenn es nicht so bald einen Feiertag gibt … Jeden Tag, wenn die Arbeit aufhört, ist erst einmal Pause. Und die heißt **Feierabend** *(faia/aabent)*.

Etwas gut oder schlecht finden – seine Meinung ausdrücken

In kurzen Gesprächen werden Sie vielleicht auch nach Ihrer Meinung gefragt. Wie finden Sie den neuen Film mit George Clooney? Wie gefällt Ihnen das neue Café an der Ecke? Mögen Sie Jazz?

Wenn Sie etwas gut finden, können Sie sagen:

✔ **Ich mag …** *(ich maak)*: **Ich mag Jazz.** *(ich maak dschäs)* oder
✔ **Ich mag den neuen Film mit George Clooney.** *(ich maak deen noien film mit dschoatsch kluuni)*

Ich mag ist die einfachste Möglichkeit. Es gibt aber auch noch andere Möglichkeiten: **Ich mag …, Ich finde … gut. Mir gefällt …** *(ich maak) (ich finde … guut) (mia gefelt)*:

✔ **Ich mag das neue Café.** *(ich maak das noie kafee)*
✔ **Ich finde das neue Café gut.** *(ich finde das noie kafee guut)*
✔ **Mir gefällt das neue Café.** *(miia gefelt das noie kafee)*

Wenn Sie Fußballfan sind und möchten, dass Ihre Mannschaft gewinnt, sagen Sie: **Ich bin für …** *(ich bin füüa)*, zum Beispiel **Ich bin für Bayern München.** *(ich bin füüa baijan münchen)* Oder: **Ich bin für den Hamburger SV.** *(ich bin füüa den hambuaga es fau)*

Wenn Sie etwas sehr gut finden, können Sie das auch ganz einfach ausdrücken. Ergänzen Sie die oben stehenden Sätze mit dem Wort **sehr** *(zeea)*:

✔ **Ich mag das neue Café sehr.** *(ich maak das noie kafee zeea)*

✔ **Ich finde das neue Café sehr gut.** *(ich finde das noie kafee zeea guut)*

✔ **Mir gefällt das neue Café sehr.** *(mia gefelt das noie kafee zeea)*

Wie Sie sehen, steht das Wort **sehr** am Ende des Satzes oder vor dem Wort gut. Und genau so machen Sie es auch, wenn Ihnen etwas nicht gefällt. Stellen Sie einfach das Wort **nicht** ans Ende des Satzes:

✔ **Ich mag das neue Café nicht.** *(ich maak das noie kafee nicht)*

✔ **Ich finde das neue Café nicht gut.** *(ich finde das noie kafee nicht guut)*

✔ **Mir gefällt das neue Café nicht.** *(mia gefelt das noie kafee nicht)*

An dieser Stelle können Sie ein bisschen über die Verneinung (das Neinsagen) lernen. Wenn Sie ein Verb verneinen, benutzen Sie **nicht**. Wenn Sie ein Nomen verneinen, benutzen Sie **kein**. Zum Beispiel:

✔ **Ich mag den neuen Film nicht.** *(ich maak deen noien film nicht)* Hier bezieht sich das Verneinungswort (nicht) auf das Verb (mag).

✔ **Ich mag keinen Fisch.** *(ich maak kainen fisch)* Hier bezieht sich das Verneinungswort (kein) auf das Nomen (Fisch).

Mehr zur Grammatik finden Sie im Anhang.

Track 20

Anna war im Kino und ihr hat der Film gut gefallen. Paula möchte den Film auf ihre Empfehlung hin auch einmal sehen.

Paula: **Was hast du gestern Abend noch gemacht?**

(was hast duu gestan aabent noxx gemaxxt)

Anna: **Ich war im Kino und habe mir den Film »Das Schloss« angesehen.**

(ich war im kiino unt haabe mia deen film das schlos angezeen)

Paula: **Und, wie hat dir der Film gefallen?**

(unt/wii hat dia dea film gefalen)

Anna: **Sehr gut. Ich mag alte Filme sehr. Und dieser war besonders gut.**

(zeea guut/ich maak alte filme zeea/unt diisa waa bezondas guut)

Paula: **Ja? Ich mag ja eigentlich lieber neue Filme. Aber wenn dir der Film so gut gefallen hat, werde ich ihn auch mal sehen.**

(jaa/ich maak ja aigentlich liiba noie filme/aaba wenn dia dea film zoo guut gefalen hat weade ich iin auxx mal zee/en)

Anna: **Ja, das solltest du. Er ist wirklich gut.**

(ja/das zoltest duu/er ist wiaklich guut)

Mehr zu Entscheidungsausdrücken (**ich mag lieber ... als**) wie **Ich mag Kaffee lieber als Tee.** finden Sie in Kapitel 5.

Über das Tagesgeschehen sprechen

Small Talk dreht sich auch immer wieder um das aktuelle Tagesgeschehen. So werden Sie vielleicht gefragt oder fragen:

✓ **Hast du heute die Nachrichten gehört?** *(hast duu hoite dii naxxrichten gehöört)*

oder kürzer

✓ **Hast du schon gehört?** *(hast du schoon gehöört)*

Und dann folgt die Nachricht.

✓ **Hast du schon gehört? Bayern München hat gestern 3:2 gewonnen!** *(hast duu schoon gehöört/baijan münchen hat gestan drai tsu tswai gewonen)*

✓ **Hast du schon gehört? Südlich der Elbe gab es Hochwasser.** *(hast duu schoon gehöört/züüdlich dea elbe gaap es hoxxwasa)*

Auf der Internetseite der Deutschen Welle (www.dw.de) können Sie sich täglich aktuelle, langsam gesprochene Nachrichten anhören. Dort finden Sie auch eine nützliche Liste von Nachrichtenvokabular von A bis Z.

Vielleicht tauschen Sie Ihre Meinung über die Neuigkeit aus: **Was hältst du von ...? Wie findest du ...?**

✓ **Und, was hältst du vom Wahlergebnis?** *(unt/was hälst duu fom waalageepnis)*

✓ **Und, wie findest du die neue Bürgermeisterin?** *(unt I wii findest duu dii noie büagamaisterin)*

✓ **Und, wie findest du das?** *(unt/wii findest duu das)*

Track 21

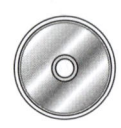

So können Sie Ihre Meinung ausdrücken – von sehr gut bis sehr schlecht:

- **besser geht's nicht** *(besa geets nicht)*
- **ausgezeichnet** *(ausgetsaichnet)*
- **sehr gut** *(zeea guut)*
- **gut** *(guut)*
- **ganz gut** *(gants guut)*
- **na ja** *(na jaa)*
- **es geht** *(es geet)*
- **nicht so gut** *(nicht zoo guut)*
- **ziemlich schlecht** *(tsiimlich schlecht)*
- **schlecht** *(schlecht)*
- **das ist eine Katastrophe** *(das ist aine katastroofe)*

Übrigens und apropos

Übrigens *(üübrigens)* und **apropos** *(apropoo)* sind zwei nützliche Ausdrücke für den Small Talk.

Mit **übrigens** können Sie ein neues Thema beginnen:

- **Übrigens, ich habe bald eine Woche Urlaub!** *(üübrigens/ich haabe balt aine woxxe uualaup)*
- **Übrigens, ich habe den neuen Film mit Jodi Foster gesehen.** *(üübrigens/ich haabe denn noien film mit dschodi foasta gezeen)*
- **Übrigens, ich laufe beim Köln-Marathon mit!** *(üübrigens/ich laufe baim köln maraton mit)*

Mit **apropos** können Sie etwas sagen, was Ihnen einfällt, wenn Ihr Gesprächspartner ein bestimmtes Wort oder Thema verwendet.

- **Ich habe gestern eine Kochsendung im Fernsehen gesehen.** *(ich haabe gestan aine koxxzendung im feanzeen gezeen)* **Apropos kochen, wer kocht heute das Abendessen?** *(apropoo koxxen/wea koxxt hoite das aabentesen)*
- **Ich muss noch eine Fahrkarte kaufen.** *(ich muss noxx aine faakaate kaufen)* **Apropos Fahrkarte, da fällt mir ein: Ich brauche auch noch eine neue Monatskarte.** *(apropoo faakaate/da felt mia ain ich brauxxe auxx noxx aine noie moonatskaate)*
- **Kommst du nachher mit zum Training?** *(komst duu naxxea mit tsum treening)* **Apropos Training, da fällt mir ein: Ich muss noch meine Sportsachen packen!** *(apropoo treening/daa felt mia ain ich mus noxx maine schpoatzaxxen paken)*

4 ► Das Wetter, meine Familie, der Urlaub – Small Talk

Wiederholen Sie nun einiges von dem, was Sie in diesem und im letzten Kapitel gelernt haben. Hören Sie sich den Dialog auf der CD an und lesen Sie mit.

Track 22

Peter und Martin treffen sich zufällig auf der Straße.

Peter: **Hallo!**

(halo)

Martin: **Hallo! Wie geht's?**

(halo wii geets)

Peter: **Gut. Und dir?**

(guut unt dia)

Martin: **Auch gut. Herrliches Wetter heute.**

(auch guut healiches weta hoite)

Peter: **Ja, endlich kein Regen mehr!**

(jaa entlich kain reegen meea)

Martin: **Was macht eigentlich dein Cousin? Arbeitet er noch bei Siemens?**

(was macht aigentlich dain kuseng / aabaitet er noxx bai ziimens)

Peter: **Ja. Es gefällt ihm dort gut. Nächste Woche haben wir übrigens drei Wochen Urlaub! Dann fahren wir zusammen nach München.**

(jaa / es gefält im doat guut / neechste woxxe haaben wia üübrigens drai woxxen uualaup / dan faaren wia tsuzamen naxx münchen)

Martin: **Wie schön! Ich habe auch zwei Wochen Sommerferien, aber ich bleibe zu Hause. Dann habe ich endlich wieder Zeit zu lesen, ins Kino zu gehen und Fußball zu gucken.**

(wii schöön / ich haabe auch twai wochen zomafeeriijen aaba ich blaibe tsuu hause / dan haabe ich entlich wiida tsait tsu leezen ins kiino tsu gee/en unt fuusbal tsuu guken)

Peter: **Apropos Fußball. Hast du schon gehört? Eintracht Frankfurt hat 2:0 gewonnen.**

(apropoo fuusbal / hast duu schoon gehööat / aintracht frankfuat hat tswai tsu nul gewonen)

Martin: **Ja. Hervorragend!**

(jaa / hafooraagent)

Auf Deutsch einen kurzen Brief schreiben

Das schriftliche Gegenstück zu einem kurzen Gespräch ist ein persönlicher Brief. Das müssen Sie beachten, wenn Sie einen kurzen, persönlichen Brief schreiben wollen:

- Die Anrede am Anfang: **Liebe** Martina/**lieber** Martin,
- Der Schluss: **Viele Grüße Deine** Gabi/**Dein** Klaus
- Ort und Datum: Hannover, den 17. Juni 2016

Sie erzählen in Ihrem Brief etwas von sich selbst über persönliche Erlebnisse. Dazu benötigen Sie eine Vergangenheitsform des Verbs.

Gegenwartsform oder Grundform	Vergangenheitsform
ich bin	ich war
ich habe	ich hatte
fahren	ich bin gefahren
besuchen	ich habe besucht
sehen	ich habe gesehen
gehen	ich bin gegangen
essen	ich habe gegessen

Tabelle 4.1: Die Vergangenheitsform für Briefe

Mehr über die Vergangenheitsformen wichtiger Verben erfahren Sie im Anhang.

Schlagen Sie im Wörterbuch nach und ergänzen Sie die Begriffe in Ihrer Muttersprache:

- **gestern:** der Tag vor heute
- **morgen:** der Tag nach heute
- **vorgestern:** der Tag vor gestern
- **übermorgen:** der Tag nach morgen
- **letzte Woche:** die Woche vor dieser Woche
- **nächste Woche:** die Woche nach dieser Woche
- **neulich:** vor kurzer Zeit
- **bald:** in kurzer Zeit
- **letztes Jahr:** das Jahr vor diesem Jahr
- **nächstes Jahr:** das Jahr nach diesem Jahr
- **demnächst:** in kurzer Zeit
- **irgendwann:** der Zeitpunkt steht noch nicht fest

Jetzt kann es losgehen!

4 ► Das Wetter, meine Familie, der Urlaub – Small Talk

(1. Ort und Datum oben rechts)   Hannover, den 17. Juni 2016

(2. Anrede) Liebe Martina,

(3. Anfang) vielen Dank für Deinen Brief. Ich habe mich sehr darüber gefreut.
Wie geht es Dir?

(4. Über sich erzählen)   Mir geht es gut. Gestern bin ich nach Hamburg gefahren. Dort habe ich meine Freundin besucht. Zusammen haben wir viele Sehenswürdigkeiten gesehen, zum Beispiel den Hamburger Michel. Ich bin auch ins Kunstmuseum gegangen. In einer Bäckerei habe ich ein Rundstück gegessen. So heißen hier die Brötchen.

(5. Schluss)   Jetzt muss ich Schluss machen. Ich würde mich freuen, bald wieder von Dir zu hören.

(6. Gruß)   Bitte grüß Deine Familie von mir!
Viele Grüße

(7. Name)   Deine Sandra

Abendbrot essen oder essen gehen

In diesem Kapitel

▶ Grundwortschatz Lebensmittel

▶ Was man vor, beim und nach dem Essen sagen kann

▶ Einkaufen: im Supermarkt, auf dem Markt, beim Bäcker

▶ Im Café und im Restaurant bestellen

▶ Die Höflichkeitsform beim Reservieren und Bestellen

Der Wortschatz zum Thema Essen ist groß: Lebensmittel, Kochgeräte, Gerichte ... Aber es macht natürlich großen Spaß, diese Wörter zu lernen, denn man kann das ja mit einem praktischen Teil verbinden, also beim Einkaufen auf dem Markt, beim Essen oder Kochen.

In diesem Kapitel geht es außerdem darum, was Sie vor, beim und nach dem Essen sagen können und wie man im Restaurant oder Café bestellt. Ein bisschen Grammatik geht mit diesem Thema ganz leicht, und zwar die Mehrzahlformen (ein Apfel, zwei Äpfel, eine Tomate, zwei Tomaten) und die Höflichkeitsform beim Bestellen im Restaurant (Ich hätte gern ...). Wenn Sie lieber mit Freunden kochen, als im Restaurant zu essen, geht es im letzten Abschnitt darum, einen Einkaufszettel für andere zu schreiben.

Essenszeit: Hauptmahlzeiten und Zwischenmahlzeiten

Mindestens dreimal am Tag ist **Essenszeit** *(esenstsait)*. Und dann gibt es neben den **Hauptmahlzeiten** *(hauptmaaltsaiten)* **Frühstück** *(früüstük)*, **Mittagessen** *(mitaakesen)* und **Abendessen** *(aabentesen)* ja auch noch die **Zwischenmahlzeiten** *(tswischenmaaltsaiten)* ...

Das Frühstück

Morgens gibt es zum **Frühstück** *(früüschtük)* zum Beispiel

✔ **Brot** *(broot)* oder **Brötchen** *(bröötchen)* mit **Marmelade** *(maamelaade)* oder **Honig** *(hoonich)*

✔ **Müsli** *(müüsli)* mit **Milch** *(milch)*

✔ **Kaffee** *(kafee)*, **Tee** oder **Kakao** *(kakau)*

Die Endsilbe **-chen** bewirkt eine Verkleinerung:

✔ aus Haus wird Häuschen: ein kleines Haus, zum Beispiel ein Vogelhäuschen

✔ aus Baum wird Bäumchen: ein kleiner Baum

✔ aus Brot wird Brötchen: ein kleines Brot

Wenn Sie im Restaurant oder Café frühstücken und Kaffee bestellen, werden Sie gefragt, wie Sie Ihren Kaffee trinken.

✔ **Wie trinken Sie Ihren Kaffee?** *(wii trinken zii iiren kafee)*

- **Schwarz?** ohne Milch *(schwaats)*
- **Mit Milch**? *(mit milch)*
- **Mit Zucker?** *(mit tsuka)*

✔ **Ich habe keine Milch da. Nehmen Sie auch Kaffeesahne?** *(ich haabe kaine milch daa / neemen zii auxx kafeezaane)*

> Wenn man Kaffee ohne Milch trinkt, dann sagt man: **Ich trinke meinen Kaffee schwarz.** *(ich trinke mainen kafee schwaats)*; trinkt man aber Tee ohne Milch, sagt man ganz einfach: **Ich trinke Tee ohne Milch.**

Auswahlfragen formulieren

Eine Auswahlfrage wird mit der Formel **lieber ... oder (lieber) ...** *(liiba ... ooda)* gestellt. Beim Frühstück haben Sie die Wahl: lieber Kaffee oder lieber Tee, lieber Brot oder lieber Brötchen oder doch lieber Müsli?

✔ **Trinken Sie lieber Kaffee oder Tee?** *(trinken zii liiba kafee ooda liiba tee)*

✔ **Möchtest du lieber Brot oder lieber Brötchen?** *(möchtest du liiba broot ooda liiba bröötchen)*

✔ **Möchtest du lieber Brot oder lieber Müsli essen?** *(möchtest du lieber broot ooda liiba müüsli esen)*

Mögliche Antworten sind:

✔ **Lieber eine Tasse Kaffee, danke!** *(liiba aine tase kafee / danke)*

✔ **Brötchen wären schön.** *(bröötchen wäären schöön)*

✔ **Ein Müsli, bitte.** *(ain müüsli bite)*

Unterscheidet sich Ihr **Sonntagsfrühstück** *(zontaaksfrüüstück)* von Ihrem normalen Frühstück, dem Alltagsfrühstück? Manche Leute essen ein **Sonntagsei** *(zontaaksai)* oder lesen die **Sonntagszeitung** *(zontaakstsaitung)*. Und Sie?

Das Mittagessen

Essen Sie ein warmes Mittagessen *(mitaakesen)* oder nehmen Sie sich eine **Brotzeit** *(brootsait)* = ein **Vesper** *(fespaa)* = ein **Lunchpaket** *(lanschpakeet)* mit zur Arbeit? Essen Sie zu Hause oder bei der Arbeit in der **Kantine** *(kantiine)*? Oder sind Sie Student und essen in der **Mensa** *(menza)*?

Was essen Sie gern, was essen Sie nicht so gern? Wie können Sie höflich ablehnen, wenn Sie etwas nicht essen wollen? Sind Sie Vegetarier oder haben Sie eine Allergie?

5 ➤ Abendbrot essen oder essen gehen

Hier ein paar Möglichkeiten, Vorlieben und Abneigungen beim Essen auszudrücken oder zu erfragen:

✔ **Was essen Sie besonders gern?** *(was esen zii bezondas gean)*

✔ **Ich mag besonders gern ….** *(ich maak bezondas gean …)*

- **Spaghetti** *(schpageti)*
- **Pizza** *(pitsa)*
- **Schnitzel** *(schnitsel)*
- **Gemüsesuppe** *(gemüüzezupe)*

✔ **Was ist dein Lieblingsessen?** *(was ist dain liiplingsesen)*

✔ **Mein Lieblingsessen ist …** *(main liiplingsesen ist)*

Mit dem Ausdruck **Lieblings-** *(liiplings)* können Sie beschreiben, was Sie besonders mögen. Der Film, den Sie am besten finden, ist Ihr Lieblingsfilm. Dann gibt es das Lieblingsessen, das Lieblingsrestaurant, die Lieblingstante, das Lieblingsbuch, Lieblingsmusik …

So können Sie fragen, was jemand nicht mag: **Was magst du nicht?** *(was maakst duu nicht)* Die Antwort muss dann das Wort **kein** oder **keine** enthalten (siehe Kapitel 4). Mehr dazu finden Sie auch im Anhang.

✔ **Ich mag …** *(ich maak)*

- **keinen Fisch** *(kainen fisch)*
- **kein Fleisch** *(kain flaisch)*
- **keinen Spinat** *(kainen spiinaat)*
- **keinen Ketchup** *(kainen ketschap)*
- **keine Eier** *(kaine aia)*

Wann sagen Sie **kein** *(kain)*, wann **keine** *(kaine)* und wann **keinen** *(kainen)*? Wichtig ist hier der ursprüngliche Artikel (der, die oder das):

✔ der → keinen

✔ die → keine

✔ das → kein

zum Beispiel der Fisch → keinen Fisch, das Fleisch → kein Fleisch

Mehr zum Artikel (der, die oder das) finden Sie in Kapitel 2. Wenn Sie kein Fleisch essen, sind Sie womöglich **Vegetarier** *(wegetaaria)*/**Vegetarierin** *(wegetaariarin)* oder **Veganer** *(wegaana)*/**Veganerin** *(wegaanarin)*. Vegetarier essen kein Fleisch und keinen Fisch, Veganer essen keine tierischen Produkte.

- ✔ **Ich bin Vegetarierin.** *(ich bin wegetaariarin)*

- ✔ **Möchtest du auch ein Schnitzel?** *(möchtest duu auxx ain schnitsel)* **Nein danke, ich esse kein Fleisch. Ich bin Vegetarier.** *(nain danke/ich ese kain flaisch/ich bin wegetaaria)*

Vielleicht können Sie auch bestimmte Lebensmittel nicht essen, weil Sie eine Allergie haben.

- ✔ **Ich bin allergisch gegen ...** *(ich bin aleagisch geegen)*
  - **Milchprodukte** *(milchprodukte)*
  - **Nüsse** *(nüse)*
  - **Muscheln** *(muscheln)*

Track 23

Anna möchte für Paula kochen. Paula ist Vegetarierin und so gibt es Tomatensoße statt Bolognese.

Anna: **Ich würde gerne heute Abend für dich kochen. Was ist denn dein Lieblingsessen?**

(ich wüade geane hoite aabent füa dich koxxen/was ist denn dain liiplingsesen)

Paula: **Oh, danke! Das ist nett von dir. Ich esse sehr gerne Spaghetti.**

(oo/danke/das ist net fon dia/ich ese zeea geane schpageti)

Anna: **Gut. Dann mache ich Spaghetti bolognese.**

(guut/dan maxxe ich schpageti boloneeze)

Paula: **Nein, das geht nicht. Ich esse kein Fleisch, ich bin Vegetarierin.**

(nain/das geet nicht/ich ese kain flaisch/ich bin wegetaariarin)

Anna: **Kein Problem. Dann eben Spaghetti mit Tomatensoße.**

(kain probleem/dann eeben schpageti mit tomaatensoose)

Paula: **Danke. Ich freu mich schon!**

(danke/ich froi mich schoon)

Was man vor, beim und nach dem Essen sagen kann

Vor und nach dem Essen gibt es bestimmte Redewendungen, die man verwenden kann. Die wichtigste ist: **Guten Appetit!** *(guuten apetiit)* Das sagt man vor dem Essen. Meistens sagt es derjenige zuerst, der das Essen gekocht hat oder der eingeladen hat. Die Antwort darauf ist: **Danke gleichfalls!** *(danke glaichfals)* Und hier andere Redewendungen, die man im Zusammenhang mit der Mahlzeit verwenden kann.

5 ➤ Abendbrot essen oder essen gehen

Vor dem Essen:

✔ **Ich habe Hunger. Wann gibt es eigentlich Essen?** *(ich haabe hunga / wan giipt es aigentlich esen)*

✔ **Das sieht aber gut aus!** *(das ziit aba guut aus)*

✔ **Lasst es euch schmecken!** *(last es oich schmeken)*

Beim Essen:

✔ **Das schmeckt sehr lecker.** *(das schmekt zeea leka)*

✔ **Das schmeckt vorzüglich.** *(das schmekt foatsüüklich)*

✔ **Danke, dass du für uns gekocht hast!** *(danke das duu füa uns gekoxxt hast)*

✔ **Kann ich noch etwas mehr haben bitte?** *(kan ich noxx etwas meea haaben bite)*

✔ **Reichst du mir bitte mal die Butter?** *(raichst du mia bite mal dii buta)*

Nach dem Essen:

✔ **Das war sehr lecker.** *(das waa zeea leka)*

✔ **Das war vorzüglich.** *(das waa fooatsüüklich)*

✔ **Danke, dass du für uns gekocht hast.** *(danke das duu füüa uns gekoxxt hast)*

✔ **Soll ich beim Abräumen helfen?** *(zol ich baim aproimen helfen)*

✔ **Soll ich beim Abwaschen helfen?** *(zol ich baim apwaschen helfen)*

✔ **Nächstes Mal koche ich!** *(nechstes maal koxxe ich)*

Abräumen und abwaschen

Beim **Abräumen** *(aproimen)* bringt man das Geschirr (Teller, Schüsseln, Tassen und Gläser) und das Besteck (Messer, Gabeln und Löffel) in die Küche zum **Abwaschen** *(apwaschen)*.

> Was ist der Unterschied zwischen **waschen** und **abwaschen**? Das Wort **waschen** wird für Kleidung oder den Körper verwendet: Wäsche waschen, meine Hose waschen, Hände waschen, Haare waschen. Für Geschirr hingegen verwendet man das Wort **abwaschen**.

Abbildung 5.1: Auf einem gedeckten Tisch gibt es Geschirr und Besteck.

Zum **Geschirr** *(geschia)* gehören:

- ✔ der **Teller** *(tela)*
- ✔ die **Schüssel** *(schüsel)*
- ✔ die **Tasse** *(tase)*
- ✔ die **Untertasse** *(untatase)*
- ✔ das **Glas** *(glaas)*

Zum **Besteck** *(beschtek)* gehören:

- ✔ das **Messer** *(mesa)*
- ✔ die **Gabel** *(gaabel)*
- ✔ der große **Löffel** *(dea groose löfel)*
- ✔ der kleine **Löffel** *(dea klaine löfel)*

Geschirr und Besteck sind sogenannte Oberbegriffe. Zu ihnen gehören viele Unterbegriffe, zum Beispiel Geschirr wie Teller, Tasse, Untertasse, Schüssel ... Lernen Sie Oberbegriffe und Unterbegriffe gemeinsam. Ein weiterer Oberbegriff im Zusammenhang mit **Essen** ist **Küchengeräte**.

Es gibt viele unterschiedliche **Küchengeräte** *(küüchengereete)*:

- ✔ die **Geschirrspülmaschine** *(geschiaspüülmaschiine)*
- ✔ der **Herd** *(heeat)*
- ✔ der **Ofen** *(oofen)*
- ✔ die **Mikrowelle** *(miikrowele)*
- ✔ die **Kaffeemaschine** *(kafeemaschiine)*

Und auch noch wichtig in der Küche: **der Mülleimer** *(der mülaima)*, der **Abfalleimer** *(apfalaima)*.

Hier noch ein paar wichtige Ausdrücke im Zusammenhang mit der Küche:

- ✔ **den Tisch decken** *(den tisch deken)*
- ✔ **den Tisch abräumen** *(den tisch aproimen)*
- ✔ **das Geschirr abwaschen** *(das geschia apwaschen)*: in der Spüle oder im Geschirrspüler
- ✔ **das Geschirr abtrocknen** *(das geschia aptrocknen)*: mit einem Handtuch das nasse Geschirr abtrocknen
- ✔ **das Handtuch** *(das hantuuxx)*: ein Stück Stoff zum Trocknen von Geschirr
- ✔ **das Geschirr einräumen** *(das geschia ainroimen)*: das Geschirr in den Küchenschrank einsortieren

5 ▶ Abendbrot essen oder essen gehen

Lesen Sie folgenden Dialog. Anja hat bei Marcus zu Abend gegessen und hilft ihm jetzt beim Abwaschen.

Anja: **Soll ich dir noch beim Abwaschen helfen?**

(zol ich dia noxx baim apwaschen helfen)

Marcus: **Ja, gerne. Ich wasche ab und du trocknest ab, okay? Hier ist ein Handtuch.**

(jaa geane/ich wasche ap unt duu troknest ap okee/hia ist ain hantuxx)

Anja: **Ja, okay. Wohin kommen denn die Teller?**

(jaa okee/woohin komen den dii tela)

Marcus: **Wenn sie trocken sind, kommen die Teller hier unten in den Schrank und die Tassen und Gläser da oben.**

(wen zii troken zint komen dii tela hia unten in deen schrank unt dii tasen unt gleeza da ooben)

Abendbrot und Abendessen

Wenn es zum Mittagessen warmes Essen gab, reicht abends eine kalte Mahlzeit mit belegten Broten. Das heißt dann **Abendbrot** *(aambroot)*. Wenn Sie ein richtiges Essen kochen, ist das ein **Abendessen** *(aabentessen)*. Wenn Sie jemanden einladen, dann wahrscheinlich eher zum Abendessen, bei sich zu Hause oder auch in einem Restaurant. Abendbrot essen Sie allein, mit der Familie oder mit Ihren Mitbewohnern.

Was gibt's zum Abendbrot? Peter und Marianne wollen zusammen Abendbrot essen. Lesen Sie den folgenden Dialog.

Peter: **Haben wir noch was zum Abendbrot da?**

(haaben wia noxx was tsum aambroot daa)

Marianne: **Schau doch mal in den Kühlschrank.**

(schau doxx maal in deen küülschrank)

Peter: **Hier ist noch ein bisschen Salami und eine Tomate. Butter ist keine mehr da.**

(hiia ist noxx ain bis/chen zalaami unt aine tomaate/buta ist kaine meea daa)

Marianne: **Und Brot haben wir auch keins mehr. Gehst du noch mal einkaufen?**

(unt broot haaben wia auxx kains meea/geest duu noxx maal ainkaufen)

Peter: **Ja, in Ordnung. Was soll ich denn kaufen?**

(jaa/in oatnung/was zol ich den kaufen)

Marianne: **Na ja, Butter und Brot auf jeden Fall. Und wenn du willst auch noch Käse und Milch.**

(na jaa/buta unt broot auf jeden fal/unt wen du wilst auch noxx keeze unt milch)

Im folgenden Dialog wollen die Personen heute nicht zu Hause essen. Sie verabreden sich für den Abend in einem Restaurant.

Track 24

Peter lädt Anna zum Abendessen ins Kartoffelhaus ein. Ein paar andere Freunde kommen auch. Anna freut sich und nimmt die Einladung an. Hören Sie das Telefongespräch.

Peter: **Hallo Anna, hier ist Peter. Hast du Lust, mit Jochen, Susanne und mir zum Abendessen zu kommen?**

(halo ana/hia ist peeta/hast duu lust mit joxxen zuzane unt mia tsum aabentesen tsu kommen)

Anna: **Hallo, Peter. Ja gern. Wo wollt ihr denn hin?**

(halo peeta/jaa gean/woo wolt iia den hin)

Peter: **Wir wollten ins Kartoffelhaus.**

(wia wolten ins kaatofelhaus)

Anna: **Das klingt lecker.**

(das klinkt leka)

Peter: **Ja, da war ich schon mal und es war sehr gut. Sagen wir gegen acht? Ich hole dich ab.**

(jaa/da waa ich schoon maal unt es waa zeea guut/zagen wia geegen axxt/ich hool dich ap)

Anna: **Ja, prima. Bis dann!**

(jaa/priima/bis dan)

Im Supermarkt einkaufen

Das meiste ist schon im Einkaufswagen. Jetzt fehlt nur noch Hefe, um die Pizza zu backen. Aber wo ist sie denn? Da vorn ist wenigstens schon mal ein Verkäufer.

✔ **Entschuldigen Sie. Wo finde ich …?** *(entschuldiigen zii/woo finde ich)*

✔ **Entschuldigen Sie. Haben Sie …?** *(entschuldiigen zii/haaben zii)*

Der Verkäufer schickt Sie in eine Abteilung.

✔ **Die Hefe finden Sie dort hinten bei den Milchprodukten.** *(dii heefe finden zii doat hinten bai den milchprodukten)*

5 ➤ Abendbrot essen oder essen gehen

Abteilungen im Supermarkt

Im Supermarkt gibt es unter anderem folgende Abteilungen:

- ✔ **Milchprodukte** *(milchproodukte)*: Milch, Käse, Joghurt, Quark …
- ✔ **Obst und Gemüse** *(oopst unt gemüüze)*: Äpfel, Birnen, Bananen, Karotten, Paprika …
- ✔ **Backwaren** *(bakwaaren)*: Brot, Brötchen, Kuchen, Kekse …
- ✔ **Tiefkühlkost** *(tiifküülkost)*: gefrorenes Gemüse, gefrorene Beeren, gefrorene Pizza …
- ✔ **Fleischwaren** *(flaischwaaren)*: Fleisch, Aufschnitt, Würstchen, Geflügel …
- ✔ **Getränke** *(getrenke)*: Mineralwasser, Orangensaft, Apfelsaft, Limonade, Bier …
- ✔ **Süßwaren** *(züüswaaren)*: Schokolade, Gummibärchen, Lakritz …
- ✔ **Konserven** *(konzerwen)*: Gemüse in der Dose, Obst in der Dose, Obst im Glas, Suppe in der Dose …

> Milchprodukte, Backwaren oder Süßwaren sind Oberbegriffe. Zu jedem Oberbegriff gibt es mehrere Unterbegriffe. Will man seinen Wortschatz erweitern, lohnt es sich, Oberbegriffe und Unterbegriffe zusammen zu lernen. So kann man sich zum Beispiel selbst fragen: »Welche Milchprodukte kann ich aufzählen?«, und dann antworten: »Käse, Joghurt, Quark, Butter, Dickmilch, Kefir.«

Sie können also auch nach einer bestimmten Abteilung fragen:

- ✔ **Entschuldigung, wo ist hier die Getränkeabteilung?** *(entschuldigung/woo ist hiia dii getrenkeaptailung)*
- ✔ **Entschuldigung, wo finde ich die Milchprodukte?** *(entschuldigung/woo finde ich dii milchproodukte)*

Nun geht es weiter zur Kasse. Wenn Sie nicht sicher sind, ob jemand an die Kasse will oder sich nur umsieht, können Sie fragen:

- ✔ **Stehen Sie an?** *(schtee/en zii an?)* oder
- ✔ **Ist hier das Ende der Schlange?** *(ist hiia das ende dea schlange)*
  - **anstehen** *(anschtee/en)*: stehen und auf etwas warten
  - **die Schlange** *(schlange)*: eine Reihe von Menschen, die auf etwas warten, zum Beispiel an der Kasse im Supermarkt

Und dann sind Sie dran mit Bezahlen.

Abbildung 5.2: In einem Supermarkt gibt es viele verschiedene Abteilungen – Konserven, Backwaren, Getränke, Tiefkühlkost und Molkereiprodukte, Brot, Aufschnitt, Obst und Gemüse.

5 ▶ *Abendbrot essen oder essen gehen*

Track 25

Hören Sie den folgenden Dialog an der Supermarktkasse.

Kassierer: **Guten Tag.**

(guuten taak)

Frau Schröder: **Guten Tag.**

(guuten taak)

Kassierer: **Bis hierhin?**

(bis hiiahin)

Frau Schröder: **Nein, das Mehl ist nicht mehr meins.**

(nain / das meel ist nicht meea mains)

Kassierer: **Siebzehn Euro fünfzig, bitte.**

(ziiptseen oiroo fünfzich bite)

Frau Schröder: **Danke. Einen schönen Tag noch.**

(danke / ainen schöönen taak noxx)

Kassierer: **Danke, gleichfalls!**

(danke glaichfals)

Auf dem Markt

Auf dem **Markt** *(maakt)* einzukaufen macht mehr Spaß als im Supermarkt. Hier kann man auch mehr reden, ein kurzes Gespräch führen, etwas über die verkauften Waren erfragen oder vielleicht sogar ein bisschen handeln. Was wird auf dem Markt verkauft? Obst, Gemüse, Fisch, Fleisch und natürlich einiges mehr.

Obst einkaufen

Lernen oder wiederholen Sie zunächst die Namen einiger häufiger Obstsorten. Ergänzen Sie die Liste nach und nach selbst!

- ✔ **Obst** *(oopst)*
- ✔ **der Apfel** *(apfel)*: **ein Kilo Äpfel** *(ain kiiloo epfel)*
- ✔ **die Birne** *(biane)*: **ein Kilo Birnen** *(ain kiiloo bianen)*
- ✔ **die Pflaume** *(flaume)*: **ein Kilo Pflaumen** *(ain kiilo flaumen)*
- ✔ **die Erdbeere** *(eeatbeere)*: **ein Kilo Erdbeeren** *(ain kiilo eeatbeeren)*
- ✔ **die Kirsche** *(kiasche)*: **ein Kilo Kirschen** *(ain kiilo kiaschen)*
- ✔ **die Weintraube** *(waintraube)*: **ein Kilo Weintrauben** *(ain kiilo waintrauben)*
- ✔ **die Banane** *(banaane)*: **ein Kilo Bananen** *(ain kiilo banaanen)*

5 ▶ Abendbrot essen oder essen gehen

Abbildung 5.3: Auf dem Markt können Sie Obst und Gemüse kaufen.

- ✓ die Orange *(oransche)*: zehn Orangen *(tseen oranschen)*
- ✓ die Zitrone *(tsitroone)*: zwei Zitronen *(tswai tsitroonen)*
- ✓ die Mandarine *(mandariine)*: zwei Mandarinen *(tswai mandariinen)*
- ✓ die Ananas *(ananas)*: zwei Ananas *(tswai anannas)*

Sommerzeit ist Beerenzeit. Jetzt gibt es Erdbeeren, Himbeeren, Brombeeren, Heidelbeeren (auch Blaubeeren genannt), Stachelbeeren, Johannisbeeren und noch einige mehr. Wenn Sie daraus Marmelade kochen wollen, wird zum Beispiel aus Erd- und -beer und Marmelade **Erdbeermarmelade** *(eeatbeeamaameelaade)*; Him- und -beer und Marmelade wird zu **Himbeermarmelade** *(himbeeamaameelaade)*. Kochen Sie alle (hauptsächlich roten) Beeren zusammen ein, wird es, zumindest in Norddeutschland, **Rote Grütze** *(roote grütse)*.

Ein, zwei, drei Stück oder lieber gleich ein Kilo

Meistens kaufen Sie nicht einen Apfel, eine Birne oder eine Pflaume ein, sondern meistens gleich ein Kilo. Daher müssen Sie beim Einkaufen auf dem Markt die **Mehrzahlformen** (Pluralformen) der Wörter kennen. Einzahl- und Mehrzahlformen sind zum Beispiel:

- ✓ ein Apfel (Einzahl) – viele Äpfel (Mehrzahl)
- ✓ eine Birne (Einzahl) – viele Birnen (Mehrzahl)
- ✓ eine Ananas (Einzahl) – viele Ananas (Mehrzahl)

Anstatt Einzahl und Mehrzahl kann man auch Singular und Plural sagen: Einzahl (Singular), Mehrzahl (Plural).

Es gibt mehrere Arten, die Mehrzahl zu bilden:

- ✓ Erste Möglichkeit: Wort und **-(e)n**, **-e**, **-er** oder **-s**
  - **die Birne** wird zu **viele Birne**n
  - **die Frau** wird zu **viele Frau**en
  - **der Brief** wird zu **viele Brief**e
  - **das Kind** wird zu **viele Kind**er
  - **die Kamera** wird zu **viele Kamera**s

Fast alle Obstsorten hängen in der Mehrzahl ein **-n** an: Birnen, Pflaumen, Orangen, Bananen, Erdbeeren und so weiter. Daran können Sie zwei Faustregeln (eine Faustregel ist eine Regel, die sehr oft richtig ist) erkennen:

- ✓ Wörter, die auf **-e** enden, haben meist die Mehrzahlendung **-en** und
- ✓ weibliche Wörter (mit dem Artikel **die**) haben meist die Mehrzahlendung **-en**.

Faustregeln sind praktisch, weil sie oft richtig sind. Leider sind sie nicht immer richtig! Aber lieber eine Faustregel als gar keine Regel …

✔ Zweite Möglichkeit: **a** wird zu **ä**, **o** wird zu **ö**, **u** wird zu **ü**, **au** wird zu **äu**. Der Vokal am Anfang oder in der Mitte des Wortes verändert sich:

- der Apfel, Plural: viele **Ä**pfel
- die Tochter, Plural: viele T**ö**chter
- die Mutter, Plural: viele M**ü**tter

Oft passiert beides gleichzeitig, das heißt, der Vokal am Anfang oder in der Mitte des Wortes ändert sich **und** es kommt etwas am Wortende hinzu:

- die Hand, Plural: zwei H**ä**nd**e**
- der Baum, Plural: viele B**äu**m**e**
- das Dorf, Plural: viele D**ö**rfe**r**

✔ Dritte Möglichkeit: Es ändert sich nichts. Einzahl und Mehrzahl sind gleich:

- die Ananas, Plural: zwei Ananas
- das Fenster, Plural: viele Fenster
- der Bäcker, Plural: viele Bäcker

Die Regeln für die Mehrzahlbildung sind ein wenig kompliziert und es gibt viele Ausnahmen. Daher ist es einfacher, zu jedem Wort die Mehrzahl mitzulernen. Sie können sich dazu Vokabelkarten schreiben. Auf die Karte für Apfel schreiben Sie zum Beispiel: **der** Apfel, Plural: viele Äpfel. So haben Sie alle wichtigen Informationen zusammen gelernt: Das Wort **Apfel** hat den Artikel **der** und die Mehrzahl **Äpfel**.

Die Artikel und Mehrzahlformen finden Sie im Wörterbuch. Am einfachsten hierfür ist ein Lernerwörterbuch. Ein **Lernerwörterbuch** *(leanawöatabuuxx)* ist ein Wörterbuch für Menschen, die die Sprache gerade lernen. Die Informationen zu den Wörtern sind hier einfacher zu verstehen als in normalen Wörterbüchern. Es gibt Lernerwörterbücher von verschiedenen Verlagen. Schauen Sie sich in der Bibliothek oder Buchhandlung mehrere Lernerwörterbücher an und entscheiden Sie, welches Buch Sie übersichtlich finden und mit welchem Buch Sie gut arbeiten können.

Mehr zur Einzahl- und Mehrzahlform der Substantive finden Sie im Anhang.

Wenn Sie die Mehrzahlform kennen, ist der Rest sehr leicht: **Ein Kilo** (Substantiv in der Mehrzahlform) **bitte!**

✔ **Ein Kilo Äpfel bitte!** *(ain kiilo epfel bite)*
✔ **Ein Kilo Birnen bitte!** *(ain kiilo bianen bite)*
✔ **Ein Kilo Pflaumen bitte!** *(ain kiilo flaumen bite)*

Vielleicht brauchen Sie auch weniger? Ein halbes Kilo ist ein **Pfund** *(funt)*: **Ein Pfund Erdbeeren bitte.** *(ain funt eeatbeeren bite)* Oder vielleicht nur drei Stück? **Drei Mandarinen bitte.** *(drai mandariinen bite)*

Wenn Sie die Mehrzahlform oder auch das richtige Wort nicht kennen, zum Beispiel wenn es mehrere Apfelsorten gibt, gibt es einen einfachen Trick. Sie sagen einfach: **davon** *(daafon)* und zeigen dabei auf das, was Sie meinen. Sie werden diese Sätze oft auf dem Markt hören:

✔ **Ein Kilo davon bitte.** *(ain kiilo daafon bite)*

✔ **Ein Pfund davon bitte.** *(ain funt daafon bite)*

✔ **Zwei Stück davon bitte.** *(twai stük daafon bite)*

Wenn Sie genau wissen, was Sie wollen, können Sie auch die Sorte nennen. Apfelsorten sind zum Beispiel Elstar, Boskoop oder Holsteiner Cox. **Ein Kilo Holsteiner Cox bitte!** *(ain kiilo holschtaina koks bite)*

Gemüse einkaufen

Lernen Sie oder wiederholen Sie nun die Namen der häufigsten Gemüsesorten kennen. Ergänzen Sie auch diese Liste nach und nach selbst. Manches große, runde Gemüse wie Salat bezeichnet man als **Kopf** *(kopf)*, manches, zum Beispiel Kräuter, kaufen Sie (zusammengebunden) im **Bund** *(bunt)*. Notieren Sie auch dies, wenn Sie Ihre Liste erweitern:

✔ der Salat *(salaat)*: **Einen Kopf Salat, bitte.** *(ainen kopf salaat bite)*

✔ die Paprika *(paprika)*: **Drei Paprika, bitte.** *(drai paprika bite)*

✔ die Tomate *(tomaate)*: **Ein Kilo Tomaten, bitte.** *(ain kiiloo tomaaten bite)*

✔ das Radieschen *(radiis/chen)*: **Ein Bund Radieschen, bitte.** *(ain bunt radiis/chen bite)*

✔ der Blumenkohl *(bluumenkool)*: **Einen (Kopf) Blumenkohl, bitte.** *(ainen kopf bluumenkool bite)*

✔ der Brokkoli *(brokkoli)*: **Einen (Kopf) Brokkoli, bitte.** *(ainen kopf brokoli bite)*

✔ der Spinat *(schpinaat)*: **Ein Pfund Spinat, bitte.** *(ain funt schpiinaat bite)*

✔ die Mohrrübe *(mooarüübe)*: **Ein Kilo Mohrrüben, bitte.** *(ain kiilo mooarüüben bite)*

✔ der Kohlrabi *(koolraabii)*: **Ein Kilo Kohlrabi, bitte.** *(ain kiiloo koolraabii bite)*

✔ die Aubergine *(oobaschiine)*: **Zwei Auberginen, bitte.** *(tswai oobaschiinen bite)*

✔ der Rotkohl *(rootkool)*: **Einen Kopf Rotkohl, bitte.** *(ainen kopf rootkool bite)*

✔ die Petersilie *(peetaziilije)*: **Ein Bund Petersilie, bitte.** *(ain bunt peetaziilije bite)*

✔ der Schnittlauch *(schnitlauxx)*: **Ein Bund Schnittlauch, bitte.** *(ain bunt schnitlauxx bite)*

Je nachdem, in welcher Region Sie auf dem Markt einkaufen, können Ihnen verschiedene Bezeichnungen begegnen. Zu Orangen sagt man auch **Apfelsinen** *(apfelziinen)*, zu Pflaumen auch **Zwetschgen** *(tschwetschgen)* und zu Mohrrüben auch **Karotten** *(kaaroten)*. Das lustigste Beispiel ist vielleicht **Rotkohl** und **Blaukraut** *(blaukraut)*. Es ist das gleiche Gemüse. Aber ist es nun rot, wie man in Norddeutschland sagt: **Rotkohl**, oder blau, wie man in Süddeutschland sagt: **Blaukraut**? Vielleicht ist es einfach **lila** *(liila)*.

5 ➤ Abendbrot essen oder essen gehen

Fragen zu den Waren stellen

Bevor Sie kaufen, möchten Sie vielleicht einige Fragen zu den Waren stellen. Wenn Sie etwas haben wollen, das Sie nicht finden können, stellen Sie die Frage: **Haben Sie auch …?** *(haaben zii auxx)*: **Haben Sie auch frischen Spinat?** *(haaben zii auxx frischen schpiinaat)*. Dann wollen Sie vielleicht Preis und Herkunft wissen. Achten Sie dabei darauf, ob es sich um Einzahl (zum Beispiel der Blumenkohl) oder Mehrzahl (zum Beispiel die Erdbeeren) handelt:

- ✔ **Was kostet der Blumenkohl?** *(was kostet dea bluumenkool)*
- ✔ **Was kosten die Erdbeeren?** *(was kosten dii eeatbeeren)*
- ✔ **Woher kommt der Brokkoli?** *(wooheea komt dea brokolii)*
- ✔ **Woher kommen die Äpfel?** *(wooheea komen dii epfel)*

Vor allem möchten Sie vielleicht gerne wissen, ob die Ware frisch und aus der Region ist, und können daher auch fragen:

- ✔ **Was hat gerade Saison?** *(was hat geraade zeezong)*
- ✔ **Wann beginnt die Erdbeersaison?** *(wan begint dii eeatbeeazeezong)*
- ✔ **Ab wann gibt es Erdbeeren?** *(ap wan giipt es eeatbeeren)*

Was man sonst noch auf dem Markt kaufen kann

Natürlich gibt es noch mehr als Obst und Gemüse. Hier ein paar Fragen, die Sie beim Fischhändler, beim Biobauern, beim Käsestand oder beim Blumenhändler stellen können:

- ✔ **frischen Fisch beim Fischhändler** *(frischen fisch baim fischhendla)*
  - **Was ist das für ein Fisch?** *(was ist das füüa ain fisch)*
  - **Woher kommt der Fisch?** *(wohea komt dea fisch)*
  - **Was ist das Fanggebiet?** *(was ist das fang/gebiit)*

- ✔ **Fleisch vom Biobauern** *(flaisch fom biiobauan)*
  - **Rindfleisch** *(rintflaisch)*: von der Kuh
  - **Schweinefleisch** *(schwaineflaisch)*: vom Schwein
  - **Hühnerfleisch** *(hüünaflaisch)*: vom Huhn

- ✔ **Käse beim Käsestand** *(keeze baim keezeschtant)*
  - **Hartkäse** *(haatkeeze)*: harter Käse, zum Beispiel Parmesan
  - **Weichkäse** *(waichkeeze)*: weicher Käse, zum Beispiel Camembert
  - **Frischkäse** *(frischkeeze)*: frischer, weicher weißer Käse
  - **Zweihundert Gramm Parmesan, bitte.** *(tswaihundat gram paamezaan bite)*

✔ **Blumen beim Blumenhändler** *(bluumen baim bluumenhendla)*: **der Strauß** *(schtraus)*: mehrere Blumen zusammengebunden

- **Einen Strauß Rosen bitte.** *(ainen schtraus roozen bite)* **Einen Strauß Tulpen bitte.** *(ainen schtraus tulpen bite)*

Biobauer, Biofleisch, Biogemüse ... Bio- bedeutet, dass etwas im ökologischen Landbau hergestellt ist. Aber es gibt unterschiedliche Vorschriften und Regeln und unterschiedliche Bio-Siegel. Mehr erfahren Sie bei einer Internetsuche unter dem Stichwort »Bio-Siegel«. Auf dem Markt können Sie einfach fragen: **Ist das bio?** *(ist das biio)*

Ein bisschen mehr und ein bisschen weniger

Sie bestellen auf dem Markt ein Kilo Äpfel und es wird abgewogen. Die Äpfel wiegen 1.200 Gramm. Dann fragt Sie die Verkäuferin vielleicht: **Darf es ein bisschen mehr sein?** *(daaf es ain bis/chen meea zain)*. Und Sie antworten: **Ja, gerne.** *(jaa/geean)*, oder aber: **Nein, lieber ein bisschen weniger.** *(nain/liiba ain bis/chen weeniga)*

Bei den meisten Dingen können Sie mit einer Gewichtsangabe bestellen, etwa **Ein Pfund Tomaten, bitte.** *(ain funt tomaaten bite)*:

✔ **ein Kilo** *(ain kiiloo)*

✔ **zwei Pfund** *(tswai funt)*

✔ **tausend Gramm** *(tausent gram)*

Manchmal brauchen Sie aber auch ein anderes Mengenwort. Häufige Mengenwörter sind:

✔ ein **Liter** Milch *(ain liita milch)*: der Liter

✔ ein **Kopf** Salat *(ain kopf salaat)*: der Kopf

✔ ein **Bund** Petersilie *(ain bunt peterziilije)*: der Bund

✔ ein **Strauß** Blumen *(ain straus bluumen)*: der Strauß

✔ eine **Dose** Suppe *(aine dooze zupe)*: die Dose

✔ eine **Kiste** Wasser *(aine kiste wasa)*: die Kiste

✔ ein **Kasten** Bier *(ain kasten biia)*: der Kasten

✔ eine **Tafel** Schokolade *(aine taafel schokolaade)*: die Tafel

✔ eine **Schachtel** Pralinen *(aine schachtel praliinen)*: die Schachtel

Wenn Sie schon ein bisschen deutsche Grammatik gelernt haben, haben Sie bestimmt vom Akkusativ gehört. Akkusativ bedeutet zum Beispiel, dass Sie nach bestimmten Verben den Artikel ein wenig verändern müssen. Ein solches Verb ist **möchten**: Aus **Ich möchte** und **ein Liter Milch** wird **Ich möchte einen Liter Milch.** Die gute Nachricht ist: Sie müssen nur die Artikel bei den Substantiven verändern, die in der Grundform ein **der** haben, wie zum Beispiel **der Liter**. Alles andere bleibt gleich: **Ich möchte** und **eine Kiste Wasser** bleibt **Ich möchte eine Kiste Wasser**. Mehr zum Akkusativ finden Sie im Anhang.

Gemeinsam kochen

Nachdem Sie auf dem Markt eingekauft haben, können Sie gemeinsam mit Ihren Freunden oder Ihrer Familie kochen. Wenn Sie auch hierbei versuchen, die Gegenstände um sich herum zu benennen, ist dies eine weitere Gelegenheit, Ihren Wortschatz zu erweitern.

- ✔ **kochen** *(koxxen)*
- ✔ **die Küche** *(küüxxe)*
- ✔ **die Pfanne** *(fane)*
- ✔ **der Topf** *(topf)*
- ✔ **die Herdplatte** *(heatplate)*
- ✔ **der Kochlöffel** *(koxxlöfel)*
- ✔ **der Esslöffel** *(eslöfel)*
- ✔ **der Teelöffel** *(teelöfel)*
- ✔ **das Schneidemesser** *(schnaidemesa)*
- ✔ **das Brotmesser** *(brootmesa)*
- ✔ **das Kochbuch** *(koxxbuuxx)*
- ✔ **das Rezept** *(retsept)*

> Rezepte auf Deutsch lassen sich ganz einfach lesen, wenn Sie die typischen Abkürzungen kennen: großer Löffel = Esslöffel = EL, kleiner Löffel = Teelöffel = TL, ml = Milliliter, g = Gramm, Eier Größe M = mittelgroße Eier, eine Prise = sehr kleine Menge, die zwischen zwei Finger passt.

Brötchen, Semmeln, Wecken: Beim Bäcker

Bei einem anderen Bäcker als gewohnt einzukaufen, zum Beispiel im Urlaub, kann schwierig sein. Denn von Bäcker zu Bäcker heißen die Brötchen und Brotsorten oft ein wenig anders. In Norddeutschland kaufen Sie **Brötchen** *(brööt/chen)*. Die heißen in Bayern **Semmeln** *(zemeln)*, in Schwaben **Wecken** *(weken)*, in Hamburg **Rundstücke** *(runtschtüke)* und in Berlin **Schrippen** *(schripen)*. Und das sind ja nur die einfachen Brotchen. Natürlich gibt es Mohnbrötchen, Sesambrötchen, Franzbrötchen, Milchbrötchen, Rosinenbrötchen …

In Schleswig-Holstein, am Meer, heißt eine Brötchensorte **Kliffkanten** *(klifkanten)*, das **Kliff** *(klif)* ist eine hohe, steile Meeresküste. Und zur Fußballweltmeisterschaft gab es plötzlich **Weltmeisterbrötchen** *(weltmaistabrööt/chen)*. Was immer passt, ist auch hier das Wort **davon** *(daafon)*: **Drei davon bitte!** *(drai daafon bite)*

Lesen Sie den folgenden Dialog beim Bäcker.

Bäcker: **Guten Tag! Und was bekommen Sie?**
(guuten taak/unt was bekomen zii)

Anna: **Guten Tag! Drei Brötchen bitte!**
(guuten taak/drai brööt/chen bite)

Bäcker: **Wir haben Mohnbrötchen, Sesambrötchen, Dinkel-Vollkornbrötchen ...**
(wia haaben moonbrööt/chen/zeezambrööt/chen/dinkelfolkoanbrööt/chen)

Anna: **Ganz normale bitte.**
(gants nomaale bite)

Bäcker: **Die Feierabendbrötchen für 30 Cent?**
(dii faia/aabentbrööt/chen füa draisich sent)

Anna: **Ja bitte. Und dann noch ein Mischbrot bitte.**
(jaa bite/unt dan noxx ain mischbroot bite)

Bäcker: **In Scheiben?**
(in schaiben)

Anna: **Ja bitte.**
(jaa bite)

Bäcker: **Und außerdem?**
(unt ausadeem)

Anna: **Noch zwei Stück Kuchen bitte.**
(noxx tswai schtük kuuxen bite)

Bäcker: **Das macht 8,54 Euro.**
(das maxxt axxt oiroo fiauntfünfzich)

Die wichtigsten Brotsorten sind:

✔ **Weißbrot** *(waisbroot)*: helles, weißes Brot aus hellem Weizenmehl

✔ **Schwarzbrot** *(schwaatsbroot)*: ein dunkles Brot

✔ **Mischbrot** *(mischbroot)*: Brot aus einer Mischung aus Weizenmehl und Roggenmehl

✔ **Vollkornbrot** *(folkoanbroot)*: Brot aus Vollkorngetreide

✔ **Toastbrot** *(toostbroot)*: Brot für den Toaster

✔ **Knäckebrot** *(knekebroot)*: sehr dünnes, knuspriges Brot

5 ➤ Abendbrot essen oder essen gehen

Und im ganzen Satz:

✔ **Ein Weißbrot/Schwarzbrot/Mischbrot/Vollkornbrot bitte.** *(ain waisbroot schwaatsbroot mischbroot folkoanbroot bite)*

✔ **Eine Packung Toastbrot/Knäckebrot bitte.** *(aine pakung knekebroot bite)* **Packung** *(pakung)*: verpacktes Brot

Die Mehrzahl von Brot ist Brote: **ein Brot** *(broot)*, **zwei Brote***(tswai broote)*, also: **Zwei Mischbrote bitte.** *(tswai mischbroote bite)* Der Bäcker fragt Sie dann vielleicht: **Geschnitten?** *(geschniten)* oder **In Scheiben?** *(in schaiben)*. Und dann müssen Sie entscheiden, ob Sie das Brot von der Brotschneidemaschine in einzelne Scheiben geschnitten haben möchten: **In Scheiben bitte.** *(in schaiben bite)* Sie können auch nur ein halbes Brot kaufen: **Ein halbes Weißbrot bitte.** *(ain halbes waisbroot bite)*

> Wenn Sie Kuchen kaufen, müssen Sie aufpassen, ob Sie **ein Stück, zwei Stück, drei Stück** *(schtük)* oder den ganzen Kuchen bestellen wollen. Wenn Sie sagen: **Einen Kuchen bitte!** bekommen Sie vielleicht den ganzen Kuchen. Auch lecker!

Mit oder ohne Sahne? Im Café

Vielleicht möchten Sie Ihren Kuchen auch lieber im Café essen und dazu eine Tasse Kaffee trinken. Hier gibt es einige Entscheidungen zu treffen.

✔ Möchten Sie Kuchen oder Torte?

- **Kuchen** *(kuuxxen)*: alle Zutaten sind gebacken, Kuchen ist gewöhnlicher als Torte
- **Torte** *(toate)*: hat eine Füllung aus Sahne, Pudding oder Obst, die nicht gebacken wird, gibt es zu besonderen Anlässen

✔ Welchen Kuchen oder welche Torte möchten Sie essen? Beliebt sind:

- **Apfelkuchen** *(apfelkuuxxen)*
- **Käsekuchen** *(keezekuuxxen)*
- **Pflaumenkuchen** *(flaumenkuuxxen)*
- **Marmorkuchen** *(maamooakuuxxen)*
- **Erdbeertorte** *(eeadbeeatoate)*
- **Schwarzwälder Kirschtorte** *(schwaatswelda kiaschtoate)*

> Ein Kuchen mit einem lustigen Namen ist der **Gugelhupf** *(guugelhupf)*. Ein Gugelhupf ist ein runder Kuchen, ein Kranzkuchen. In der Mitte hat dieser Kuchen ein Loch. Oft enthält er Rosinen. Andere mögliche Zutaten sind Nüsse, andere getrocknete Früchte oder Schokolade. Möchten Sie ein Stück Gugelhupf?

- ✓ Möchten Sie Ihren Kuchen **mit Sahne** *(mit zaane)* oder **ohne Sahne** *(oone zaane)*?
  - **die Sahne** *(zaane)*
  - **mit Sahne** *(mit zaane)*
  - **ohne Sahne** *(oone zaane)*
- ✓ Und was möchten Sie trinken?
  - **Kaffee** *(kafee)*
  - **Kaffee mit Milch** *(kafee mit milch)*
  - **Kaffee mit Milch und Zucker** *(kafee mit milch unt tsuka)*
  - **Milchkaffee** *(milchkafee)* Café au Lait, oft mit Milchschaum aus der Maschine
  - **schwarzen Tee** *(schwaatsen tee)*
  - **Früchtetee** *(früchtetee)*
  - **Kakao** *(kakau)*: heiße Schokolade

Oder möchten Sie lieber **etwas Kaltes** *(etwas kaltes)* trinken? Vielleicht **Apfelsaft** *(apfelzaft)* oder **Limonade** *(limonaade)*? Im Café gibt es Kaffee, Tee und Kakao in Tassen, Bechern und Kännchen. Ein Becher ist größer als eine Tasse und in einem Kännchen sind mehrere Tassen enthalten: **die Tasse** *(tase)*, **der Becher** *(becha)* (mehr), **das Kännchen** *(kenchen)* (am meisten).

- **Eine Tasse Kaffee, bitte.** *(aine tase kafee bite)*
- **Ein Kännchen Kakao, bitte.** *(ain kenchen kakau bite)*

Track 26

Anna ist im Café.

Kellnerin: **Guten Tag. Was kann ich Ihnen bringen?**

(guuten taak / was kan ich iinen bringen)

Anna: **Ich hätte gern einen Kaffee.**

(ich hete gean ainen kafee)

Kellnerin: **Tasse oder Kännchen?**

(tase ooda kenchen?)

Anna: **Eine Tasse Kaffee bitte. Gerne mit Milch.**

(aine tase kafee bite / geane mit milch)

Kellnerin: **Ja, gerne. Möchten Sie dazu ein Stück Kuchen?**

(jaa geane / möchten zii datsuu ain schtük kuuxxen)

5 ▶ Abendbrot essen oder essen gehen

Anna: **Was für Kuchen haben Sie denn?**

(was füa kuuxxen haaben zii den)

Kellnerin: **Wir haben heute Apfelkuchen und Käsekuchen.**

(wiia haaben hoite apfelkuuxxen unt keezekuuxxen)

Anna: **Dann ein Stück Apfelkuchen bitte.**

(dan ain schtük apfelkuuxxen bite)

Kellnerin: **Mit Sahne?**

(mit zaane)

Anna: **Nein, bitte ohne Sahne.**

(nain bite oone zaane)

Kellnerin: **Also: eine Tasse Kaffee und ein Stück Apfelkuchen ohne Sahne. Kommt sofort.**

(alzoo/aine tase kafee unt ain schtük apfelkuuxxen oone zaane/ komt zofoat)

Ein kleines oder ein großes Schnitzel? Im Restaurant

Im Restaurant einen Tisch reservieren, bei der Ankunft nach Ihrer Reservierung fragen, etwas von der Speisekarte bestellen und zahlen, also alles rund ums Restaurant, darum geht es in diesem Abschnitt.

Track 27

Anna Schmidt ruft im Restaurant Sonne an und bestellt einen Tisch für vier Personen.

Kellner: **Restaurant Zur Sonne, Meyer, guten Tag.**

(restoorang tsua zone maia guuten taak)

Anna Schmidt: **Schmidt, guten Tag. Ich würde gerne einen Tisch für heute Abend reservieren.**

(schmit guuten taak/ich wüade gean ainen tisch füa hoite aabent rezawiiren)

Kellner: **Aber gerne, Frau Schmidt. Mit wie vielen Personen kommen Sie?**

(aaba geane frau schmit/mit wii fiilen pazoonen komen zii)

Anna Schmidt: **Wir sind zu viert. Haben Sie einen Tisch am Fenster?**

(wiia sint tsuu fiiat/haaben zii ainen tisch am fensta)

Kellner:	**Ja, wir haben einen sehr schönen Tisch für vier Personen direkt am Fenster mit Aussicht auf den Garten. Für wie viel Uhr soll ich ihn reservieren?**
	(jaa/wiia haaben ainen zeea schöönen tisch füüa fiia pazoonen diirekt am fensta mit aussicht auf deen gaaten/füüa wiifiil uua zol ich iin reezawiiren)
Anna Schmidt:	**Für 20 Uhr, bitte.**
	(füüa tswanzich uua bite)
Kellner:	**Vier Personen, acht Uhr. Wir freuen uns, Sie bei uns begrüßen zu dürfen, Frau Schmidt. Bis heute Abend!**
	(fiia pazoonen axxt uua/wiia froien uns zii bai uns begrüüsen tsu düüafen frau schmit/bis hoite aabent)
Anna Schmidt:	**Vielen Dank. Bis heute Abend dann!**
	(fiilen dank/bis hoite aabent dan)

Höflichkeitsform beim Reservieren und Bestellen

Wenn Sie besonders höflich sind, wie etwa am Telefon, benutzen Sie die sogenannten Konjunktivformen **würde** *(wüüade)* und **hätte** *(häte)*. Diese benötigen Sie sowohl beim Reservieren als auch beim Bestellen.

✔ **Ich würde gern ...** *(ich wüüade gean)*

✔ **Ich hätte gern ...** *(ich häte gean)*

✔ **Ich würde gern einen Tisch reservieren.** *(ich wüüade gean ainen tisch rezawiiren)*

✔ **Ich hätte gern ein Stück Kuchen.** *(ich häte gean ain schtük kuuxxen)*

Für wann reservieren Sie?

✔ **für heute Abend** *(füa hoite aabent)*

✔ **für morgen Abend** *(füa moagen aabent)*

✔ **für Freitagabend** *(füa fraitaakaabent)*

✔ **für den 20.7.** *(füa den tswantsichsten ziimten)*

Mit wie vielen Personen kommen Sie?

✔ eine Person: **Ich komme allein.** *(ich kome alain)*

✔ zwei Personen: **Wir sind zu zweit.** *(wia zint tsuu tswait)*

✔ drei Personen: **zu dritt** *(tsuu drit)*

✔ vier Personen: **zu viert** *(tsuu fiiat)*

✔ fünf Personen: **zu fünft** *(tsuu fünft)*

✔ sechs Personen: **zu sechst** *(tsuu zekst)*

✔ sieben Personen und mehr: **Wir sind sieben Personen.** *(wia zint ziiben pazoonen)*

Im Restaurant

Wenn Sie im Restaurant ankommen, werden Sie vielleicht als Erstes gefragt, ob Sie reserviert haben: **Haben Sie reserviert?** *(haaben zii rezawiiat)*. Dann können Sie antworten:

✔ **Ja, ich habe auf den Namen Schmidt reserviert.** *(jaa/ich haabe auf deen naamen schmit rezawiiat)*

✔ **Ja, ich habe einen Tisch für vier Personen reserviert.** *(jaa/ich haabe ainen tisch füüa fiia pazoonen rezawiiat)*

✔ **Nein, ich habe nicht reserviert. Ist noch etwas frei?** *(nain/ich haabe nicht rezawiiat/ist noxx etwas frai)*

Die Speisekarte lesen

Um die Speisekarte zu lesen, sind ein paar häufige Vokabeln hilfreich. Schlagen Sie diese in Ihrem zweisprachigen Wörterbuch nach!

> Die **Speisekarte** *(schpaizekaate)* heißt auf Deutsch nicht etwa Menü, wie in vielen anderen Sprachen. Ein Menü ist die Speisenfolge. Diese Speisenfolge könnte zum Beispiel so aussehen: Vorspeise, dann Hauptspeise und zuletzt der Nachtisch. Das wäre dann ein Drei-Gänge-Menü *(drai genge menüü)*.

✔ **die Speisekarte** *(dii schpaizekaate)*

✔ **die Vorspeise** *(fooaschpaize)*: etwas, das man als Erstes isst

✔ **die Suppe** *(zupe)*

✔ **der Salat** *(zalaat)*

✔ **die Hauptspeise** *(hauptschpaize)*, **das Hauptgericht** *(hauptgericht)*: davon isst man am meisten

✔ **Fleischgerichte** *(flaischgerichte)*: Essen mit Fleisch

✔ **Fischgerichte** *(fischgerichte)*: Essen mit Fisch

✔ **vegetarische Gerichte** *(wegetaarische gerichte)*: Essen ohne Fleisch und Fisch

✔ **Nachtisch** *(naaxxtisch)*: Dessert

✔ **Getränke** *(getrenke)*: zum Trinken

Bei der Bedienung bestellen

Vielleicht fragt der Kellner oder die Kellnerin Sie zuerst: **Haben Sie gewählt?** Dann können Sie bestellen. Oder aber Sie fragen von sich aus. Auch hier können Sie einfache Höflichkeitsfloskeln benutzen: **Ich würde gern ...** *(ich wüade gean)* und **Ich hätte gern ...** *(ich hete gean)*:

- **Ich würde gern bestellen, bitte.** *(ich wüade gean beschtelen bite)*
- **Ich hätte gern eine Suppe.** *(ich hete gean eine zupe)*
- **Als Erstes ... dann ... danach** *(als eastes ... dan ... danaaxx)*
- **Als Erstes hätte ich gern eine Suppe, dann Nudeln mit Spinat und zum Nachtisch Eis.** *(als eastes hete ich gean aine zupe dan nuudeln mit schpiinaat unt tsum naaxxtisch ais)*

Getränke bestellen Sie mit den Zählwörtern **Glas** *(glaas)*, **Gläser** *(gleeza)* oder **Flasche** *(flasche)*:

- **Ich hätte gern ein Glas Rotwein, bitte.** *(ich hete gean ain glaas rootwain bite)*
- **ein Glas Orangensaft, bitte** *(ain glaas oranschenzaft bite)*
- **eine Flasche Mineralwasser, bitte** *(aine flasche mineraalwasa bite)*
- **zwei Gläser Weißwein, bitte** *(tswai gleeza waiswain bite)*

Vielleicht haben Sie einige Fragen zur Speisekarte.

- **Was können Sie empfehlen?** *(was könen zii emfeelen)*: Was ist besonders gut?
- **Haben Sie auch etwas für Vegetarier?** *(haaben zii auxx etwas füa wegetaaria)*: Haben Sie etwas ohne Fleisch?
- **Kann ich das Steak auch mit Kartoffeln anstatt mit Pommes bekommen?** *(kan ich das steek auxx mit kaatofeln anschtat mit pomes bekomen)*
- **Ist in der Kartoffelsuppe Speck drin?** *(ist in dea kaatofelzupe schpek drin)*: Ist Speck dabei?

Vielleicht möchten Sie etwas variieren oder etwas bestellen, das nicht auf der Speisekarte steht.

- **Ich möchte bitte Kartoffeln statt Pommes.** *(ich möchte bite kaatofeln stat pomes)*: Kartoffeln ja, Pommes nein
- **Ich möchte den Salat bitte ohne Soße.** *(ich möchte deen zalaat bite oone zoose)*: Salat ja, Soße nein
- **Ich möchte die Kartoffelsuppe bitte ohne Speck.** *(ich möchte dii kaatofelzupe bite oone schpek)*: Kartoffelsuppe ja, Speck nein
- **Haben Sie auch Germknödel?** *(haaben zii auxx geamknöödel)*

5 ➤ Abendbrot essen oder essen gehen

Zahlen, bitte

Wenn Sie gehen möchten, können Sie den Kellner/die Kellnerin mit **Zahlen, bitte!** auf sich aufmerksam machen: **Zahlen, bitte!** *(tsaalen bite)* oder länger: **Ich würde gerne zahlen, bitte!** *(ich wüade geane tsaalen bite)*. Der Kellner fragt Sie dann: **Zusammen oder getrennt?** *(tsuzamen ooda getrent)*

✔ Zusammen: eine Person bezahlt die Rechnung allein

✔ Getrennt: jeder zahlt nur, was er gegessen hat

Wenn Sie alles bezahlen möchten, sagen Sie:

✔ **Zusammen, bitte.** *(tsuzamen bite)*

Andernfalls:

✔ **Getrennt, bitte.** *(getrent bite)*

Vielleicht möchten Sie dem Kellner/der Kellnerin etwas mehr Geld geben, als Sie müssen. Das heißt dann ein **Trinkgeld** *(trinkgelt)* geben.

✔ **Stimmt so.** *(schtimt zoo)*: Sie geben mehr Geld und möchten nichts davon zurückhaben.

✔ **Auf zwanzig bitte.** *(auf tswantsich bite)*: Sie müssen weniger als zwanzig Euro bezahlen und möchten gerne genau zwanzig Euro geben.

✔ **Kann ich zwei Euro zurückhaben bitte?** *(kan ich tswai oiroo tsurük haaben bite)*

Damen oder Herren: Könnten Sie mir sagen, wo die Toilette ist?

Auch die Frage nach der Toilette stellt sich vielleicht beim Restaurantbesuch.

✔ **Entschuldigung, wo ist die Toilette bitte?** *(entschuldigung woo ist dii toolete bite)*

✔ **Wo ist die Damentoilette?** *(woo ist dii daamentoolete)*

✔ **Entschuldigung, wo ist die Herrentoilette?** *(entschuldigung woo ist dii herentoolete)*

✔ **Entschuldigung, ich suche die Toiletten.** *(entschuldigung ich zuuxxe dii tooleten)*

✔ **Wo kann ich mir die Hände waschen?** *(woo kan ich mia dii hende waschen)*

Die Herrentoilette ist mit einem großen H, die Damentoilette mit einem großen D gekennzeichnet. Damen ist ein höfliches Wort für Frauen und Herren ein höfliches Wort für Männer.

Lesen Sie folgenden Dialog. Anna hat sich mit ihrer Freundin Paula im Restaurant getroffen.

Kellner: **Guten Abend. Haben Sie reserviert?**

(guuten aabent/haaben zii rezawiiat)

Anna: **Nein, wir haben nicht reserviert. Haben Sie noch einen Tisch für zwei Personen?**

(nain wia haaben nicht rezawiiat/haaben zii noxx ainen tisch füüa tswai pazoonen?)

Kellner: **Lassen Sie mich nachsehen. Ja, dieser Tisch hier drüben ist noch frei. Bitte hier entlang. Hier ist die Karte.**

(lasen zii mich naaxxzeen/jaa diiza tisch hiia drüüben ist noxx frai/bite hiia entlang/hiia ist dii kaate)

Anna: **Danke.**

(danke)

Kellner: **Möchten Sie schon etwas zu trinken bestellen?**

(möchten zii schoon etwas tsuu trinken beschtelen)

Anna: **Ja, zwei Gläser Rotwein bitte.**

(jaa/tswai gleeza rootwain bite)

Kellner: **Von dem Hauswein?**

(fon deem hauswain?)

Anna: **Ja, gerne.**

(jaa geane)

Kellner: **Haben Sie gewählt?**

(haaben zii geweelt)

Anna: **Nein, einen Moment noch bitte.**

(nain/ainen mooment noxx bite)

Anna: **Jetzt würden wir gerne bestellen.**

(jetst wüaden wiia geane beschtelen)

Kellner: **Ja, gerne, was darf es sein?**

(jaa geane was daaf es zain)

Anna: **Ich hätte gern das Schnitzel mit Pommes und meine Freundin den Kartoffelauflauf. Mit was für Käse ist der Auflauf gemacht?**

(ich hete gean das schnitsel mit pomes unt maine froindin deen kaatofelauflauf / mit was füa keeze ist der auflauf gemaxxt)

Kellner: **Das ist Mozzarella.**

(das ist motsarela)

Anna: **Und ist da Fleisch drin?**

(unt ist daa flaisch drin?)

Kellner: **Nein, der Auflauf ist rein vegetarisch.**

(nain/dea auflauf ist rain weegeetaarisch)

5 ► Abendbrot essen oder essen gehen

Anna:	**Und noch zwei kleine gemischte Salate bitte.**
	(unt noxx tswai klaine gemischte zalaate bite)
Kellner:	**Kommt sofort.**
	(komt zofoat)
Kellner:	**Hat es Ihnen geschmeckt?**
	(hat es iinen geschmekt)
Anna:	**Ja, es hat sehr gut geschmeckt. Wir würden jetzt gerne zahlen, bitte.**
	(jaa/es hat zeea guut geschmekt/wiia würden jetst geane tsaalen bite)
Kellner:	**Ja, gerne. Zusammen oder getrennt?**
	(jaa geane/tsuuzamen ooda getrent)
Anna:	**Zusammen bitte.**
	(tsuuzamen bite)
Kellner:	**Das macht dann 28 Euro 50.**
	(das maxxt dann axxtuntswantsich oiroo fünftsich)
Anna:	**Stimmt so.**
	(schtimt zoo)
Kellner:	**Vielen Dank. Einen schönen Abend noch!**
	(fiilen dank/ainen schöönen aabent noxx)

Einen Einkaufszettel (für andere) schreiben

Hier können Sie üben, einen Einkaufszettel für andere auf Deutsch zu schreiben. Es ist auch eine gute Wortschatzübung, seinen eigenen Einkaufszettel hin und wieder auf Deutsch zu verfassen. Lesen Sie zunächst folgendes Beispiel.

Lieber Per,

wollen wir heute zusammen kochen? Könntest du dafür ein paar Dinge besorgen? Wir brauchen Milch (auf jeden Fall Vollmilch), Sahne, Mozzarella und Lasagne-Platten vom Supermarkt. Heute ist auch Markttag. Vom Markt brauchen wir Tomaten, Auberginen, grünen Salat, Sellerie, Karotten und eine Gurke. Wenn es schon welche gibt, wären auch Erdbeeren schön. Könntest du danach noch zum Getränkemarkt fahren und eine Kiste Wasser kaufen? Das wäre toll! Ich danke dir im Voraus und freue mich auf unser Abendessen heute! Hast du erraten, was es gibt?

Viele Grüße

Deine Susanne

- ✔ **besorgen:** kaufen
- ✔ **ein paar Dinge:** ein paar Sachen
- ✔ **Könntest du …?** einen höfliche Bitte
- ✔ **Wir brauchen …**
- ✔ **vom** Markt, vom Supermarkt, vom Getränkemarkt, vom Bäcker …

Einkaufen – im Kaufhaus, auf dem Flohmarkt oder im Schuhgeschäft

In diesem Kapitel

▸ Gegenstände vergleichen

▸ Beim Einkaufen beraten und um Beratung bitten

▸ Geld und wie man bezahlen kann

▸ Etwas umtauschen oder ändern

▸ Einkaufen in kleinen Geschäften

Egal ob Sie lieber in einem großen Kaufhaus oder in kleinen Geschäften einkaufen: In diesem Kapitel finden Sie dafür nützliche Wörter und Phrasen. Ich stelle Ihnen den Grundwortschatz rund um die Themen »Kleidung« sowie »Geschäfte und Waren« vor. Sie lernen, wie man Dinge miteinander vergleicht, jemanden berät oder um Beratung bittet. Manchmal muss man später auch etwas umtauschen oder ändern lassen. Auch hierfür finden sich in diesem Kapitel Beispielsätze.

Geschäfte und Läden

Wenn Sie schon lange in einer Stadt wohnen, kennen Sie sich gut aus. Wenn Sie neu in eine Stadt sind oder zu Besuch sind, können Sie so fragen: **Wo ist hier das nächste ...?** *(woo ist hia das nechste)* oder **Wo gibt es hier ein ...?** *(woo gipt es hia ain)*. Zum Beispiel: **Wo ist das nächste Lebensmittelgeschäft?** *(woo ist hia das nechste leebensmittelgescheft)* **Wo gibt es hier ein Elektrowarengeschäft?** *(woo gipt es hia ain elektrowaarengescheft)*

Viele Geschäfte enden tatsächlich auf das Wort **-geschäft**. Davor steht ein Wort, das bezeichnet, was dort verkauft wird – in einem Schuhgeschäft gibt es Schuhe, in einem Spielzeuggeschäft wird Spielzeug verkauft:

✔ **Kleidungsgeschäft** *(klaidungsgescheft)*: Hier gibt es Pullover, Hosen und Jacken.

✔ **Schuhgeschäft** *(schuugescheft)*: Hier gibt es Schuhe, Stiefel und Sandalen.

✔ **Lebensmittelgeschäft** *(leebensmitelgescheft)*: Hier gibt es Joghurt, Reis und Eier.

✔ **Elektro(waren)geschäft** *(elektroowaarengescheft)*: Hier gibt es Fernseher, Computer und Bügeleisen.

✔ **Sportwarengeschäft** *(schpoatwaarengescheft)*: Hier gibt es Turnschuhe, Tennisschläger und Fußbälle.

✔ **Schreibwarengeschäft** *(schraipwaarengescheft)*: Hier gibt es Kugelschreiber, Mathehefte und Zeichenblöcke.

- ✔ **Spielzeuggeschäft** *(schpiiltseukgescheft)*: Hier gibt es Lego, Teddys und Puzzle.
- ✔ **Möbelgeschäft** *(mööbelgescheft)*: Hier gibt es Stühle, Tische und Sofas.
- ✔ **Fotogeschäft** *(footoogescheft)*: Hier gibt es Kameras, Filme und Fotoalben.
- ✔ **Musikgeschäft** *(muziikgescheft)*: Hier gibt es Gitarren, Noten und Klaviere.

Das große Fenster in einem Geschäft heißt **Schaufenster** *(schaufensta)*. Hier sind die Waren ausgestellt. Wenn Sie nur schauen möchten wollen, ohne etwas zu kaufen, können Sie sagen: **Ich mache einen Schaufensterbummel** *(ich maxxe ainen schaufenstabumel)*.

Ein Laden *(laaden)* ist das Gleiche wie ein Geschäft. Die Mehrzahl ist Läden *(leeden)*. Fragen Sie auch hier auf fast gleiche Weise (nur der Artikel ändert sich): **Wo ist hier der nächste …?** *(woo ist hia dea neechste)* oder **Wo gibt es hier einen …?** *(woo gipt es hia ainen)*, zum Beispiel: **Wo gibt es hier einen Buchladen?** *(woo gipt es hia ainen buuxxlaaden)* Dies sind verschiedene Läden:

- ✔ **Buchladen** *(buuxxlaaden)*: Hier gibt es Bücher: Romane, Sachbücher und Kinderbücher.
- ✔ **Zeitschriftenladen** *(tsaitschriftenlaaden)*: Hier gibt es Zeitungen und Zeitschriften.
- ✔ **Blumenladen** *(bluumenlaaden)*: Hier gibt es Rosen, Tulpen und Sonnenblumen.

Manche Geschäfte enden nicht auf **-geschäft** oder **-laden,** sondern auf **-markt** oder **-haus:**

- ✔ **der Drogeriemarkt** *(droogeriimaakt)*: Hier gibt es Zahnpasta, Deodorant, Shampoo, Seife, Windeln und Taschentücher.
- ✔ **der Getränkemarkt** *(getrenkemaakt)*: Hier gibt es Limonade, Wasser und Bier.
- ✔ **der Baumarkt** *(baumaakt)*: Hier gibt es Bretter, Farbe und Schrauben.
- ✔ **das Reformhaus** *(refoamhaus)*: Hier gibt es Müsli, Nüsse und Vollkornmehl.

Manche Läden haben einen ganz anderen Namen:

- ✔ **die Apotheke** *(apoteeke)*: Hier gibt es Medikamente, Pflaster und Kräutertee.
- ✔ **die Videothek** *(viideoteek)*: Hier kann man Videos und DVDs ausleihen oder kaufen.
- ✔ **der Juwelier** *(juweliia)*: Hier gibt es Schmuck: Ringe, Ketten und Armbänder.
- ✔ **der Optiker** *(optika)*: Hier gibt es Brillen und Kontaktlinsen.
- ✔ **die Parfümerie** *(pafümerii)*: Hier gibt es Parfüm, Creme und Duschgel.

Bei einem Wort mit dem Artikel **der** (der Laden) fragen Sie: **Wo ist hier der nächste …?** oder **Wo gibt es hier einen …?** Bei einem Wort mit dem Artikel **die** (die Videothek) fragen Sie **Wo ist hier die nächste …?** oder **Wo gibt es hier eine …?** Bei einem Wort mit dem Artikel **das** (das Geschäft) fragen Sie: **Wo ist hier das nächste …?** Oder **Wo gibt es hier ein …?** Vergleichen Sie hierzu im Anhang den Abschnitt zum Akkusativ.

Im Kaufhaus

In einer **Einkaufsstraße** *(ainkaufsschtraase)* oder in einem **Einkaufszentrum** *(ainkaufstsentrum)* sind mehrere Geschäfte nah beisammen. In einem **Kaufhaus** *(kaufhaus)* gibt es viele verschiedene Dinge (Waren) in einem Gebäude (Haus). Ein Kaufhaus hat verschiedene **Abteilungen** *(aptailungen)*. Was finden Sie in welcher Abteilung?

✔ **Bekleidung** *(beklaidung)*: Mode, hier gibt es Hosen, T-Shirts und Pullover. **Damenbekleidung** *(daamenbeklaidung)* ist Mode für Frauen, **Herrenbekleidung** *(herenbeklaidung)* ist Mode für Männer, **Kinderbekleidung** *(kindabeklaidung)* ist Mode für Kinder.

✔ **Wäsche** *(wesche)*: Unterwäsche, Unterbekleidung, Kleidung, die direkt auf der Haut getragen wird. Hier gibt es Unterhosen, Unterhemden und Strumpfhosen.

✔ **Kurzwaren** *(kurtswaaren)*: Hier gibt es Knöpfe, Garn und Reißverschlüsse, um kaputte Kleidung wieder auszubessern.

✔ **Heimtextilien** *(haimtekstiilijen)*: Hier gibt es Bettwäsche, Tischdecken und Gardinen.

✔ **Haushaltswaren** *(haushaltswaaren)*: Hier gibt es Teller, Gabeln und Toaster.

Wenn Sie etwas suchen, können Sie auch fragen: **In welcher Abteilung finde ich ...** *(in welcha aptailung finde ich)*. Lesen Sie dazu den folgenden Dialog:

Kunde: **Entschuldigen Sie, in welcher Abteilung finde ich Knöpfe?**

(entschuldigen zii / in welcha aptailung finde ich knöpfe)

Verkäufer: **Im dritten Stock in der Kurzwarenabteilung.**

(im driten schtok in dea kurtswaarenaptailung)

Kunde: **Vielen Dank!**

(fiilen dank)

Um in die verschiedenen Stockwerke zu gelangen, können Sie mit dem **Fahrstuhl** *(faaschtuul)* fahren, die **Rolltreppe** *(roltrepe)* oder auch die normale Treppe nehmen:

✔ **Erdgeschoss** *(eatgeschos)*: EG, auf der Ebene der Straße

✔ **1. Stock** *(easta schtok)*: erster Stock, auch erste Etage; über dem Erdgeschoss

✔ **2. Stock** *(tswaita schtok)*: zweiter Stock, auch zweite Etage

✔ **3. Stock** *(drita schtok)*: dritter Stock, auch dritte Etage

✔ **Keller** *(kela)*: ganz unten, unter dem Erdgeschoss

In einem Kaufhaus gibt es sehr viele verschiedene Dinge, aber es kann, weil es so groß ist, unpersönlich wirken. Ein kleines Geschäft, in dem es auch alles gibt und Sie den Verkäufer oder die Verkäuferin vielleicht persönlich kennen, wird **Tante-Emma-Laden** *(tante ema laaden)* genannt.

Nach den Öffnungszeiten fragen

Kaum ein Geschäft hat **durchgehend** (von 0 bis 24 Uhr) geöffnet. Die **Öffnungszeiten** *(öfnungstsaiten)* sind also wichtig:

- ✔ **geöffnet** *(geöfnet)*: auf, offen, man kann jetzt einkaufen
- ✔ **geschlossen** *(geschlosen)*: zu, man kann jetzt nicht einkaufen
- ✔ **Mittagspause** *(mitaakspauze)*: mittags geschlossen

Hier ein paar nützliche Sätze, um nach den Öffnungszeiten zu fragen. Wenn Sie über die Öffnungszeiten aller Geschäfte in einer Stadt Bescheid wissen wollen, können Sie fragen:

- ✔ **Wie lange haben die Geschäfte heute geöffnet?** *(wii lange haaben dii geschefte hoite geöfnet)*
- ✔ **Wie lange haben die Geschäfte am Samstag geöffnet?** *(wii lange haaben dii geschefte am zamstaak geöfnet)*
- ✔ **Ab wann haben die Geschäfte morgens geöffnet?** *(ap wan haaben dii geschefte moagens geöfnet)*

Wenn Sie die Öffnungszeiten eines einzelnen Geschäfts wissen wollen, können Sie fragen:

- ✔ **Wann haben Sie heute geöffnet?** *(wan haaben zii hoite geöfnet)*
- ✔ **Haben Sie auch am Samstag geöffnet?** *(haaben zii auch am zamstaak geöfnet)*
- ✔ **Machen Sie eine Mittagspause?** *(maxxen zii aine mitaakspauze)*

Eine Kundin fragt nach der Öffnungszeit:

Kundin: **Ich möchte nachher noch einmal wiederkommen. Wie lange haben Sie heute noch geöffnet?**

(ich möchte naxxer noxx ainmal wiida komen / wii lange haaben zii hoite noxx geöfnet)

Verkäuferin: **Wir schließen schon in einer halben Stunde. Kommen Sie doch morgen wieder. Morgen haben wir schon ab halb neun geöffnet.**

(wia schliisen schoon in aina halben schtunde / komen zii doxx moagen wiida / moagen haaben wia schoon ap halp noin geöfnet)

Feiertage

An folgenden gesetzlichen Feiertagen haben die Geschäfte in Deutschland geschlossen:

- ✔ **Neujahr** (1. Januar)
- ✔ **Ostern: Karfreitag und Ostermontag** (im März oder April)
- ✔ **Maifeiertag** (1. Mai)
- ✔ **Himmelfahrt** (im Mai oder Juni)

✔ **Pfingstmontag** (im Mai oder Juni)

✔ **Tag der deutschen Einheit** (3. Oktober)

✔ **Weihnachten** (25. und 26. Dezember)

Kleidung und Schuhe kaufen

Wenn Sie Kleidung oder Schuhe kaufen wollen, ist es nützlich, sowohl die Wörter für verschiedene Kleidungsstücke als auch die Wörter für Farben, Materialien und Größen zu kennen. Hier ein kleiner Einstieg.

Unterschiedliche Kleidung

Die folgenden Wörter sind sehr einfach zu bilden. Man sieht auf einen Blick, für wen die Kleidung ist: für Männer, für Frauen oder für Kinder, und wann sie getragen werden soll: im Sommer, im Winter, bei der Arbeit oder beim Sport.

✔ **Herrenbekleidung** *(herenbeklaidung)*: Kleidung für Männer

✔ **Damenbekleidung** *(daamenbeklaidung)*: Kleidung für Frauen

✔ **Unisexkleidung** *(unisexklaidung)*: Kleidung für Männer und Frauen

✔ **Kinderbekleidung** *(kindabeklaidung)*: Kleidung für Kinder

✔ **Winterkleidung** *(wintaklaidung)*: Kleidung für den Winter

✔ **Sommerkleidung** *(zomaklaidung)*: Kleidung für den Sommer

✔ **Unterwäsche** *(untawesche)*: Kleidung, die man unter der Kleidung trägt

✔ **Sportbekleidung** *(schpootbeklaidung)*: Kleidung für den Sport

✔ **Schwimmbekleidung** *(schwimbeklaidung)*: Kleidung für die Schwimmhalle

✔ **Berufskleidung** *(beruufsklaidung)*: Kleidung, die bei der Arbeit getragen wird

Lassen Sie sich von dem kleine Unterschied nicht irritieren: **Bekleidung** *(beklaidung)*, **Kleidung** *(klaidung)*.

Von Kopf bis Fuß: Verschiedene Kleidungsstücke

In Abbildung 6.1 sehen Sie die Bezeichnungen für verschiedene Kleidungsstücke. Wir beginnen oben mit der Kopfbekleidung und enden mit den Strümpfen an den Füßen. Für die Schuhe gibt es einen extra Abschnitt daran anschließend.

Kleidungsstücke

die Mütze
der Hut
die Fliege
der Schal
der Pullover
das Hemd
die Jacke
die Handschuhe
der Gürtel
die Hose
die Schuhe

die Mütze
der Schal
die Bluse
der Mantel
der Rock
die Strumpfhose
die Stiefel

Abbildung 6.1: Hier sehen Sie unterschiedliche Kleidungsstücke von Männern und Frauen.

✔ die Mütze *(mütse)*

✔ der Schlips *(schlips)*

✔ der Schal *(schaal)*

✔ die Jacke *(jake)*

✔ das Hemd *(hemt)*

✔ der Hut *(huut)*

✔ der Pullover *(puloowa)*

✔ die Handschuhe *(hantschuue)*

✔ der Gürtel *(güatel)*

✔ die Hose *(hooze)*

✔ die Strümpfe *(schtrümfe)*

✔ die Bluse *(bluuze)*

✔ das Halstuch *(halstuuxx)*

✔ die Handtasche *(hanttasche)*

✔ der Rock *(rok)*

✔ die Strumpfhose *(schtrumfhooze)*

✔ der Mantel *(mantel)*

✔ die Stiefel *(schtiifel)*

Schuhe

Abbildung 6.2: Es gibt viele unterschiedliche Schuhe.

- ✔ die **Halbschuhe** *(halpschuue)*
- ✔ der **Absatz** *(apzats)*
- ✔ die **Stiefel** *(schtiifel)*
- ✔ die **Turnschuhe** *(tuanschuue)*
- ✔ die **Schnürsenkel** *(schnüüazenkel)*
- ✔ die **Sandalen** *(zandaalen)*

Was ist der Unterschied?

Kennen Sie die Unterschiede bei diesen Wortpaaren?

- ✔ **die Bluse** *(bluuze)*: Damenbekleidung; **das Hemd** *(hemt)*: Herrenbekleidung
- ✔ **die Socken** *(zoken)*: kürzer als **die Strümpfe** *(schtrümfe)*, die sind länger
- ✔ **die Schuhe** *(schuue)*: für die Füße; **die Handschuhe** *(hantschuue)*: sind für die Hände
- ✔ **die Weste** *(weste)*: ohne Ärmel; **der Pullover** *(puloowa)*, der hat Ärmel
- ✔ **der Hut** *(huut)*: mit einem Rand; die **Mütze** *(mütse)*, die hat keinen Rand
- ✔ **die Hose** *(hooze)*, **die Jeans** *(dschiins)*, eine Hose aus Jeansstoff
- ✔ **hohe Schuhe** *(hooe schuue)*: mit Absatz; **flache Schuhe** *(flaxxe schuue)*: haben wenig oder keinen Absatz
- ✔ **die Kleidung** *(klaidung)*: »normales« Wort, kann man immer verwenden; **die Klamotten** *(klamoten)* ist umgangssprachlich, nur unter Freunden

Immer zwei

Diese Sachen tauchen immer zu zweit auf – außer natürlich, wenn wieder mal ein Strumpf in der Waschmaschine verschwunden ist: **das Paar** *(paa)* = **zwei.**

- ✔ das Paar Schuhe
- ✔ das Paar Stiefel
- ✔ das Paar Socken
- ✔ das Paar Strümpfe
- ✔ das Paar Handschuhe

Farben

Welche Farben sind gerade in Mode? Welche Farben stehen Ihnen gut (passen zu Ihnen)? Welche Farben mögen Sie?

Abbildung 6.3: Kleidungsstücke können sehr bunt sein.

- ✔ **rot** *(root)*: ein roter Mantel *(ain roota mantel)*
- ✔ **gelb** *(gelp)*: ein gelber Hut *(ain gelba huut)*
- ✔ **grün** *(grüün)*: eine grüne Jacke *(aine grüüne jake)*

- ✔ **blau** *(blau)*: eine blaue Hose *(aine blaue hooze)*
- ✔ **grau** *(grau)*: ein grauer Hut *(ain graua huut)*
- ✔ **braun** *(braun)*: ein brauner Rock *(ain brauna rok)*
- ✔ **schwarz** *(schwaats)*: ein schwarzes Kleid *(ain schwaatses klait)*
- ✔ **weiß** *(wais)*: ein weißer Schal *(ain waisa schaal)*
- ✔ **rosa** *(rooza)*: eine rosa Schleife *(aine rooza schlaife)*
- ✔ **orange** *(orangksch)*: orangefarbener Pulli *(ain oranschfaabena puli)*
- ✔ **lila** *(liila)* = **violett** *(wiolet)*: eine lila (violette) Bluse *(aine liila wiolete bluuze)*

Mit diesen Wörtern, können Sie Farben noch genauer beschreiben:

- ✔ **hellblau** *(helblau)*: ein helles Blau
- ✔ **dunkelblau** *(dunkelblau)*: ein dunkles Blau
- ✔ **hellgrün** *(helgrüün)*: ein helles Grün
- ✔ **dunkelgrün** *(dunkelgrüün)*: ein dunkles Grün
- ✔ **hellgrau** *(helgrau)*: ein helles Grau
- ✔ **dunkelgrau** *(dunkelgrau)*: ein dunkles Grau
- ✔ **himmelblau** *(himelblau)*: blau wie der Himmel
- ✔ **blaugrau** *(blaugrau)*: eine Mischfarbe aus Blau und Grau

Folgende Musterbezeichnungen sind vielleicht nützlich beim Kleidungskauf:

- ✔ **gepunktet** *(gepunktet)*: getupft *(getupft)*, mit Punkten
- ✔ **kariert** *(kariiat)*: mit Karos, Quadraten
- ✔ **gestreift** *(geschtraift)*: mit Streifen, Linien

Wenn Sie Farbadjektive verwenden, benötigen Sie die richtigen Adjektivendungen, zum Beispiel:

- ✔ **eine blaue Hose**
- ✔ **ein grünes Halstuch**
- ✔ **schwarze Strümpfe**

Vergleichen Sie hierzu im Anhang den Abschnitt zu Adjektivendungen.

Manchmal geht es aber auch leichter. Sagen Sie einfach:

- ✔ **in Blau**
- ✔ **in Grün**
- ✔ **in Schwarz**

Dann benötigen Sie keine Endungen:

✔ **Haben Sie die Hose auch in Blau?** *(haaben zii dii hooze auxx in blau)*

✔ **Haben Sie die Jeans auch in Schwarz?** *(haaben zii dii dschiins auxx in schwaats)*

Materialien für Kleidung

Aus welchen Materialien ist diese Kleidung hergestellt? Ein Blick auf das eingenähte Schildchen gibt Auskunft. Da gibt es zum Beispiel:

✔ **Baumwolle** *(baumwolle)*

✔ **Wolle** *(wole)*

✔ **Polyester** *(poliesta)*

✔ **Seide** *(zaide)*

✔ **Leinen** *(lainen)*

✔ **Leder** *(leeda)*

Und so können Sie fragen, aus welchem Material die Kleidung hergestellt ist:

✔ **Woraus ist diese Jacke hergestellt?** *(wooraus ist diize jake heeageschtelt)*

✔ **Aus welchem Material besteht dieser Pullover?** *(aus welchem materiaal beschteet diiza puloowa)*

✔ **Ist das Baumwolle?** *(ist das baumwole)*

Kleidungsgrößen und Schuhgrößen

Brauchen Sie eine größere Größe oder eine kleinere Größe? So können Sie fragen:

✔ **Haben Sie die Hose auch in Größe 40?** *(haaben zii die hooze auxx in grööse fiatsich)*

✔ **Haben Sie die Schuhe auch in Größe 43?** *(haaben zii dii schuue auxx in grööse draiuntfiatsich)*

✔ **Gibt es das hier auch in Größe XL?** *(gibt es das hia auch in grööse iks el)*

Track 28

Anna ist in einem Geschäft. Anna hat eine Hose gefunden, die ihr gefällt.

Anna: **Diese Hose gefällt mir gut. Gibt es sie auch in anderen Farben?**

(dii hooze gefelt mia guut / gipt es zii auxx in anderen faaben)

Verkäuferin: **Es gibt Sie in Blau, Grau und in Schwarz.**

(es gipt zii in blau / grau unt schwaats)

Anna: **Könnte ich die schwarze anprobieren?**

(könnte ich dii schwaatse anprobiiren)

Verkäuferin: **Ja, gerne.**

(jaa geane)

Anna probiert die Hose an.

Anna: **Sie ist mir ein bisschen zu klein. Haben Sie die Hose auch in Größe L?**

(zii ist mia ain bischen tsu klain/haaben zii dii hooze auxx in grööse el)

Verkäuferin: **Ich glaube ja, ich gehe einmal nachsehen.**

(ich glaube jaa/ich gee ainmaal naxxzeen)

Anna: **Danke.**

(danke)

Gut, besser, am besten: Vergleichen

Beim Einkaufen lohnt es sich zu vergleichen. Hier lernen Sie die grundlegende Grammatik dazu. Wenn Sie mehr zu den Vergleichsformen wissen wollen, schlagen Sie im Anhang nach.

Kleidung vergleichen

Die folgenden Sätze zeigen am Beispiel von Kleidung, wie man mit **gut** *(guut)*, **besser** *(besa)* und **am besten** *(am besten)* vergleichen kann. Sie können die so erlernten Formen aber auch auf andere Dinge anwenden:

- ✔ Die blaue Hose ist **gut**. Die graue Hose ist **besser**. Ich nehme die graue Hose. *(dii blaue hooze ist guut) (dii graue hooze ist besa/ich neeme dii graue hooze)*

- ✔ Die blaue Hose gefällt mir **gut**. Die graue Hose gefällt mir **besser**. Ich kaufe die graue Hose. *(dii blaue hooze gefelt mia guut) (dii graue hooze gefelt mia besa/ich kaufe dii graue hooze)*

- ✔ Die blaue Hose ist **gut**. *(dii blaue hooze ist guut)* Die graue Hose ist **besser**. *(dii graue hooze ist besa)* Die schwarze Hose ist **am besten**. Ich nehme die schwarze Hose. *(dii schwaatse hooze ist am besten/ich neeme dii schwaatse hooze)*

Die Vergleichsform vieler Adjektive bilden Sie, indem Sie **-er (als)** oder **-sten** an das Adjektiv hängen: (Grundform) → -er als → am -sten:

- ✔ schön, schöner als, am schönsten

- ✔ groß, größer als, am größten

6 ➤ Einkaufen

- ✔ klein, kleiner als, am kleinsten
- ✔ weit, weiter als, am weitesten
- ✔ eng, enger als, am engsten
- ✔ Die graue Hose ist **schöner als** die graue Hose.
- ✔ Das rote Kleid ist **größer als** das grüne Kleid.
- ✔ Dieser Pullover ist **weiter als** der andere Pullover.

Vielleicht sind die Sachen aber auch gleich gut? Die blaue Hose ist **genauso gut** *(genauzoo guut)* wie die graue Hose. Ich weiß nicht, welche ich nehmen soll. *(dii blaue hooze ist genauzoo guut wii die graue hooze/ich wais nicht welche ich neemen zol)*. Oder war die erste Hose doch besser? Diese Hose ist **nicht so gut** *(nicht zoo guut wii)* wie die erste Hose *(diize hooze ist nicht zoo guut wii dii easte hoozse)*.

Preise vergleichen

Auch Preise müssen natürlich verglichen werden. Was ist teurer, was ist billiger?

- ✔ teuer, teurer, am teuersten
- ✔ günstig, günstiger, am günstigsten
- ✔ Der rote Pullover kostet 30 Euro. Das ist **teuer**.
- ✔ Der grüne Pullover kostet 50 Euro. Das ist **noch teurer**.
- ✔ Der schwarze Pullover kostet 100 Euro. Das ist **am teuersten**.
- ✔ Das dunkelblaue Halstuch kostet 5 Euro. Das ist **günstig**.
- ✔ Das hellblaue Halstuch kostet 4 Euro. Das ist **noch günstiger**.
- ✔ Das weiße Halstuch kostet nur 3 Euro. Das ist **am günstigsten**.

Wenn etwas so viel Geld kostet, dass Sie es nicht kaufen wollen, können Sie sagen: Das ist mir **zu teuer**. Ich kaufe es nicht. *(das ist mia tsu toia/ich kaufe es nicht)*

Für **teuer** gibt es viele Ausdrücke. Man kann zum Beispiel sagen: **Es kostet eine Stange Geld** *(es kostet aine schtange gelt)*, **es ist kostspielig** *(es ist kostschpiilich)*, **es hat einen stolzen Preis** *(es hat ainen schtoltsen prais)*. Wenn etwas zu teuer ist, kann man sagen: **Es ist überteuert** *(es ist übatoiat)* oder **es ist unerschwinglich** *(es ist unaschwinglich)* (man kann es nicht bezahlen).

Können Sie mir helfen? Um Beratung bitten

Wenn Sie ein Geschäft betreten, werden Sie vielleicht gefragt: **Kann ich Ihnen helfen?** *(kan ich iinen helfen)* Dann können Sie die Hilfe entweder ablehnen: **Nein danke. Ich möchte mich nur umsehen.** *(nain danke/ich möchte mich nua umzeen)* Oder Sie bitten um Hilfe: **Ja, danke. Ich suche …** *(jaa danke/ich zuuxxe)* oder **Ja, danke. Ich brauche …** *(jaa danke/ich* *brauxxe)* Wenn niemand von allein fragt, können Sie so um Hilfe bitten: **Entschuldigung. Können Sie mir helfen? Ich suche …** *(entschuldigung/ könen zii mia helfen/ich zuuxxe)* Wenn Sie etwas anprobieren (anziehen) möchten, können Sie fragen: **Entschuldigung. Ich möchte das hier anprobieren. Wo ist hier die Umkleidekabine?** *(entschuldigung/ich möchte das hia anproobiiren/woo ist hia dii umklaidekabiine)*

In einem Kaufhaus sucht ein Kunde nach der Abteilung für Winterjacken.

Kunde: **Entschuldigung. Können Sie mir helfen?**

(entschuldigung/könen zii mia helfen)

Verkäuferin: **Ja gern.**

(jaa gean)

Kunde: **Ich suche eine Winterjacke in Größe 50.**

(ich zuuxxe aine wintajake in grööse fünftsich)

Verkäuferin: **Die Winterjacken sind dort drüben. Folgen Sie mir bitte.**

(dii wintajaken zint doat drüüben/folgen zii mia bite)

Das steht Ihnen aber gut! Komplimente machen und annehmen

Vielleicht gehen Sie mit einer Freundin oder mit einem Freund einkaufen. Dann können Sie sie oder ihn nach der Meinung fragen oder ihr oder ihm Komplimente machen.

Nach der Meinung fragen

Wenn Sie wissen wollen, ob jemandem etwas gefällt, können Sie folgende Fragen stellen: **Wie gefällt dir …?** oder **Wie findest du …?** oder **Magst du …?**

✔ **Wie gefällt dir der blaue Mantel?** *(wii gefelt dia dea blaue mantel)*

✔ **Wie findest du die rote Bluse?** *(wii findest duu dii roote bluuze)*

✔ **Steht mir dieser Schal?** *(schteet mia diiza schaal)* etwas steht mir, etwas passt gut zu mir

Die Meinung sagen

So könnte die Antwort auf Ihre Frage lauten:

✔ **Den Mantel finde ich gut.** *(deen mantel finde ich guut)*

✔ **Die rote Bluse gefällt mir nicht so gut.** *(dii roote bluuze gefelt mia nicht zoo guut)*

✔ **Der Schal steht dir sehr gut, finde ich!** *(dea schaal schteet dia zeea guut finde ich)*

Das Wörtchen **so** oder der Zusatz **finde ich** machen die eigene Meinung freundlicher: **Die rote Bluse gefällt mir nicht gut.** *(dii roote bluuze gefelt miia nicht guut)* Das klingt etwas unhöflich. **Die rote Bluse gefällt mir nicht so gut.** *(dii roote bluuze gefelt miia nicht zoo guut)* Das klingt viel freundlicher.

Komplimente machen

So können Sie jemandem sagen, dass etwas gut zu ihm passt:

✔ **Das steht dir aber gut!** *(das schteet dia aaba guut)*

✔ **Das steht dir wirklich gut!** *(das schteet dia wiaklich guut)*

✔ **Dieses Blau ist eine schöne Farbe für dich!** *(diizes blau ist aine schööne faabe füa dich)*

Als Antwort sagen Sie einfach: **Danke** oder **Danke für das Kompliment.** *(danke für das kompliment)*

Kann ich mit Karte zahlen/bezahlen?

Beim Bezahlen gibt es zwei Möglichkeiten: **in bar** *(in baa)*, also mit Geld, Bargeld, oder **mit Karte** *(mit kaate)*, mit einer Kreditkarte oder einer anderen Bank- oder Sparkassenkarte. Nicht überall kann man mit Karte zahlen, manchmal müssen Sie also eventuell fragen: **Kann ich mit Karte zahlen?** *(kan ich mit kaate tsaalen?)* **Kann ich mit Kreditkarte zahlen?** *(kan ich mit kreditkaate tsaalen)*

Zu klein, zu groß, zu kurz: Etwas umtauschen

Wollen Sie das Gekaufte zurückgeben oder umtauschen? **Zurückgeben** *(tsurükgeeben)* bedeutet, es wieder in das Geschäft zurückzubringen, und **umtauschen** *(umtauschen)* bedeutet, dass Sie die Ware zurückgeben und eine andere Ware erhalten.

So können Sie sagen, dass Sie etwas umtauschen oder zurückgeben wollen:

✔ **Ich möchte das hier umtauschen bitte.** *(ich möchte das hia umtauschen bite)*

✔ **Ich möchte das hier zurückgeben bitte.** *(ich möchte das hia tsurükgeeben bite)*

✔ **Ich habe diese Hose gekauft, aber sie passt nicht. Ich möchte sie umtauschen.** *(ich haabe diize hooze hia gekauft aaba zii past nicht/ich möchte zii umtauschen)*

✔ **Ich habe diese Jacke hier gekauft, aber der Reißverschluss ist kaputt. Ich möchte sie umtauschen.** *(ich haabe diize jake hia gekauft aaba der raisfaschlus ist kaput/ich möchte zii umtauschen)*

Meistens brauchen Sie dazu den **Bon** *(bong)*. Der Bon ist der **Kassenzettel** *(kasentsetel)* oder die **Quittung** *(kwitung)*. Oft steht auf dem Bon, ob Sie etwas zurückgeben können oder nicht:

✔ **Umtausch nur mit Kassenbon:** Sie können die Ware zurückgeben, wenn Sie den Bon mitbringen. Vorsicht: Manche Geschäfte geben dann nur einen Gutschein oder eine andere Ware und nicht das Geld zurück. **Gutschein** *(guutschain)* bedeutet, dass Sie dafür in dem Geschäft etwas anderes kaufen können.

✔ **Umtausch nur innerhalb von 14 Tagen:** Der Kauf darf nicht länger als 14 Tage her sein.

✔ **Umtausch nur ungeöffnet:** Die Verpackung darf nicht geöffnet sein.

✔ **Kein Umtausch:** Sie können das Gekaufte nicht zurückgeben und nicht gegen eine andere Ware tauschen.

✔ **Keine Rücknahme:** Sie können das Gekaufte nicht zurückgeben.

Wenn Sie einen Gutschein erhalten haben und damit nicht einverstanden sind, können Sie so versuchen, doch noch ihr Geld zu bekommen: **Ich möchte keinen Gutschein. Ich möchte mein Geld zurück, bitte.** *(ich möchte kainen guutschain / ich möchte main gelt tsurük bite)*

Track 29

Anna hat es sich anders überlegt und möchte den Mantel, den sie gekauft hat, umtauschen.

Anna: **Guten Tag. Ich habe gestern diesen Mantel hier für meinen Mann gekauft, aber er passt ihm nicht, er ist zu klein. Ich möchte ihn umtauschen.**

(guuten taak / ich haabe gestan diizen mantel hia füa mainen man gekauft aba ea past iim nicht / er ist tsuu klain / ich möchte iin umtauschen)

Verkäuferin: **Haben Sie auch den Kassenbon dabei?**

(haaben zii auxx deen kasenbong dabei)

Anna: **Ja, hier.**

(jaa / hia)

Verkäuferin: **Wollen Sie sich einen größeren Mantel aussuchen?**

(wolen zii zich ainen grööseren mantel auszuuxxen)

Anna: **Nein, danke. Ich möchte mein Geld zurück, bitte.**

(nain danke / ich möchte main gelt tsurük, bite)

Verkäuferin: **Ich kann Ihnen nur einen Gutschein ausstellen.**

(ich kann iinen nua ainen guutschain ausschtelen)

Kleidung und Schuhe reparieren lassen – beim Schneider und beim Schuster

Beim **Schneider** *(schnaida)* oder in einer **Schneiderei** *(schnaidarai)* können Sie Kleidung ändern oder reparieren lassen. Der **Schuster** *(schuusta)* oder **Schuhmacher** *(schuumaxxa)* repariert Schuhe.

Dazu ist es gut, die Wörter für verschiedene Teile der Kleidung und Schuhe zu kennen:

- **der Kragen** *(kraagen)*: ein Teil von Hemd oder Bluse um den Hals herum
- **der Ärmel** *(eamel)*: Teile an den Armen von Hemd, Bluse, Mantel oder Pullover
- **das Hosenbein** *(hoozenbain)*: Teile an den Beinen
- **die Tasche** *(tasche)*: man kann etwas hineintun
- **der Knopf** *(knopf)*: runder Verschluss: Hosenknopf, Hemdknopf
- **der Reißverschluss** *(raisfaschlus)*: langer Verschluss an Hose oder Jacke
- **die Sohle** *(zoole)*: der untere Teil am Schuh
- **der Absatz** *(apzats)*: unterer, hinterer Teil des Schuhs; ein hoher Absatz

Und hier noch ein paar Kleidungsstücke, die Sie vielleicht ändern lassen wollen:

- **der Rock** *(rok)*
- **das Kleid** *(klait)*
- **das Kostüm** *(kostüüm)*: Blazer/Jacke und Rock oder Blazer/Jacke und Hose, für die Arbeit im Büro
- **der Anzug** *(antsuuk)*: Jacke und Hose, für die Arbeit im Büro

Was wollen Sie ändern?

- **Die Hose ist mir zu lang.** *(dii hooze ist mia tsu lang)*
- **Der Rock ist mir zu eng.** *(dea rok ist mia tsu eng)*
- **Der Reißverschluss ist kaputt.** *(der raisfaschlus ist kaput)*
- **Die Jacke braucht neue Knöpfe.** *(die jake brauxxt noie knöpfe)*
- **Die Schuhe brauchen neue Sohlen.** *(dii schuue brauxxen noie zoolen)*
- **Die Stiefel brauchen neue Absätze.** *(dii schtiifel brauxxen noie apzetse)*

Schneider, Schuster und Schuhmacher sind Berufe, aber es sind gleichzeitig auch häufige Nachnamen. Ebenso sind die Wörter Bäcker, Fischer und Müller Nachnamen, die aus Berufen entstanden sind. Kennen Sie andere Berufsbezeichnungen, die zu Nachnamen geworden sind?

Einkaufen in kleinen Geschäften

Hier geht es zunächst um das Einkaufen in kleinen Geschäften: im Zeitschriftenladen, Buchladen, Schreibwarengeschäft, in der Apotheke oder im Drogeriemarkt. Dann folgen nützliche Redewendungen für das Handeln auf dem Flohmarkt.

Eine Tageszeitung bitte: Im Zeitschriftenladen

Was möchten Sie? Eine **Zeitung** *(tsaitung)* oder eine **Zeitschrift** *(tsaitschrift)*? Und welche Zeitung soll es sein?

✔ die **Tageszeitung** *(taagestsaitung)*: eine Zeitung, die jeden Tag erscheint

✔ die **Wochenzeitung** *(woxxentsaitung)*: eine Zeitung, die jede Woche neu erscheint

✔ die **Wirtschaftszeitung** *(wiatschaftstsaitung)*: eine Zeitung mit dem Thema Wirtschaft

✔ die **Lokalzeitung** *(lokaaltsaitung)*: eine Zeitung, die viel über den Ort/die Stadt berichtet

Oder doch lieber eine Zeitschrift?

✔ die **Fernsehzeitschrift** *(feanzeetsaitschrift)*: eine Zeitschrift mit dem Fernsehprogramm

✔ die **Frauenzeitschrift** *(frauentsaitschrift)*: eine Zeitschrift für Frauen

✔ die **Tierzeitschrift** *(tiiatsaitschrift)*: eine Zeitschrift über Tiere

✔ die **Kochzeitschrift** *(koxxtsaitschrift)*: eine Zeitschrift mit Rezepten

✔ die **Musikzeitschrift** *(muziiktsaitschrift)*: eine Zeitschrift über Musik

✔ die **Computerzeitschrift** *(kompjuutatsaitschrift)*: eine Zeitschrift zu Computerthemen

✔ die **Elternzeitschrift** *(eltantsaitschrift)*: eine Zeitschrift über Kindererziehung

Ein anderes Wort für Zeitschrift ist Magazin: die Zeitschrift oder das **Magazin** *(maagaatsiin)*:

✔ das **Nachrichtenmagazin** *(naaxxrichtenmagatsiin)*: eine Zeitschrift mit aktuellen Nachrichten und Kommentaren

✔ das **Wissenschaftsmagazin** *(wisenschaftsmagatsiin)*: eine Zeitschrift über naturwissenschaftliche Themen

✔ das **Einrichtungsmagazin** *(ainrichtungsmagatsiin)*: eine Zeitschrift zum Thema Wohnen

✔ das **Reisemagazin** *(raizemagatsiin)*: eine Zeitschrift über Reisen

✔ das **Klatschmagazin** *(klatschmagatsiin)*: eine Zeitschrift über das Leben von bekannten Leuten, zum Beispiel Filmstars

Im Buchladen

Sie möchten ein bestimmtes Buch kaufen, aber Sie können es nicht finden. So können Sie nach dem Buch fragen: **Entschuldigung, ich suche das Buch Aufbaukurs Deutsch für Dummies. Haben Sie es vorrätig?** *(entschuldigung/ich zuuxxe das buuxx aufbaukuas doitsch füa dumiis/haaben zii es foareetich)* (Haben Sie es **vorrätig**? bedeutet Haben Sie es **da**? Gibt es das Buch im Geschäft und kann ich es gleich jetzt kaufen?) **Ich suche das Buch Astronomie für Dummies. Haben Sie es da?** *(ich zuuxxe das buuxx astronoomii füa dumiis/haaben zii es da)*

Wenn das Buch nicht vorrätig, nicht da ist, können Sie es bestellen. Meistens ist das Buch dann am nächsten Tag da: **Ich würde es dann gerne bestellen. Zu wann ist es da?** *(ich wüade es dan geane beschtelen/tsu wan ist es daa)* Sie erhalten dann die Antwort: **Es müsste zu** morgen da sein. *(es müste tsuu moagen daa zain)* Es ist wahrscheinlich morgen da. Und dann werden Sie gefragt: **Auf welchen Namen soll ich es bestellen?** *(auf welchen naamen zoll ich es beschtelen)*; auf welchen Namen bedeutet für wen ist das Buch, wer holt das Buch ab?

Sie suchen kein bestimmtes Buch, sondern wissen nur, welches Thema Sie interessiert? Dann können Sie so fragen:

✔ **Ich suche ein Buch zum Thema Astronomie. Können Sie mir eines empfehlen?** *(ich zuuxxe ain buuxx tsum teema astroonoomii / könen zii mia ains emfeelen)*

✔ **Ich suche ein Buch zum Thema deutsche Küche. Gibt es da ein gutes?** *(ich zuuxxe ain buuxx tsum teema doitsche küüche / giipt es daa ain guutes)*

✔ **Ich suche ein Buch für einen elfjährigen Jungen zum Geburtstag. Er interessiert sich für Tiere. Können Sie mir ein Buch empfehlen?** *(ich zuuxxe ain buuxx füa ainen elfjeerigen jungen tsum gebuatstaak / ea interesiat zich füa tiire / könen zii mia ain buuxx emfeelen)*

Im Schreibwarengeschäft

Im **Schreibwarengeschäft** *(schraipwaarengescheft)* können Sie verschiedene **Stifte** *(schtifte)* und Dinge aus **Papier** *(papiia)* kaufen. Zu Beginn des Schuljahres ist das Geschäft oft sehr voll, wenn alle Schulkinder ihre neuen Schulsachen kaufen müssen.

Verschiedene Stifte:

✔ **der Kugelschreiber** *(kuugelschraiba)*: meist ein blauer Stift mit einer runden Spitze

✔ **der Bleistift** *(blaischtift)*: hellgrau, kann man leicht ausradieren (mit einem Radiergummi)

✔ **ein harter Bleistift** *(haata blaischtift)*: kein **weicher Bleistift** *(waicha blaischtift)*

✔ **der Druckbleistift** *(drukblaschtift)*: aus Plastik mit Minen zum Wechseln

✔ **die Mine** *(miine)*: das Innere eines Bleistifts oder Kugelschreibers

✔ **der Buntstift (die Buntstifte)** *(buntschtifte)*: die Farbstifte in Rot, Gelb, Blau und anderen Farben

✔ **der Füller** *(füla)*: der Füllfederhalter, ein Stift mit Tinte

✔ **die Tintenpatrone** *(tintenpatroone)*: enthält Tinte

✔ **der Tintenkiller** *(tintenkila)*: löscht Tinte

Schreibzubehör:

✔ **der Anspitzer** *(anschpitza)*: zum Spitzen von Bleistiften

✔ **das Radiergummi** *(radiagumi)*: zum Radieren (löschen) von Bleistiftschrift

✔ **das Lineal** *(liinjaal)*: für gerade Linien

✔ **die Federtasche** *(feedatasche)*: zum Ordnen und Aufbewahren aller Stifte

✔ **der Ordner** *(oadna)*: zum Ordnen auf Aufbewahren aller Papiere

- ✔ **der Locher** *(loxxa)*: macht Löcher in Papier
- ✔ **der Tacker** *(taka)*: der Hefter, zum Zusammenheften von Papier
- ✔ **Büroklammern** *(bürooklaman)*: zum Zusammenstecken von Papier

Hefte und Papier:

- ✔ **der Zeichenblock** *(tsaichenblok)*: zusammenhängendes Papier zum Malen oder Zeichnen
- ✔ **das Heft** *(heft)*: geheftetes Papier zum Hineinschreiben
- ✔ **kariert** *(kariiat)*: mit Karos, kleinen Kästchen, kleinen Quadraten
- ✔ **liniert** *(liinjiiat)*: mit Linien
- ✔ **blanko** *(blankoo)*: leeres Papier, ohne Karos oder Linien

Die wichtigsten Formate

Hefte und Papier gibt es in verschiedenen Formaten (Größen). Hier die häufigsten:

- ✔ **DIN A6** *(diina zeks)*: so groß wie eine Postkarte
- ✔ **DIN A5** *(diina fünf)*: so groß wie zwei Postkarten, ein kleines Heft
- ✔ **DIN A4** *(diina fiia)*: so groß wie vier Postkarten, ein großes Heft
- ✔ **DIN A3** *(diina drai)*: so groß wie acht Postkarten, ein Zeichenblock

Was für ein Heft brauchen Sie? **Ich brauche ein kariertes DIN-A4-Heft, bitte.** *(ich brauxxe ain kariiates diina fiia heft bite)* **Ich brauche ein liniertes DIN-A4-Heft, bitte.** *(ich brauxxe ain liinjiiates diina fiia heft bite)*

Verschiedene Dinge im Schreibwarengeschäft/Büromaterialien

Hier ein paar Dinge, die man sonst noch zum Schreiben und Ordnen braucht:

- ✔ **der Kugelschreiber** *(kuugelschraiba)*
- ✔ **der Bleistift** *(blaischtift)*
- ✔ **die Mine** *(miine)*
- ✔ **der Füller** *(füla)*
- ✔ **die Tinte** *(tinte)*
- ✔ **die Tintenpatrone** *(tintenpatroone)*
- ✔ **der Anspitzer** *(anschpitsa)*
- ✔ **das Radiergummi** *(radiiagumi)*
- ✔ **das Lineal** *(liinjaal)*
- ✔ **die Federtasche** *(feedatasche)*
- ✔ **der Ordner** *(oadna)*
- ✔ **der Locher** *(loxxa)*
- ✔ **der Tacker/Hefter** *(taka)*
- ✔ **die Büroklammer** *(bürooklama)*

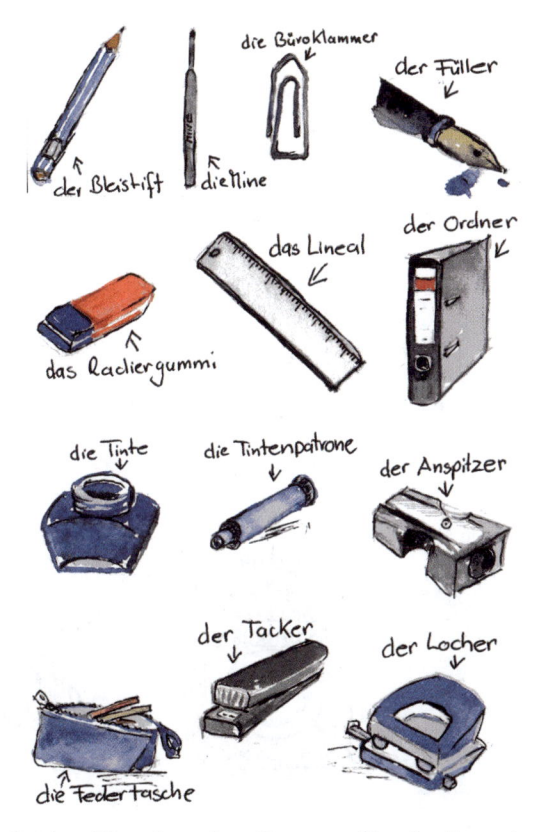

Abbildung 6.4: Diese Dinge brauchen Sie, wenn Sie schreiben oder malen wollen.

Haben Sie auch Sonnencreme? Im Drogeriemarkt

Im Drogeriemarkt gibt es so einiges: alles für die Körper- oder Schönheitspflege, Reinigungsmittel oder auch Papierwaren und Nahrungsmittel. Wenn Sie wissen wollen, ob es etwas Bestimmtes gibt, können Sie fragen: **Führen Sie auch …?** *(füüren zii auxx)* oder **Haben Sie auch …?** *(haaben zii auxx)*. **Führen Sie auch** ist höflicher als der Ausdruck **Haben Sie auch**. Er ist sehr praktisch, denn Sie brauchen dazu keinen Artikel. Ergänzen Sie den Satz ohne Artikel (ohne der/die/das).

Führen Sie auch …

✔ **Windeln** *(windeln)*: für Babys

✔ **Make-up** *(meek ap)*: zum Schminken

✔ **Shampoo** *(schampuu)*: zum Haarewaschen

✔ **Sonnencreme** *(zonenkreme)*: Sonnenschutz

✔ **Zahnpasta** *(tsaanpasta)*: zum Zähneputzen

Abbildung 6.5: Diese Artikel können Sie in einer Drogerie kaufen.

✓ **Pflaster** *(flasta)*: für Wunden, Verletzungen

✓ **Spülmittel** *(spüülmitel)*: zum Geschirrabwaschen

✓ **Waschpulver** *(waschpulwa)*: zum Wäschewaschen

✓ **Bürste** *(büaste)*

Sie können auch fragen: **Wo steht ...?** Hier brauchen Sie aber den Artikel: **Wo steht das Make-up/das Shampoo/die Sonnencreme/die Zahnpasta?** *(woo schteet das meek ap/das schampuu/dii zonenkreme/dii tsaanpasta)*

Alles zusammen für fünf Euro? Auf dem Flohmarkt

Auf dem **Flohmarkt** *(floomaakt)* gibt es gebrauchte Dinge. Hier macht es Spaß, über den Preis zu verhandeln. Verkaufen Sie es auch ein bisschen billiger? Alles zusammen für fünf Euro? So fragen Sie nach dem Preis: **Wie viel kostet das?** *(wii fiil kostet das)*

✓ **Wie viel kostet diese Hose?** *(wii fiil kostet diize hooze)*

✓ **Wie viel wollen Sie für diese Vase haben?** *(wii fiil wollen zii füa diize waaze haaben)*.

Und mit diesen Sätzen können Sie handeln/einen anderen Preis vorschlagen:

✔ **Geht es auch für fünf Euro?** *(geet es auxx füa fünf oiroo).*

✔ **Alles zusammen für fünf Euro?** *(ales tsuzamen für fünf oiroo)*

✔ **Wenn ich alle nehme, fünf Euro?** *(wen ich alle neeme fünf oiroo)*

Wenn man etwas sehr günstig (billig) kaufen konnte, sagt man: **Ich habe ein Schnäppchen** *(schnepchen)* **gemacht**. Auf dem Flohmarkt kann man oft Schnäppchen machen. Wann haben Sie das letzte Mal ein Schnäppchen gemacht? Was für ein Schnäppchen würden Sie gerne machen?

Auf Deutsch schreiben: Auf eine Anzeige antworten

Auch im Internet werden viele gebrauchte Dinge angeboten. Hier üben Sie, wie Sie per E-Mail auf eine Verkaufsanzeige antworten können. Lesen Sie dazu zunächst einen Beispieltext.

Beispiel für eine Antwort auf eine Anzeige im Internet

Hallo Herr Meyer,

ich habe Ihre Anzeige bei eBay gelesen und habe Interesse an Ihrem Esstisch. Dazu habe ich noch ein paar Fragen: Aus welchem Holz ist der Tisch hergestellt? Wie lang und wie breit ist er? Sie schreiben, der Tisch soll 50 Euro kosten. Würden Sie ihn auch für 40 Euro verkaufen? Wann könnte ich ihn bei Ihnen abholen? Wie lautet Ihre Anschrift? Ich freue mich auf Ihre Antwort.

Mit freundlichen Grüßen

Stefan Brauer

Und so können Sie den Text variieren:

Hallo Herr/Frau ...,

ich habe Ihre Anzeige bei ... gelesen und habe Interesse an Ihrem/Ihrer/Ihren ...

✔ der Esstisch: Interesse an Ihrem Esstisch

✔ die Vase: Interesse an Ihrer Vase

✔ das Regal: Interesse an Ihrem Regal

✔ die Sammelbilder (Mehrzahl): Interesse an Ihren Sammelbildern

Dazu habe ich noch eine Frage/zwei Fragen/ein paar Fragen – ein paar Fragen, mehr als zwei Fragen

Mögliche Fragen:

- ✔ **Aus welchem Material ist …?**
- ✔ **Welche Farbe hat …?**
- ✔ **Welche Größe hat …?** (bei Kleidung)
- ✔ **Wie alt ist …?**
- ✔ **Funktioniert … einwandfrei?** (bei Elektrogeräten: Ist das Gerät nicht kaputt?)

Sie schreiben … soll … Euro kosten. Würde Sie ihn/sie/es auch für … Euro verkaufen?

- ✔ der Tisch: ihn
- ✔ die Vase: sie
- ✔ das Bett: es
- ✔ **Wann kann ich ihn/sie/es bei Ihnen abholen?**
- ✔ **Wie lautet Ihre Anschrift?** Wo wohnen Sie?
- ✔ **Mit freundlichen Grüßen** Viele Grüße

Erledigungen: Auf der Post, bei der Bank und auf Ämtern

7

In diesem Kapitel
- Wörter für den Post- und Bankschalter
- Lange, schwierige Wörter in kurze, verständliche Wörter zerlegen
- Praktische Sätze für kleine Reparaturen
- Nützliche Wörter auf Ämtern
- Unterlagen verschicken

---

*E*rledigungen *(aleedigungen)* sind all die kleinen und großen Dinge, die getan werden müssen: Pakete zur Post bringen, auf der Bank Geld abheben, das Fahrrad reparieren, aufs Amt gehen ... In diesem Kapitel finden Sie praktische Sätze für alle diese Gelegenheiten, denn vielleicht ist heute wieder so ein Tag, an dem Sie sagen: **Ich habe heute noch viel zu erledigen** *(ich haabe hoite noxx fiil tsuu aleedigen)*.

Auf der Post

Wenn Sie nur **einen Brief einwerfen** *(ainen briif ainweafen)* möchten, reicht der nächste **Briefkasten** *(briifkasten)*. Bei **Packstationen** *(pakschtatsioonen)* kann man Pakete abholen und verschicken. Für viele andere Dinge aber müssen Sie zum Postamt. **Das Postamt** ist ein förmliches Wort für **die Post: das Postamt** *(postamt)* oder **die Post** *(post)*.

Rund um den Brief

Ein **Brief** *(briif)* steckt in einem **Briefumschlag** *(briifumschlag)*. Vorn in der Mitte auf dem Umschlag stehen

✔ **die Adresse** *(adrese)*, also **die Anschrift** *(anschrift)*, und **der Empfänger** *(emfenga)*

✔ mit der **Postleitzahl** *(postlaittsaal)*, Abkürzung PLZ

Wenn Sie die Postleitzahl nicht wissen, sehen Sie im **Postleitzahlenverzeichnis** *(postlaitsaalenfatsaichnis)* nach. Das finden Sie im Internet oder als Buch auf dem Postamt.

Oben rechts klebt **die Briefmarke** *(briifmaake)*. Hinten (oder vorn oben links) auf dem Brief steht **der Absender** *(apzenda)*, abgekürzt Abs. Diese Vokabeln müssen Sie auch kennen, wenn ein Brief an Sie zurückkommt. Denn dort steht dann vielleicht:

✔ **Anschrift unbekannt:** Die Adresse stimmt nicht.

✔ **Adresse unvollständig:** Bei der Adresse fehlt etwas.

✔ **Empfänger unbekannt verzogen:** Der Empfänger wohnt nicht mehr dort.

Am Schalter

Auf dem Postamt gehen Sie zum **Schalter** *(schalta)*, dorthin wo der Postbedienstete ist. Diese Sendungen können Sie verschicken:

- ✔ der **Brief** *(briif)*
- ✔ die **Postkarte** *(postkaate)*
- ✔ das **Paket** *(pakeet)*
- ✔ das **Päckchen** *(pekchen)*, ein kleines Paket
- ✔ **Ich möchte diesen Brief / diese Postkarte/dieses Paket/dieses Päckchen nach … schicken.** *(ich möchte diizen briif / diize postkaate/diizes pakeet / diises pekchen naaxx … schiken)*
- ✔ **Wie viel kostet das?** *(wii fiil kostet das)*
- ✔ **Wie viel kostet dieses Paket nach Italien?** *(wii fiil kostet diizes pakeet naaxx itaalijen)*

Wie möchten Sie es schicken?

- ✔ als **Eilsendung** *(ailzendung)*, als **Eilbrief** *(ailbriif)*: wenn es schnell gehen soll
- ✔ als **Einschreiben** *(ainschraiben)*: wenn Sie den Brief registrieren wollen
- ✔ als **Einschreiben mit Rückschein** *(ainschraiben mit rükschain)*: eine Nachricht kommt an Sie zurück, dass der Brief beim Empfänger abgegeben wurde
- ✔ als **Einwurfeinschreiben** *(ainwuafainschraiben)*: der Brief ist registriert, aber Sie bekommen keine weitere Nachricht
- ✔ als **versicherter Versand** *(fazichata fazant)*: mit Versicherung, falls das Paket verloren geht

Auch das möchten Sie noch vom Postbedienstetn wissen:

- ✔ **Wie lange braucht der Brief?** *(wii lange brauxxt dea briif)*. Wann kommt der Brief an?
- ✔ **Geht das heute noch weg?** *(geet das hoite noxx wek)*: Verlässt der Brief heute noch das Postamt und bekommt einen Stempel?
- ✔ **Ist da genug Porto drauf?** *(ist daa genuuk poatoo drauf)*: Sind genug Briefmarken darauf? Möchten Sie noch Briefmarken kaufen?
- ✔ **Ich hätte gern noch zehn Briefmarken für Postkarten innerhalb Europas.** *(ich hete gean noxx tseen briifmaaken füa postkaaten inahalp oiroopas)*
- ✔ **Ich hätte gern noch zehn Briefmarken für Briefe nach Japan.** *(ich hete gean noxx tseen briifmaaken füa briife naaxx jaapan)*

Schön sind Sondermarken mit Bildern, berühmten Personen oder besonderen Ereignissen. Manche kosten etwas mehr, aber manche sind auch genauso teuer wie normale Briefmarken. Wenn schöne Marken Sie interessieren, können Sie fragen: **Haben Sie Sondermarken?** *(haaben zii zondamaaken)* oder **Welche Sondermarken gibt es?** *(welche zondamaaken giipt es)*.

7 ▶ Erledigungen: Auf der Post, bei der Bank und auf Ämtern

Bei der Bank und am Geldautomaten

Welche **Bankgeschäfte** *(bankgeschefte)* müssen Sie erledigen? Wollen Sie Geld abheben oder einzahlen? Ein Konto eröffnen? Oder eine Überweisung machen?

Am Geldautomaten

Natürlich können Sie die meisten Geldautomaten *(geltautomaaten)* auch auf Englisch oder in anderen Sprachen bedienen. Aber alles Deutsch übt ja! Jeder Geldautomat ist ein wenig anders. Vielleicht finden Sie folgende Tasten:

Abbildung 7.1: An Bankautomaten können Sie Geld abheben.

- ✔ **Abbruch:** aufhören und neu anfangen
- ✔ **Korrektur:** etwas ändern
- ✔ **Bestätigung:** alles ist richtig so
- ✔ **Hilfe**

Der Automat fordert Sie zu verschiedenen Aktionen auf, beispielsweise.

- ✔ **Geheimzahl eingeben:** die PIN-Nummer eingeben
- ✔ **Bitte warten**
- ✔ **Bitte Geld entnehmen:** Geld kommt heraus
- ✔ **Vorgang nicht möglich:** Es kann kein Geld abgehoben werden.

Kostet das Geldabheben an diesem Automaten eine **Gebühr** *(gebüür)*? Wie hoch ist diese Gebühr? Eine Gebühr ist das Geld, das man für einen bestimmten Service bezahlen muss. Oft sind Geldautomaten der eigenen Bank oder Sparkasse **gebührenfrei** *(gebüürenfrei)* oder günstiger (billiger), während man bei anderen Banken oder Sparkassen eine Gebühr entrichten (bezahlen) muss.

Am Bankschalter

Wie die Post hat auch die Bank einen oder mehrere **Schalter** *(schalta)*. Den Mitarbeitern am Schalter können Sie sagen, was Sie wollen:

✔ **Geld abheben** *(gelt abheeben)*: Geld von der Bank (von Ihrem Konto) bekommen

✔ **Ich würde gerne 200 Euro abheben.** *(ich wüade geane tswaihundat oiroo apheeben)*

✔ **Können Sie mir das Geld in kleinen Scheinen auszahlen?** *(könen zii mia das gelt in klainen schainen austsaalen)*

Geld lässt sich einteilen in große Scheine: 50-Euro-Scheine, 100-Euro-Scheine, 200-Euro-Scheine und 500-Euro-Scheine; kleine Scheine: 5-Euro-Scheine, 10-Euro-Scheine, 20-Euro-Scheine; und Kleingeld *(klaingelt)*, das sind Münzen, also Centmünzen (5-Cent-Münze, 2-Cent-Münze, 1-Cent-Münze) und Euromünzen (1-Euro-Münze, 2-Euro-Münze).

✔ Das Gegenteil von Geld abheben ist **Geld einzahlen** *(gelt aintsaalen)*: der Bank Bargeld geben, das auf Ihr Konto kommt:

- **Ich würde gerne dieses Geld hier auf mein Konto einzahlen.** *(ich wüade geane diizes gelt hia auf main kontoo aintsaalen)*

✔ **Geld wechseln** *(gelt wekseln)*: Euros in eine andere Währung umtauschen (oder umgekehrt)

- **Ich würde gern diese norwegischen Kronen in Euro wechseln.** *(ich wüarade gean diize noaweegischen kroonen in oiro wekseln)*

- **Ich würde gern 200 Euro in britische Pfund wechseln.** *(ich wüade gean tswaihundat oiroo in briitische funt wekseln)*

✔ **Geld überweisen** *(gelt übawaizen)*: Geld von einem Konto auf ein anderes Konto übertragen

- **Ich würde gern eine Überweisung tätigen.** *(ich wüade gean aine übawaizung teetigen)*

- **Ich würde gern 250 Euro von meinem Konto auf dieses Konto hier überweisen.** *(ich wüade gean tswaihundatfünfzich oiroo fon mainem konto auf diizes konto hia übawaisen)*

✔ **ein Konto eröffnen** *(ain konto eaöfnen)*: ein neues Konto bei der Bank einrichten

- **Ich würde gerne bei Ihnen ein Konto eröffnen.** *(ich wüade gean bai iinen ain konto eaöfnen)*

7 ➤ Erledigungen: Auf der Post, bei der Bank und auf Ämtern

Eine Versicherung abschließen

Was für eine **Versicherung** *(fazicherung)* brauchen Sie? Es gibt viele Versicherungen. Die Wörter dafür sind lang. Zerlegt man sie aber in ihre Bestandteile, kann man sie gut verstehen:

- ✔ **die Krankenversicherung** *(krankenfazicherung)*: krank + die Versicherung

- ✔ **die Auslandsreisekrankenversicherung** *(auslandsraizekrankenfazicherung)*: das Ausland + die Reise + krank + die Versicherung

- ✔ **die Berufsunfähigkeitsversicherung** *(beruufsunfeichkaitsfazicherung)*: der Beruf + die Unfähigkeit (unfähig = man kann etwas nicht tun) + die Versicherung

- ✔ **die Rentenversicherung** *(rentenfazicherung)*: die Rente (Geld, das man im Alter erhält) + die Versicherung

- ✔ **die Haftpflichtversicherung** *(haftflichtfazicherung)*: haften (für etwas verantwortlich sein) + die Pflicht (etwas müssen) + die Versicherung

- ✔ **die Hausratversicherung** *(hausraatfazicherung)*: der Hausrat (Dinge, die im Haus vorhanden sind, zum Beispiel Möbel und Geräte) + die Versicherung

- ✔ **die Lebensversicherung** *(leebensfazicherung)*: das Leben + die Versicherung

- ✔ **die Zusatzversicherung** *(tsuuzatssfazicherung)*: zusätzlich + die Versicherung = Sie haben bereits eine Versicherung und wollen dazu noch eine weitere, bessere Versicherung abschließen.

Wenn Sie **eine Versicherung abschließen** *(aine faazicherung apschliisen)* möchten und sich in einem **Versicherungsbüro** *(fazicherungsbüroo)* informieren wollen, können diese Sätze nützlich sein:

- ✔ **Ich interessiere mich für eine Hausratversicherung.** *(ich interesiire mich füa aine hausraatfazicherung)*

- ✔ **Ich würde gerne eine Hausratversicherung abschließen.** *(ich wüade geane aine hausraatfazicherung apschliisen)*

- ✔ **Könnten Sie mir die Versicherungsbedingungen zur Ansicht nach Hause mitgeben?** *(könten zii mia dii fazicherungsbedingungen tsua anzicht naxx hauze mitgeben)* die Versicherungsbedingungen: die Konditionen, die rechtlichen Grundlagen der Versicherung; zur Ansicht: zum Ansehen, zum Durchlesen

Wenn jemand etwas noch einmal prüft oder noch etwas zusätzlich für die Sicherheit tut, passt die Redewendung **sicher ist sicher** *(zicha ist zicha)*. »Hast du noch einmal nachgeschaut, ob die Tür abgeschlossen ist?« – »Ich weiß nicht genau. Ich gehe lieber noch einmal zurück und schaue nach. Sicher ist sicher.«

Mein Laptop ist kaputt, mein Fahrrad hat einen Platten

Was ist das Problem?

- ✔ Der Laptop ist **kaputt** *(kaput)*: Der Laptop funktioniert nicht mehr.
- ✔ Der Mantel ist **gerissen** *(gerisen)*: Im Mantel ist ein längliches Loch, ein Riss.
- ✔ Das Kleid ist **verschmutzt** *(faschmutst)*: Das Kleid hat Flecken, ist schmutzig.
- ✔ Das Fahrrad hat einen **Platten** *(platen)*: Im Fahrradreifen ist ein Loch.
- ✔ Der Schlüssel ist **verloren gegangen** *(falooren gegangen)*: Der Schlüssel ist weg.

Was kann man tun?

- ✔ Der Laptop muss **repariert** *(repariat)* werden, zum Beispiel in einem Computerfachgeschäft *(kompjuutafaxxgescheft)*.
- ✔ Der Mantel muss **genäht** *(geneet)* werden, zum Beispiel in einer Schneiderei *(schnaiderai)*.
- ✔ Das Kleid muss **gereinigt** *(gerainikt)* werden, zum Beispiel in einer Reinigung *(rainigung)*.
- ✔ Das Fahrrad muss **geflickt** *(geflikt)* werden, zum Beispiel in einer Fahrradreparaturwerkstatt *(faaraatreparatuuaweakschtat)*.
- ✔ Es muss **ein Ersatzschlüssel angefertigt** *(ain azatsschlüsel angefeaticht)* werden, zum Bespiel beim Schlosser *(schlosa)*.

Nützliche Sätze sind:

- ✔ **Mein Laptop ist kaputt. Ich würde ihn gerne reparieren lassen.** *(main laptop ist kaput / ich wüade iin geane repariiren lasen)*
- ✔ **Mein Mantel ist gerissen. Können Sie ihn für mich nähen?** *(main mantel ist gerisen / könen zii iin füa mich neen)*
- ✔ **Das Kleid ist verschmutzt. Ich würde es gerne reinigen lassen.** *(das klait ist faschmutst / ich wüade es geane rainigen lasen)*
- ✔ **Das Fahrrad hat einen Platten. Können Sie es für mich flicken?** *(das faaraat hat ainen platen / könen zii es füa mich fliken)*
- ✔ **Können Sie mir von diesem Schlüssel hier einen Ersatzschlüssel anfertigen?** *(könen zii mia fon diizem schlüsel hiia ainen azatsschlüsel anfeatiigen)*

> Verschiedene Dinge müssen gemacht werden. Der Laptop muss repariert werden. Der Mantel muss genäht werden. Das Kleid muss gereinigt werden. Der Fahrradschlauch muss geflickt werden, ein Ersatzschlüssel muss angefertigt werden. Diese Formen sind Passivkonstruktionen. Mehr zum Passiv finden Sie in Kapitel 14.

7 ➤ Erledigungen: Auf der Post, bei der Bank und auf Ämtern

Anmelden, Abmelden, Ummelden: Auf dem Amt

Sie waren nun heute schon bei der Post, auf der Bank und haben Ihren Laptop zur Reparatur gebracht. Steht noch etwas auf Ihrer heutigen **Aufgabenliste** *(toduu liste)*? Müssen Sie heute noch etwas erledigen? Sie müssen noch aufs Amt? Sie haben noch einen **Behördengang** *(behöadengang)* vor sich? Der Behördengang bedeutet der Gang aufs Amt, der Besuch auf dem Amt.

Amtssprache: Die Sprache, die auf dem Amt gesprochen wird

Bei einem Behördengang ist es gut, die **Amtssprache** *(amtspraaxxe)* zu kennen, die Sprache, die auf der Behörde, dem Amt, gesprochen wird. Oft sind Formulare und Informationen auch mehrsprachig:

- ✔ **das Formular** *(foamulaa)*: der Fragebogen zum Ausfüllen mit Unterschrift
- ✔ **ein Formular ausfüllen** *(ain fomuulaa ausfülen)*: Daten (Angaben) in einen Fragebogen schreiben

Wenn Sie auf einem Amt sind und ein Formular oder Informationen in einer anderen Sprache haben möchten, können Sie folgende Fragen stellen:

- ✔ **Haben Sie ein englischsprachiges/französischsprachiges/russischsprachiges/türkischsprachiges/mehrsprachiges Formular?** *(haaben zii ain englischspraaxxiges/frantsöözischspraaxxiges/russischspraaxxiges/türkischspraaxxiges / meeaspraxxiges foamulaa)*
- ✔ **Haben Sie auch englischsprachige/französischsprachige/russischsprachige/türkischsprachige Informationen?** *(haaben zii auxx englischspraaxxige/frantsöözischspraaxxige/russischspraaxxiges/türkischspraaxxige infoamatsioonen)*
- ✔ **Gibt es diese Informationen auch auf Englisch?** *(giipt es diize infoamatsioonen auxx auf englisch)*
    - **englischsprachig** *(englischspraaxxich)*: auf Englisch
    - **französischsprachig** *(frantsöözischspraaxxich)*: auf Französisch
    - **russischsprachig** *(russischspraaxxich)*: auf Russisch
    - **türkischsprachig** *(türkischspraxxich)*: auf Türkisch

Mit der Endung **-sprachig** *(schpraaxxich)* können Sie beliebige Adjektive bilden. Hängen Sie dazu diese Endung einfach an das Wort für die Sprache an: Spanisch + -sprachig = spanischsprachig. Achten Sie dabei darauf, dass das neue Wort kleingeschrieben wird, da es sich jetzt um ein Adjektiv handelt: … + **-sprachig** *(spraxxich)*: in dieser Sprache.

Wenn es sich um zwei, drei oder mehr Sprachen handelt, können Sie das Wort auf gleiche Weise bilden.

- ✔ zwei + -sprachig = zweisprachig, in zwei Sprachen geschrieben: ein zweisprachiges Wörterbuch; Ich bin zweisprachig. Ich spreche zwei Sprachen.
- ✔ **mehrsprachig** *(meeaspraxxich)*: in mehreren, verschiedenen Sprachen

Wenn Sie mit jemandem in Ihrer Sprache sprechen möchten, können Sie folgende Fragen stellen:

- ✔ **Gibt es hier jemanden, der Englisch/Französisch/Russisch/Türkisch/… spricht?** *(giipt es hia jeemanden dea englisch/rusisch/türkisch schpricht)*
- ✔ **Wo kann ich einen Dolmetscher finden?** *(woo kann ich ainen dolmetscher finden)* Ein **Dolmetscher** *(dolmetscher)* ist eine Person, die (zum Beispiel bei Ämtern) aus einer Sprache in die andere übersetzt.

Wörter der Amtssprache

Amtssprache ist deswegen schwer, weil sie juristisch so genau wie möglich sein muss. Die folgenden Erklärungen und Sortierungen geben eine Annäherung an wichtige Begriffe der Amtssprache. Schlagen Sie, wie immer, aber hier vielleicht besonders, auch in Ihrem zweisprachigen Wörterbuch nach.

- ✔ **das Amt:** die Behörde
- ✔ **der Sachbearbeiter, die Sachbearbeiterin:** der Mann oder die Frau im Büro
- ✔ **einen Antrag stellen, etwas beantragen:** etwas wollen und dafür ein Formular abgeben
- ✔ **der Antragsteller:** Person, die den Antrag stellt und unterschreibt
- ✔ **eine Genehmigung erhalten, ein Antrag wird genehmigt:** die Erlaubnis, etwas dürfen
- ✔ **die Sprechzeiten:** die Öffnungszeiten, zu diesen Zeiten ist die Person im Amt da, erreichbar
- ✔ **die Unterlagen:** die Schriftstücke, die Formulare und Dokumente
- ✔ **die Frist:** eine bestimmte Zeit, innerhalb von … Tagen
- ✔ **eine Frist einhalten:** nicht länger brauchen als erlaubt
- ✔ **die Bearbeitungszeit:** die Zeit, die der Sachbearbeiter bis zur Antwort braucht
- ✔ **der Bescheid:** die Antwort auf den Antrag
- ✔ **die Voraussetzung:** Bedingung
- ✔ **erforderlich sein:** etwas muss sein
- ✔ **die Einschränkung:** die Begrenzung
- ✔ **der Nachweis:** die Bescheinigung, der Schein, das Zeugnis, das Zertifikat, das Schriftstück, das zeigt, dass etwas richtig ist
- ✔ **die Erklärung:** die Bestätigung; sagen, dass etwas richtig ist, und unterschreiben
- ✔ **die Überprüfung, überprüfen:** prüfen, ob etwas richtig ist

7 ➤ Erledigungen: Auf der Post, bei der Bank und auf Ämtern

Kombination von Hauptwort und Tätigkeitswort

Zusätzlich kompliziert wird Amtssprache durch feste Kombinationen von Hauptwörtern und Tätigkeitswörtern, wie zum Beispiel:

- ein Dokument ausstellen
- eine Genehmigung erhalten
- eine Genehmigung erteilen
- eine Frist einhalten

Das macht man auf dem Amt

Sich anmelden, sich abmelden, sich ummelden, Formulare ausfüllen; dieser Wortschatz gilt für alle Ämter.

- **ein Formular ausfüllen** *(ain foamulaa ausfülen)*: Daten in einen Fragebogen eintragen
- **unterschreiben** *(untaschraiben)*: seinen Namen unter ein Dokument schreiben und bestätigen
- **die Unterschrift** (*untaschrift*)**:** Signatur
- **die Personalien angeben** *(pazonaalijen angeeben)*: Daten (Angaben) zur Person, zum Beispiel Name, Geburtsdatum, Geburtsort
- **sich anmelden** *(anmelden)*: sich registrieren lassen
- **sich abmelden** *(apmelden)*: Gegenteil von **sich anmelden**
- **sich ummelden** *(ummelden)*: etwas anderes registrieren lassen, zum Beispiel einen anderen Wohnort registrieren lassen
- **einen Antrag stellen** *(ainen antraak schtelen)*: etwas beantragen
- **persönlich vorsprechen** *(pazönlich foaschprechen)*: zum Amt gehen und mit dem Sachbearbeiter/der Sachbearbeiterin reden

Auf Ämtern werden Sie oft gebeten, Ihre Personalien (Informationen zur Person) anzugeben oder in ein Formular zu schreiben. Zu den Personalien gehören:

- **der Vorname**
- **der Familienname**
- **der Geburtsname**, der Name vor der Heirat
- **der Familienstand**, zum Beispiel **verheiratet**, **ledig** (nicht verheiratet), **geschieden** (nicht mehr verheiratet), **verwitwet** (der Ehepartner ist gestorben)
- **die Berufsbezeichnung**, der Beruf
- **die Anschrift**, die Adresse, der Wohnort, die Straße und die Hausnummer
- **die Staatsangehörigkeit**

Verschiedene Ämter

Wenn von Ämtern die Rede ist, fällt manchmal das Wort **Ämterdschungel** *(emtadschungel)*. Das ist scherzhaft gemeint und soll heißen, dass es manchmal so schwierig ist, sich in den verschiedenen Ämtern zurechtzufinden wie in einem dicht bewachsenen Dschungel.

In vielen Städten und Gemeinden gibt es **Ämterlotsen** *(emtalootsen)*. Ein **Ämterlotse** *(emtalootse)* ist jemand, der bei Ämtergängen mitgeht und hilft. Ämterlotsen arbeiten freiwillig, ohne Bezahlung. Jeder, der Hilfe auf dem Amt möchte, kann einen Ämterlotsen mitnehmen. Einen Ämterlotsen in der eigenen Stadt findet man mit einer Google-Suche mit den Stichwörtern: »Ämterlotse« + »Ihre Stadt«.

Wenn Sie noch nicht genau wissen, zu welchem Amt Sie mit Ihrem Anliegen müssen, können Sie, zum Beispiel im Rathaus (dem Ort der Stadtverwaltung, der Stadtorganisation), so nachfragen:

- ✔ **An wen muss ich mich wenden?** *(an ween muss ich mich wenden)*
- ✔ **Wer ist zuständig?** *(weea ist tsuuschtendich)*

Bevor Sie sich auf den Weg machen, wollen Sie vielleicht noch mehr Informationen über die Sache einholen:

- ✔ **Wie sind dort die Sprechzeiten?** *(wii sint doat dii schprechtsaiten)* Wann kann ich hingehen?
- ✔ **Welche Unterlagen brauche ich?** *(welche untalaagen brauxxe ich)* Was muss ich mitbringen?
- ✔ **Welche Fristen muss ich beachten?** *(welche fristen mus ich beaxxten)* Wie viel Zeit habe ich (zum Beispiel um einen Antrag zu stellen)?
- ✔ **Welche Gebühren fallen an?** *(welche gebüüren falen an)* Was kostet es?

In vielen Orten wurde eine Behördennummer (Telefonnummer **115**) eingerichtet. Wenn Sie 115 anrufen, können Sie am Telefon fragen, zu welchem Amt Sie mit Ihren Fragen gehen können. In vielen Rathäusern gibt es auch Informationsbroschüren (Informationshefte), die die verschiedenen Ämter erklären. Manchmal heißen sie **Wegweiser** *(weekwaiza)*, zum Beispiel »Wegweiser durch die Stadtverwaltung«.

Auf dem Einwohnermeldeamt meldet man nach dem Umzug in einen neuen Ort seinen neuen Wohnsitz an:

- ✔ **der Wohnsitz**, der Ort, an dem man wohnt, die Adresse. **Ich bin umgezogen und möchte einen neuen Wohnsitz anmelden.** *(ich bin umgetsoogen unt möchte ainen noien woonzits anmelden)*

Man kann auch einen neuen Personalausweis oder Reisepass erhalten oder verlängern:

- ✔ **der Personalausweis** *(pazonaalauswais)*: Dokument zur Identifikation
- ✔ **der Reisepass** *(raizepas)*: Dokument zur Identifikation beim Reisen

7 ▶ Erledigungen: Auf der Post, bei der Bank und auf Ämtern

✔ **gültig** *(gültich)*: kann noch verwendet werden

✔ **abgelaufen** *(apgelaufen)*: nicht mehr gültig

✔ **verlängern** *(falengan)*: länger gültig machen

✔ **Mein Reisepass ist abgelaufen. Ich möchte ihn verlängern.** *(main raizepas ist apgelaufen/ich möchte iin falengan)*

✔ **Wie lange ist hierfür die Bearbeitungszeit?** *(wii lange ist hiafüa dii beaabaitungstsait)*

Auf dem Standesamt

Auf dem Standesamt werden Geburten und Todesfälle registriert sowie Ehen geschlossen:

✔ **die Geburtsurkunde** *(gebuuatsuakunde)*: Dokument, das beweist, dass jemand geboren ist

✔ **die Heiratsurkunde** *(hairatsuuakunde)*: Dokument, das beweist, dass jemand geheiratet hat

✔ **die Sterbeurkunde** *(steabeuuakunde)*: Dokument, das beweist, dass jemand gestorben ist

✔ **Ich möchte gerne die Geburtsurkunde für meine Tochter abholen.** *(ich möchte geane dii gebuuatsuakunde füa maine toxxta aphoolen)*

Dokumente wie beispielsweise Geburtsurkunden benötigt man oft mehrfach:

✔ **Ich brauche sie in dreifacher Ausführung.** *(ich brauxxe zii in draifaxxa ausfüürung)* In dreifacher Ausführung bedeutet drei Mal, drei Exemplare.

✔ **Welche Gebühren fallen an?** *(welche gebüüren falen an)*

Einen Antrag stellen oder einen Antrag machen? Auf Ämtern stellt man Anträge. Wollen Sie jedoch eine Frau oder einen Mann bitten, Sie zu heiraten, heißt das **einen Antrag machen** = **einen Heiratsantrag machen** *(ainen hairaatsantraak maxxen)*.

Auf dem Ordnungsamt

Das **Ordnungsamt** *(oatnungsamt)* ist für vieles zuständig. Unter anderem für das Ausstellen oder Umschreiben von Führerscheinen. Hier findet man auch das Fundbüro:

✔ **der Führerschein** *(füüraschain)*: die Fahrerlaubnis; Erlaubnis, ein Auto zu fahren

✔ **sich einen Führerschein ausstellen lassen**: einen neuen Führerschein bekommen. **Ich würde mir gern einen neuen Führerschein ausstellen lassen.** *(ich wüade mia gean ainen noien füüraschain ausschtelen lasen)*

✔ **einen Führerschein umschreiben lassen**: einen Führerschein aus einem anderen Land als deutschen Führerschein anerkennen lassen. **Ich würde gerne meinen Führerschein umschreiben lassen.** *(ich wüade geane meinen füüraschain umschraiben lasen)*

✔ **die beglaubigte Übersetzung** *(beglaubikte übazetsung)*: eine Übersetzung in die deutsche Sprache von einem staatlich geprüften Übersetzer. **Benötigen Sie eine beglaubigte Übersetzung?** *(benöötigen zii aine beglaubikte übazetsung)*

✔ **anerkannt werden** *(anakant weaden)*: auch hier gültig sein, auch hier verwendet werden. **Ich habe vor zwei Jahren in Polen einen Führerschein gemacht. Kann dieser in Deutschland anerkannt werden?** *(ich haabe foa tswai jaaren in poolen ainen füüraschain gemaxxt/kann diiza in doitschlant anakant weaden)*

> Das Lassen-Passiv – Sie lassen jemanden etwas für Sie machen:
>
> ✔ Ich würde mir gerne einen Führerschein **ausstellen lassen**.
>
> ✔ Ich würde gerne meinen Führerschein **umschreiben lassen**.
>
> ✔ Ich würde gerne meine Haare **schneiden lassen**.

Zum Ordnungsamt gehört auch das **Fundbüro** *(funtbüroo)*. Dort können Sie fragen, wenn Sie etwas verloren haben, oder etwas abgeben, das Sie gefunden haben:

✔ **Ich habe mein Handy verloren. Ist eins abgegeben worden?** *(ich haabe main hendi falooren/ist ains apgegeeben woaden)*

✔ **Ich habe diesen Schlüsselbund hier gefunden.** *(ich haabe diizen schlüselbunt hia gefunden)*

Auf dem Ausländeramt

Hier können unter anderem Aufenthaltsgenehmigungen verlängert und Bescheinigungen für Integrationskurse ausgestellt werden:

✔ **das Ausländeramt** *(auslendaamt)*, **die Ausländerbehörde** *(ausledabehöade)*

✔ **Ich würde gerne meine Aufenthaltsgenehmigung verlängern lassen. Welche Unterlagen benötigen Sie?** *(ich wüade geane meine aufenthaltsgeneemigung verlängean lasen/welche untalaagen benöötigen zii)*

✔ **befristet** *(befristet)*: für eine bestimmte Zeit, zum Beispiel für zwei Jahre; **unbefristet** *(unbefristet)*: für unbestimmte Zeit, für immer. **eine unbefristete Aufenthaltsgenehmigung** *(aine unbefristete aufenthaltsgeneemigung)*

✔ **die Arbeitserlaubnis** *(aabeitsalaupnis)*: Erlaubnis zu arbeiten

✔ **der Integrationskurs** *(integratioonskuas)*: Deutschkurs/Sprachkurs

✔ **die Berechtigung** *(berechtigung)* zu einem Integrationskurs: Man darf an einem Integrationskurs teilnehmen.

✔ **die Verpflichtung** *(faflichtung)* zu einem Integrationskurs: Man muss an einem Integrationskurs teilnehmen.

✔ **die Deutschkenntnisse nachweisen** *(doitschkentnise naaxxwaizen)*: ein Zeugnis oder Zertifikat von einem Sprachkurs oder einer Sprachprüfung vorzeigen.

7 ➤ Erledigungen: Auf der Post, bei der Bank und auf Ämtern

Die Agentur für Arbeit und das Wohngeldamt

Die **Agentur für Arbeit** *(agentua füa aabait)*, auch **Arbeitsamt** *(aabaitsamt)* genannt, macht unter anderem Berufsberatung, vermittelt Ausbildungs- und Arbeitsstellen und zahlt Arbeitslosengeld. Das Wohngeldamt erteilt Zuschüsse zur Miete.

✔ **die Berufsberatung** *(beruufsberaatung)*: berät, welcher Beruf der richtige sein könnte

✔ **die Stellensuche** *(schtelenzuuxxe)*: die Suche nach einer Arbeit, einer Arbeitsstelle

✔ **das Arbeitslosengeld I und II** *(aabeitsloosengelt)*, Hartz IV, Geld für Menschen auf Arbeitsuche, ohne Arbeit

✔ **das Wohngeldamt** *(woongeltamt)*: Amt, das Zuschüsse zur Miete erteilt

✔ **der Zuschuss** *(tsuuschus)*: Geld, das dazubezahlt wird

Das Amt für Ausbildungsförderung

Das **Amt für Ausbildungsförderung** *(amt füa ausbildungsföadarung)*, auch **BAföG-Amt** *(baaföökamt)* genannt, findet man oft beim Studentenwerk an der Universität oder Hochschule oder im Rathaus. Hier wird geprüft, ob eine Schul- oder Universitätsausbildung finanziell gefördert werden kann.

✔ **das BAföG** *(baaföök)*: Geld für die Ausbildung

✔ **der Anspruch** *(anspruxx)*: Anspruch haben auf, das Recht haben auf

Viele interessante Informationen und Hörtexte zum Thema Ämtergänge finden Sie auf der Homepage der Deutschen Welle: www.dw.de/auf-dem-amt-eine-unterrichtsreihe/a-3283940.

Auskünfte, Informationen und Beratung

Wo findet man weitere Auskünfte, Informationen und Beratung?

✔ **Informationen** *(infoamatsioonen)*: Wissen zu einem bestimmten Thema

✔ **die Auskunft** *(auskunft)*: Mitteilung, Aussage zu einer bestimmten Sache

✔ **eine unverbindliche Auskunft:** ohne Rechtsanspruch

✔ **unverbindlich** *(unfabintlich)*: das Gegenteil von **verbindlich** *(faabintlich)*

✔ **die Beratung** *(beraatung)*: ein Beratungsgespräch mit einem Experten oder Helfer

So kann man fragen, wo man die nötigen Informationen findet:

✔ **Wo bekomme ich Informationen über …?** *(woo bekome ich infoamatsioonen üba)*

✔ **Wer kann mir etwas über … sagen?** *(wea kann mia etwas üba … zaagen)*

✔ **Wer kann mir Auskunft über … geben?** *(wea kann mia auskunft üba … geeben)*

✔ **Wer kann mich zum Thema … beraten?** *(wea kann mich tsum teema … beraaten)*

✔ **Wo finde ich einen Rechtsanwalt?** *(woo finde ich ainen rechtsanwalt)* **Ein Rechtsanwalt** *(rechtsanwalt)* ist ein juristischer Berater und Vertreter.

✔ **Wo gibt es eine Rechtsberatung?** *(woo gipt es aine rechtsberaatung)*

✔ **Mit welchen Kosten ist das verbunden?** *(mit welchen kosten ist das fabunden)*

Auch bei der Verbraucherzentrale kann man sich zu verschiedenen Fragen beraten lassen. Die **Verbraucherzentrale** *(fabrauchatsentraale)* ist ein privater Verein und bietet Rechtsberatung bei Konsum-/Verbraucherfragen an. Sie finden die Adresse und Telefonnummer der Verbraucherzentrale Ihrer Stadt im Telefonbuch, in den Gelben Seiten oder im Internet unter den Stichworten »Verbraucherzentrale« + »(Ihre Stadt)«.

Auf Deutsch schreiben: Unterlagen an Ämter verschicken

Oft müssen Sie auf Ämtern Unterlagen nachreichen. **Unterlagen nachreichen** bedeutet, Unterlagen (Dokumente, Formulare) später nachzuschicken. Dazu brauchen Sie ein Anschreiben. **Das Anschreiben** ist ein Brief, der erklärt, was man schickt. Mit dem kleinen Wort **anbei** *(anbai)* geht so ein Anschreiben ganz leicht! **Anbei** bedeutet »in diesem Brief«. Sie können das so formulieren: **Anbei sende ich Ihnen.** Das bedeutet: In diesem Brief schicke ich Ihnen. Ganz unten im Brief unter dem Wort **Anlagen** zählen Sie die Dokumente auf, die Sie im Brief mitschicken.

Einen Antrag stellen – Behördenanschreiben

Sehr geehrte Damen und Herren,

anbei sende ich Ihnen die geforderten Unterlagen zu meinem Antrag vom 3.4.2016. Falls Sie noch weitere Unterlagen oder Informationen benötigten, lassen Sie es mich bitte wissen.

Vielen Dank für Ihre Hilfe!

Mit freundlichen Grüßen

Moritz Staller

Anlagen

Verdienstbescheinigung

Formulare B und C

Richtig verbunden: Telefonieren und Textnachrichten schreiben

In diesem Kapitel

▸ Private und förmliche Telefongespräche

▸ Nachrichten hinterlassen

▸ Hilfe bei Verständnisproblemen am Telefon

▸ Eine Telefonnotiz aufnehmen

▸ Textnachrichten und Nachrichten in sozialen Netzwerken

Sie wollen Ihre Freundin anrufen, aber am anderen Ende meldet sich ein Mann mit dem Namen Peter Obermüller. Sie sind verwirrt. Doch dann verstehen Sie, was passiert ist. Sie haben wahrscheinlich eine Nummer falsch gewählt und sagen **Entschuldigung. Ich bin falsch verbunden** *(entschuldigung/ ich bin falsch fabunden)*. In diesem Kapitel geht es vor allem auch um die richtigen Verbindungen, egal ob Sie beruflich oder privat telefonieren wollen.

Wie sind Sie zu erreichen?

Wann und wie kann Ihr Gesprächspartner Sie das nächste Mal am besten erreichen (kontaktieren)? Sind Sie **telefonisch** *(telefoonisch)* zu erreichen?

✔ **Ich bin telefonisch unter der Nummer ... zu erreichen.** *(ich bin telefoonisch unta dea numa ... tsuu araichen)*

✔ **Ich bin telefonisch schwer zu erreichen.** *(ich bin telefoonisch schweea tsuu araichen)*

✔ **Ich bin telefonisch abends am besten zu erreichen.** *(ich bin telefoonisch aabents am besten tsuu araichen)*

Haben Sie ein **Handy** *(hendi)*, ein Mobiltelefon oder ein **Smartphone** *(smaatfoon)*? Wollen Sie auf dem Handy angerufen werden?

✔ **Sie können mich auch gerne auf dem Handy anrufen. Meine Handynummer ist ...** *(zii könen mich auxx geane auf deem hendi anruufen/ maine hendinuma ist)*

✔ **In dringenden Fällen können Sie mich auch mobil unter der Nummer ... erreichen.** *(in dringenden felen könen zii mich auxx moobiil unta dea numa ... araichen)*

✔ **Sie können mir gerne eine SMS schicken.** *(zii könen mia geane aine es em es schiken)*

Kann eine **Nachricht hinterlassen** *(naxxricht hintalasen)* werden?

✔ **Sie können mir gerne auf dem Anrufbeantworter eine Nachricht hinterlassen.** *(zii könen miia geane auf deem anruufbeantwoata aine naaxxricht hintalasen)*

✔ **Sie können mir gerne eine Nachricht auf die Mailbox sprechen.** *(zii könen miia geane aine naaxxricht auf dii meelboks schprechen)*

Oder bevorzugen Sie **E-Mails** *(iimeels)*?

✔ **Ich bin am besten über E-Mail zu erreichen.** *(ich bin am besten üüba iimeel tsuu araichen)*

✔ **Am besten schicken Sie mir eine E-Mail.** *(am besten schiken zii miia aine iimeel)*

Oder gar **soziale Netzwerke** *(zotsiale netsweake)*?

✔ **Ich bin auch bei Facebook.** *(ich bin auxx bai feesbuk)*

Der folgende Wortschatz ist auch noch nützlich, wenn Sie über das Telefonieren sprechen wollen:

✔ **telefonisch** *(telefoonisch)*: am Telefon

✔ **das Handy** *(hendi)*: das Mobiltelefon

✔ **die SMS** *(es em es)*: die Textnachricht

✔ **der Anrufbeantworter** *(anruufbeantwoata)*: der **AB** *(aa bee)* nimmt automatisch telefonische Nachrichten auf

✔ **die Mailbox** *(meelboks)*: Anrufbeantworter, oft auf dem Handy oder Smartphone

✔ **nicht zu erreichen** *(nicht tsuu araichen)*: nicht da

✔ **in dringenden Fällen** *(in dringenden felen)*: wenn es sehr wichtig ist

Eine Telefonnummer angeben

Die Telefonnummer besteht aus der Vorwahl für den Ort oder die Stadt und der Rufnummer. Hamburg zum Beispiel hat **die Vorwahl** *(foawaal)* 040, Berlin die Vorwahl 030. **Meine Vorwahl ist ...** *(maine foawaal ist)*. Es gibt auch noch andere Vorwahlen als die Ortsvorwahl, zum Beispiel eine **Ländervorwahl** *(lendafoawaal)*. **Die Ländervorwahl von Deutschland ist 0049** *(dii lendafoawaal fon doitschlant ist nul nul fia noin)*. Nach der Vorwahl folgt die Telefonnummer. **Meine Telefonnummer ist ...** *(maine telefoonnuma ist)*.

Herr Schulz telefoniert mit einem Kundendienst:

Kundendienstmitarbeiter: **Wie lautet Ihre Telefonnummer?**

(wii lautet iire telefoonnuma)

Herr Schulz: **Wenn Sie aus Hamburg anrufen, ist meine Nummer 98765678. Wenn Sie von außerhalb anrufen, ist die Vorwahl von Hamburg 040.**

8 ➤ Richtig verbunden: Telefonieren und Textnachrichten schreiben

(wen zii aus hamburk anruufen ist maine numa noin axxt ziiben zeks fünf seks ziiben axxt /wen zii fon ausahalp anruufen ist dii foawaal fon hamburk nul fia nul)

Von **außerhalb** *(ausahalp)* anrufen bedeutet, aus einer anderen Stadt anrufen. Oder aber auch von woanders in einer Firma anrufen. Telefonieren Sie **innerhalb** *(inahalp)* einer Stadt oder einer Firma, benötigen Sie keine Vorwahl.

Telefonate führen

Ein anderes Wort für **Telefongespräch führen** *(ain telefoongeschpreech füüren)* ist telefonieren. Es gibt auch ein förmliches Wort dafür, das häufig im Zusammenhang mit der Arbeit verwendet wird: **das Telefonat** *(telefonaat)*.

Ein Telefongespräch annehmen

Das Telefon **klingelt** *(klingelt)*. Ihr Freund oder Arbeitskollege sagt zu Ihnen **Gehst du mal bitte ran?** *(geest duu maal bite ran)*. Sie **gehen** also **ran** (gehen ans Telefon) und **nehmen ab** *(nehmen ap)*, nehmen den Hörer ab. Sie sagen **Hallo?** *(halo)* oder **Schneider** *(schnaida)*: Ihren Nachnamen oder **Manuela Schneider** *(manueela schnaida)*: Ihren Vor- und Nachnamen oder **Hagemann Im- und Export. Manuela Schneider am Apparat. Was kann ich für Sie tun?** *(haageman im unt ekspoat manueela schnaida am aparaat/was kann ich füa zii tuun)*, je nachdem, wie förmlich das Telefongespräch ist. Der andere Gesprächsteilnehmer nennt seinen Namen. Wenn Sie den Namen nicht verstehen, können Sie so nachfragen: **Wer ist da bitte?** *(wea ist daa bite)*

Das Telefonklingeln wird im Deutschen oft mit **dring-dring** *(dring dring)* nachgeahmt. Eine Türglocke hingegen macht **bimm-bamm** *(bim bam)*, eine kleines Glöckchen macht **bimmelimm** *(bimelim)* und eine Fahrradklingel **klingeling** *(klingeling)*.

Jemanden anrufen

Sie **wählen die Telefonnummer** *(weelen dii telefoonnuma)* und **lassen es** ein paar Mal **klingeln** *(lasen es klingeln)*. Am anderen Ende meldet sich Herr Meyer: **Meyer**. Sie wollten aber mit Herrn Becker sprechen und sagen: **Guten Tag. Hier ist Manuela Schneider. Ich würde gerne mit Herrn Becker sprechen.** *(guuten taak/hia ist manueel schnaida/ich wüade geane mit hean beka schprechen)* Dann begrüßen Sie Ihren Gesprächspartner: **Guten Tag, Herr Becker. Schön, dass ich Sie erreiche. Mein Name ist Manuela Schneider. Ich rufe an, weil …** *(guuten taak hea beker/schöön das ich zii araiche/main naame ist manueela schnaida/ich ruufe an wail)*

Unter Freunden geht es natürlich auch weniger förmlich:

✔ **Hallo Jens, hier ist Manuela. Ich wollte mit Anna sprechen. Ist sie auch da?** *(halo jens/ hia ist manueela/ich wollte mit ana schprechen/ist zii auxx daa)*

✔ **Hallo Anna. Schön, dass du da bist. Ich wollte …** *(halo ana / schöön das duu daa bist/ich wolte)*

Eine Nachricht hinterlassen

Sie wählen die Telefonnummer und lassen es ein paar Mal klingeln. Am anderen Ende meldet sich niemand. Dann hören Sie vom automatischen Anrufbeantworter: **Zurzeit ist niemand erreichbar. Sie können nach dem Pfeifton eine Nachricht hinterlassen.** *(tsuatsait ist niimand araichbaa/zii könen naaxx deem faiftoon aine naaxxricht hintalasen)*

Dann können Sie Ihre **Nachricht hinterlassen** *(naxxricht hintalasen)*, zum Beispiel:

- ✔ **Guten Tag, Herr Becker. Hier ist Manuela Schneider. Ich kann Sie leider nicht erreichen.** *(guuten taak/hea beka/hiia ist manueela schnaida/ich kann zii laida nicht araichen)*
- ✔ **Es geht um ...** *(es geet um)*
- ✔ **Ich rufe später noch einmal an.** *(ich ruufe schpeeta noxx ainmaal an)*
- ✔ **Könnten Sie mich zurückrufen? Meine Telefonnummer ist ...** *(könten zii mich tsurükruufen/ maine telefoonnuma ist)*
- ✔ **Ich bin am besten nach 19 Uhr zu erreichen.** *(ich bin am besten naaxx nointseen uua tsuu araichen)*

Anlässe für Telefonate

Warum rufen Sie an? Wollen Sie sich verabreden? Etwas wissen? Oder für heute Abend einen Tisch im Restaurant reservieren?

So sagen Sie, was Sie wollen:

- ✔ **Ich rufe an, weil ...** *(ich ruufe an wail)*
- ✔ **Es geht um Folgendes ...** *(es geet um folgendes)*
- ✔ **Ich würde gerne ...** *(ich wüade gean)*

Sich verabreden

Mit folgenden Sätzen kann man sich mit Freunden verabreden:

- ✔ **Ich würde mich gern einmal wieder mit dir treffen. Wann hast du Zeit?** *(ich wüade mich gean ainmaal wiida mit dia trefen/wan hast duu tsait)*
- ✔ **Wollen wir zusammen ins Kino gehen? Wann hast du Zeit?** *(wollen wia tsuzamen ins kiinoo gehen/wan hast duu tsait)*
- ✔ **Hast du Dienstagabend Zeit? Ich wollte für uns etwas kochen.** *(hast duu diinstaakaabent tsait /ich wolte füa uns etwas koxxen)*

Einen Termin vereinbaren

So kann man, zum Beispiel beim Arzt oder auf Ämtern, einen Termin vereinbaren:

- ✔ **Ich brauche einen Termin bei Dr. Schröder. Geht es morgen schon?** *(ich brauxxe ainen tamiin bai doktoa schrööda/geeht es moagen schoon)*

8 ▶ Richtig verbunden: Telefonieren und Textnachrichten schreiben

✔ **Ich würde gerne morgen vorbeikommen. Brauche ich einen Termin?** *(ich wüade geane moagen fobaikomen / brauxxe ich ainen tamiin)*

✔ **Haben Sie in der nächsten Woche einen Termin für mich?** *(haaben zii in dea neechsten woxxe ainen tamiin füa mich)*

Einen Tisch oder einen Sitzplatz reservieren

So reservieren Sie am Telefon einen Tisch in einem Restaurant oder einen Sitzplatz im Kino oder Theater:

✔ **Guten Tag. Ich würde gerne für heute Abend einen Tisch für zwei Personen reservieren.** *(guuten taak / ich wüade gean füa hoite aabent ainen tisch füa twai pazooen rezawiiren)*

✔ **Guten Abend. Haben Sie heute noch einen Tisch für zwei Personen frei?** *(guuten aabent / haaben zii hoite noxx ainen tisch füa twai pazooen frai)*

✔ **Guten Tag. Ich würde gern zwei Karten für das Stück »Die Winternacht« am Dienstagnachmittag reservieren.** *(guuten taak / ich wüade gean tswai kaaten füa das stük dii wintanaxxt am diinstaaknaaxxmitaak rezawiiren)*

✔ **Gibt es noch freie Plätze in der ersten Reihe?** *(giipt es noxx fraie pletse in dea easten raie)*

Informationen einholen

Vielleicht wollen Sie telefonisch erfragen, wann Ihr Zug fährt, wann ein Geschäft geöffnet hat oder ob es etwas Bestimmtes dort gibt:

✔ **Können Sie mir sagen ...** *(könen zii mia zaagen)*

✔ **Ich würde gerne wissen ...** *(ich wüade geane wisen)*

✔ **Guten Tag. Schneider ist mein Name. Können Sie mir sagen, wann die Züge von Augsburg nach München fahren?** *(guuten taak / schnaida ist main naame / könen zii mia zaagen wan dii tsüüge fon auksbuak naaxx münchen faaren)*

✔ **Guten Tag. Schneider ist mein Name. Ich würde gerne wissen, wie lange Sie heute noch geöffnet haben.** *(guuten taak / schnaida ist main naame / ich wüade geane wissen wii lange zii hoite noxx geöfnet haaben)*

✔ **Guten Tag. Schneider ist mein Name. Ich suche blaue Handschuhe in Größe M. Haben Sie solche vorrätig?** *(guuten taak / schnaida ist main naame / ich zuuxxe blaue hantschuue in grööse em / haaben zii zolche foareetich)*

Erste Hilfe bei Verständnisproblemen am Telefon

Am Telefon kommt es häufiger zu Verständnisproblemen, da man sein Gegenüber ja nicht sehen kann. Da man dem Gesprächspartner auch nichts aufschreiben kann, müssen Informationen oft buchstabiert werden.

Falsch verbunden

Sie wollen bei der Deutschen Bahn anrufen, aber am anderen Ende meldet sich ein Herr mit dem Namen Frank Möller. Arbeitet Frank Möller für die Deutsche Bahn oder haben Sie eine falsche Nummer gewählt? Sind Sie **falsch verbunden** *(falsch fabunden)*? Haben Sie die falsche Telefonnummer gewählt, ist am anderen Ende der falsche Gesprächspartner. So können Sie nachfragen: **Entschuldigung. Bin ich hier richtig bei der Deutschen Bahn?** *(entschuldigung/ bin ich hia richtich bai dea doitschen baan)*

Wenn die Antwort lautet: **Nein. Sie sind hier bei Möller.** *(nain/zii sind hia bai möla)*, sind Sie falsch verbunden. Sie können dann sagen: **Entschuldigung, ich bin falsch verbunden.** *(entschuldigung/ich bin falsch fabunden)* So können Sie antworten, wenn bei Ihnen jemand anruft und falsch verbunden ist: **Das macht nichts. Auf Wiederhören.** *(das maxxt nichts auf wiidahöan)*

Noch einmal nachfragen

So können Sie nachfragen, wenn Sie etwas beim ersten Mal nicht verstanden haben:

✔ **Es tut mir leid, die Verbindung ist so schlecht. Könnten Sie ein bisschen lauter sprechen?** *(es tuut mia lait/dii fabindung ist zoo schlecht/könten zii ain bischen lauta schprechen)*

✔ **Es tut mir leid, ich verstehe Sie am Telefon nicht so gut. Könnten Sie ein bisschen deutlicher sprechen?** *(es tuut mia lait/ich faschtee zii am teelefoon nicht zoo guut/könten zii ain bischen doitlicha schprechen)*

✔ **Entschuldigung, das habe ich eben nicht verstanden. Könnten Sie das bitte wiederholen?** *(entschuldigung/das haabe ich eeben nicht faschtanden/könten zii das bite wiidahoolen)*

✔ **Wie schreibt man das? Könnten Sie das buchstabieren?** *(wii schraipt man das/könten zii das buxxschtabiiren)*

So sagen Sie Ihrem Gesprächspartner am Telefon, was Sie möchten, wenn Sie etwas nicht verstanden haben: Könnten Sie bitte

✔ **lauter sprechen**: nicht so leise sprechen

✔ **langsamer sprechen**: nicht so schnell sprechen

✔ **deutlicher sprechen**: mit besserer Aussprache sprechen

✔ **etwas wiederholen**: etwas noch einmal sagen

✔ **etwas buchstabieren**: die Schreibweise sagen, die einzelnen Buchstaben sagen

Am Telefon buchstabieren

Manche Buchstaben sind am Telefon leicht zu verwechseln. So klingt beispielsweise ein **f** wie ein **s**. Bei bekannten Wörtern ist das kein Problem. Aber unbekannte Wörter, zum Beispiel Namen, müssen Sie oft buchstabieren. Eine offizielle »normierte Buchstabiertafel« finden Sie unter diesem Stichwort im Internet.

8 ▸ Richtig verbunden: Telefonieren und Textnachrichten schreiben

Viele der Wörter sind bekannte, männliche oder weibliche, Vornamen. Und so buchstabieren Sie dann:

- ✔ **A wie Anton** *(aa wii antoon)*
- ✔ **N wie Nordpol** *(en wii nortpool)*
- ✔ **I wie Ida** *(ii wii iidaa)*

Sie können sich auch eigene Wörter ausdenken. Hauptsache, die Kommunikation klappt. Bei vielen Wörtern oder Namen muss man zwar nicht das vollständige Wort erfragen, aber doch die Schreibweise:

- ✔ **Meyer mit A-I, mit E-I oder mit E-Y?** *(maia mit aa ii mit ee ii ooda mit ee üpsilon)*
- ✔ **Schreibt man das mit F wie Fisch oder mit S wie Sonne?** *(Schraipt man das mit ef wii fisch ooda mit es wii zone)*
- ✔ **Schreibt man das mit Bindestrich?** *(schraipt man das mit bindestrich)* der Bindestrich: Verbindungsstrich, zum Beispiel bei einem Doppelnamen wie Müller-Hausmann

Kann ich etwas ausrichten? Eine Telefonnotiz aufnehmen

Ihr Freund, Ihre Mitbewohnerin oder Ihr Kollege sind nicht da. Jetzt ruft jemand für Ihre Freundin an und Sie gehen ans Telefon. Sie werden gefragt: **Könnte ich bitte mit Isa sprechen?** *(könnte ich bite mit iiza schprechen)*, und sagen: **Isa ist leider nicht da. Kann ich etwas ausrichten?** *(iiza ist laida nicht daa/kann ich etwas ausrichten)* Etwas ausrichten bedeutet, Isa etwas sagen, wenn sie zurück ist.

Ihnen wird dann vielleicht gesagt, was Sie Isa mitteilen sollen, zum Beispiel: **Könnten Sie ihr sagen, dass das Handballtraining ausfällt?** *(könten zii iia zaagen das das hantbaltreening ausfelt)* Und Sie sagen, dass Sie eine Telefonnotiz schreiben werden: **Ja, mach ich. Ich schreib es ihr auf.** *(jaa/maxx ich/ich schraip es iia auf)*

> **Könnte** ist höflicher als **kann**. Deshalb passt **könnte** gut zu der Bitte. **Könnte** ich bitte mit … sprechen? Und **kann** passt gut zu der Frage: **Kann** ich etwas ausrichten?

Ein Telefongespräch beenden

So wie man beim Abschied **Auf Wiedersehen** sagt, sagt man am Telefon **Auf Wiederhören** *(auf wiidahööan)*. Das ist aber recht förmlich. Unter Freunden können Sie auch einfach **Tschüss** *(tschüüs)* oder **Bis dann!** *(bis dan)* sagen.

Bereiten Sie das **Auf Wiederhören** (Tschüss, bis dann) mit ein paar abschließenden Floskeln vor:

- ✔ **So. Dann ist ja alles Wichtige besprochen. Wir sehen uns also am Samstag.** *(zoo/dan ist jaa ales wichtiige beschproxxen/wia zeen uns alzo am zamstaak)*
- ✔ **Schön. Dann haben wir ja einen Termin für Mittwoch.** *(schön/dan haaben wia jaa einen teamiin füa mitwoxx)*
- ✔ **Ich muss jetzt gleich weg. Aber wir sehen uns ja am Montag.** *(ich mus jetzt glaich wek/aaba wia zeen uns ja am moontaak)*

Textnachrichten und Nachrichten in sozialen Netzwerken

Vielleicht wollen Sie heute lieber eine Textnachricht schreiben, anstatt anzurufen? Die E-Mail, die SMS und die WhatsApp-Nachricht haben alle, anlog zu **die Textnachricht**, den Artikel **die**, der Tweet und der Post auf Facebook haben den Artikel **der**:

- **die SMS** *(es em es)*, eine SMS schreiben, **simsen** *(zimzen)*
- **die WhatsApp** *(wotsep)*, eine WhatsApp-Nachricht schreiben
- **der Tweet** *(twiit)*, einen Tweet verfassen, **twittern** *(twitan)*
- **der Post** *(poost)*, etwas **posten** *(poosten)*

Wenn Sie Ihren Freunden eine SMS oder eine andere Nachricht mit begrenzter Zeichenanzahl schreiben, lohnt es sich, einige der üblichen oder originellen Abkürzungen zu kennen:

- **bb** bis bald
- **bidunowa** Bist du noch wach?
- **dad** denk an dich
- **gg** großes Grinsen
- **hdl** hab dich lieb
- **lg** liebe Grüße
- **sz** schreib zurück
- **vg** viele Grüße
- **vllt** vielleicht
- **we** Wochenende
- **wtel** wir telefonieren

Wiederholen Sie nun das in diesem Kapitel Gelernte in einem Dialog zum Lesen und Anhören.

Track 30

Peter ruft Martin an, um sich nach Hannos Telefonnummer zu erkundigen.

Martin: **Klein.**

(klain)

Peter: **Hallo Martin. Hier ist Peter. Wie geht's? Schön, dass ich dich erreiche.**

(halo maatiin/hia ist peeta/wii geets?/schöön das ich dich araiche)

Martin: **Ja, ich bin in letzter Zeit viel unterwegs und schwer zu erreichen. Was gibt's?**

(jaa ich bin in letsta tsait fiil untaweeks unt schweea tsuu araichen/was giipts)

Peter: **Ich würde dich gern zu meinem Geburtstag am Samstag einladen. Und auch Hanno. Hast du seine Telefonnummer?**

(ich wollte dich gean tsuu mainem gebuutstaak am zamstaak ainlaaden/ unt auxx hano/hast duu zaine telefoonnuma)

Martin: **Ja, warte mal. Die Vorwahl ist 0876 und seine Nummer 876573.**

(jaa waate mal/dii foawaal ist nul axxt zieben zeks unt saine numa axxt ziiben zeks fünf ziiben drai)

Peter: **Danke.**

(danke)

Auf Deutsch schreiben: Eine Telefonnotiz schreiben

Neben dem Telefon liegt ein Block. Auf den können Sie eine Telefonnotiz für Ihre Mitbewohner, Familie oder Kollegen schreiben.

Beispiele für Telefonnotizen

Jan hat angerufen.

Er kommt heute nicht mit ins Kino.

Viele Grüße Sandra, oder

Herr Hilbert hat angerufen.

Die Konferenz fängt eine halbe Stunde später, erst um 15:30 an.

Mfg U. Burmeister

Eine kurze Telefonnachricht in drei Schritten

Beginnen Sie Ihre Nachricht mit **... hat angerufen.** Schreiben Sie dann die Nachricht. Enden Sie mit einem Gruß und Ihrem Namen (Mfg: Mit freundlichen Grüßen).

Hier ein paar Beispiele für Nachrichten, die Sie möglicherweise notieren möchten:

- ✔ **Etwas fängst früher oder später an.** Der Film fängt früher an. Die Konferenz fängt später an.
- ✔ **Etwas fällt aus.** Die Party fällt aus. Der Termin fällt aus.
- ✔ **Etwas findet statt.** Du bist am 24.6. abends zu einer Geburtstagsfeier bei Stefan eingeladen. Am 7.8. von 10 bis 12 Uhr findet die Präsentation von Matthias Rabe statt.
- ✔ **Jemand kommt nicht.** Jan kommt nicht mit ins Kino. Herr Huber kommt nicht zur Teamsitzung.
- ✔ **Jemand kommt später.** Sandra kommt später zum Abendessen. Frau Jansen kommt später zur Teamsitzung.

Drei Zimmer, Küche, Bad: Auf dem Wohnungsmarkt

9

In diesem Kapitel

▶ Abkürzungen in einer Wohnungsanzeige verstehen

▶ Wichtiger Wortschatz zum Thema Wohnungssuche

▶ Fragen zu Wohnungen stellen

▶ Grundwortschatz Zimmer, Einrichtung (Möbel) und Haushaltsgeräte

▶ Fragen im Baumarkt stellen oder einen Handwerker finden

Auch wenn Sie in einer schönen Wohnung wohnen und gar nicht auf Wohnungssuche sind, ist es interessant, sich einmal mit dem Wortschatz »Haus und Wohnung« zu beschäftigen. Wie heißen die einzelnen Zimmer? Wie heißen die Möbel und die anderen Einrichtungsgegenstände, die Haushaltsgeräte? Wenn Sie gerade auf Wohnungssuche sind oder sich neu einrichten wollen, zum Beispiel neue Möbel brauchen, wird dieser Wortschatz natürlich besonders wichtig. Welche Fragen zur Wohnung wollen Sie bei einer Wohnungsbesichtigung stellen? Mit welchen Möbeln wollen Sie Ihr Zimmer neu einrichten? In diesem Kapitel stelle ich Ihnen den Grundwortschatz zu den Themen Zimmer, Einrichtung und Haushaltsgeräte vor. Sie finden nützliche Beispielsätze, mit denen Sie Fragen zu Wohnungen stellen und sich im Baumarkt informieren können.

Eine Wohnungsanzeige entschlüsseln

Sie wollen eine Wohnung mieten und lesen den **Immobilienteil** *(immoobiilijentail)* der Zeitung und die **Immobilienanzeigen** im Internet. Wissen Sie, was die gängigen Abkürzungen bedeuten? Die Abkürzungen können natürlich variieren, aber in dieser Liste finden Sie schon einmal wichtige Grundbegriffe. Weitere Abkürzungen finden Sie im Internet unter den Suchbegriff »Abkürzungen Immobilienanzeigen«.

✔ **2Zi.-Whg.:** Zweizimmerwohnung, Wohnung mit zwei Zimmern, meist mit Küche und Bad

✔ **m²:** Quadratmeter

✔ **3. OG:** drittes Obergeschoss, 3. Stock, 3. Etage

✔ **EG:** Erdgeschoss, unterstes Stockwerk

✔ **DG:** Dachgeschoss, oberstes Stockwerk, unter dem Dach

✔ **Bj.:** Baujahr, Jahr, in dem die Wohnung gebaut wurde

- **vollst. renov.:** vollständig renoviert
- **gepfl.:** gepflegt, in gutem Zustand
- **renov.bed.:** renovierungsbedürftig, muss renoviert werden
- **EBK:** Einbauküche, fest eingebaute Küche
- **VB:** Vollbad, Bad mit Badewanne
- **DB:** Duschbad, Bad mit Dusche
- **möbl.:** möbliert, mit Möbeln
- **teilmöbl.:** teilmöbliert, mit einigen Möbeln, aber nicht allen Möbeln, die man braucht
- **frei ab 1.3.:** man kann ab dem 1.3. einziehen
- 450 **kalt:** 450 Euro Kaltmiete (Kosten, meist pro Monat), Miete ohne Nebenkosten (Betriebskosten und Heizkosten)
- 500 **warm:** 500 Euro Warmmiete, Miete (Kosten) inklusive Heizkosten
- **zzgl.:** zuzüglich, plus
- **BK:** Betriebskosten (Kosten zum Beispiel für Wasserversorgung, Straßenreinigung, Müllabfuhr)
- **HK:** Heizkosten, Kosten für die Heizung
- **SW-Balkon:** mit Balkon Richtung Südwesten
- **NR:** Nichtraucher

Wichtiger Wortschatz zum Thema Wohnungssuche

Hier folgt der wichtigste Wortschatz zum Thema Wohnungssuche:

- **die Miete** *(miite)*: Geld, das die Wohnung jeden Monat kostet
- **die Heizung** *(haitsung)*: zum Wärmen der Wohnung
- **das Zimmer** *(tsima)*: Raum in der Wohnung
- **die Küche** *(küüche)*: Raum, in dem das Essen zubereitet wird
- **das Bad** *(bat)*: Raum mit Waschbecken, Dusche oder Badewanne und oft mit der Toilette
- **das Gäste-WC** *(gesteweetsee)*: kleiner Raum mit einer Toilette und einem Waschbecken für Gäste
- **das Geschoss** *(geschos)*: der Stock, das Stockwerk, die Etage
- **die Größe** *(gröse)*: Wie groß ist die Wohnung?
- **die Lage** *(laage)*: Wo befindet sich die Wohnung? In welchem Stadtteil liegt die Wohnung?
- **der Zustand** *(tsuuschtant)*: Ist die Wohnung alt oder neu? Gepflegt oder renovierungsbedürftig?

9 ➤ Drei Zimmer, Küche, Bad: Auf dem Wohnungsmarkt

✔ **der Altbau** *(altbau)*: ein älteres Haus

✔ **der Neubau** *(noibau)*: ein neueres Haus

✔ **die Wohnungsbesichtigung** *(woonungsbezichtiigung)*: sich die Wohnung ansehen

Fragen zur Wohnung

Nicht alles steht in der Wohnungsanzeige. Hier einige Fragen, die Sie vielleicht am Telefon oder per E-Mail stellen wollen:

✔ **Wie groß ist die Wohnung?** *(wii groos ist dii woonung)*

✔ **Wie viele Zimmer hat die Wohnung?** *(wii fiile tsima hat dii woonung)*

✔ **Wie hoch ist die Miete?** *(wii hooxx ist dii miite)*

✔ **In welchem Stockwerk liegt die Wohnung?** *(in welchem stokweak liikt dii woonung)*

✔ **Ist es ein Altbau oder ein Neubau?** *(ist es ain altbau ooda ain noibau)*

✔ **Wo liegt die Wohnung?** *(woo liikt dii woonung)*

✔ **In welchem Stadtteil liegt die Wohnung?** *(in welchem stattail liikt dii woonung)*

✔ **Können Sie mir die Adresse nennen?** *(könen zii mia dii adrese nenen)*

✔ **Wann ist die Wohnungsbesichtigung?** *(wan ist dii woonungsbezichtigung)*

✔ **Könnte ich einen Termin für eine Wohnungsbesichtigung bekommen?** *(könnte ich ainen tamiin füa aine woonungsbezichtigung bekomen)*

✔ **Wann kann ich die Wohnung besichtigen?** *(wan kann ich dii woonung bezichtigen)*

✔ **Sind Haustiere erlaubt?** *(zind haustiire alaupt)*

Track 31

Anna Schmidt ruft bei der Vermieterin Frau Meier an, um sich nach einer Wohnung zu erkundigen und einen Besichtigungstermin zu vereinbaren.

Frau Meier: **Meier**

(maia)

Anna Schmidt: **Guten Tag, Frau Meier. Mein Name ist Anna Schmidt. Ich habe Ihre Anzeige in den Lübecker Nachrichten gesehen und habe Interesse an Ihrer Wohnung.**

(guuten taak frau maia/main naame ist ana schmit/ich haabe ire antsaige in deen lübeker naxxrichten gezeen unt haabe interese an iira woonung)

Frau Meier: **Ja. Es handelt sich um eine Zweizimmerwohnung in der Nähe der Innenstadt. Bis zur nächsten Bushaltestelle sind es fünf Minuten zu Fuß. Die Wohnung hat keinen Balkon. Möchten Sie noch etwas wissen?**

(jaa/es handelt zich um aine tswai tsima woonung in dea neeö dea inenschtat/bis tsua nechsten bushalteschtele zint es fünf minujten tsuu fuus / dii woonung hat kainen balkong/möchten zii noxx etwas wissen)

Anna Schmidt: **Ja, danke. Ich habe noch ein paar Fragen. Ist es ein Altbau oder ein Neubau?**

(jaa danke/ich haabe noxx ain paa fraagen/ist es ain altbau ooda ain noibau)

Frau Meier: **Die Wohnung ist in den 50er-Jahren gebaut worden.**

(dii woonung ist in deen fünftsiiga jaaren gebaut woaden)

Anna Schmidt: **Sind Haustiere erlaubt?**

(zind haustiire alaupt)

Frau Meier: **Ja, der jetzige Mieter wohnt auch mit einem Hund dort.**

(jaa/dea jetsige miita woont auxx mit ainem hunt doat)

Anna Schmidt: **Wann kann ich die Wohnung besichtigen?**

(wan kann ich dii woonung bezichtigen)

Frau Meier: **Ich habe einen Sammeltermin morgen um 15 Uhr. Passt Ihnen das?**

(ich haabe ainen zameltamiin moagen um fünftseen uua/past iinen das)

Anna Schmidt: **Ja, danke. Ich komme gern morgen um 15 Uhr.**

(jaa danke/ich kome gean moagen um fünftseen uua)

Wohnungen und Häuser

Kennen Sie die Wörter für die verschiedenen Arten von Wohnungen und Häusern? Hier einige Beispiele:

- ✔ **die Einzimmerwohnung** *(aintsimawoonung)*: Wohnung mit einem Zimmer, Küche und Bad

- ✔ **die Zweizimmerwohnung** *(twaitsimawoonung)*: Wohnung mit zwei Zimmern, Küche und Bad

- ✔ **die Dreizimmerwohnung** *(draitsimawoonung)*: Wohnung mit drei Zimmern, Küche und Bad

- ✔ **die Dreieinhalbzimmerwohnung** *(draiainhalptsimawoonung)*: Wohnung mit drei Zimmern, einem halben Zimmer, Küche und Bad

- ✔ **ein halbes Zimmer** *(ain halbes tsima)*: ein Zimmer, das weniger als zehn Quadratmeter groß ist
- ✔ **das Einfamilienhaus** *(ainfamiilijenhaus)*: ein Haus für eine Familie
- ✔ **das Doppelhaus** *(dopelhaus)*: ein Haus für zwei Familien
- ✔ **das Reihenhaus** *(raienhaus)*: ein Haus mit zwei Häusern genau daneben, in einer Reihe
- ✔ **ein frei stehendes Haus** *(ain fraischteendes haus)*: kein Reihenhaus
- ✔ **der Bungalow** *(bungaloo)*: ein Haus mit einem flachen Dach
- ✔ **die Einliegerwohnung** *(ainliigawoonung)*: eine Wohnung beispielsweise oben in einem Familienhaus

Die Himmelsrichtungen: Norden, Süden, Osten und Westen

Bei Fenstern und dem Balkon ist es wichtig, in welche Himmelsrichtung sie liegen. Besonders beliebt sind Südwesträume:

- ✔ **Norden** *(nooaden)*
- ✔ **Süden** *(züüden)*
- ✔ **Osten** *(osten)*
- ✔ **Westen** *(westen)*
- ✔ **Südwest** *(züüt west)*
- ✔ **der Südwestbalkon** *(züüt west balkong)*
- ✔ **Nordost** *(noat ost)*

Und so können Sie nach der Ausrichtung der Zimmer und Balkone fragen:

- ✔ **In welche Himmelsrichtung liegt der Balkon?** *(in welche himelsrichtung liikt dea balkong)*
- ✔ **Ist es ein Südwestbalkon?** *(ist es ain züüt west balkong)*
- ✔ **Wann ist es in diesem Zimmer am hellsten?** *(wan ist es in diizem tsima am helsten)*
- ✔ **Von wo kommt die Sonne?** *(fon woo komt dii zone)*

Vom Erdgeschoss zum Dachboden

Ganz unten ist das Erdgeschoss und ganz oben unter dem Dach ist der Dachboden. Wie viele Stockwerke sind dazwischen?

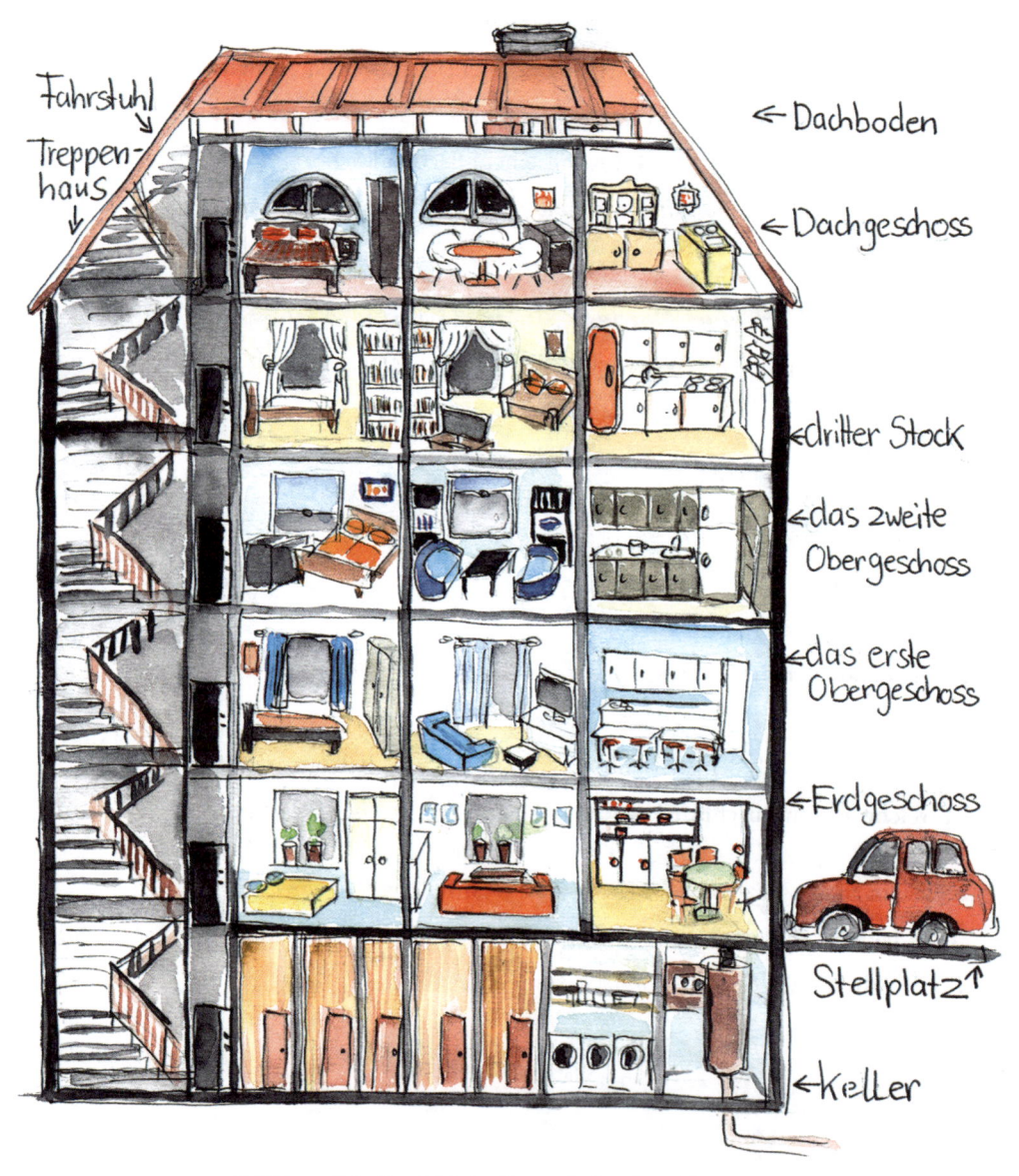

Abbildung 9.1: So sieht der Querschnitt eines Hauses aus.

- **der Stellplatz** *(schtelplats)*: Parkplatz, für Autos
- **der Keller** *(kela)*: unter dem Erdgeschoss, zum Aufbewahren von Dingen und Fahrrädern

9 ➤ Drei Zimmer, Küche, Bad: Auf dem Wohnungsmarkt

✓ **das Erdgeschoss** *(das eatgeschos)*: ganz unten, etwa auf der gleichen Höhe wie der Eingang

✓ **der Fahrstuhl** *(faaschtuul)*: der Lift; fährt in alle Stockwerke, sodass man nicht die Treppe nehmen muss

✓ **das Treppenhaus** *(trepenhaus)*: die Treppen

✓ **das erste Obergeschoss** *(das easte oobageschos)*: der erste Stock, die erste Etage

✓ **das zweite Obergeschoss** *(das tswaite oobageschos)*: der zweite Stock

✓ **das dritte Obergeschoss** *(das drite oobageschos)*: der dritte Stock

✓ **das Dachgeschoss** *(daxxgeschos)*: das oberste Wohngeschoss unter dem Dach

✓ **der Dachboden** *(daxxbooden)*: Abstellplatz unter dem Dach zum Aufbewahren von Dingen oder zum Trocknen von Wäsche

Die Zimmer

Abbildung 9.2: Eine Wohnung kann viele Zimmer haben.

Wie heißen die einzelnen Zimmer?

- ✔ **das Wohnzimmer** *(woontsima)*: Zimmer, in dem alle zusammenkommen, reden, spielen, lesen, fernsehen
- ✔ **das Schlafzimmer** *(schlaaftsima)*: Zimmer zum Schlafen
- ✔ **die Küche** *(küüche)*: hier wird Essen gekocht
- ✔ **die Wohnküche** *(woonküche)*: eine große Küche mit großem Esstisch
- ✔ **das Badezimmer** *(baadetsima)*: mit Badewanne oder Dusche und Waschbecken und der Toilette
- ✔ **das Kinderzimmer** *(kindatsima)*: Zimmer für Kinder
- ✔ **das Esszimmer** *(estsima)*
- ✔ **das Gästezimmer** *(gestetsima)*
- ✔ **die Gästetoilette** *(gestetoolete)*
- ✔ **die Abstellkammer** *(apschtelkama)*: Dort stehen zum Beispiel der Staubsauger und der Besen.
- ✔ **der Balkon** *(balkong)*: Hier kann man bei schönem Wetter draußen sitzen und Blumenkästen haben.
- ✔ **der Garten** *(gaaten)*: draußen vor dem Haus, Rasen und Blumen
- ✔ **Wie groß ist das Wohnzimmer?** *(wii groos ist das woontsima)*
- ✔ **Wie viel Quadratmeter hat das Schlafzimmer?** *(wii fiil kvadraatmeeta hat das schlaaftsima)*

Die Einrichtung

Wie ist die Wohnung eingerichtet?

- ✔ Gibt es **Einbauschränke?** *(ainbauschrenke)*: fest eingebaute Schränke
- ✔ Gibt es eine **Einbauküche?** *(ainbauküche)*: fest eingebaute Küche
- ✔ Gibt es eine Küche? Oder gibt es nur eine **Kochnische** *(koxxniische)*: Platz zum Kochen
- ✔ Gibt es in der Küche einen **Geschirrspüler?** *(geschiaspüüla)*: Maschine, die Geschirr (zum Beispiel Teller) spült
- ✔ Wo steht die **Waschmaschine?** *(waschmaschiine)*: Maschine, die Wäsche (zum Beispiel Pullover) wäscht
- ✔ Ist die Wohnung **möbliert?** *(möbliert)*: In der Wohnung sind Möbel.
- ✔ Gibt es **Teppichboden** *(teppichboden)* oder **Laminat** *(laminaat)*: Wie ist der Bodenbelag?

Die Wohnungsbesichtigung

Bei einer **Wohnungsbesichtigung** *(woonungsbezichtigung)* können Sie sich die mögliche neue Wohnung genau ansehen und alle wichtigen Fragen stellen.

Mieter, Vermieter und Vormieter

Hier kann man leicht durcheinanderkommen, weil die Wörter so ähnlich klingen. Sie stammen alle von dem Verb **mieten** *(miiten)* ab:

- ✔ **eine Wohnung mieten**: gegen Geld eine Wohnung leihen, benutzen
- ✔ **die Miete** *(miite)*: Geld, das für die Wohnung bezahlt wird
- ✔ **der Mietvertrag** *(miitfatraak)*: die rechtliche Abmachung, Papier mit Unterschriften von Mieter und Vermieter
- ✔ **die Kaltmiete** *(kaltmiite)*: Miete ohne Nebenkosten
- ✔ **die Warmmiete** *(waammiite)*: Miete mit Nebenkosten und Heizkosten
- ✔ **der Mieter** *(miita)*: Person, die die Wohnung mietet und dort wohnt
- ✔ **der Vermieter** *(feamiita)*: Person, der die Wohnung gehört
- ✔ **der Vormieter** *(foamiita)*: Person, die vorher in der Wohnung gewohnt hat und jetzt auszieht
- ✔ **der Nachmieter** *(naaxxmiita)*: Person, die nach dem Vormieter neu einzieht
- ✔ **der Untermieter** *(untamiita)*: Person, die außerdem, zusätzlich mit einzieht und vom Mieter einen eigenen Mietvertrag erhält

> Die Wörter **Vermieter** *(feamiita)* und **Vormieter** *(foamiita)* klingen sehr ähnlich. Durch die richtige Betonung sind sie besser voneinander zu unterscheiden. Das Wort Vermieter wird auf der zweiten Silbe betont: Ver**mie**ter, das Wort Vormieter auf der ersten Silbe: **Vor**mieter.

Wie hoch sind die Nebenkosten?

Die Wohnungsbesichtigung ist der richtige Zeitpunkt, um mit dem Vermieter oder dem Vormieter über Geld zu reden. Fragen Sie nach allen Kosten, die noch zur Kaltmiete hinzukommen:

- ✔ **Wie hoch ist die Kaltmiete?** *(wii hooxx ist dii kaltmiite)* Miete ohne Nebenkosten
- ✔ **Wie hoch sind die Nebenkosten?** *(wii hooxx zint dii neebenkosten)* Kosten für Wasser, Heizung, Müll und anderes
- ✔ **Wie hoch sind die Heizkosten?** *(wii hoox zint dii haitskosten)* Kosten für die Heizung
- ✔ **Wie hoch sind die Stromkosten?** *(wii hooxx zint dii schtroomkosten)* Kosten für elektrischen Strom

- **Muss ich Abstand bezahlen?** *(muss ich apschtant betsaalen)* Geld für etwas, das der Vormieter gekauft hat und in der Wohnung bleibt
- **Wie hoch ist die Kaution?** *(wii hooxx ist dii kautsjoon)* Geld, das der Vermieter als Sicherheit erhält, zum Beispiel drei Monatskaltmieten

Die Wohnung nehme ich: Einen Mietvertrag abschließen

Wenn Ihnen die Wohnung gefällt und Sie sie gerne mieten würden, können Sie zum Beispiel sagen:

- **Die Wohnung gefällt mir sehr gut. Ich würde sie gerne mieten.** *(dii woonung gefelt mia zeea guut / ich wüade zii geane miiten)*
- **Ab wann kann ich einziehen?** *(ap wan kann ich aintsiien)*
- **Wann kann ich den Mietvertrag unterschreiben?** *(wan kann ich deen miitfatraak untaschraiben)*

Wenn Sie möchten, dass ein Rechtsanwalt Ihren Mietvertrag prüft, oder wenn Sie Fragen zum Mietrecht haben, können Sie sich an den Mieterverein *(miitafaain)* in Ihrer Stadt wenden. Wenn Sie Mitglied im Mieterverein werden, erhalten Sie hier auch später bei möglicherweise auftretenden Problemen Unterstützung.

Eine Wohnung renovieren

Bevor man in eine neue Wohnung zieht, muss oft renoviert werden. Aber auch wenn man nicht umzieht, ist zwischendurch manche Renovierung nötig:

- **renovieren** *(reenoowiiren)*: etwas in der Wohnung erneuern
- **tapezieren** *(tapetsiiren)*: neue Tapeten an die Wände
- **streichen** *(schtraichen)*: neue Farbe an die Wände
- **reparieren** *(repariiren)*: etwas Kaputtes heil machen
- **austauschen** *(austauschen)*: etwas Altes gegen etwas Neues auswechseln
- **Böden verlegen** *(bööden faleegen)*: Teppich oder Laminat verlegen

Im Baumarkt

Im **Baumarkt** *(baumaakt)* gibt es alles, was Sie zum Renovieren brauchen. Folgende Fragen möchten Sie vielleicht im Baumarkt stellen:

- **Wo finde ich ...** *(woo finde ich)*
  - **Tapeten?** *(tapeeten)*: für die Wände
  - **Farben?** *(faaben)*: Wandfarbe

9 ➤ Drei Zimmer, Küche, Bad: Auf dem Wohnungsmarkt

- **Teppiche?** *(tepiche)*: für den Boden
- **Lampen?** *(lampen)*: elektrisches Licht
- **Werkzeuge?** *(weaktsoige)*: zum Beispiel Hammer, Bohrmaschine oder Säge

✔ **Ich möchte… Was brauche ich dazu?** *(ich möchte … was brauche ich datsuu)*

- Ich möchte einen 20 Quadratmeter großen Raum tapezieren. Was brauche ich dazu? *(ich möchte ainen tswantsich kvadraatmeeter groosen raum tapetsiiren/was brauxxe ich datsuu)*
- Ich möchte mein Zimmer streichen. Was brauche ich dazu? *(ich möchte main tsima schtraichen/was brauxxe ich datsuu?)*

✔ **Ich möchte … Kann mich jemand beraten?** *(ich möchte…kann mich jeemant beraaten)* Beraten bedeutet Tipps geben, helfen.

- Ich möchte eine Bohrmaschine kaufen. Kann mich jemand beraten? *(ich möchte aine booamaschiine kaufen kann mich jeemant beraaten)*
- Ich möchte Teppichboden verlegen. Kann mich jemand beraten? *(ich möchte tepichbooden faleegen kann mich jeemant beraaten)*

Einen Handwerker finden

Wenn Sie nicht selbst renovieren wollen oder können, müssen Sie einen **Handwerker** *(hantweaka)* finden. Viele Handwerksbetriebe sind zum Beispiel im Telefonverzeichnis **Die Gelben Seiten** *(dii gelben zaiten)* aufgelistet:

✔ **der Maler** *(maala)* streicht

✔ **der Elektrotechniker** *(elektrootechnika)* installiert Steckdosen

✔ **der Klempner** *(klemptna)* repariert den Abfluss am Waschbecken im Bad

Sich einrichten

Möbel kaufen, einen neuen Teppich verlegen, dekorieren …, wollen Sie Ihre Wohnung neu einrichten? Welcher Einrichtungsstil gefällt Ihnen? Wie würden Sie Ihre Traumwohnung einrichten?

Im Möbelgeschäft

Sie haben im **Möbelkatalog** *(mööbelkataloog)* einen schönen Schrank gefunden und möchten ihn sich jetzt gerne in natura (im Original, in der Realität) ansehen? Dann nichts wie auf ins Möbelgeschäft.

Anna möchte einen Schrank kaufen.

Anna:	**Guten Tag. Ich habe im Katalog diesen schönen Schrank hier gesehen. Haben Sie den auf Lager?**
	(guuten taak / ich haabe im katalook diizen schöönen schrank hia gezeen / haaben zii deen auf laaga)
Möbelverkäufer:	**Ja, den haben wir auf Lager. Es steht auch einer aufgebaut dort hinten in unserer Ausstellung, wenn Sie bitte einmal mitkommen würden.**
	(jaa / deen haaben wia auf laaga / es schteet auch aina aufgebaut doat hinten in unzera ausschtelung / wen zii bite ainmal mitkomen wüaden)
Anna:	**Oh, der ist ja viel größer, als ich dachte. Wie waren noch mal die Maße?**
	(oo dea ist jaa fiil gröösa als ich daxxte / wii waaren noxx maal dii maase)
Möbelverkäufer:	**Dieser hier ist 1,85 Meter breit, 2 Meter hoch und 80 Zentimeter tief. Wir haben aber auch noch einen kleineren im gleichen Design, der wäre nur 1,60 Meter breit, 1,80 Meter hoch und 75 Zentimeter tief.**
	(diiza hiia ist ain meeta fünwunachtsich brait / tswai meeta hooxx unt axxtsich tsentimeeta tiif / wia haaben aaba auxx noxx ainen klaineren im glaichen dizain der wääre nuua ain meeta zechtsich brait / ain meeta axxtsich hooxx unt fünfunziipzich tsentimeeta tiif)
Anna:	**Gibt es den nur in Weiß oder auch in anderen Farben?**
	(giipt es deen nua in wais ooda auxx in anderen faaben)
Möbelverkäufer:	**Es gibt ihn in Weiß, Natur und Dunkelbraun.**
	(es giipt iin in wais / natuua unt dunkelbraun)
Anna:	**Aus was für einem Holz ist er hergestellt?**
	(aus was füa ainem holts ist ea heageschtelt)
Möbelverkäufer:	**Das ist Birkenfurnier.**
	(das ist birkenfuniia)
Anna:	**Liefern Sie auch?**
	(liifan zii auxx)
Möbelverkäufer:	**Ja, bei einem Bestellwert ab 100 Euro liefern wir in einem Umkreis von 20 Kilometer kostenlos nach Hause.**
	(jaa / bai ainem beschtelweat ap hundat oiroo liifan wia in ainem umkrais fon tswantsich kiiloomeetan kostenloos naxx hauze)
Anna:	**Aufbauen müssen wir dann aber selbst?**
	(aufbauen müsen wia dan aba zelpst)

9 ➤ Drei Zimmer, Küche, Bad: Auf dem Wohnungsmarkt

Möbelverkäufer: **Ja, aber das ist ganz einfach. Oder Sie bestellen unseren Montageservice. Der kostet ein wenig extra.**

(jaa / aaba das ist gants ainfaxx / ooda zii beschtelen unzaren montaasche-söawis / das kostet ain weenich ekstra)

Kleiner Wortschatz zum Thema Möbel (haus)

Der folgende Wortschatz kann nützlich sein, wenn Sie im Möbelhaus einkaufen:

- ✔ **das Möbelstück** *(mööbelstük)*, **mehrere Möbel** *(mööbel)*
- ✔ **auf Lager** *(auf laaga)* Haben Sie das Möbelstück da? Haben Sie eines im Geschäft?
- ✔ **die Möbelausstellung** *(mööbelausschtelung)*: aufgebaute Möbel zum Ansehen und Ausprobieren
- ✔ **die Maße** *(maase)*: Länge, Breite und Höhe
- ✔ **in Weiß** *(in wais)*: in der Farbe Weiß
- ✔ **das Design** *(das dizain)*: der Stil, das Aussehen
- ✔ **das Holz** *(holts)*: die Holzart, die Baumart
- ✔ **die Lieferung**, **liefern** *(liifan)*: nach Hause bringen
- ✔ **die Montage** *(montaasche)*: das Zusammenbauen

Abbildung 9.3: Diese Möbel finden Sie in den Zimmern einer Wohnung.

Um zu sehen, ob ein Möbelstück gut in Ihr Zimmer passt, müssen Sie seine Maße, Höhe, Breite und Tiefe, kennen:

- **die Höhe** *(hööe)*: So hoch ist das Möbelstück. Ist Ihre Zimmerdecke hoch genug?
- **die Breite** *(braite)*: So breit ist das Möbelstück. Passt es zwischen zwei andere Möbel?
- **die Tiefe** *(tiife)*: So tief ist das Möbelstück. Wie weit können Sie hineingreifen?

> Traumwohnung, Traumhaus, Traumurlaub, Traummann, Traumfrau. Alles, was Sie gerne haben würden, können Sie mit dem Wort **Traum-** *(traum)* beschreiben; **der Traum**: in der Nacht, wenn man schläft, träumt man, sieht einen Traum.

Verschiedene Möbel

- **das Bett** *(bet)*
- **das Sofa** *(zoofa)*
- **der Sessel** *(zesel)*
- **der Stuhl** *(schtuul)*
- **der Schreibtisch** *(schraiptisch)*
- **der Esstisch** *(estisch)*
- **das Regal** *(regaal)*
- **die Kommode** *(komoode)*
- **der Schrank** *(schrank)*

Verschiedene Haushaltsgeräte

- **der Kühlschrank** *(küülschrank)*
- **der Gefrierschrank** *(gefriirschrank)*
- **die Mikrowelle** *(miikrowele)*
- **die Geschirrspülmaschine** *(geschirspüülmaschiine)*
- **der Toaster** *(toosta)*
- **der Wasserkocher** *(wasakoxxa)*
- **die Kaffeemaschine** *(kafeemaschiine)*
- **der Staubsauger** *(staupzauga)*

9 ➤ Drei Zimmer, Küche, Bad: Auf dem Wohnungsmarkt

Abbildung 9.4: Diese Haushaltsgeräte gibt es in einer Küche.

Haushaltsgeräte kaufen

Brauchen Sie einen Wasserkocher, einen Kühlschrank oder ein anderes Haushaltsgerät (**das Gerät** *(gereet)*: der Apparat, die Maschine, der Elektroartikel)? Hier ein paar Fragen, die Sie vielleicht in der Haushaltsgeräteabteilung stellen möchten:

✔ **Wie viele unterschiedliche Modelle stehen zur Auswahl?** *(wii fiile untaschiitliche modele schteen tsua auswaal)*; **das Modell**: der Typus, die Art Gerät; **zur Auswahl stehen:** Wie viele Modelle bieten Sie an? Aus wie vielen Modellen kann ich wählen?

✔ **Haben Sie ein Modell im Angebot?** *(haaben zii ain model im angeboot)*; **im Angebot:** in der Werbung, (nach Meinung des Geschäfts) besonders günstig

✔ **Von welchem Hersteller ist das Gerät?** *(fon welchem heaschtela ist das gereet)*; **der Hersteller**: Firma, die das Gerät produziert hat

✔ **Was sind die Vor- und Nachteile dieses Modells?** *(was zint dii voa unt naaxxtaile diizes models)*; **der Vorteil**: Was ist gut daran? **der Nachteil**: Was ist schlecht daran?

✔ **Können Sie uns die Funktionen des Geräts erklären?** *(könen zii uns dii funtsioonen des gereets akleeren)*; **die Funktion**: etwas, was das Gerät kann

✔ **Wie hoch ist der Stromverbrauch?** *(wii hooxx ist dea stroomfabrauch)*; **der Stromverbrauch:** Wie viel elektrischen Strom benötigt das Gerät?

✔ **Wie hoch ist der Wasserverbrauch?** *(wii hooxx ist dea wasafabrauch)*; **der Wasserverbrauch**: Wie viel Wasser braucht das Gerät?

✔ **Welche Energieeffizienzklasse hat das Gerät?** *(welche enagiiefitsientsklase hat das gereet)*; **die Energieeffizienzklasse:** gibt Auskunft über den Energieverbrauch

✔ **Wie lange hat das Gerät Garantie?** *(wii lange hat das gereet garantii)*; **die Garantie:** Wie lange kann ich das Gerät (kostenlos) umtauschen, wenn es kaputtgeht?

✔ **Kann man in Raten zahlen?** *(kan man in raaten tsaalen)*; **die Rate:** ein Teil des Geldes, nach und nach bezahlen

Beim Umzug helfen alle mit

Sie ziehen um und all Ihre Freunde und Bekannten helfen mit. Danach gibt es belegte Brötchen und etwas zu trinken. **Der Umzug** *(umtsuuk)* bedeutet, dass alle Möbel, Haushaltsgeräte und persönlichen Gegenstände von einer Wohnung in die andere gebracht werden. **Umziehen** *(umtsiin)* bedeutet, von der alten Wohnung in eine neue Wohnung umzuziehen:

✔ **Kannst du mir beim Umzug helfen?** *(kanst duu mia baim umtsuuk helfen)*

✔ **Ich ziehe nächsten Samstag um. Kannst du mir beim Tragen helfen?** *(ich tsiie nechsten zamstaak um / kanst duu mia baim traagen helfen)*

Wenn all Ihre Freunde beschäftigt sind oder Sie sehr viele Möbel haben, gibt es auch professionelle Möbelpacker (**der Möbelpacker** *(mööbelpaker)*: professioneller Umzugshelfer). Vielleicht wollen Sie bei einer Autovermietung einen großen Umzugswagen mieten: **Ich würde gerne für nächsten Samstag einen Umzugswagen mieten** *(ich wüade geane füa neechsten zamstaak ainen umtsuukswaagen miiten)*.

Haben Sie genug Umzugskartons für alle Ihre Dinge? **Der Umzugskarton** *(umtsuukskartong)* ist eine Kiste aus Pappe für den Umzug. Dann kann es ja losgehen. Und nicht vergessen: Nach dem Umzug beim Amt ummelden (**sich ummelden** *(ummelden)*: eine neue Adresse registrieren lassen. Mehr zum Anmelden, Abmelden und Ummelden finden Sie in Kapitel 7.

Ein Ausdruck für Möbel tragen ist Möbel **schleppen** *(schlepen)*. Bei schweren Möbeln kann man auch sagen: Möbel **wuchten** *(wuxxten)*. Möbel um enge Ecken zu tragen, heißt Möbel **bugsieren** *(buksiiren)*. Ein Umzugshelfer muss also gut tragen, schleppen, wuchten und bugsieren können.

9 ▶ Drei Zimmer, Küche, Bad: Auf dem Wohnungsmarkt

Track 32

Frau Asmus und Frau Meier unterhalten sich bei einer Wohnungsbesichtigung.

Frau Asmus: **Guten Tag. Sind Sie Frau Meier?**

(guuten taak / zind zii frau maiaa)

Frau Meier: **Ja. Das Ehepaar Asmus?**

(jaa / das eeöpaa asmus)

Frau Asmus: **Ja. Danke, dass wir heute die Wohnung besichtigen dürfen.**

(jaa / danke das wia hoite dii woonung bezichtiigen düafen)

Frau Meier: **Aber natürlich. Schauen Sie sich ruhig um. Wenn Sie Fragen haben, wenden Sie sich gern an mich.**

(aaba natüüalich / schauen zii zich ruuhich um / wen zii fraagen haaben wenden zii sich gean an mich)

Frau Asmus: **Eine schöne Küche haben Sie. Was von der Küche bleibt denn drin?**

(aine schööne küche haaben zii / was fon dea küche blaipt den drin)

Frau Meier: **Die Schränke da oben gehören mir. Aber der Herd, die Spüle und die Unterschränke bleiben drin.**

(dii schrenke da ooben gehöören mia / aaba dea heat / dii schpüüle unt dii untaschrenke blaiben drin)

Frau Asmus: **Und der Kühlschrank?**

(unt dea küülschrank)

Frau Meier: **Der ist auch meiner. Aber ich könnte ihn gegen Abstand verkaufen. In meiner neuen Wohnung ist schon ein Kühlschrank.**

(dea ist auxx maina / aaba ich könnte iin geegen apschtant fakaufen / in maina noien woonung ist nemlixx schoon ain küülschrank)

Frau Asmus: **An wie viel hatten Sie gedacht?**

(an wii fiil haten zii gedaxxt)

Frau Meier: **Ich denke 150 Euro wären ein fairer Preis.**

(ich denke hundatfünftsich oiroo weren ain feera prais)

Frau Asmus: **Wie hoch sind Ihre Stromkosten pro Monat?**

(wii hoox zint iire schtroomkosten proo moonat)

Frau Meier: **Ich zahle jetzt 25 Euro und hatte auch noch nie eine Nachzahlung. Aber ich bin sehr sparsam und Sie sind ja auch zu zweit, da wird es vielleicht etwas mehr werden.**

(ich tsaale jetst fünfunttwantsich oiroo unt hate auxx noxx nii aine naxxtsaalung/aaba ich bin zeea schpaasam unt zii zint jaa auxx tsuu tswait/daa wiat es filaicht etwas meea weaden)

Auf Deutsch schreiben: Auf eine Wohnungsanzeige antworten

Sie haben eine Wohnungsanzeige im Internet gesehen und würden die Wohnung gerne besichtigen. Hier ein paar Vorschläge, was Sie schreiben könnten.

Einen Brief an den Vermieter oder die Vermieterin schreiben

Sehr geehrter Vermieter, sehr geehrte Vermieterin,

ich habe Ihre Wohnungsanzeige für die Zweizimmerwohnung im Stadtteil Wadel auf der Homepage »wohnschoen« gesehen. Ihre Wohnung gefällt mir sehr gut und ich würde gerne mit Ihnen einen Besichtigungstermin vereinbaren. Es passt mir am besten nach der Arbeit um 17 Uhr oder am Wochenende.

Ich bin unter der Telefonnummer … oder unter der E-Mail-Adresse … zu erreichen.

Ein paar Informationen über mich: Ich bin Studentin und arbeite außerdem in einem Drogeriemarkt. Ich bin Nichtraucherin. Ich würde die Wohnung gerne mit meiner Freundin zusammen beziehen. Sie ist auch Studentin.

Ich freue mich auf Ihre Antwort.

Mit freundlichen Grüßen

Teil III

Besondere Anlässe und Deutsch für unterwegs

In diesem Teil ...

geht es um besondere Situationen wie die Gestaltung eines freien Abends mit einer Party, einem Theater-, Kino- oder Konzertbesuch. Dieser Teil handelt auch von Stadtbesichtigungen und Museumsbesuchen und Hobbys wie Sport, Musik, Ehrenämter oder dem Aufenthalt in der Natur. Mit dem Themenkomplex »Deutsch für unterwegs« erweitern Sie Ihren Wortschatz rund um Verkehrsmittel und Fortbewegung. Es geht darum, nach dem Weg zu fragen oder eine Wegbeschreibung zu geben, Fahrkarten in Bus und Bahn zu kaufen und um Phrasen, die nützlich sind, wenn Sie ein Taxi bestellen wollen. Wenn Sie eine Reise unternehmen wollen, finden Sie hier Dialoge zum Thema Reiseplanung und Übernachtung im Hotel. Ein Kapitel bereitet Sie sprachlich auf den Notfall vor, der hoffentlich nicht eintritt. Aber auch wenn Sie keinen Krankenwagen rufen müssen, werden Sie vielleicht einmal zum Arzt müssen oder etwas in der Apotheke kaufen. Auch dann können die hier vorgestellten Sätze hilfreich sein.

Was machen wir heute Abend? Kultur und Stadtleben

In diesem Kapitel

▶ Sich verabreden, Zusagen und Absagen

▶ Zeitangaben verstehen

▶ Wortschatz Kino, Filme, Theater und Musik vergrößern

▶ Eintrittskarten kaufen und Öffnungszeiten erfragen

▶ Einladungen schreiben und Einladungen annehmen

Haben Sie heute Abend schon etwas Besonderes vor? Und was ist mit Samstagabend? Überlegen Sie noch? Wollen wir nicht zusammen …? Da läuft doch gerade so ein guter Film von … Oder doch lieber ins Konzert? Und nächsten Monat fahren Sie in eine andere Stadt, um sich die Sehenswürdigkeiten anzusehen? Haben Sie einen guten Reiseführer gelesen und sich vorbereitet? Oder lassen Sie sich einfach so treiben? In diesem Kapitel geht es um Kultur und Stadtleben. Lernen Sie nützliche Sätze, um sich zu verabreden, um Zusagen und Absagen zu erteilen, Eintrittskarten zu kaufen und Öffnungszeiten zu erfragen.

Sich verabreden

Sie haben am Wochenende noch nichts vor und mal wieder Lust, etwas zu unternehmen. Aber nicht so gerne allein. **Sich verabreden** *(zich verapreeden)* bedeutet, einen Plan zu machen, sich mit einem Freund, einer Freundin (oder Arbeitskollegen) zu treffen.

Zeitangaben

Für wann wollen Sie sich verabreden?

✔ **heute** *(hoite)*

✔ **morgen** *(moagen)*

✔ **übermorgen** *(üübamoagen)*: der Tag nach morgen

> Der Tag nach heute ist **morgen**. Der Tag danach ist **übermorgen**. Der Tag vor heute ist **gestern** *(gestaan)*. Der Tag davor ist **vorgestern** *(foagestaan)*. Manchmal sagt man für die Tage danach und davor auch **überübermorgen** oder **vorvorgestern**, meistens aber eher den Wochentag, zum Beispiel Mittwoch.

Folgende Angaben sind von Mensch zu Mensch sehr verschieden und nur als grobe Einschätzung zu verstehen. Wann beginnt Ihr Abend?

- **der frühe Morgen** *(dea früie moagen)*: zwischen 4 und 6 Uhr
- **der Morgen** *(moagen)*: zwischen 6 und 9 Uhr
- **der Vormittag** *(foamitaak)*: zwischen 8 und 12 Uhr
- **der Mittag** *(mitaak)*: zwischen 12 und 13 Uhr
- **der frühe Nachmittag** *(dea früie naaxxmitaak)*: zwischen 13 und 15 Uhr
- **der Nachmittag** *(naaxxmitaak)*: zwischen 15 und 18 Uhr
- **der Abend** *(aabent)*: zwischen 18 und 23 Uhr
- **der späte Abend** *(dea schpeete aabent)*: zwischen 22 und 1 Uhr
- **die Nacht** *(naxxt)*: zwischen 23 und 5 Uhr

Und so kombiniert man:

- **heute Nachmittag** *(hoite naaxxmitag)*
- **heute Abend** *(hoite aabent)*
- **morgen am frühen Nachmittag** *(moagen am früien naaxxmitag)*
- **morgen später am Abend** *(moagen schpeeta am aabent)*
- **Mittwochmorgen** *(mitwoxxmoagen)*
- **Mittwoch um die Mittagszeit herum** *(mitwoxx um dii mitaakstsait harum)*

Die Wochentage

Dieses sind die Namen für die sieben Wochentage:

- **Montag** *(moontaak)*
- **Dienstag** *(diinstaak)*
- **Mittwoch** *(mitwoxx)*
- **Donnerstag** *(donastaak)*
- **Freitag** *(fraitaak)*
- **Sonnabend** *(zonaabent)* oder **Samstag** *(zamstaak)*
- **Sonntag** *(zontaak)*

Zeitangaben anhand von Essenszeiten

Auch anhand von den üblichen Essenszeiten kann eine ungefähre Zeit verabredet werden:

- **zum Mittagessen** *(tsum mitaakesen)*: etwa 12 bis 13 Uhr
- **zum Abendessen** *(tsum aabentesen)*: zwischen 19 und 20 Uhr
- **um die Essenszeit herum** *(um dii esenstsait harum)*

10 ➤ *Was machen wir heute Abend? Kultur und Stadtleben*

Genaue Zeitangaben und ungefähre Zeitangaben

Bei Verabredungen benutzt man oft **ungefähr** *(ungefeere)* Zeitangaben. Folgende Angaben bedeuten, dass Sie sich ungefähr um 15 Uhr treffen wollen. Ungefähre Zeitangaben klingen freundlicher als exakte:

- ✔ **so um drei** *(soo um drai)*
- ✔ **gegen drei** *(geegen drai)*
- ✔ **um drei herum** *(um drai herum)*
- ✔ **um und bei drei** *(um unt bai drai)*
- ✔ **kurz nach drei** *(kuats naaxx drai)*
- ✔ **kurz vor drei** *(kuats fooa drai)*

Und so können Sie diese ungefähren Zeitangaben in ganze Sätze einbauen:

- ✔ **Dann treffen wir uns so um drei vor dem Kino.** *(dan trefen wiia uns zoo um drai foa deem kiinoo)*
- ✔ **Sollen wir uns dann kurz nach drei beim Theater treffen?** *(zolen wia uns dan kuats naaxx drai baim teaata trefen)*
- ✔ **Ich hole dich dann nachmittags ab. Sagen wir um und bei drei?** *(ich hoole dich dan naaxxmitaaks ap/zaagen wiia um unt bai drai)*

Den Einstieg finden

So können Sie einen Einstieg (Anfang) finden:

Für wann möchten Sie sich verabreden?

Ein möglicher Einstieg ist die Zeit, für die Sie sich verabreden wollen.

- ✔ **Was machst du heute Abend?** *(was maxxst duu hoite aabent)* Was machst du: Hast du schon einen Plan?
- ✔ **Hast du heute Abend schon etwas vor?** *(hast duu hoite aabent schoon etwas foa)* Hast du schon etwas vor: Hast du Zeit?
- ✔ **Hast du schon einen Plan für heute Abend?** *(hast duu schoon ainen plaan füa hoite aabent)*
- ✔ **Was machst du Samstagabend?** *(was maxxst duu am zamstaakabent)*
- ✔ **Hast du an diesem Wochenende Zeit?** *(hast duu an diizem woxxenende tsait)*

Was wollen Sie machen?

Sie können auch damit anfangen, was Sie gerne machen möchten:

- ✔ **Was läuft diese Woche im Kino?** *(was leuft diize woxxe im kiinoo)*
- ✔ **Hast du schon »Ein Sommernachtstraum« gesehen?** *(hast duu schoon ain zomanaxxtstraum gezeen)*

- Ich würde gern mal wieder ins Theater gehen. Hast du Lust mitzukommen? *(ich wüade gean maal wiida ins teeaata geen/hast duu lust mittsuukomen)*
- Ich würde mir gern die neue Show von Sascha Grammel ansehen. Hast du Lust mitzukommen? *(ich wüade mia gean dii noie schoo fon zascha gramel anzeen/hast duu lust mittsuukomen)*

Jemanden einladen

Sie können natürlich auch gleich direkt einladen:

- **Kommst du mit ins Konzert von Torfrock? Ich lade dich ein.** *(komst du mit ins konteat von toafrok/ich laade ich ain)*; **Ich lade dich ein** *(ich laade dich ain)*: ich bezahle
- **Ich habe zwei Karten für das Eisfestival. Kommst du mit? Ich lade dich ein.** *(ich haabe tswai kaaten füa das aisfestival/komst duu mit/ich laade dich ain)*
- **Ich würde dich gern zum Essen einladen. Hast du Lust?** *(ich wüade dich gean tsum esen ainlaaden/hast duu lust)*

Irgendwie, irgendwo, irgendwann

Eine andere Möglichkeit ist ein ganz vager, vorsichtiger Einstieg: **mal** *(maal)*, **irgendwann einmal** *(irgentwan ainmaal)*: zu einer noch unbestimmten, nicht festgelegten Zeit, oder **demnächst einmal wieder** *(demnäächst ainmal wiida)*: bald, in naher Zukunft.

- **Treffen wir uns mal auf ein Glas Wein?** *(trefen wia uns maal auf ain glaas wain)*
- **Wollen wir mal zusammen einen Kaffee trinken?** *(wollen wia maal tsuuzamen ainen kafee trinken)*
- **Ich würde gerne demnächst einmal wieder ins Kino. Hast du Lust mitzukommen?** *(ich wüade gean demnächst ainmaal wiida ins kiinoo/hast duu lust mittsuukomen)*

Neben dem Wort **irgendwann** (zu einer unbestimmten Zeit) gibt es auch noch **irgendwie** und **irgendwo**:

- **irgendwann** *(irgentwan)*: zu einer noch unbestimmten Zeit, wann ist noch nicht klar
- **irgendwie** *(irgentwii)*: auf irgendeine Weise, auf noch unbestimmte Weise, wie genau ist noch nicht klar
- **irgendwo** *(irgentwoo)*: an einem noch unbestimmten Ort, wo ist noch nicht klar

Zusagen und absagen

Sie sind eingeladen und wollen gerne mitkommen? Oder lieber nicht so gerne? Hier ein paar Sätze für Zusagen und Absagen – **die Zusage** *(tsuuzage)*: Ja sagen, ich komme gern; **die Absage** *(apzaage)*: Nein sagen, ich komme nicht mit.

Ich komme gern

So machen Sie eine Zusage:

- ✔ **Ja gerne.** *(jaa geane)*
- ✔ **Ja, gerne. Ich trage es mir gleich in den Kalender ein.** *(jaa geane/ich traak es mia glaich in deen kalenda ain)*
- ✔ **Das ist eine tolle Idee! Ich komme gerne mit.** *(das ist aine tole idee/ich kome geane mit)*
- ✔ **Mittwoch passt mir gut. Da habe ich noch nichts vor.** *(mitwoxx past mia guut/daa haabe ich noxx nichts foa)*

Nein, nicht so gern

So sagen Sie ab:

- ✔ **Nein, nicht so gerne. Ich mag kein Ballett.** *(nain/nicht zoo geane/ich maak kain balet)*
- ✔ **Nein, das geht nicht. Da habe ich leider keine Zeit.** *(nain/das geet nicht/daa haabe ich laida kaine tsait)*
- ✔ **Nein, das geht nicht. Da habe ich schon etwas vor.** *(nain das geet nicht/da haabe ich schon was foa)*
- ✔ **Nein, da kann ich leider nicht.** *(nain da kan ich laida nicht)*

Es kommt darauf an

Unter welchen Bedingungen möchten Sie kommen?

- ✔ **Vielleicht. Es kommt darauf an, wann.** *(filaicht/es komt darauf an wan)*
- ✔ **Ich weiß noch nicht. Kommt darauf an, ob ich schon mit meiner Arbeit fertig bin.** *(ich wais noxx nicht/komt darauf an op ich schoon mit maina aabait featich bin)*
- ✔ **Kommt darauf an, was es kostet.** *(komt darauf an was es kostet)*
- ✔ **Ich überlege es mir noch einmal.** *(ich üübaleege es mia noxx ainmaal)*
- ✔ **Am Donnerstag geht es nicht, aber am Mittwochabend würde es gehen.** *(am donastaak geet es nicht/aba am mitwoxxaabent wüade es geen)*

Auf eine Absage reagieren

So können Sie auf eine Absage reagieren:

- ✔ **Schade** *(schaade)*. **Ich hätte das gerne gemacht.**
- ✔ **Schade. Na ja, dann ein anderes Mal.** *(schaade/na jaa dan ain anderes maal)*
- ✔ **Schade. Lieber morgen Abend?** *(schaade/ liiba moagen aabent)*

Details verabreden

Anna und ihre Freundin Paula sind sich einig: Sie würden gern zusammen zum Rosenstolz-Konzert gehen. Jetzt fehlen nur noch die Details.

Track 33

Paula und ihre Freundin Anna verabreden sich vor der Konzerthalle.

Anna: **Hast du Lust, mit mir am Samstagabend ins Rosenstolz-Konzert zu gehen?**

(hast du lust mit mia am zamstaakaabent ins roozenscholtskontseat tsuu geen)

Paula: **Ja, gern. Wann und wo treffen wir uns?**

(jaa gean / wan und woo trefen wia uns)

Anna: **Soll ich dich abholen?**

(zol ich dich aphoolen)

Paula: **Ich bin vorher noch in der Stadt und komme lieber direkt dorthin. Lass uns am besten einen Treffpunkt ausmachen.**

(ich bin foahea noxx in dea schtat unt kome liiba diirekt doathin / las uns am besten ainen trefpunkt ausmaxxen)

Anna: **Okay. Um sieben vor der Halle am Haupteingang? Ich besorge morgen schon mal Karten.**

(okee / um ziiben foa dea hale am hauptaingang / ich bezoage moagen schoon maal kaaten)

Paula: **Alles klar. Falls wir uns verpassen sollten, nehme ich mein Handy mit.**

(ales klaa / fals wia uns fapasen neeme ich main hendi mit)

Anna: **Prima! Bis dann, ich freu mich!**

(priima / bis dan / ich froi mich)

Absagen oder verschieben

Ihnen ist etwas dazwischengekommen. Nun müssen Sie Ihre Verabredung absagen oder verschieben. **Etwas kommt dazwischen** *(etwas komt datswischen)* bedeutet, dass man etwas anderes Wichtiges machen muss und nicht zur Verabredung kommen kann. Wenn Sie **absagen** *(apsaagen)*, sagen Sie, dass Sie nicht kommen können. Wenn Sie eine **Verabredung verschieben** *(dii faapreedung faschiiben)*, verabreden Sie einen anderen Termin, einen anderen Zeitpunkt.

10 ➤ Was machen wir heute Abend? Kultur und Stadtleben

Hier ein paar nützliche Sätze dafür:

- ✔ **Ich muss leider unsere Verabredung absagen.** *(ich mus laida unzere faapreedung apzaagen)*
- ✔ **Ich muss leider unsere Verabredung verschieben.** *(ich mus laida unzere faapreedung faschiiben)*
- ✔ **Ich kann Samstag leider nicht kommen.** *(ich kan zamstaak laida nicht komen)*
- ✔ **Ich kann Samstag leider doch nicht kommen.** *(ich kan zamstaak laida doxx nicht komen)*
- ✔ **Mir ist etwas dazwischengekommen.** *(mia ist etwas datswischen gekomen)*
- ✔ **Es ist Folgendes passiert: ...** *(es ist folgendes pasiat)*

Das Gegenteil von sich verabreden ist **sich spontan** *(spontaan)* **treffen**. Sich spontan treffen bedeutet, sich ohne Verabredung treffen, sich erst kurz vorher verabreden.

Lesen Sie folgenden Textnachrichtenaustausch. Zwei Freundinnen wollen sich verabreden.

> *Lina und Saskia schreiben sich Textnachrichten*
>
> Hallo Lina! Hast du heute Abend schon etwas vor?
>
> Hallo Saskia! Nee, hast du einen Vorschlag?
>
> Wie wäre es mit Kino? Hast du schon »Happy Feet« gesehen? Hast du Lust?
>
> Ja, gerne. Wann und wo treffen wir uns?
>
> Um acht vorm Kino?
>
> Ja, okay. Bis dann. Ich freu mich!

Auf eine Party gehen

Was für eine Party / was für ein Fest ist es? Es gibt viele Gründe zu feiern. Hier einige Beispiele:

- ✔ **die Geburtstagsparty** *(gebuatstaakspaati)*: das Geburtstagsfest, jemand wird ein Jahr älter
- ✔ **das Hochzeitsfest** *(hoxxtsaitsfest)*: die **Hochzeit** *(hoxxtsait)*, zwei Leute heiraten
- ✔ **der Junggesellenabschied** *(junggezelenabschiit)*: Feier des Bräutigams (Mann, der heiratet) und seiner Freunde vor der Hochzeit
- ✔ **die Silvesterparty** *(zilwestapaati)*: Party am 31.12.

- ✔ **die Grillparty** *(grilpaati)*: das gemeinsame Grillen
- ✔ **Einweihungsparty** *(ainwaiungspaati)*: die erste Party in einer neuen Wohnung
- ✔ **Abschiedsparty** *(apschiitspaati)*: für jemanden, der zu einer anderen Arbeitsstelle geht oder in eine andere Stadt zieht
- ✔ **das Abschlussfest** *(apschlussfest)*: am Ende der Schulzeit oder eines Kurses
- ✔ **das Straßenfest** *(straasenfest)*: gefeiert von Nachbarn, die in der gleichen Straße wohnen
- ✔ **das Sportfest** *(spoatfest)*: Fest im Sportverein
- ✔ **das Betriebsfest** *(betriipsfest)*: Fest bei der Arbeit
- ✔ **der Kaffeeklatsch** *(kafeeklatsch)*: Zusammensein nachmittags bei Kaffee und Kuchen

So können Sie sagen, dass Sie zu einer Party gehen:

- ✔ **Ich bin zu einer ...party eingeladen.** *(ich bin tsu aina paati aingeladen)*
- ✔ **Ich gehe heute Abend zu einer ...party.** *(ich geeö hoite aabent tsuu aina paati)*
- ✔ **Kommst du mit zur ...party bei ...?** *(komst duu mit tsua ... paati bai)*
- ✔ **Was ist ein passendes Geschenk für eine ...party?** *(was ist ain pasendes geschenk füa aine ...paati)*

Das passende Geschenk bei einer Einweihungsparty ist **Brot, Salz und Geld**, zum Beispiel ein Brötchen, ein kleiner Salzstreuer und ein Cent. Das ist symbolisch und soll wünschen, dass immer genug Brot, Salz und Geld im neuen Haus vorhanden sind.

Kleiner Partywortschatz

Dies sind wichtige Wörter zum Thema »feiern« und »Party«:

- ✔ **der Gastgeber** *(gastgeeba)*, **die Gastgeberin** *(gastgeebarin)*: veranstalten die Party, laden ein
- ✔ **der Gast** *(gast)*, **viele Gäste** *(geste)*: Menschen, die auf eine Party gehen
- ✔ **der Anlass** *(anlas)*: Grund für die Party, warum die Party gefeiert wird
- ✔ **eine Party veranstalten** *(aine paaty faanschtalten)*: zu einer Party einladen
- ✔ **schmücken** *(schmüken)*: dekorieren (für die Party)
- ✔ **jemanden mitbringen** *(jemanden mitbringen)*: eine andere Person zu einer Party mitbringen
- ✔ **etwas schenken** *(etwas schenken)*: dem Gastgeber ein Geschenk mitbringen
- ✔ **ein passendes Geschenk** *(pasendes geschenk)*: ein Geschenk, das gut zum Gastgeber und zum Anlass passt

10 ➤ Was machen wir heute Abend? Kultur und Stadtleben

- ✔ **zum Buffet gehen** *(tsum büfee geen)*, **sich etwas vom Buffet holen** *(zich etwas fom büfee hoolen)*: sich etwas zu essen holen
- ✔ **die Party ist in vollem Gang** *(in folem gang)*: die Party ist sehr lebhaft, sehr gelungen
- ✔ **eine ausgelassene Party** *(ausgelasene paati)*: eine fröhliche Party
- ✔ **tanzen** *(tantsen)*: zu Musik
- ✔ **sich unter die Leute mischen** *(zich unta dii loite mischen)*: verschiedene Leute treffen, mit verschiedenen Leuten reden
- ✔ **die ganze Nacht durchmachen** *(dii gantse naxxt duachmaxxen)*: die ganze Nacht feiern

Jemanden, der gerne und viele Partys feiert, nennt man auch **Partylöwe** *(paatilööwe)*. Jemand, der keine Partys mag, ist ein **Partymuffel** *(paatimufel)*. Ein »Muffel« ist aber kein Tier (wie ein Löwe), sondern das Wort leitet sich von dem Verb **muffeln** ab. **Muffeln** *(mufeln)* bedeutet »schlechte Laune haben, etwas nicht mögen und das auch zeigen«.

Was man auf einer Party sagen kann

Verschiedene Themen für Small Talk stelle ich in Kapitel 4 vor: das Wetter, die Familie, der Urlaub und überhaupt. Hier geht es darum, was man noch auf einer Party sagen kann:

- ✔ **Gute Musik hier!** *(guute muuziik hia)*
- ✔ **Kennst du das Stück, das gerade gespielt wird?** *kenst duu das schtük das geraade geschpiilt wiat)*
- ✔ **Ich kann dich nicht gut verstehen, die Musik ist so laut.** *(ich kan dich nicht gut faschteen dii muuziik ist zoo laut)*
- ✔ **Soll ich dir etwas zu trinken holen?** *(zol ich dia etwas tsuu trinken hoolen)*
- ✔ **Soll ich dir etwas vom Buffet mitbringen?** *(zol ich dia etwas fom büüfee mitbringen)*
- ✔ **Woher kennst du den Gastgeber?** *(woohea kenst duu deen gastgeeba)*

Um Antwort wird gebeten

Vielleicht steht auf der Einladungskarte ganz unten der Satz **Um Antwort wird gebeten. Die Einladungskarte** ist die schriftliche Einladung zur Party. **Um Antwort wird gebeten** bedeutet »Bitte sagen Sie mir, ob Sie kommen oder nicht kommen«.

Track 34

Frau Schilling nimmt die Einladung von Frau Huber an.

Frau Huber: **Huber.**

(huuba)

Frau Schilling: **Guten Abend, Frau Huber. Schilling hier. Wir haben heute mit der Post Ihre Einladungskarte erhalten.**

(guuten aabent frau huuba / schiling hia / wia haaben hoite mit dea post iire ainlaadungskaate ahalten)

Frau Huber: **Ach, ist sie schon angekommen?**

(axx / ist zii schoon angekomen)

Frau Schilling: **Ja, wir haben uns sehr über die Einladung gefreut und kommen gern.**

(jaa / wia haaben uns zea üba dii ainlaadung gefroit unt komen gean)

Frau Huber: **Das ist schön. Dann freue ich mich darauf, Sie nächsten Freitag bei mir begrüßen zu dürfen.**

(das ist schöön / dan froie ich mich darauf zii nechsten fraitaak bai mia begrüüsen tsu düafen)

Was bringen Sie mit?

Wenn auf der Einladungskarte steht: »Statt Geschenken bitte etwas zu essen oder zu trinken mitbringen!«, ist es einfach und Sie kochen einfach etwas Leckeres oder bringen eine Flasche Wein mit. »Statt Geschenken« bedeutet: Bitte keine Geschenke, dafür aber … Bei Freunden fällt einem sicher etwas ein. Was aber soll man mitbringen, wenn man den Gastgeber nicht so gut kennt?

Anna: **Bist du auch zu Monas Geburtstag eingeladen?**

(bist duu auxx tsu moonas gebuatstaak aingelaaden)

Paula: **Ja, nächsten Samstag, nicht? Hast du schon überlegt, was man ihr schenken könnte?**

(jaa / nechsten zamstaak nicht waa / hast duu schoon übaleekt was man iia schenken könnte?)

Anna: **Ich weiß auch nicht. Ich kenne sie noch nicht so gut. Was mag sie denn gerne?**

(ich wais auxx nicht / ich kene zii noxx nicht zoo guut / was maak zii den geane)

Paula: **Sie spielt Handball. Aber dazu fällt mir nichts ein.**

(zii schpiilt hantbal / aba daatsuuu felt mia nichts ain)

Anna: **Mag sie Wein?**

(maak zii wain)

Paula: **Keine Ahnung. Vielleicht Blumen?**

(kaine aanung / filaicht bluumen)

Anna: **Das ist doch eine gute Idee. Oder wie wäre es mit deiner leckeren selbst gekochten Marmelade? Hast du davon noch ein Glas?**

(das ist doxx aine guute idee / oda wii weere es mit daina lekeren zelpstgekoxxten maamelaade / hast duu daafon noxx ain glaas)

Im Theater, bei einer Show oder im Kino

Was wird im Theater gespielt (im Theater, ein Stück wird **gespielt**)? Was läuft gerade im Kino (im Kino, ein Film **läuft**)?

So können Sie fragen:

- ✔ **Weißt du, was gerade im Theater gespielt wird?** *(waist duu / was geaade im teeaata geschpiilt wiat)*
- ✔ **Weißt du, was gerade im Kino läuft?** *(waist duu / was geraade im kiinoo leuft)*
- ✔ **Was läuft gerade?** *(was leuft geraade)*
- ✔ **Hast du ein aktuelles Kinoprogramm?** *(hast duu ain aktuelles kiinooprogram)* ein neues Kinoprogramm
- ✔ **Gibt es in letzter Zeit gute Filme?** *(giipt es in letsta tsait guute filme)*
- ✔ **Hat der Film gute Kritiken bekommen?** *(hat dea film guute kritiken bekomen)* Was sagen die Rezensionen?
- ✔ **Kannst du den Film empfehlen?** *(kanst duu mia deen film emfeelen)* Hat dir der Film gefallen? Soll ich ihn auch sehen?

Was für Filme mögen Sie? Was für Filme mögen Sie nicht? Mögen Sie lieber **Spielfilme** *(schpiilfilme)* oder lieber **Dokumentarfilme** *(dokumentaafilme)*?

- ✔ **der Spielfilm:** ein Film mit ausgedachtem Inhalt, mit einer nicht wirklichen Geschichte
- ✔ **der Dokumentarfilm:** eine Reportage

Mögen Sie Zeichentrickfilme oder Animationsfilme? Oder lieber Filme mit echten Menschen als Schauspielern?

- ✔ **der Zeichentrickfilm** *(tsaichentrikfilm)*: ein gezeichneter Film
- ✔ **der Trickfilm** *(trikfilm)*: ein gezeichneter Film oder computeranimierter Film
- ✔ **der Schauspieler, die Schauspielerin** *(schausschpiila schauschpiilarin)*: Person, die eine Rolle in einem Film oder Theaterstück spielt

Mögen Sie lieber spannende Filme, gruselige Filme, lustige Filme oder romantische Filme? **Spannend** *(schpanent)* bedeutet aufregend, dramatisch.

- ✔ **der Abenteuerfilm** *(der aabentoiafilm)*
- ✔ **der Actionfilm** *(ektschönfilm)*
- ✔ **der Western** *(westaan)*
- ✔ **der Agentenfilm** *(agentenfilm)*
- ✔ **der Horrorfilm** *(horooafilm)*: ist **gruselig** *(gruuzelich)*, er macht Angst
- ✔ **der Liebesfilm** *(liibesfilm)*: ist romantisch *(romantisch)*, mit Liebe
- ✔ **die Romantische Komödie** *(romantische komöödije)*

Ein lustiger Film oder ein lustiges Theaterstück heißen auch Komödie *(komöödije)*; **lustig** *(lustich)*: man muss lachen. Das Gegenteil von **lustig** ist **traurig** *(traurich)*. Ein trauriger Film oder ein trauriges Theaterstück heißen **Tragödie** *(tragöödije)*.

Mögen Sie Filme mit Untertiteln, synchronisierte Filme oder sehen Sie am liebsten die Originalfassung?

- ✔ **Untertitel** *(untatiitel)*: eine Übersetzung unter dem Film zum Lesen
- ✔ **synchronisieren** *(sünchroniziiren)*: die Schauspieler bekommen andere Stimmen in einer anderen Sprache
- ✔ **die Originalfassung** *(originaalfasung)*: in der Originalsprache, in der ursprünglichen Sprache

Eintrittskarten kaufen

Kaufen Sie Ihre Karten direkt an der Kinokasse/Theaterkasse? Oder haben Sie sich schon Karten im Vorverkauf besorgt?

- ✔ **die Kinokasse** *(kiinokase)*: der Ort, an dem man Kinokarten kauft
- ✔ **die Theaterkasse** *(teaatakase)*: der Ort, an dem man Theaterkarten kauft
- ✔ **die Abendkasse** *(aabentkase)*: die Kinokasse oder Theaterkasse an dem Abend, an dem der Film/das Stück läuft
- ✔ **der Vorverkauf** *(foafakauf)*: die Karten ein paar Tage, Wochen oder Monate vorher kaufen

Gibt es eine Ermäßigung, zum Beispiel eine Studentenermäßigung, oder müssen Sie den vollen Preis bezahlen?

- ✔ **die Ermäßigung** *(ameesigung)*: man muss weniger bezahlen; **ermäßigt** *(ameesikt)*
- ✔ **die Studentenermäßigung** *(schtudentenameesigung)*: Studenten müssen weniger als die anderen bezahlen
- ✔ **der Kinotag** *(kiinootaak)*: alle müssen weniger bezahlen

10 ▸ Was machen wir heute Abend? Kultur und Stadtleben

Haben Sie noch eine Karte bekommen oder ist alles ausverkauft? **Ausverkauft** *(ausfakauft)* bedeutet, dass alle Karten verkauft sind, man keine Karte mehr kaufen kann.

Wo möchten Sie sitzen?

✔ **der Sitzplatz** *(zitsplats)*: Stuhl/Sessel im Kino oder Theater

✔ **der Saal** *(zaal)*: Raum, in dem ein Kinofilm/ein Theaterstück läuft

✔ **die Reihe** *(raie)*: mehrere Sitze nebeneinander

✔ **der Platz** *(plats)*: ein Sitz, ein Stuhl/Sessel

✔ **Reihe 5 Platz 20** *(raie fünf plats twantsich)*: Platz Nummer 20 in der fünften Reihe

Im Theater haben Sie oft noch mehr Wahlmöglichkeiten:

✔ **das Parkett** *(paaket)*: auf ebener Erde, unten

✔ **im Parkett sitzen** *(im paaket zitsen)*

✔ **der erste Rang** *(rang)*: weiter oben

✔ **der zweite Rang** *(rang)*: noch weiter oben

✔ **Von wo hat man die beste Sicht auf die Bühne?** *(fon woo hat man dii beste zicht auf dii büüne)*

Was brauchen Sie noch für eine gute Kinovorstellung? **Einmal mittleres Popcorn bitte.** *(ainmaal mitlares popkoan bite)*. **Einmal Eiskonfekt bitte** *(ainmal aiskonfekt bite)*. Und im Theater vielleicht: **Ein Programmheft bitte** *(ain programheft bite)*.

Über das Stück sprechen

Nach dem Theaterbesuch möchten Sie vielleicht noch irgendwo hingehen und über das Stück sprechen:

✔ **Sollen wir noch irgendwo hingehen?** *(zolen wia noxx iagentwoo hingeen)*

✔ **Sollen wir noch irgendwo etwas trinken gehen?** *(solen wia noxx irgentwoo etwas trinken geen)*

✔ **Wie hat dir die Vorstellung gefallen?** *(wii hat dia dii foaschtelung gefalen)*

✔ **Ich fand die Schauspielerin toll, die die Hauptrolle gespielt hat.** *(ich fand dii schauspiilarin tol dii dii hauptrole geschpiilt hat)*

✔ **Es war ein tolles Ensemble.** *(es waa ain toles ongsombel)*. Das Ensemble ist die Gruppe der Schauspieler.

✔ **Von welchem Regisseur war das Stück?** *(von welchem reschiseur waa das schtük)* Der Regisseur führt Regie, er leitet die Schauspieler an.

✔ **Ein tolles Bühnenbild.** *(ain toles büünenbilt)*. Das Bühnenbild ist die Kulisse und Einrichtung der Bühne.

- ✔ **Nach der Pause wurde es immer besser.** *(naaxx dea pauze wuade es ima besa)*. Die Pause ist die Unterbrechung im Theater, bei der man sich unterhalten und etwas trinken kann.

- ✔ **Es gab wirklich viel Beifall.** *(es gaap wiaklich fiil baifal)*. Beifall klatschen heißt auch der Applaus.

- ✔ **Ich mochte die Premierenstimmung.** *(ich moxxte dii premijerenschtimung)*. **Die Premiere** *(premijeere)* ist die erste Aufführung des Stückes.

Im Konzert oder auf einem Konzert

Mögen Sie klassische Musik oder lieber moderne Musik? Vielleicht ja auch beides. Wenn Sie klassische Musik mögen, gehen Sie vielleicht gern zu einem klassischen Konzert, in die Oper oder ins Ballett:

- ✔ **das klassische Konzert** *(klasische kontseat)*
- ✔ **klassische Musik** *(klasische muuziiik)*: Musik von Mozart oder Beethoven oder anderen Komponisten
- ✔ **die Oper** *(oopa)*: gesungenes Drama
- ✔ **das Ballett** *(balet)*: hier wird zu Musik getanzt
- ✔ **das Orchester** *(oakesta)*: alle Musiker und Instrumente zusammen
- ✔ **der Dirigent** *(dirigent)*: führt das Orchester an
- ✔ **die Geige** *(gaige)*: die Violine
- ✔ **der Kontrabass** *(kontrabas)*: großes Streichinstrument, der Musiker steht beim Spielen
- ✔ **das Klavier** *(klawiia)*: ein Instrument mit 88 schwarzen und weißen Tasten
- ✔ **der Pianist** *(pianist)*: ein Musiker, der Klavier spielt
- ✔ **der Chor** *(kooa)*: Gruppe von Sängern
- ✔ **die Sinfonie** *(zinfonii)*: zum Beispiel die Neunte Sinfonie von Beethoven »An die Freude«

Kommst du am Sonntag mit ins Konzert? Martin und Peter verabreden sich zu einem klassischen Konzert.

Martin: **Im Konzertsaal gibt es am übernächsten Sonntag ein klassisches Konzert. Hast du Lust mitzukommen?**

(im kontsaatzaal giipt es am übanechsten zontaak ain klasisches kontsaat / hast duu lust mittsuukomen)

Peter: **Was wird denn gespielt?**

(was wiat den geschpiilt)

Martin: **Klavierkonzert Nr. 19 in F-Dur von Mozart für Klavier und Orchester.**

(klawiiakontsaat numa nointseen in efduua fon mootsaat füa klawiia unt oakesta)

Peter: **Das klingt gut. Ich bin gerne dabei. Wo gibt es denn Karten im Vorverkauf?**

(das klingt guut / ich bin geane dabai / woo giipt es den kaaten im fooafakauf)

Der Auftritt

Ihre Lieblingsband tritt in der Nachbarstadt auf. Sie haben sich schon Monate vorher Karten im Vorverkauf besorgt und freuen sich auf das Konzert:

- ✔ **die Band** *(bent)*: Gruppe von Musikern
- ✔ **die Lieblingsband** *(liiplingsbent)*: Musikgruppe, die man am besten findet
- ✔ **die Tour** *(tuur)*: Auftritt der Band in verschiedenen Städten
- ✔ **die Tourdaten** *(tuurdaaten)*: Zeitplan der Tour, wann die Band in welcher Stadt auftritt
- ✔ **der Auftritt** *(auftritt)*: die Band kommt auf die Bühne und spielt
- ✔ **die Bühne** *(büüne)*: Ort, auf dem die Band spielt
- ✔ **die Absperrung** *(apschpearung)*: vor der Bühne, hier darf man nicht weitergehen
- ✔ **das Publikum** *(puuplikum)*: Menschen, die das Konzert hören
- ✔ **die Fans** *(fens)*: Menschen, die die Band und ihre Musik mögen
- ✔ **bekannt** *(bekant)*: viele Menschen kennen die Band
- ✔ **berühmt** *(berüümt)*: sehr viele Menschen kennen die Band
- ✔ **beliebt** *(beliipt)*: sehr viele Menschen mögen die Band
- ✔ **der Sänger** *(zänga)*: singt
- ✔ **das Mikrofon** *(miikrofoon)*: der Sänger singt in das Mikrofon in seiner Hand
- ✔ **der Lautsprecher** *(lautschprecha)*: hier kommt die Musik lauter heraus
- ✔ **der Gitarrist** *(giitaarist)*: spielt E-Gitarre
- ✔ **der Keyboarder** *(kiiboada)*: spielt Keyboard
- ✔ **der Schlagzeuger** *(schlaaktsouga)*: spielt Schlagzeug, Trommeln
- ✔ **die Zugabe** *(tsuugaabe)*: ein Musikstück, das die Band zusätzlich spielt

Track 35

Martin und Peter waren auf einem Konzert. Nun wollen sie noch etwas essen.

Martin: **Tolles Konzert!**

(toles kontseat)

Peter: **Ja, mir hat es auch sehr gut gefallen!**

(jaa / mia hat es auxx zeea guut gefalen)

Martin: **Danke, dass du Karten besorgt hast, wir hatten ja wirklich super Plätze!**

(danke das duu kaaten besoakt hast/wia haten jaa wiaklich zuupa pletse)

Peter: **Ja, gerne doch. Ich hatte Glück, dass ich noch welche so weit vorn bekommen konnte.**

(jaa/geane doch/ich hate glük das ich noxx welche zoo wait foan bekomen konte)

Martin: **Ein tolle Idee, Saxofon mit Chormusik zu kombinieren.**

(aine tole iidee zaksofoon mit kooamuziik tsuu kombiniiren)

Peter: **Finde ich auch. Es klang wirklich beeindruckend. Ich glaube, ich kaufe mir die CD.**

(finde ich auxx es klang wiaklich beaindrukent/ich glaube ich kaufe mia dii tsee dee)

Martin: **Wollen wir noch etwas essen gehen? Diesmal lade ich dich ein.**

(wolen wiia noxx etwas esen geen/diismaal laade ich dich ain)

Peter: **Gern. Ich habe jetzt einen Bärenhunger.**

(gean/ich haabe jetst ainen beerenhunga)

Wenn die Band oder ein anderer Künstler, zum Beispiel ein Komiker, nach dem Ende der Vorführung noch ein Stück spielen soll oder noch einen Sketch aufführen soll, ruft das Publikum laut und langsam **Zugabe, Zugabe** *(tsuu gaa be/tsuu gaa be)*.

Museen und Ausstellungen

Sie haben von einer interessanten Kunstausstellung im **Stadtmagazin** *(statmagatsiin)* gelesen:

✔ **das Stadtmagazin** *(statmagatsiin)*: ist eine Zeitschrift, enthält den Veranstaltungskalender und aktuelle Ausstellungen in einer Stadt

✔ **der Veranstaltungskalender** *(faanschtaltungskaalenda)*: listet die Termine von Veranstaltungen auf

✔ **die Veranstaltung** *(faanschtaltung)*: etwas, das stattfindet, zum Beispiel ein Konzert

✔ **die Ausstellung** *(ausschtelung)*: besondere Gegenstände werden gezeigt

✔ **die Ausstellungseröffnung** *(ausschtelungsaöfnung)*: der erste Tag der Ausstellung

✔ **die Sonderausstellung** *(zondaausschtelung)*: eine besondere Ausstellung in einem Museum, die nicht zu der normalen Ausstellung im Museum gehört und die nur für einige Zeit gezeigt wird

10 ➤ Was machen wir heute Abend? Kultur und Stadtleben

✔ **das Museum** *(muzeeum)*: Gebäude, in dem alte und besondere Gegenstände gezeigt werden

✔ **die Kunsthalle** *(kunsthale)*: ein Kunstmuseum

✔ **das Naturkundemuseum** *(natuuakundemuzeeum)*: zeigt Interessantes über Tiere und Pflanzen

✔ **das Freilichtmuseum** *(frailichtmuzeeum)*: Museum draußen, nicht in einem Gebäude

✔ **das Ausstellungsstück** *(ausschtelungsschtük)*, auch **das Exponat** *(eksponaat)*: Ding, das im Museum gezeigt wird

> Die Hauptstadt Berlin hat viele interessante Museen. Auf der offiziellen Homepage von Berlin www.berlin.de/museum/ werden die 20 meistbesuchten Museen Berlins vorgestellt. Die Münchener Museen sind auf der Homepage www.muenchen.de/sehenswuerdigkeiten/museen.html zu finden. Die Adresse für die Hamburger Museen lautet www.hamburg.de/museum-hamburg.

An einer Führung teilnehmen

Sie möchten an einer Führung durch die Ausstellung oder durch das Museum teilnehmen?

✔ **Wann findet eine Führung statt?** *(wan findet aine füürung schtat)*

✔ **Wann findet eine Führung durch die Sonderausstellung statt?** *(wan findet aine füürung duach dii zondaausschtelung schtat)*

✔ **Gibt es eine Führung durch die Ausstellung »Kleine Exponate«?** *(giipt es aine füürung duach dii auschtelung klaine eksponaate)*

✔ **Gibt es auch eine Führung auf Englisch?** *(giipt es auxx aine füürung auf englisch)*

✔ **In welchen Sprachen wird die Führung angeboten?** *(in welchen schpraaxxen wiat dii füürung angebooten)*

Oder Sie lassen sich nicht von einem Menschen, sondern von einem Buch oder einem Audioguide durch die Ausstellung leiten:

✔ **der Museumsführer** *(muzeeumsfüüra)*: ein Buch, das über die Exponate erzählt

✔ **der Audioguide** *(odioogait)*: ein Gerät mit Kopfhörern, das über die Exponate erzählt

✔ **Haben Sie auch einen Museumsführer auf Spanisch?** *(haaben zii auxx ainen muzeeumsfüara auf schpaanisch)*

Sehenswürdigkeiten erkunden

In diesem Abschnitt finden Sie nützliche Sätze, um sich bei der Touristeninformation zu erkundigen, einen Grundwortschatz zum Thema »Bauwerke und Architektur« sowie Fragen, die Sie möglicherweise bei einem Stadtrundgang stellen wollen.

Bei der Touristeninformation

Bei der Touristeninformation erfahren Sie alles über die berühmten und nicht so berühmten Sehenswürdigkeiten einer Stadt, außerdem über Museen und Veranstaltungen. **Die Sehenswürdigkeit** *(zeeenswüadichkait)* ist etwas, das berühmt, besonders oder spektakulär ist.

- ✔ **Welche Sehenswürdigkeiten gibt es in Köln?** *(welche zeenswüadichkaiten gipt es in köln)*
- ✔ **Ich bin drei Tage hier, was ist besonders interessant?** *(ich bin drai taage hia / was ist bezondas interesant)*
- ✔ **Ich interessiere mich für moderne Architektur, was ist da besonders interessant?** *(ich interesiire mich füa modeane architektua / was ist daa bezondas interesant)*
- ✔ **Gibt es einen Stadtrundgang oder eine Stadtrundfahrt?** *(giipt es ainen schtatrundgang ooda aine stattrundfaat)*
- ✔ **Gibt es so etwas wie eine KölnCard?** *(giipt es so etwas wie aine kölnkaat)*

KölnCard, Leipzig Card, Hamburg CARD, Berlin Welcome Card ... das Card-Konzept wird von vielen Touristeninformationen angeboten. Es kombiniert Ermäßigungen für Museen und eine Karte für den öffentlichen Nahverkehr (Bus, Straßenbahn).

- ✔ **Was kostet eine KölnCard für eine Gruppe für zwei Tage?** *(was kostet aine kölnkaat füa aine grupe füa tswai taage)*
- ✔ **Welche Museen gibt es?** *(welche muzeen giipt es)*
- ✔ **Welche interessanten Veranstaltungen finden diese Woche statt?** *(welche interesanten faanschtaltungen finden diize woxxe stat)*
- ✔ **Welche Ausflüge in die Umgebung lohnen sich?** *(welche ausflüüge in dii umgeebung loonen zich)* **Der Ausflug** *(ausfluuk)* bedeutet Tagesreise oder die Fahrt mit Rückreise am gleichen Tag. **Die Umgebung** *(umgeebung)* bezeichnet etwas in der Nähe. »Es lohnt sich« bedeutet, dass man etwas Interessantes sehen kann.
- ✔ **Ich hätte gerne einen Stadtplan.** *(ich hete geane ainen statplaan)* **Der Stadtplan** *(statplaan)* ist eine Karte von der Stadt mit Straßen und wichtigen Gebäuden.
- ✔ **Haben Sie einen Stadtplan, auf dem die Sehenswürdigkeiten verzeichnet sind?** *(haaben zii ainen statplaan auf deem dii zeenswüadigkaiten fazaichnet zind)*
- ✔ **Haben Sie einen Reiseführer über Köln und Umgebung?** *(haaben zii ainen raizefüra üba köln unt umgeebung)*
- ✔ **Wo ist die Natur hier besonders schön?** *(woo ist dii natuua hia bezondas schöön)*
- ✔ **Wo kann man sich hier gut erholen?** *(woo kann man zich hia guut ahoolen)*

10 ▸ Was machen wir heute Abend? Kultur und Stadtleben

Hochhaus, Turm und Brücke: Bauwerke

Ein Stadtrundgang, allein oder mit Reiseführer, ist eine gute Gelegenheit, sich den Wortschatz »Bauwerke« anzueignen oder zu erweitern. Hier finden Sie den allerersten Grundwortschatz zum Thema:

Abbildung 10.1: Es gibt viele verschiedene Bauwerke.

- ✔ **das Bauwerk** *(bauweak)*: wurde von Menschen gebaut
- ✔ **das Gebäude** *(geboude)*: hat Räume, kann betreten werden
- ✔ **das Hochhaus** *(hooxxhaus)*
- ✔ **die Burg** *(buak)*
- ✔ **das Tor** *(toa)*
- ✔ **der Turm** *(tuam)*

- ✔ **der Leuchtturm** *(louchttuam)*
- ✔ **der Kirchturm** *(kiachtuam)*
- ✔ **die Kirche** *(kiache)*
- ✔ **die Brücke** *(brüke)*
- ✔ **das Denkmal** *(denkmaal)*
- ✔ **der Brunnen** *(brunen)*

Beim Stadtrundgang

Manche sagen Stadtführung, manche sagen Stadtrundgang: **die Stadtführung** *(schtatfüürung)*, **der Stadtrundgang** *(schtatrundgang)*. Wichtig ist nur, ob es zu Fuß geht oder ob ein Bus fährt: **Der Stadtrundgang** *(schtatrundgang)* bedeutet, dass die Besichtigung zu Fuß ist. **Die Stadtrundfahrt** *(schtatrundfaat)* bedeutet, dass die Besucher mit dem Bus fahren.

Hier ein paar Fragen, die Sie vielleicht stellen wollen, bevor Sie einen Stadtrundgang buchen:

- ✔ **Wo ist der Treffpunkt für die Stadtrundfahrt?** *(woo ist dea trefpunkt füa dii schtatrundfaat)*. **Der Treffpunkt** *(trefpunkt)* ist der Startpunkt.
- ✔ **Wie lange dauert der Stadtrundgang?** *(wii lange dauat dea schtatrundgang)*
- ✔ **Gibt es auch Stadtführungen auf Englisch?** *(giipt es auxx schtatfüürungen auf englisch)*
- ✔ **Gibt es Stadtführungen mit besonderen Themen?** *(giipt es schtatfüürungen mit bezonderen teemen)*

In vielen Städten werden Stadtführungen zu besonderen Themen angeboten, in Hamburg beispielsweise »Hamburg im Mittelalter« oder »Der Hafen«. Suchen Sie danach einfach im Internet unter den Suchbegriffen »thematische Stadtführungen« und »(Name der Stadt)«.

Kleiner Wortschatz: Während des Stadtrundgangs

Für die Vorbereitung auf einen Stadtrundgang kann dieser Wortschatz nützlich sein:

- ✔ **die Altstadt** *(altschtat)*: der älteste Teil der Stadt
- ✔ **der Höhepunkt** *(hööjepunkt)*: der beste Teil des Stadtrundgangs, die interessanteste Sehenswürdigkeit
- ✔ **die Aussicht** *(auszicht)*: die Sicht von weiter oben
- ✔ **das Baujah**r *(baujaa)*: Jahr, in dem etwas gebaut wurde
- ✔ **der ursprüngliche Zustand** *(uaschprüngliche tsuuschtant)*: der Originalzustand, so wie ein Gebäude am Anfang aussah
- ✔ **die Legende** *(legende)*: was man sich früher erzählt hat, zum Beispiel über ein Gebäude
- ✔ **das historische Ereignis** *(histoorische eraiknis)*: ein Tag in der Geschichte, an dem etwas Besonderes passiert ist
- ✔ **die berühmte Persönlichkeit** *(berüümte pazöönlichkait)*: eine bekannte Person

Einladungen annehmen

Hier finden Sie Vorlagen für eine Einladungskarte oder einen Einladungsbrief. **Die Einladungskarte** *(ainlaadungskaate)* ist eine Einladung im Postkartenformat. Die einfachste Form ist natürlich die ganz kurze Einladung: **Lieber …/liebe … Ich möchte Dich/Euch/Sie gern zu … einladen:**

- ✔ zu meinem Geburtstag
- ✔ zum Abendessen
- ✔ zu einer Gartenparty
- ✔ zu einer Grillparty
- ✔ zu unserer Hochzeit

Ort : (Adresse)

Am :

Um:

Ich würde mich freuen, wenn Du kommst/Ihr kommt/Sie kommen

Viele Grüße

Eine Einladung zum Geburtstag

Liebe Karin, lieber Peter,

wie Ihr wisst, werde ich am Samstag (3.9.) 35 Jahre alt. Daher möchte ich Euch gerne zu mir ab 20 Uhr zum Abendessen einladen. Bitte sagt mir Bescheid, ob Ihr kommen könnt.

Herzliche Grüße

Euer Markus

Liebe Anna, lieber Georg,

am Freitag, den 17.6., ab 17 Uhr wollen wir bei uns eine Gartenparty feiern und grillen. Wir sorgen für das Essen und würden uns freuen, wenn Ihr etwas zu trinken mitbringen könntet. Dann hoffentlich bis Freitag!

Viele Grüße

Michaela und Klaus

Am/um/ab/von ... bis

- **am** 24.5.2016
- **um** 20 Uhr: das Ende ist offen
- **ab** 16 Uhr: der Anfang ist ungefähr, das Ende ist offen
- **von** 15 **bis** 18 Uhr

Vielleicht möchten Sie aber auch etwas mehr schreiben, wie zum Beispiel in dieser Geburtstagseinladung?

Um Antwort wird gebeten

Die Aufforderung **Um Antwort wird gebeten** ist recht förmlich. Einfacher geht's mit:

- **Bitte sagt mir (Bescheid), ob Ihr kommen könnt.**
- **Ich würde mich freuen, wenn Du kommst! Bitte sag mir Bescheid.**
- **Bitte sagt mir bis zum 2.3. Bescheid, ob Ihr kommen könnt.**

Die Antwort auf eine Einladung

Liebe Vera,

ich habe mich sehr über Deine Einladung gefreut! Ich komme gern. Bis Samstag!

Gabi

Oder so, wenn es leider nicht klappt:

Liebe Vera,

ich habe mich sehr über Deine Einladung gefreut! Leider kann ich aber nicht kommen, weil ich für eine Woche in den Urlaub fahre. Es tut mir sehr leid. Vielleicht können wir nachfeiern, wenn ich wieder da bin?

Viele Grüße

Gabi

Nach dem Weg fragen

11

In diesem Kapitel

▶ Verben der Fortbewegung
▶ Wortschatz erweitern: unterschiedliche Verben
▶ Nach dem Weg fragen und Wegbeschreibungen verstehen
▶ Richtungen und Entfernungen angeben sowie Zeitangaben machen
▶ Eine schriftliche Wegbeschreibung verfassen

In einem anderen Stadtteil oder auf Reisen: Auch wenn Sie einen Stadtplan oder ein Navigationssystem dabeihaben, müssen Sie vielleicht nach dem Weg fragen, um dorthin zu gelangen, wohin Sie wollen. Dazu sind die Wörter für die Richtungen (links, rechts, geradeaus) wichtig, wie auch anderer Wortschatz, der der Wegbeschreibung dient, wie »dort entlang« oder »weiter hinten«. Mit diesem Wortschatz beschäftigt sich dieses Kapitel. Sie lernen darüber hinaus verschiedene Möglichkeiten kennen, nach dem Weg zu fragen und wichtige Details in Wegbeschreibungen besser zu verstehen. Ein weiterer Abschnitt beschäftigt sich mit Entfernungsangaben (Wie weit ist es nach …?) und Zeitangaben (Wie lange dauert es?). Wenn Sie Besuch bekommen, möchten Sie dem vielleicht eine schriftliche Wegbeschreibung zu Ihrer Wohnung mitgeben. Ein Beispiel dafür finden Sie im letzten Abschnitt dieses Kapitels.

Sie lernen außerdem viele neue Verben kennen und erweitern Ihren Wortschatz diesmal von dieser Seite her. Schließlich ist in diesem Kapitel noch eine ganze Menge Grammatik versteckt, und zwar: Präpositionen, Vergangenheitsbildung mit (»haben« und) »sein« und die Adjektivsteigerung.

In Bewegung bleiben: Verben der Fortbewegung

Man kann auf verschiedene Arten vorankommen. Daher gibt es auch viele Wörter dafür.

Kommen und gehen

Ein wichtiges Verbpaar ist **gehen** *(geen)* und **kommen** *(komen)*:

✔ **Wohin geh**st du? *(woohin geest duu)* Ich gehe **in** die Stadt. Dort will ich mir einen Pullover kaufen. *(ich geee in dii schtat / doat will ich mia ainen pulowa kaufen)*

✔ **Woher komm**st du? *(woohea komst duu)* Ich komme **aus** der Stadt. Dort war es schön. *(ich kome aus dea schtat / doat waa es schöön)*

Mit dem Fragewort **wohin** erfahren Sie, in welche Richtung jemand gehen möchte: in die Stadt (Akkusativ). Das Fragewort **woher** bezeichnet die Richtung, aus der jemand kommt: aus der Stadt (Dativ).

»Kommen und Gehen« ist ein Ausdruck, der die Bedeutung »große Aktivität« vermittelt: Auf der Party war viel los. Es war ein ständiges **Kommen und Gehen** *(komen und geen)*.

Sich begeben und gelangen

Andere Wörter für **kommen** und **gehen** sind **gelangen** und **sich begeben**. Alle vier Verben kommen in Wegbeschreibungen vor:

✔ **Begeben Sie sich zum Bahnhof.** *(begeeben zii zich tsum baanhoof)* bedeutet: **Gehen Sie zum Bahnhof.** *(geen zii tsum baanhoof)*

✔ **Sie gelangen an eine Brücke.** *(zii gelangen an aine brüke)* bedeutet: **Sie kommen an eine Brücke.** *(zii komen an aine brüke)*

Angelaufen kommen

Das Verb **kommen** kann man mit einem weiteren Bewegungsverb verbinden:

✔ **laufen** + **kommen** wird zu **angelaufen kommen** *(angelaufen komen)*

✔ **rennen** + **kommen** wird zu **angerannt kommen** *(angerant komen)*

✔ **radeln** + **kommen** wird zu **angeradelt kommen** *(angeradelt komen)*

Arten der Fortbewegung

Schnell oder langsam, mit einem Fahrzeug oder zu Fuß? Hier finden Sie das passende Verb:

✔ **schnell** *(schnel)*
- **laufen** *(laufen)*: **Ich bin heute drei Kilometer gelaufen.** *(ich bin hoite drai kiiloomeeta gelaufen)*
- **rennen** *(rennen)*: **Ich war zu spät und bin die letzten Meter zur Schule gerannt.** *(ich waa tsuu schpäät unt bin dii letsten meeta tsua schuule gerant)*
- **flitzen** *(flitsen)*: **Sie flitzte mit ihrem neuen Rennrad um die Ecke.** *(zii flitste mit iirem noien renraat um dii eke)*
- **sausen** *(zauzen)*: **Das Kind sauste wie der Wind zum Eisladen.** *(das kint zauste wii dea wint tsum aislaaden)*
- **hasten** *(hasten)*: **Die Frau hastete eilig die Straße entlang.** *(dii frau hastete ailich dii schtraase entlang)*
- **eilen** *(ailen)*: **Der Mann eilte zum Gleis, um den Zug noch zu erwischen.** *(dea man ailte tsum glais um deen tsuuk noxx tsuu awischen)*
- **hetzen** *(hetsen)*: **Wir haben Zeit. Wir müssen nicht hetzen.** *(wia haaben tsait / wia müsen nicht hetsen)*

✔ **langsam** *(langzam)*
- **spazieren gehen** *(schpatsiiren geen)*: **Ich gehe im Park spazieren.** *(ich geee im paak schpatsiiren)*

11 ▶ Nach dem Weg fragen

- **bummeln** *(bumeln)*: **Wollen wir ein bisschen in der Stadt bummeln und uns die Schaufenster ansehen?** *(wollen wia ain bischen in dea schtat bumeln unt uns dii schaufensta anzeen)*
- **schlendern** *(schlendan)*: **Sie schlenderten langsam die Strandpromenade entlang.** *(zii schlendaten langzam dii schtrantproomenaade entlang)*
- **trödeln** *(tröödeln)*: **Trödel doch nicht so! Wir müssen pünktlich ankommen!** *(tröödel doxx nicht zoo/wia müsen pünktlich ankomen)*
- **schleichen** *(schlaichen)*: **Die Katze schlich sich langsam an die Maus heran.** *(dii katse schlich zich langzam an dii maus heran)*
- **schlurfen** *(schlurfen)*: **Schlurf doch nicht so! Heb die Füße richtig vom Boden ab!** *(schluaf doxx nich zoo/heep dii füüse richtich fom booden ap)*

✔ **sportlich** *(schpoatlich)*

- **wandern** *(wandan)*: **Wir wandern im Gebirge.** *(wia wandan im gebiage)*
- **walken** *(woaken)*: **Ich war heute mit meinen neuen Stöcken walken.** *(ich waa hoite mit mainen noien schtöken woaken)*
- **sprinten** *(schprinten)*: **Er sprintete die 100 Meter in Rekordzeit.** *(ea schprintete dii hundat meeta in rekoattsait)*
- **joggen** *(dschogen)*: **Auf dem Trimm-dich-Pfad im Wald kann man gemütlich joggen.** *(auf deem trimdichfaat im walt kann man gemüütlich dschogen)*
- **radeln** *(raadeln)*: **Auf Feldwegen kann man gemütlich radeln.** *(auf feltweegen kann man gemüütlich raadeln)*
- **schwimmen** *(schwimen)*: **Ich schwimme am liebsten im Meer.** *(ich schwime am liipsten im meea)*

✔ **sich bewegen wie Tiere**

- **hüpfen** *(hüpfen)*: **Sie hüpfte fröhlich vor Freude. Hasen und Kängurus hüpfen.** *(zii hüpfte frööliich foa froide) (haazen unt känguruus hüpfen)*
- **kriechen** *(kriichen)*: **Sie kroch unter das Sofa, um die verlorene Murmel zu finden. Schlangen kriechen.** *(zii kroxx unta das zoofa um dii faloorene muamel tsu finden/ schlangen kriichen)*
- **trampeln** *(trampeln)*: **Die Spaziergänger sind den Weg entlanggetrampelt wie die Elefanten und haben das ganze Gras zertreten.** *(dii schptsiiagenga zint deen week entlang-getrampelt wii dii elefanten unt haaben das gantse graas tsatreeten)*

✔ **etwas ist im Weg**

- **stolpern** *(schtolpan)*: **Er stolperte über einen Ast, der im Weg lag.** *(ea schtolpate üba ainen ast dea im week laak)*
- **waten** *(waaten)*: **Sie watete durch die große Wasserpfütze.** *(zii waatete duach dii groose wasafütse)*

- **springen** *(schpringen)*: **Sie sprang über die kleine Mauer.** *(zii schprang üba dii klaine maua)*
- **klettern** *(kletan)*: **Sie kletterte über den Zaun.** *(zii kletate üba deen tsaun)*
- **rutschen** *(rutschen)*: **Das Eis war so glatt, dass er mehr rutschte als ging.** *(das ais waa zoo glat das ea meea rutschte als ging)*

✔ **mit Fahrzeugen fahren**

- **mit dem Auto fahren** *(mit deem auto faan)*
- **mit dem Fahrrad fahren** *(mit deem faaraat faan)*
- **mit dem Bus fahren** *(mit dem bus faan)*
- **mit der U-Bahn fahren** *(mit dea uubaan faan)*
- **mit der Straßenbahn fahren** *(mit dea straasenbaan faan)*
- **mit dem Schiff fahren** *(mit deem schif faan)*
- **mit dem Flugzeug fliegen** *(mit deem fluuktseuk fliigen)*
- **zu Fuß gehen** *(tsuu fuus geen)*

Vorangehen, weitergehen, weggehen

In Kapitel 2 lernen Sie, wie aus einem Grundverb viele neue Verben entstehen können. Das funktioniert auch mit dem Verb **gehen** sehr gut:

✔ **vor + gehen: vorgehen** *(foageen)*: Ich gehe schon mal vor, kommst du gleich nach?

✔ **voran + gehen: vorangehen** *(forangeen)*: Dem Karnevalsumzug voran ging ein Mann, der ein weißes Pferd führte.

✔ **los + gehen: losgehen** *(losgeen)*: Um acht Uhr wollen wir hier losgehen.

✔ **weiter + gehen: weitergehen** *(waitageen)* Jetzt haben wir lange genug angehalten. Ich möchte weitergehen.

✔ **vorbei + gehen: vorbeigehen** *(fobaigeen)* War das Sandra, die da eben an uns vorbeigegangen ist?

✔ **mit + gehen: mitgehen** *(mitgeen)*: Enno geht ins Kino. Willst du mit ihm mitgehen?

✔ **weg + gehen: weggehen** *(wekgeen)*: Du kannst doch nicht einfach von der Party weggehen, ohne wenigstens Tschüss zu sagen!

✔ **zurück + gehen: zurückgehen** *(tsurükgeen)*: Lass uns noch mal den Weg zurückgehen und schauen, ob wir das Portemonnaie finden, das du verloren hast.

✔ **auf und ab + gehen: auf und ab gehen** *(auf unt ap geen)*: Nervös ging sie vor der Tür auf und ab. Gleich sollte die Prüfung beginnen.

11 ▶ Nach dem Weg fragen

Hier sind zwei interessante Variationen mit dem Verb »gehen«: Wenn man mit einem Hund spazieren geht, sagt man dazu **Gassi gehen** *(gasi geen)*. Wenn man sich in der Stadt einige Dinge anschauen möchte, kann man **bummeln gehen** *(bumeln geen)* sagen.

Die Vergangenheitsform mit »sein« bilden

Es ist so wichtig, die Verben der Fortbewegung zu kennen, weil sie eine grammatische Besonderheit haben: Sie bilden ihre Vergangenheitsform (Perfektform) nicht mit **haben**, sondern mit **sein**.

- ✔ Ich esse ein Eis. Ich **habe** ein Eis gegessen. (kein Verb der Fortbewegung)
- ✔ Ich singe ein Lied. Ich **habe** ein Lied gesungen. (kein Verb der Fortbewegung)
- ✔ Ich gehe zum Bäcker. Ich **bin** zum Bäcker gegangen. (Verb der Fortbewegung)
- ✔ Ich fahre nach Stuttgart. Ich **bin** nach Stuttgart gefahren. (Verb der Fortbewegung)

Mehr zur Vergangenheitsbildung mit »haben« und »sein« finden Sie im Anhang.

Neue Verben lernen

Mit einem Synonymwörterbuch können Sie immer wieder neue Verben lernen. Schlagen Sie ein Verb nach und schauen Sie, was man noch alles sagen kann: **Das Synonym** *(sünonüüm)* bedeutet ein Wort mit ähnlicher Bedeutung. Nehmen wir das Wort **sprechen**:

- ✔ **flüstern** *(flüstan)*: leise sprechen
- ✔ **schreien** *(schraijen)*: laut sprechen
- ✔ **sich unterhalten** *(zich untahalten)*: miteinander sprechen
- ✔ **krächzen** *(krechtsen)*: heiser, mit einer Erkältung, sprechen
- ✔ **nuscheln** *(nuscheln)*: undeutlich sprechen

Wo geht's hier zum Bahnhof? Nach dem Weg fragen

Was suchen Sie? Wohin wollen Sie? In diesem Abschnitt lernen Sie, nach dem Weg zu fragen. So können Sie das Gespräch beginnen:

- ✔ **Entschuldigung. Kennen Sie sich hier in der Gegend aus?** *(entschuldigung/kenen zii zich hia in dea geegent aus)* **Die Gegend** *(geegent)* bedeutet hier in der Nähe, der Umkreis.

Sie erhalten dann entweder die Antwort:

- ✔ **Ja. Wo wollen Sie denn hin?** *(jaa / woo wolen zii den hin)*

oder:

- ✔ **Nein, tut mir leid. Ich bin nicht von hier.** *(nain tuut mia lait/ich bin nicht fon hia)*
- ✔ **Nein, tut mir leid. Ich kenne mich nicht aus.** *(nain tuut mia lait/ich kene mich nicht aus)*

Wo ist …?

Die erste Frage ist die Frage nach dem Wo. Wo bin ich? Wo will ich hin? Wo ist der Bahnhof? Darauf folgt die zweite Frage: Wie komme ich dorthin?

Wo bin ich?

Wenn Sie in der Stadt einen **Informationskasten** (gekennzeichnet durch ein großes **I**) sehen, enthält der meistens einen **Stadtplan**. Oft ist der aktuelle Standort durch einen **roten Punkt** angezeigt und dort steht: **Sie sind hier** oder **Sie befinden sich hier**.

✔ **Der Informationskasten** *(infoamatjoonskasten)* ist ein Kasten mit einem Stadtplan oder anderen Informationen.

✔ **Der Stadtplan** *(schtatplan)* ist eine Karte von der Stadt, auf der die Straßen, Wege und Gebäude zu sehen sind.

Was ist der Unterschied zwischen einem Stadtplan und einer Landkarte? Ein **Stadtplan** *(schtatplan)* ist eine Karte von der Stadt, auf der die Straßen, Wege und Gebäude zu sehen sind. Eine **Landkarte** *(lantkarte)* ist eine Karte der weiteren Umgebung mit Flüssen, Bergen und Wanderwegen.

Vielleicht haben Sie auch einen Stadtplan dabei. Dann können Sie fragen:

✔ **Wo bin ich jetzt auf diesem Stadtplan?** *(woo bin ich jetzt auf diizem schtatplaan)*

Und bekommen dann die Antwort:

✔ **Sie sind hier.** *(zii sint hia)*

✔ **Sie sind hier, in der …straße.** *(zii sint hia in dea …straase)*

✔ **Sie sind hier, vor dem Opernhaus.** *(zii sint hia foa deem oopanhaus)*

Wie heißt diese Straße?

Sie können auch nach dem Straßennamen fragen: Wie heißt diese Straße? *(wii haist diize schtraase)*

Übliche **Straßennamen** enden auf:

✔ **-straße** *(schtraase)*

✔ **-weg** *(week)* ist kleiner als eine Straße

✔ **-allee** *(alee)* mit Bäumen auf beiden Seiten

✔ **-ring** *(ring)* ist eine kreisförmige Straße

Straßennamen um einen (viereckigen) **Platz** herum enden oft auf **-platz** *(plats)*.

11 ➤ Nach dem Weg fragen

Orientierung an Hausnummern

Die geraden Hausnummern sind meist auf der einen, die ungeraden Hausnummern auf der anderen Straßenseite zu finden. Oft beginnt die Nummerierung im Stadtzentrum und die Zahlen werden vom Stadtzentrum weg höher.

- ✔ **die Hausnummer** *(hausnuma)* ist die Zahl am Haus
- ✔ **die Nummerierung** *(numariirung)* sind fortlaufende Zahlen
- ✔ **das Stadtzentrum** *(schtattsentrum)* ist die Stadtmitte
- ✔ **eine höhere Zahl** *(hööere tsaal)*: 25 ist eine höhere Zahl als 23
- ✔ **eine niedrigere Zahl** *(niidrigere tsaal)*: 23 ist eine niedrigere Zahl als 25
- ✔ **eine gerade Zahl** *(geraade tsaal)*: 2, 4, 6, 8, und so weiter sind gerade Zahlen
- ✔ **eine ungerade Zahl** *(ungeraade tsaal)*: 1, 3, 5, 7 und so weiter sind ungerade Zahlen

Wo ist das Stadtzentrum?

Von wichtigen Punkten findet man überall hin.

- ✔ **Wo ist das Stadtzentrum** *(schtattsentrum)*? **Wo ist die Innenstadt** *(inenschtat)*?
- ✔ **Wo ist der Bahnhof?** *(baanhoof)*: für Züge, die Bahn, die Fernbahn
- ✔ **Wo ist der Busbahnhof?** *(busbaanhoof)*: für Fernbusse; das sind Busse, die in eine andere Stadt fahren
- ✔ **Wo ist der Flughafen?** *(fluukhaafen)*: für Flugzeuge
- ✔ **Wo ist der Hafen?** *(haafen)*: für Schiffe

Wo ist die nächste Haltestelle?

Und von jeder Haltestelle kann man in ein Verkehrsmittel einsteigen.

- ✔ **die Haltestelle** *(halteschtele)* ist der Ort, an dem ein Bus, die U-Bahn oder eine Straßenbahn hält
- ✔ **die nächste Haltestelle** *(dii neechste halteschtele)* ist die Haltestelle, die in der Nähe ist
- ✔ **Wo ist die nächste Bushaltestelle?** *(woo ist dii neechste bushalteschtele)*
- ✔ **Wo ist die nächste U-Bahn-Station?** *(woo ist dii neechste uubaanschtatsijoon)*
- ✔ **Wo ist die nächste Straßenbahnhaltestelle?** *(woo ist dii neechste schtraasenbaanhalteschtele)*
- ✔ **Wo ist der nächste Taxistand?** *(woo ist der neechste taksischtant)*

Wenn Sie einen virtuellen Stadtplan suchen und kein GPS-Gerät oder Smartphone mit Navigationssystem dabeihaben:

- ✔ **Wo ist das nächste Internetcafé?** *(woo ist das neechste intanetkafee)*
- ✔ **Wo ist der nächste WLAN-Hotspot?** *(woo ist dea neechste wee laan hotspot)*

Orientierung an Gebäuden

In Kapitel 1 und in Kapitel 10 lernen Sie Namen für Gebäude und Bauwerke kennen. Natürlich können Sie diese auch zur Orientierung einsetzen.

- ✔ **Wo ist die Post?** *(post)*
- ✔ **Wo ist die Kirche?** *(kiache)*
- ✔ **Wo ist das Rathaus?** *(raathaus)*
- ✔ **Wo ist die große Brücke?** *(dii groose brüke)*

Vor, hinter, neben: Ortspräpositionen

Zur Orientierung nutzt natürlich auch, was neben, vor oder hinter den Gebäuden ist.

- ✔ **neben der Post** *(neeben dea post)*
- ✔ **vor der Post** *(foa dea post)*
- ✔ **direkt vor der Post** *(diirekt foa dea post)*
- ✔ **hinter der Post** *(hinta dea post)*

Abbildung 11.1: Mit Präpositionen kann man viel ausdrücken.

11 ➤ Nach dem Weg fragen

- ✔ **gegenüber der Post** *(gegenüüba dea post)*
- ✔ **zwischen der Post und dem Rathaus** *(tswischen dea post unt deem raathaus)*
- ✔ **auf der Brücke** *(auf dea brüke)*
- ✔ **unter der Brücke** *(unta dea brüke)*
- ✔ **in der Nähe der Brücke** *(in dea neee dea brüke)*
- ✔ **auf dem Weg zur Kirche** *(auf deem week tsua kiache)*

Ortpräpositionen und Dativ

Nach den Ortspräpositionen folgt der Dativ:

- ✔ der Bahnhof → vor **dem** Bahnhof
- ✔ die Bücherei → vor **der** Bücherei
- ✔ das Rathaus → vor **dem** Rathaus

Mehr zum Dativ finden Sie im Anhang.

Sich am Stadtplan orientieren

Wenn Sie sich am Stadtplan orientieren, können Sie sehen, welche Straßen parallel verlaufen und welche Straßen quer verlaufen: Die Straßen verlaufen **parallel** *(paralel)*: Sie laufen nebeneinander. Die Straße verläuft **quer** *(kveer)*: Sie läuft schräg.

Das Wort **Karte** *(kaate)* hat drei Bedeutungen. Eine **Landkarte** bildet die Landschaft ab, hier bedeutet »Karte« also »Zeichnung von den Wegen und Gebäuden in einer Stadt oder einer Landschaft«. Eine **Postkarte** kann man mit der Post verschicken und mit einer **Geldkarte** Geld von der Bank abheben.

Wegbeschreibung

Nachdem die Frage nach dem Wo (Wo ist …?) geklärt ist, ist die nächste Frage: Wie komme ich dorthin, wo ich hinwill?

Wie komme ich am besten …?

- ✔ **Wie komme ich am besten zum Deutschen Museum?** *(wii kome ich am besten tsum doitschen muzeeum)* Was ist der beste Weg?
- ✔ **Wie komme ich am schnellsten zum Deutschen Museum?** *(wii kome ich am schnelsten tsum dotischen muzeeum)* Was ist der schnellste Weg?
- ✔ **Wie komme ich am günstigsten zum Deutschen Museum?** *(wii kome ich am günstiksten tsum dotischen muzeeum)* Was ist der beste Weg?

Steigerung der Adjektive

Die Steigerung der Adjektive beschreibe ich in Kapitel 6. Auch hier benutzen Sie die Superlativform der Adjektive. Eine Übersicht zur Steigerung von Adjektiven finden Sie auch im Anhang.

- ✔ gut, besser, am besten
- ✔ schnell, schneller, am schnellsten
- ✔ günstig, günstiger, am günstigsten

Hier, dort, dahin, dorthin

Ich bin **hier** *(hia)* und du bist **dort** *(doat)*.

Ich bin hier. Komm **her**. bedeutet Komm **hierhin**.

Du bist dort. Um zu dir zu kommen, gehe ich **dahin** *(dahin)*, wo du bist, also **dorthin** *(doathin)*, oder du kommst **hierhin** *(hiahin)*, wo ich bin.

Ich gehe zu dir. Also **dahin**, wo du bist, **dorthin**.

Lesen Sie den folgenden kurzen Dialog.

- ✔ **Wie komme ich zur Bank?** *(wii kome ich tsua bank)*
- ✔ **Sehen Sie den Baum dort? Dort gehen Sie hin. Von dort sehen Sie die Bank schon.** *(zeeen zii denn baum doat/Doat geen zii hin/von doat zeen zii die bank schoon)*

Richtungen und Himmelsrichtungen

Wenn sich zwei Straßen kreuzen, entsteht eine **Kreuzung** *(kroitsung)*. Manche Kreuzungen haben **Ampeln** *(ampeln)*. An einer Kreuzung haben Sie folgende Möglichkeiten:

- ✔ Sie gehen nach **links** *(links)*.
- ✔ Sie gehen nach **rechts** *(rechts)*.
- ✔ Sie gehen **geradeaus** *(graadeaus)*, das bedeutet vorwärts.

Sie können sich auch an den **Himmelsrichtungen** *(himelsrichtungen)* orientieren. Dann gehen Sie entweder

- ✔ **nach Norden** *(noaden)*,
- ✔ **nach Süden** *(züüden)*,
- ✔ **nach Osten** *(osten)* oder
- ✔ **nach Westen** *(westen)*.

11 ➤ Nach dem Weg fragen

Die zweite Straße links abbiegen

In diesem Abschnitt finden Sie Anweisungen, die Sie vielleicht als Antwort hören werden, wenn Sie nach dem Weg fragen.

- ✔ **Gehen Sie diese Straße weiter.** *(geen zii diese straase waita)* Folgen Sie der Straße, dem Straßenverlauf. **Gehen Sie an der Bäckerei vorbei.** *(geen zii an der bekerai fobai)* Sie sehen eine Bäckerei, gehen aber weiter. **An der Ecke biegen Sie ab.** *(an dea eke biigen zii ap)* Gehen Sie um die Ecke. **Die Ecke** *(eke)*: Hier stehen zwei Straßen in einem Winkel aneinander.
- ✔ **Biegen Sie an der zweiten Straße nach links ab.** *(biigen zii an dea tswaiten schtraase naxx links ap)*
- ✔ **Biegen Sie an der dritten Ampel nach rechts ab.** *(biigen zii an dea driten ampel naxx rechts ap)*
- ✔ **die zweite Straße, die dritte Ampel**: Zählen Sie die Straßen oder Ampeln, an denen Sie vorbeikommen.
- ✔ **die erste** *(easte)*
- ✔ **die zweite** *(tswaite)*
- ✔ **die dritte** *(drite)*
- ✔ **die vierte** *(fiate)*
- ✔ **die fünfte** *(fünfte)*

Gehen Sie diese Straße hinauf. *(geen zii diize schtraase hinauf)* Eine Straße mit Anstieg, Berg, die nach oben geht. **Gehen Sie diese Straße hinunter.** *(geen sii diize schtraase hinunta)* Eine Straße mit Abstieg, die nach unten geht.

Am Ziel: Dort finden Sie ...

Jetzt kommt der letzte Teil der Wegbeschreibung. Sie sind am Ziel angekommen.

- ✔ **Dort finden Sie ...** *(doat finden zii)*
- ✔ **Dort sehen Sie ...** *(doat zeen zii)*
- ✔ **Dort gibt es ...** *(doat giipt es)*
- ✔ **Es ist das dritte Haus auf der rechten Seite.** *(es ist das drite haus auf dea rechten zaite)*: **die rechte Seite** *(dii rechte zaite)*, rechts
- ✔ **Es ist das zweite Haus auf der linken Seite.** *(es ist das tswaite haus auf dea linken zaite)*: **die linke Seite** *(dii linke zaite)*, links
- ✔ **Es ist das Haus gegenüber der Bäckerei.** *(es ist das haus gegenüüba dea bekarai)*. Auf der anderen Straßenseite von der Bäckerei. **Es ist das Haus gegenüber dem Kino.** *(es ist das haus gegenüüba deem kiinoo)*

Abbildung 11.2: Die Position richtig angeben

Falsch gelaufen

Sind Sie doch den falschen Weg gelaufen? Haben Sie sich verlaufen? **Sich verlaufen** *(falaufen)* bedeutet den falschen Weg gehen.

Dann hören Sie vielleicht Folgendes, wenn Sie fragen:

- **Da sind Sie hier falsch.** *(daa sint zii hia falsch)*
- **Da sind Sie zu weit gelaufen.** *(daa zint zii tsuu wait gelaufen)*
- **Da müssen Sie zurückgehen.** *(daa müsen zii tsurükgeen)*
- **Gehen Sie die Straße zurück.** *(geen zii dii schtraase tsuurük)*

Eine Straße, die nicht mehr weitergeht und nur von einem Ende zugänglich ist, nennt man **Sackgasse** *(zakgase)*. Auch wenn man bei einem Problem nicht mehr weiterweiß, kann man sagen: **Ich bin in eine Sackgasse geraten** *(ich bin ein aine zakgase geraaten)*.

11 ➤ Nach dem Weg fragen

Entfernungen und Zeitangaben

Jetzt wissen Sie, wie Sie hinkommen, wo Sie hinwollen. Wie weit ist es wohl und wie lange wird es wohl dauern?

✔ Wie **weit** *(wait)* ist es: wie viele Kilometer oder Meter?

✔ Wie **lange dauert** *(lange dauat)* es: wie viele Stunden oder Minuten?

Wie weit ist es?

So fragen Sie nach der Entfernung:

✔ **die Entfernung** *(entfeanung)*: wie weit weg etwas ist

✔ **entfernt** *(entfeant)*: weg

✔ **Wie weit ist es zum Bahnhof?** *(wii wait ist es tsum baanhoof)*

✔ **Ist es weit bis zum Bahnhof?** *(ist es wait bis tsum baanhoof)*

✔ **Ist es weit von hier nach Köln?** *(ist es wait fon hia naxx köln)*

Die Antwort kann entweder genau oder ungefähr ausfallen. Eine genaue Antwort lautet: Es sind genau 3,7 Kilometer. Die meisten Antworten sind **ungefähr** *(ungefea)*.

Eher weit weg

Diese Antworten erhalten Sie, wenn etwas weiter weg ist:

✔ **Es ist sehr weit.** *(es ist zeea wait)*

✔ **Es ist ziemlich weit.** *(es ist tsiimlich wait)*

✔ **Es ist weiter weg.** *(es ist waita wek)*

Dann lohnt es sich zu fragen: **Kann ich zu Fuß gehen oder muss ich mit dem Bus fahren?** *(kan ich tsuu fuus geen oda mus ich mit deem bus faan)*

Ein lustiger Ausdruck für »ganz weit weg« ist **jwd** *(jott wee dee)*, eine Abkürzung für »janz weit draußen« (ganz weit draußen, ganz weit im Berliner Dialekt). **Das ist ja jwd!** *(das ist ja jott wee dee)* kann man ausrufen, wenn ein Ort wirklich weit weg und ganz abgelegen ist.

Eher nah dran

Diese Antworten erhalten Sie, wenn etwas recht nah ist:

✔ **Es ist in der Nähe.** *(es ist in dea neee)*

✔ **Es ist ganz in der Nähe.** *(es ist gants in dea neee)*

✔ **Es ist gleich um die Ecke.** *(es ist glaich um dii eke)*

✔ **Es sind nur ein paar Schritte.** *(es zint nua ain paa schrite)*

✔ **der Schritt** *(schrit)*: ein Fuß wird vor den anderen Fuß gesetzt

Ein lustiger Ausdruck für »ganz in der Nähe« ist: **Es ist nur ein Katzensprung** *(nua ain katsenschprung)*. Eine Katze springt bekanntlich sehr weit und schnell. Wie weit ist es denn bis zum Biergarten? Ach, nach der Biegung ist es nur ein Katzensprung.

Wie lange dauert es?

Sie können natürlich auch nach einer Einschätzung der Zeitdauer fragen:

- ✔ **Wie lange dauert es?** *(wii lange dauat es)*
- ✔ **Wie lange geht man?** *(wii lange geet man)*
- ✔ **Wie lange brauche ich bis …?** *(wii lange brauxxe ich bis)*
- ✔ **Wie lange brauche ich bis zum Bahnhof?** *(wii lange brauxxe ich bis tsum baanhoof)*

Mögliche Antworten sind:

- ✔ **Etwa zwanzig Minuten.** *(etwaa tswantsich miinuuten)*
- ✔ **Zu Fuß etwa zwanzig Minuten.** *(tsuu fuus etwaa tswantsich miinuuten)*
- ✔ **Zu Fuß etwa zwanzig Minuten, mit dem Bus etwa zehn Minuten.** *(tsuu fuus etwaa tswantsich minuuten/mit deem bus etwaa tseen miinuuten)*

Wie genau ist deine Einschätzung?

Mit folgenden Wörtern kann man ausdrücken, wie genau die Einschätzung ist:

- ✔ **nur** *(nua)* zwanzig Minuten: Ich finde es ist nicht weit.
- ✔ **ungefähr** *(ungefeea)* zwanzig Minuten: oder ein bisschen mehr oder ein bisschen weniger
- ✔ **ziemlich genau** *(tsiimlich genau)* zwanzig Minuten: nicht mehr und nicht weniger
- ✔ **weniger als** *(weeniga als)* zwanzig Minuten: **höchstens** *(höchstens)* zwanzig Minuten
- ✔ **mindestens** *(mindestens)* zwanzig Minuten: **mehr als** zwanzig Minuten

Eine Abkürzung nehmen

Wenn Ihnen der Weg zu weit erscheint, können Sie auch fragen: **Gibt es eine Abkürzung?** *(giipt es aine apküatsung)*

Eine Abkürzung ist ein kürzerer Weg, manchmal auf Schleichwegen.

- ✔ **Die Abkürzung** *(apküatsung)* ist ein kürzerer Weg.
- ✔ **Der Schleichweg** *(schlaichweek)* ist ein Weg, den nicht alle kennen, kein offizieller Weg.

Das Gegenteil von einer Abkürzung ist ein Umweg: **Der Umweg** *(umweek)* ist ein längerer Weg. Ein Sprichwort sagt: »Wenn du es eilig hast, dann mache einen Umweg.« Was ist der beste Weg? Der »normale«, direkte Weg, die Abkürzung, der Schleichweg oder der Umweg?

11 ► Nach dem Weg fragen

Der kürzeste Weg oder der schönste Weg? **Der direkte Weg** *(diirekte week)*, **auf dem direkten Weg** ist immer der kürzeste Weg. Auf jeden Fall ist es doch besser, Zeit zu haben und **bummeln** *(bumeln)* zu können, als keine Zeit zu haben und **hetzen** *(hetsen)* zu müssen.

Wie komme ich zum Busbahnhof?

Hören Sie das folgende Gespräch. Es wiederholt viele Phrasen und Vokabeln dieses Kapitels.

Track 36

Peter erkundigt sich bei einem Passanten nach dem Weg zum Busbahnhof. Da er noch Zeit hat, möchte er einen kleinen Umweg machen.

Peter: **Entschuldigung. Kennen Sie sich hier in der Gegend aus?**

(entschuldigung / kenen zii zich hia in dea geegent aus)

Passant: **Ja. Wo wollen Sie denn hin?**

(jaa / woo wolen zii den hin)

Peter: **Ich muss zum Busbahnhof. Ich will den Fernbus nach Reutlingen nehmen. Aber ich habe noch eine ganze Stunde Zeit. Der Busbahnhof ist doch ganz in der Nähe?**

(ich mus tsum busbaanhoof / ich will deen feanbus naxx reutlingen neemen / aaba ich haabe noxx aine gantse schtunde tsait / dea busbaanhoof ist doxx gants in dea neee)

Passant: **Ja, das stimmt.**

(jaa / das schtimt)

Peter: **Da dachte ich mir, ich könnte doch einen Umweg machen. Was gibt es denn hier in der Gegend Schönes zu sehen?**

(daa daxxte ich mia ich könnte doxx ainen umweek maxxen / was giipt es den hia in dea geegent schöönes tsuu zeen)

Passant: **Hmm, lassen Sie mich einmal überlegen. Ja, richtig. Dort drüben gibt es einen schönen Park. Sie könnten einen Spaziergang um den See machen.**

(hmm / lasen zii mich ainmaal übaleegen / jaa richtich / doat drüüben giipt es ainen schöönen paak / zii könten ainen schpatsiiagang um deen zee maxxen)

Peter: **Das klingt gut. Wie komme ich denn zu diesem Park?**

(das klingt guut / wii kome ich den tsuu diizem paak)

Passant: **Sie müssen diese Straße hier ganz bis zum Ende gehen. Sehen Sie dort die Ampel? Dort müssen Sie hinübergehen und dann die nächste Straße nach links abbiegen. Dann sehen Sie den Park schon.**

(zii müsen diize schtraase hia gants bis tsum ende geen/seen zii doat dii ampel? Doat müsen zii hinüübageen unt dan dii nechste schtraase naxx links apbiigen/dan zeen zii deen paak schoon)

Peter: **Danke! Und wie komme ich von dort dann nachher zum Busbahnhof?**

(danke/unt wii kome ich fon doat dan naxxea tsum busbaanhoof)

Passant: **Dann gehen Sie einfach den Weg wieder zurück und dann hier diese Straße immer geradeaus, bis Sie zum Bahnhof kommen. Der Busbahnhof ist direkt hinter dem Bahnhof.**

(dan geen zii ainfaxx deen week wiida tsuurük unt dan hia diize schtraase ima geraadeaus bis zii tsum baanhoof komen/dea busbaanhoof ist diirekt hinta deem baanhoof)

Peter: **Vielen Dank! Sie haben mir sehr geholfen!**

(fiilen dank / zii haaben mia zeea geholfen)

Deutsch schreiben: Eine Wegbeschreibung geben

Was können Sie schreiben, wenn Sie einen Freund einladen wollen und hinten auf die Einladungskarte noch eine Wegbeschreibung zu Ihrer Wohnung hinzufügen wollen? Hier finden Sie ein Beispiel:

Eine Wegbeschreibung zu Jans Haus

Lieber Hannes,

ich freue mich sehr, dass Du mich am Samstag besuchen willst. Auf der Rückseite findest Du eine Wegbeschreibung zu meiner Wohnung.

Du nimmst den Bus Linie 789 bis zur Haltestelle Wiesengrund. Nach dem Aussteigen gehst Du die Straße nach links (in Fahrtrichtung), bis Du an eine Kreuzung mit Ampel kommst. An der Kreuzung biegst Du rechts ab und dann an der dritten Straße wieder rechts. Diese Straße heißt Blomenstraße. Ich wohne in der Nummer 37, das ist das gelbe Haus auf der linken Seite.

Bis Samstag!

Dein Jan

Unterwegs mit unterschiedlichen Verkehrsmitteln

12

In diesem Kapitel

- Fahrkarten kaufen
- Ein Taxi bestellen oder ein Auto mieten
- Lautsprecherdurchsagen besser verstehen
- Lerntipps Hörverstehen und Wortfamilien
- Deutsch schreiben/Schriftdeutsch: eine Monatskarte beantragen

Im Alltag oder auf Reisen – wenn Sie mit öffentlichen Verkehrsmitteln unterwegs sind, findet viel Kommunikation statt: mit den Mitreisenden, bei der Auskunft oder wenn Sie Ihre Fahrkarte bestellen wollen. Nützliche Phrasen und Wörter hierzu lernen Sie in diesem Kapitel. Außerdem gibt es ein paar Hinweise und Tricks dazu, auch schwierige Lautsprecherdurchsagen besser zu verstehen sowie nützlichen Wortschatz zum Thema zeitliche Absprachen und Zeitplanung.

Bus und Bahn: Verkehrsmittel

Wenn Sie Ihre **Reise** oder Ihre **Fahrt** planen, können Sie auf der Homepage der Deutschen Bahn (www.bahn.de) nachsehen. Dort geben Sie Ihren **Anfangsbahnhof** oder Ihre **Anfangshaltestelle** und Ihren **Zielbahnhof** oder Ihre **Zielhaltestelle** ein:

- ✔ **die Fahrt** *(faat)*: die Fahrt mit einem Bus oder mit der Bahn
- ✔ **die Reise** *(raize)*: eine längere Fahrt, oft über mehrere Tage
- ✔ **der Bahnhof** *(baanhoof)*: dort hält der Zug
- ✔ **die Haltestelle** *(halteschtele)*: dort hält der Bus, die Straßenbahn oder die U-Bahn
- ✔ **die Anfangshaltestelle** *(anfangshalteschtele)*: Haltestelle, an der die Fahrt anfängt, dort, wo Sie einsteigen
- ✔ **die Zielhaltestelle** *(ziilhalteschtele)*: die Haltestelle, an der Sie aussteigen wollen

Sie können dort auch die Verkehrsmittel wählen, mit denen Sie fahren wollen:

- ✔ **der ICE** *(ii tsee ee)*: der Intercity-Express, Zug mit Hochgeschwindigkeit, verbindet Großstädte
- ✔ **der IC** *(ii tsee)*: der Intercity-Zug, ein schneller Zug, verbindet größere Städte

- ✔ **der EC** *(ee tsee)*: der Eurocity-Zug
- ✔ **der Interregio-Express** (IRE) *(intareegiooekspres)*: der Schnellzug
- ✔ **der Nahverkehrszug** *(naafakeeastsuuk)*, **die Regionalbahn** *(reegionaalbaan)*: hält auch an kleineren Bahnhöfen
- ✔ **die S-Bahn** *(es baan)*: die Stadtbahn, hält an Bahnhöfen in der Stadt, verbindet manchmal auch zwei Städte
- ✔ **die Straßenbahn** *(schtraasenbaan)*: fährt auf Schienen in der Stadt
- ✔ **die U-Bahn** *(uu baan)*: Untergrundbahn, fährt unter der Erde
- ✔ **der Bus** *(bus)*: Autobus, Omnibus, befördert mehrere Menschen
- ✔ **das Taxi** *(taksi)*: man kann sich gegen Bezahlung in diesem Auto fahren lassen

Das lustig gemeinte Gegenteil von Schnellzug ist **Bummelzug** *(bumeltsuuk)*. Das ist ein Zug, der sehr langsam fährt. Jetzt bin ich mit dem ICE von Hamburg nach Stuttgart gefahren, das ging richtig schnell! Und wie komme ich jetzt weiter nach Tübingen? Das geht etwas langsamer. Da gibt es nur einen Bummelzug.

Man unterscheidet die Verkehrsmittel des **Nahverkehrs** und die des **Fernverkehrs**. In der Verkehrspolitik einer Stadt oder Region wird oft der **öffentliche Personennahverkehr** diskutiert:

- ✔ **Nahverkehr** *(naafakeea)*: Verkehr auf kurzen Strecken; **der öffentliche Personennahverkehr** *(dea öfentliche pazoonennaafakeea)*
- ✔ **Fernverkehr** *(feanfakeea)*: Verkehr auf langen Strecken

Fahrkarten kaufen

Was für eine Art Fahrkarte benötigen Sie und welche ist die günstigste?

- ✔ **die Fahrkarte** *(faakaate)*: Fahrschein, Ticket
- ✔ **die Busfahrkarte** *(busfaakaate)*: für den Bus
- ✔ **die Straßenbahnfahrkarte** *(schtraasenbaanfaakaate)*: für die Straßenbahn
- ✔ **die Zugfahrkarte** *(tsuukfaakaate)*: für die Bahn
- ✔ **der Einzelfahrschein** *(aintselfaakaate)*: für eine Fahrt
- ✔ **Rückfahrschein** *(rükfaaschain)*: für die Hinfahrt und die Rückfahrt
- ✔ **die Mehrfahrtenkarte** *(meafaatenkaate)*: für mehrere einzelne Fahrten
- ✔ **die Streifenkarte** *(schtraifenkaate)*
- ✔ **die Kinderfahrkarte** *(kindafaakaate)*: für Kinder (meist sechs bis 14 Jahre)
- ✔ **die Tageskarte** *(taageskaate)*: gilt einen Tag lang
- ✔ **die Kleingruppentageskarte** *(klaingrupenkaate)*: gilt für eine Gruppe (meist fünf Personen) einen Tag lang

12 ➤ Unterwegs mit unterschiedlichen Verkehrsmitteln

✔ **die Wochenkarte** *(woxxenkaate)*: gilt eine Woche lang

✔ **die Monatskarte** *(moonatskaate)*: gilt einen Monat lang

✔ **die Schülermonatskarte** *(schülamoonatskaate)*: für Schüler, gilt einen Monat lang

✔ **das Semesterticket** *(zemestatiket)*: für Studenten, gilt ein Semester lang

✔ **die City Card** *(siti kaad)*: für Touristen, gilt meist ein bis sieben Tage, man kann damit auch in Museen gehen

✔ **das Länder-Ticket** *(lendatiket)*: gilt für ein Bundesland, zum Beispiel für Schleswig-Holstein

✔ **das Schönes-Wochenende-Ticket** *(schöönes woxxenende tiket)*: gilt an einem Tag am Wochenende (Samstag oder Sonntag) für ein bis fünf Personen für die Regionalbahn und einige Busse

Hunde und Fahrräder brauchen auch eine Fahrkarte. Oft gibt es keine extra Hundefahrkarten, daher benötigen Hunde meist eine **Kinderfahrkarte** *(kindafaakaate)*. Für Fahrräder kann man eine **Fahrradkarte** *(faaraatkaate)* lösen.

Verkaufsstellen

Wo können Sie Fahrkarten kaufen?

✔ **beim Busfahrer/bei der Busfahrerin:** Einzelfahrscheine, Tageskarten

✔ **am Automaten:** Einzelfahrscheine, Rückfahrscheine, Tageskarten, Schönes-Wochenende-Ticket

✔ **im Internet:** Zugfahrkarten

✔ **im Zeitschriftenladen:** Mehrfahrkarten, Monatskarten

✔ **bei der Vorverkaufsstelle der Busgesellschaft:** Monatskarten, Schülermonatskarten

✔ **am Bahnhof:** Zugfahrkarten

Wenn Sie verreisen wollen und eine Fahrkarte kaufen müssen, können Sie diese Fragen stellen:

✔ **Wo kann ich eine Fahrkarte für den Bus kaufen?** *(woo kan ich aine faakaate füa deen bus kaufen)*

✔ **Wo kann ich eine Zugfahrkarte kaufen?** *(woo kan ich aine tsuukfaakaate kaufen)*

Track 37

Martin kauft beim Busfahrer eine Streifenkarte und erkundigt sich nach dem Preisvorteil.

Martin: **Ich hätte gerne eine Mehrfahrtenkarte für den Bus.**

(ich hete gean aine meeafaatenkaate füa denn bus)

Busfahrer: **Eine Streifenkarte? Für Erwachsene?**

(aine schtraifenkaate / füa awaksene)

Martin: **Ja, bitte.**

(jaa bite)

Busfahrer: **Nur Innenstadtbereich?**

(nua inenschtatbereich)

Martin: **Ja.**

(jaa)

Busfahrer: **Das macht dann 14,70 Euro, bitte.**

(das maxxt dan fiatseen oiroo ziiptsich bite)

Martin: **Hier, bitte. Wie viele Fahrten sind da jetzt drauf?**

(hiia bite / wii fiile faaten sint daa jetst drauf)

Busfahrer: **Sechs. Sie können also sechs Mal fahren oder drei Mal hin und zurück.**

(zeks / zii könen alzoo zeks maal faaren ooda drai maal hin unt tsuurük)

Martin: **Und wie viel billiger ist es, als wenn ich die Karten im Bus kaufe?**

(unt wii fiil biliga ist es als wen ich dii kaaten im bus kaufe)

Busfahrer: **Jetzt kostet eine Karte 14,70 Euro durch 6, also 2,45 Euro. Beim Busfahrer kostet eine Fahrt 2,70 Euro. Sie sparen also pro Fahrt 25 Cent.**

(jetst kostet aine kaate fiatseen oiroo ziiptsich duach zeks alzoo tswai oiroo fünwunfiatsich / baim busfaara kostet aine faat tswai ziiptsich / zii schpaaren alzoo proo faat fünwuntswantsich sent)

Gültigkeit: Wie lange die Fahrkarte verwendet werden kann

Hier geht es um die Frage, wie lange man mit einer Fahrkarte fahren kann:

✔ eine **gültige** *(gültiige)*: Fahrkarte kann man benutzen

✔ eine **ungültige** *(ungültige)*: Fahrkarte kann man nicht mehr benutzen

12 ➤ Unterwegs mit unterschiedlichen Verkehrsmitteln

✔ **gelten** *(gelten)*: diese Fahrkarte gilt, ist gültig

✔ **Wo ist meine Fahrkarte gültig?** *(woo ist maine faakaate gültich)*

- **der Gültigkeitsbereich** *(gültichkaitsbereich)*: der Bereich in der Stadt oder im Umkreis, in dem man die Fahrkarte benutzen kann

- **die Zone** *(tsoone)*: Teil der Stadt, Einteilung der Busgesellschaft

- **der Innenstadtbereich** *(inenschtatbereich)*: die Innenstadtzone

✔ **Wie lange ist meine Fahrkarte gültig?** *(wii lange ist maine faakaate gültich)*

- **zwei Stunden in eine Richtung** *(tswai schtunden in aine richtung)*: nur Hinfahrt

- **zwei Stunden in beide Richtungen** *(tswai schtunden in baide richtungen)*: Hinfahrt und Rückfahrt

- **vier Stationen ohne Umsteigen** *(fia schtatsioonen oone umschtaigen)*: Kurzstrecke

- **vierundzwanzig Stunden lang** *(fiaunttswantsich schtunden lang)*: Tageskarte

✔ **Für wen ist meine Fahrkarte gültig?** *(für ween ist maine faakaate gültich)*

✔ **Ist die Fahrkarte übertragbar?** *(ist dii faakaate übatraakbaa)*

- **übertragbar** *(übatraakbaa)*: jeder kann die Fahrkarte benutzen

- **nicht übertragbar** *(nicht übatraakbaa)*: nur die Person, deren Name darauf steht, kann die Fahrkarte benutzen

Einsteigen, aussteigen, umsteigen

Zu Beginn Ihrer Fahrt steigen Sie in den Bus (den Zug, die U-Bahn, die Straßenbahn) **ein**, am Ende der Fahrt steigen Sie **aus**. Dort ist Ihre Fahrt dann zu Ende oder aber Sie steigen in ein anderes Verkehrsmittel **um**.

✔ **einsteigen** *(ainschtaigen)*: Ich steige ein.

✔ **aussteigen** *(ausschtaigen)*: Ich steige aus.

✔ **umsteigen** *(umschtaigen)*: Ich steige um.

✔ **der Anschluss** *(anschlus)*: der nächste Bus, Zug, den man nehmen muss

✔ **der Anschlusszug** *(anschlustsuuk)*: der nächste Zug oder Bus, den man nehmen muss

✔ **den Anschluss bekommen** *(deen anschlus bekomen)*: den Zug oder Bus erreichen

✔ **den Anschluss noch bekommen** *(deen anschlus noxx bekomen)*: den Zug oder Bus gerade noch so, knapp, erreichen

✔ **den Anschluss verpassen** *(deen anschlus fapasen)*: den Zug oder Bus nicht mehr erreichen, weil man zu spät kommt und der Zug oder Bus schon abgefahren ist

Trennbare Verben

Einige Verben, wie einsteigen, aussteigen und umsteigen, werden auseinandergenommen, wenn man sie im Satz verwendet:

- **ein**steigen: Ich steige ein.
- **auf**machen: Ich mache die Tür auf.
- **an**schalten: Ich schalte die Lampe an.

Diese Verben heißen in der Grammatik **trennbare Verben** *(trenbaare werben)*. Mehr über trennbare Verben finden Sie im Anhang.

Im Bus

Fahrkarten kaufen, sich nach dem Liniennetz erkundigen oder ein Gespräch an der Bushaltestelle führen ... Hier finden Sie den Wortschatz und zahlreiche Beispielsätze.

Das Liniennetz

Welche Buslinie wollen Sie nehmen? Wie verläuft sie? An welcher Haltestelle können Sie in eine andere Linie umsteigen?

- **die Linie** *(liinje)*: die Route, die Strecke, der Weg
- **die Buslinie** *(busliinje)*: die Route, die ein Bus fährt
- **die U-Bahn-Linie** *(uubaanliinje)*: die Route, die eine U-Bahn-Linie fährt
- **Linie 11** *(liinje elf)*: Bus Nummer 11 oder Straßenbahn Nummer 11
- **die Richtung** *(richtung)*: das Ziel
- **die Gegenrichtung** *(geegenrichtung)*: die andere Richtung
- **die Linienübersicht** *(liinjenüübazicht)*: alle Linien zusammen, auf einen Blick
- **der Fahrplan** *(faaplaan)*: die Zeiten, zu denen der Bus fährt
- **ein Fahrplan der Linie 11** *(ain faaplaan dea liinje elf)*

Zur Linie 11 sagt man meist einfach nur **die Elf** *(dii elf)*. Ebenso geht es mit den anderen Linien. Sie können **Line 22** *(liinje tswaiuntswantsich)* sagen oder auch nur ganz einfach **die Zweiundzwanzig** *(dii tswaiuntswantsich)*. Wann kommt die Zweiundzwanzig?

Fragen zum Liniennetz, die Sie möglicherweise stellen möchten:

- **Ist das hier die Linie 11?** *(ist das hiia dii liinje elf)*
- **Wohin fährt die 11?** *(woohin feeat dii elf)*
- **Fährt dieser Bus Richtung Innenstadt?** *(feeat diiza bus richtung inenschat)*

12 ▸ Unterwegs mit unterschiedlichen Verkehrsmitteln

- ✔ **Fährt dieser Bus zum Bahnhof?** *(feeat diiza bus richtung baanhoof)*
- ✔ **Wo gibt es eine Linienübersicht?** *(woo giipt es ainen liinjenüübazicht)*
- ✔ **Wo hängt hier ein Fahrplan?** *(woo hängt hiia ain faaplaan)*
- ✔ **Wo gibt es einen Fahrplan der Linie 11?** *(woo giipt es ainen faaplaan dea liinje elf)*

An der Bushaltestelle

An der Bushaltestelle hängt ein Fahrplan oder es gibt eine digitale Anzeigetafel. Falls nicht, wissen die anderen Leute, die schon warten, vielleicht Bescheid:

- ✔ **die Bushaltestelle** *(bushalteschtele)*: wo der Bus hält
- ✔ **Wann kommt der nächste Bus?** *(wan komt dea neechste bus)*
- ✔ **Wann kommt die nächste 11?** *(wan komt dii neechste elf)*
- ✔ **Der Bus ist gerade weg.** *(dea bus ist geraade wek)*
- ✔ **Ist der Bus schon weg?** *(ist dea bus schoon wek)*
- ✔ **Der Bus ist zu spät.** *(dea bus ist tsuu schpeet)*
- ✔ **Kann ich mich hier mit unterstellen?** *(kann ich mich hiia mit untaschelen)*
- ✔ **unterstellen** *(unterschtelen)*: vor dem Regen unterstellen

Einmal Kurzstrecke bitte! Fahrkarten beim Busfahrer kaufen

Beim Einsteigen in den Bus können Sie Fahrkarten kaufen und noch ein paar Fragen stellen:

Fragen zur Richtung:

- ✔ **Fahren Sie zum Bahnhof?** *(faaren zii tsum baanhoof)*
- ✔ **Fahren Sie in Richtung Innenstadt?** *(faaren zii in richtung inenschtat)*
- ✔ **Halten Sie auch an der Parkstraße?** *(halten zii auxx an dea paakschtraase)*
- ✔ **Die wievielte Station ist die Parkstraße?** *(dii wiifiilte schtatsjoon ist dii paakschtrase)*
- ✔ **Ich würde gerne an der Station Parkstraße aussteigen. Könnten Sie mir Bescheid sagen?** *(ich wüade geane an dea schtatsjonn paakschtraase ausschtaigen/könen zii miia beschait zaagen)*

Fahrkarten kaufen:

- ✔ **Eine Fahrkarte bitte.** *(aine faakaate bite)*
- ✔ **Eine Fahrkarte zum Bahnhof bitte.** *(aine faakaate tsum baanhoof bite)*
- ✔ **Einmal bis Lübeck Blankensee bitte.** *(ainmaal bis lüübek blankenzee bite)*
- ✔ **Wie viel kostet eine Fahrkarte nach Lübeck Blankensee?** *(wiifiil kostet aine faakaate naxx lüübek blankenzee)*

- ✓ **Einmal bis Lübeck Blankensee und zurück bitte.** *(ainmaal bis lüübek blankenzee unt tsuurük bite)*
- ✓ **Eine Tageskarte bitte.** *(aine taageskaate bite)*
- ✓ **Eine Kleingruppentageskarte bitte.** *(aine klaingrupentaageskaate bite)*
- ✓ **Eine Kinderfahrkarte bitte.** *(aine kindafaakaate bite)*
- ✓ **Einmal Kurzstrecke bitte.** *(ainmaal kuatsschtreke bite)*

Bei vielen Busunternehmen gibt es eine Karte für eine **Kurzstrecke** *(kuatsschtreke)*. Hiermit kann man nur wenige Stationen in eine Richtung fahren und meist nicht umsteigen. Für Schnellbusse gilt die Kurzstrecke meist nicht. Jede Stadt beziehungsweise jedes Verkehrsunternehmen hat etwas andere Bestimmungen für Kurzstrecken.

Eine Mehrfahrtenkarte, die Sie nicht im Bus gekauft haben, müssen Sie meist selbst entwerten. Der Busfahrer sagt dann vielleicht:

- ✓ **Bitte noch abstempeln.** *(bite noxx apschtempeln)*
- ✓ **Bitte entwerten Sie die Karte im Entwerter.** *(bite entweaten zii dii faakaate im entweata)*; **der Entwerter** *(entweata)*: die Stempelmaschine

Der ZOB

Ein wichtiger Verkehrsknotenpunkt neben dem Bahnhof ist der ZOB, der **z**entrale **O**mnibus **B**ahnhof für Fernbusse:

- ✓ **der Verkehrsknotenpunkt** *(fakeasknootenpunkt)*: hier laufen viele Wege oder Linien zusammen
- ✓ **der ZOB** *(tsop)*: zentraler Omnibusbahnhof, Busbahnhof
- ✓ **der Fernbus** *(feanbus)*: Bus, der längere Strecken fährt
- ✓ **der Stadtbus** *(schtatbus)*: Bus, der innerhalb der Stadt fährt

Mit den Mitfahrenden kommunizieren

Wenn die Busfahrt länger dauert, kann man nette Gespräche führen. Hier ein paar wichtige Phrasen für lange oder kürzere Fahrten:

Durchsagen des Busfahrers

Die Durchsage *(duachzaage)* ist das, was der Busfahrer laut über Mikrofon zum ganzen Bus sagt:

- ✓ **Bitte die Fahrkarte beim Einstieg vorzeigen.** *(bite dii faakaate baim ainschtiik foatsaigen)* Bitte zeigen Sie mir Ihre Fahrkarte (wenn Sie einsteigen).

12 ▶ Unterwegs mit unterschiedlichen Verkehrsmitteln

✓ **Bitte weiter nach hinten durchgehen.** *(bite waita naxx hinten duachgeen)* Bitte nutzen Sie auch den Platz hinten im Bus.

✓ **Bitte die Tür frei machen.** *(bite dii tüa fraimaxxen)* Bitte stehen Sie nicht direkt vor der Tür.

✓ **Nächste Station: Parkstraße.** *(neechste schtatsjoon paakschtrase)* Die nächste Haltestelle ist die Parkstraße.

✓ **Aufgrund von Bauarbeiten wird die Haltestelle Parkstraße heute nicht angefahren.** *(aufgrunt fon bauarbeiten wird dii halteschtele paakschtrase hoite nicht angefaaren)* Der Bus hält heute nicht an der Parkstraße.

✓ **Wiesenweg. Endstation.** *(wiizenweek/entstatsjoon)* Dies ist die letzte Haltestelle.

Die Mitreisenden

Der Mitreisende *(mitraizende)* ist eine andere Person im Bus oder der Bahn oder im Flugzeug. Folgende Fragen können Sie Mitreisenden stellen:

✓ **Möchten Sie sitzen?** *(möchten zii sitsen)* Möchten Sie neben mir sitzen oder möchten Sie meinen Sitzplatz haben?

✓ **Ist hier noch frei?** *(ist hia noxx frai)* Ist dieser Sitzplatz noch frei?

✓ **Ist dieser Platz noch frei?** *(ist diiza plats noxx frai)* Kann ich hier sitzen?

✓ **Soll ich mit anfassen?** *(zol ich mit anfasen)* Soll ich den Kinderwagen oder de Rollator mit in den Bus tragen?

✓ **Soll ich die Rampe runtermachen?** *(sol ich dii rampe runtamaxxen)*: für einen Rollstuhlfahrer

✓ **der Kinderwagen** *(kindawaagen)*: für Babys oder kleine Kinder

✓ **der Rollator** *(rolaatooa)*: der Gehwagen

✓ **der Rollstuhl** *(rolschtuul)*: ein Stuhl mit Rädern

✓ **der Rollstuhlfahrer** *(rolstuulfaara)*: eine Person im Rollstuhl

✓ **die Rampe** *(rampe)*: ein schiefe Ebene, über die ein Kinderwagen oder ein Rollstuhl besser in den Bus kommt

Fahrkartenkontrolle

Manchmal kommt ein Kontrolleur. **Der Kontrolleur** *(kontrolöör)* überprüft die Fahrkarten:

✓ **Ihren Fahrausweis, bitte.** *(iiren faaauswais bite)* Bitte zeigen Sie mir Ihre Fahrkarte.

✓ **Fahrkartenkontrolle. Die Fahrscheine, bitte.** *(faakaatenkontrole/dii faascheine bite)*

✓ **die Fahrkartenkontrolle** *(faakaatenkontrole)*, **der Fahrausweis** *(faaauswais)*: der Fahrschein, die Fahrkarte

Stationen und Haltestellen

Wenn Sie das erste Mal mit einer bestimmten Linie fahren, kennen Sie die Stationen noch nicht so gut. So können Sie Ihre Mitreisenden fragen:

- ✔ **Wie heißt die nächste Station?** *(wii haist dii neechste statsjoon)*; **die Station** *(schtatsjoon)*: die Haltestelle
- ✔ **Wie viele Stationen sind es noch bis zur Parkstraße?** *(wii fiile schtatsjoonen sint es noxx bis tsua paakschtraase)*
- ✔ **Ich muss an der Parkstraße aussteigen. Könnten Sie mir Bescheid sagen?** *(ich mus an dea paakschtraase ausschtaigen/könen zii miia beschait zaagen)*

Auf den Knöpfen im Bus steht entweder kurz **STOP** oder auch länger erklärt **Bei Haltewunsch bitte drücken.** Wenn Sie den Knopf nicht erreichen können, weil der Bus voll ist, können Sie Ihre Mitreisenden bitten:

- ✔ **Kommen Sie an den Knopf ran?** *(komen zii an deen knopf ran)*
- ✔ **Könnten Sie für mich drücken?** *(könten zii füüa mich drüken)*

Meistens muss man ja auch die Station vorher kennen, um zu wissen, wann man rechtzeitig drücken muss:

- ✔ **rechtzeitig** *(rechttsaitich)*: nicht zu spät
- ✔ **die Station davor** *(dii staatsjoon dafoar)*: die Station vorher, die vorige Station
- ✔ **Ich muss an der Parkstraße aussteigen. Wie heißt die Station davor?** *(ich mus an dea paakschtraase ausschtaigen/wii haist dii statsjoon dafooa)*

Wenn der Busfahrer nicht gesehen hat, dass Sie gedrückt haben, müssen Sie **rufen** (*(ruufen)*; laut sprechen, zu jemandem sprechen, der weiter weg ist):

- ✔ **Ich möchte noch aussteigen, bitte!** *(ich möchte noxx ausschtaigen bite)*
- ✔ **Könnten Sie die hintere Tür bitte öffnen?** *(könten zii dii hintare tüüa bite öfnen)*

Straßenbahn, S-Bahn und U-Bahn

Mit der Straßenbahn, S-Bahn und U-Bahn kann man **quer durch die Stadt** fahren. Ein Liniennetz verbindet den **Großraum**. Nord-Süd-Linien verlaufen von Norden nach Süden und West-Ost-Linien von Westen nach Osten:

- ✔ **quer durch die Stadt** *(kveea duach dii schtat)*: durch die ganze Stadt
- ✔ **der Großraum Berlin** *(groosraum)*: die Großstadt und die Umgebung
- ✔ **verbinden** *(fabinden)*: zusammenbringen
- ✔ **die Nord-Süd-Linie** *(noatsüütliinje)*
- ✔ **die West-Ost-Linie** *(westostliinje)*

12 ➤ Unterwegs mit unterschiedlichen Verkehrsmitteln

✔ **verlaufen** *(falaufen)*: von Norden nach Süden verlaufen, die Strecke geht von Norden nach Süden

Beispielsweise verbindet die Berliner U-Bahn-Linie U1 den Stadtteil Friedrichshain-Kreuzberg mit der City West.

✔ **der Stadtteil** *(schtattail)*: der Teil einer Stadt, der Bezirk

Über die Berliner Linie U1 gibt es ein berühmtes Musical, das **Linie 1** heißt. Hier singen verschiedene Schauspieler als Fahrgäste. Obwohl das Musical schon etwas älter ist (es wurde 1986 zum ersten Mal aufgeführt), lohnt es sich, es einmal anzusehen. Es wurde auch verfilmt und ist also als Film erhältlich.

Die U-Bahnen und S-Bahnen verkehren meist von früh morgens, bis spät abends, zum Beispiel zwischen 5 Uhr und Mitternacht.

✔ **die U1** *(uu ains)*: die U-Bahn-Linie Nummer 1

✔ **verkehren** *(fakeeren)*: immer wieder fahren

✔ **In welchem Abstand verkehrt die U2? Zur Hauptverkehrszeit im Abstand von zehn Minuten.** *(in welchem apschtant fakeeat dii uu tswai tsua hauptfakeeastsait im apschtant fon tseen miinuuten)*

- **in einem Abstand von zehn Minuten verkehren** *(in ainem apschtant fon tseen miinuuten fakeeren)*, **in zehnminütigem Abstand** *(in tseenmiinüütigem apschtant)*: alle zehn Minuten fährt eine neue Bahn

- **die Hauptverkehrszeit** *(hauptfakeeastsait)*, **die Stoßzeit** *(schtoostsait)*: wenn die meisten Menschen fahren, beispielsweise zwischen 7 und 10 Uhr und zwischen 17 und 19 Uhr

U-Bahnen verlaufen **unterirdisch**, S-Bahnen und Straßenbahnen **überirdisch**.

✔ **unterirdisch** *(unterirdisch)*: unter der Erde

✔ **oberirdisch** *(überirdisch)*: über der Erde

Die Wörter unterirdisch und überirdisch sind so zusammengesetzt:

✔ unten + die Erde = **unterirdisch** *(untairdisch)*

✔ oben + die Erde = **oberirdisch** *(oobairdisch)*

Außerdem gibt es noch das Wort **außerirdisch** *(ausairdisch)*: nicht von der Erde.

Da auch die U-Bahnhöfe oft unterirdisch liegen, führen Rolltreppen und Fahrstühle nach unten:

✔ **die Rolltreppe** *(roltrepe)*: Treppe mit fahrenden Stufen

✔ **der Fahrstuhl** *(faaschtuul)*: eine Kabine, die nach oben und unten fährt

✔ **der Aufzug** *(auftsuuk)*: anderes Wort für Fahrstuhl

Viele größere Städte haben nicht nur Busse, sondern auch U-Bahnen und andere Stadtbahnen. In der Stadt Wuppertal gibt es eine ganz besondere Stadtbahn: Dies ist eine **Schwebebahn** *(schweebebaan)*. Eine Schwebebahn ist eine Hochbahn, eine Bahn, die oben an einer Schiene hängt.

Bei der Verkehrsauskunft

Im Folgenden finden Sie Phrasen, die bei der Verkehrsauskunft nützlich sein können. Bei der **Verkehrsauskunft** *(fakeasauskunft)* gibt es Informationen über die verschiedenen Verkehrsmittel:

✔ **Wie oft fährt die Linie 11?** *(wii oft feat dii liinje elf)*

- **alle zehn Minuten** *(ale tseen miinuuten)*
- **jede Stunde** *(jeede schtunde)*
- **zweimal am Tag** *(tswaimaal amm taak)*

✔ **Wie oft fährt die Linie 11 am Wochenende?** *(wii oft feat dii liinje elf am woxxenende)*

- **wochentags** *(woxxentaaks)*
- **am Wochenende** *(am woxxenende)*
- **an Sonn- und Feiertagen** *(an zon unt faiataagen)*
- **tagsüber** *(taaksüüba)*
- **nachts** *(naxxts)*

✔ **Welche Nachtbusse gibt es?** *(welche naxxtbuse giipt es)*

✔ **Wann fährt der nächste Zug?** *(wan feat dea neechste tsuuk)*

✔ **Wann fährt der letzte Zug?** *(wan feat dea letste tsuuk)*

✔ **Wann fährt der erste Zug morgens?** *(wan feat dea easte tsuuk moagens)*

✔ **Hält dieser Zug in Kleinkleckersdorf?** *(helt diiza tsuuk in klain klekasdoaf)*

Kleinkleckersdorf *(klain klekasdoaf)* wird oft als scherzhafter Name für ein sehr kleines Dorf verwendet. Der erste Teil des Namens (Klein) kommt daher, dass viele Ortsnamen von kleinen Orten mit dem Wort »Klein« beginnen, wie zum Beispiel Klein Ebersdorf in Thüringen oder Klein Barkau in Schleswig-Holstein.

✔ **Haben Sie eine Übersicht über die Abfahrtszeiten und Ankunftszeiten der Linie 11 vom Hauptbahnhof bis zur Haltestelle Wiesengrund?** *(haaben zii aine übazicht üba dii apfaatstsaiten unt ankunftstsaiten dea liinje elf vom hauptbaahnoof bis tsua halteschtele wiizengrunt)*

✔ **Kann ich eine Fahrplan-App auf mein Handy laden?** *(kan ich aine faaplaanep auf main hendi laaden)*

12 ➤ Unterwegs mit unterschiedlichen Verkehrsmitteln

- ✔ **Kann ich mein Fahrrad im Zug mitnehmen?** *(kan ich main faaraat im tsuuk mitneemen)*
- ✔ **Kann ich mein Fahrrad in der U-Bahn mitnehmen?** *(kan ich main faaraat in dea uubaan mitneemen)*
- ✔ **Was ist Bike + Ride?** *(was ist baik unt raid)*

Betriebsänderungen

Manchmal kommt es im U-Bahn-Betrieb zu Betriebsänderungen. Das können Einschränkungen oder Umleitungen sein.

- ✔ **die Betriebsänderung** *(betriipsendarung)*: die Züge fahren anders
- ✔ **die Einschränkung** *(ainschrenkkung)*: es fahren weniger Züge
- ✔ **Umleitung** *(umlaitung)*: es gibt eine andere Strecke
- ✔ **Umleitung wegen Bauarbeiten** *(umlaitung wegen bauarbeiten)*: weil es eine Baustelle gibt, weil gebaut wird
- ✔ **die Umleitung wegen des Marathonlaufs** *(umlaitung wegen des marathonlaufs)*: weil heute ein Marathonlauf stattfindet
- ✔ **Die Linie wird ab Kastanienstraße via Eichenstraße und Grünplatz zur Haltestelle Brodersdorf umgeleitet.**
  - **via** *(wiia)*: über
  - **wird umgeleitet** *(wiat umgelaitet)*: es gibt eine Umleitung
- ✔ **Die Haltestelle Mühldorf ist in die Lindenallee verlegt.**
  - **ist verlegt** *(ist faleekt)*: ist an einem andern Ort
- ✔ **Die Haltestelle Dobersdorf entfällt.**
  - **entfällt** *(entfelt)*: wird heute nicht angefahren, fällt weg

Ein Taxi nehmen

Wenn Sie ein Taxi nehmen wollen, müssen Sie entweder einen Taxistand finden oder telefonisch ein Taxi bestellen. **Der Taxistand** *(taksiischtant)* ist der Ort, an dem Taxis warten.

Ein Taxi bestellen

Das können Sie sagen, wenn Sie bei einer Taxigesellschaft anrufen:

- ✔ **Ich würde gern ein Taxi bestellen.** *(ich wüade gean ain taksii beschtelen)*
- ✔ **Könnten Sie ein Taxi in die Hahnstraße 23 schicken?** *(könten zii ain taksii in dii haanschtrase draiunttwantsich schiken)*

- ✔ **Wie lange dauert es voraussichtlich? Wann ist das Taxi da?** *(wii lange dauat es foraussichtlich, wan ist das taksii daa)*

So werden Sie wahrscheinlich nach Ihrem Namen gefragt:

- ✔ **Auf welchen Namen bitte? Auf den Namen Braun.** *(auf welchen naamen bite / auf deen naamen braun)*
- ✔ **Bitte klingeln Sie bei Braun.** *(bite klingeln zii bai braun)*
- ✔ **Sie brauchen nicht zu klingeln. Ich komme raus.** *(zii brauxxen nicht tsuu klingeln / ich kome raus)*
- ✔ **Ich warte draußen.** *(ich waate drausen)*
- ✔ **das Großraumtaxi** *(das groosraumtaksii)*: mit mehr als fünf Sitzplätzen
- ✔ **das Sammeltaxi** *(das zameltaksii)*, **das Anrufsammeltaxi** *(anruufzameltaksii)*: sammelt mehrere Personen an verschiedenen Orten ein, dauert daher länger als ein normales Taxi
- ✔ **das Frauentaxi** *(das frauentaksii)*: in manchen Städten, abends oder nachts nur für Frauen, günstiger als ein normales Taxi
- ✔ **das Kombiticket** *(das kombitiket)*: eine Fahrkarte für Taxi und Bus zusammen

Im Taxi

Nun ist das Taxi da. Was sagen Sie zum Taxifahrer oder zu der Taxifahrerin?

- ✔ **Das soll in den Kofferraum, bitte.** *(das zol in deen kofaraum bite)*; **der Kofferraum** *(kofaraum)*: Raum für Gepäck hinten im Taxi
- ✔ **Das soll nicht in den Kofferraum, bitte, das nehme ich.** *(das zol nicht in deen kofaraum bite das neeme ich)*
- ✔ **Haben Sie eine Sitzerhöhung?** *(haaben zii eine sitsahööung)*; **die Sitzerhöhung** *(sitsahööung)*: für Kinder ab vier Jahre, macht den Sitz höher

Wohin wollen Sie?

- ✔ **Ich möchte in die Schubertstraße, bitte.** *(ich möchte in dii schuubatschtraase bite)*
- ✔ **Zum Bahnhof, bitte.** *(tsum baanhoof bite)*
- ✔ **Zum Krankenhaus, bitte.** *(tsum krankenhaus bite)*

Haben Sie es eilig? **Eilig** *(ailich)* bedeutet, dass es schnell gehen muss.

- ✔ **Ich habe es eilig.** *(ich haabe es ailich)*
- ✔ **Ich habe es nicht eilig.** *(ich haabe es nicht ailich)*

Wo wollen Sie aussteigen?

- ✔ **Ich würde hier gerne aussteigen.** *(ich wüade hia geane ausschtaigen)*
- ✔ **Was macht das bitte?** *(was macht das bite)*

12 ➤ Unterwegs mit unterschiedlichen Verkehrsmitteln

- ✓ **der Taxameter** *(dea taxameeta)*: Automat, berechnet den Fahrpreis
- ✓ **Könnten Sie mir bitte mit dem Gepäck helfen?** *(könten zii mia bite mit deem gepek helfen)*; das **Gepäck** *(gepek)*: Koffer und Taschen

Das Gepäck

Was man auf einer Fahrt oder Reise so alles dabeihaben kann. Wie viele **Gepäckstücke** haben Sie dabei?

- ✓ **das Gepäckstück** *(gepekschtück)*: Koffer, Tasche, Tüte
- ✓ **der Koffer** *(kofa)*: groß, rechteckig
- ✓ **die Tasche** *(tasche)*: mit Griff für die Hand oder Schultergurt
- ✓ **der Rucksack** *(rukzak)*: trägt man auf dem Rücken
- ✓ **die Tüte** *(tüüte)*: aus Papier oder Plastik
- ✓ **die Handtasche** *(hanttasche)*: klein, aus Leder oder Plastik
- ✓ **die Computertasche** *(kompjuutatasche)*: für den Computer

Am Bahnhof

Das Wichtigste ist, nachdem man die Fahrkarte gekauft hat, das richtige Gleis zu finden, von dem der Zug abfährt. Schauen Sie auf die Anzeigetafel:

- ✓ **die Anzeigetafel** *(antsaigetaafel)*: Informationsanzeige auf dem Bahnhof, elektronisch
- ✓ **die Abfahrt** *(apfaat)*: der Zug fährt ab, los, weg
- ✓ **die Abfahrtszeit** *(apfaatstsait)*: zu dieser Zeit fährt der Zug los
- ✓ **über** *(üba)* Schleswig: der Zug fährt zwischendurch auch nach Schleswig, hält auch in Schleswig
- ✓ **das Ziel** *(tsiil)*: dort fährt der Zug hin
- ✓ **das Gleis** *(glais)*: Bahnsteig und Fahrweg für den Zug
- ✓ **der Bahnsteig** *(baanschtaik)*: Plattform

Wenn Sie jemanden abholen wollen, sehen Sie nach, wann der Zug ankommt, ob der Zug schon angekommen ist.

- ✓ **abholen** *(aphoolen)*: auf jemanden am Bahnhof warten
- ✓ **die Ankunft** *(ankunft)*: der Zug kommt an
- ✓ **die Ankunftszeit** *(ankunftstsait)*: zu dieser Zeit kommt der Zug an

Von welchem Gleis fährt der Zug nach ...

Sie können natürlich auch fragen:

✔ **Von welchem Gleis fährt der Zug nach Hamburg?** *(fon welchem glais feat dea tsuuk naxx hambuak)*

✔ **Wo ist Gleis 14a bitte?** *(woo ist glais fiatseen aa bite)*

Danach gilt es, den richtigen Wagen zu finden. Haben Sie eine Sitzplatzreservierung?

✔ **die Sitzplatzreservierung** *(zitsplatsrezawiirung)*: ein bestimmter Platz ist für Sie reserviert

✔ **Wagen 5** *(waagen fünf)*: der Wagen mit der Nummer 5

Lautsprecherdurchsagen verstehen

Sowohl im Bahnhof als auch im Zug gibt es viele Lautsprecherdurchsagen. Sie sind manchmal schwer zu verstehen. Wie wird es leichter? Wenn man weiß, was gesagt werden könnte, kann man das Gesagte leichter verstehen. Es lohnt sich also, den folgenden Wortschatz zu lernen:

✔ **der Lautsprecher** *(lautschprecha)*: elektrisches Gerät, das Töne verstärkt, Sprache lauter macht

✔ **die Lautsprecherdurchsage** *(lautschprechaduachzaage)*: was über den Lautsprecher gesagt wird

✔ **die Durchsage** *(duachzaage)*: Lautsprecherdurchsage

Kleiner Grundwortschatz Lautsprecherdurchsagen

Folgende Wörter hören Sie oft in Lautsprecherdurchsagen:

✔ **Sehr geehrte Fahrgäste** *(zeea geeate faageste)*; **Fahrgäste** *(faageste)*: Leute, die mitfahren

✔ **Meine Damen und Herren** *(maine daamen unt heren)*

✔ **Bitte beachten Sie** *(bite beaxxten zii)*: bitte sehen Sie, hören Sie, achten Sie auf

✔ **Achtung** *(axxtung)*: bitte hören Sie zu, bitte passen Sie auf

✔ **Vorsicht** *(foazicht)*: bitte seien Sie vorsichtig

✔ **planmäßige Abfahrt** *(plaanmeesige apfaat)*: die geplante Abfahrt ohne Verspätung

✔ **die Verspätung** *(faschpeetung)*: zu spät sein, zu spät kommen

✔ **Verspätung haben** (*faschpeetung haaben*)

✔ **verspätet sich um zehn Minuten** *(faspeetet zich um tseen miinuuten)*

✔ **verzögert sich** *(faatsöögat zich)*: verspätet sich

✔ **voraussichtlich** *(foraussichtlich)*: wahrscheinlich

12 ▶ Unterwegs mit unterschiedlichen Verkehrsmitteln

- ✔ **etwa** *(etwa)*: ungefähr, circa
- ✔ **um wenige Minuten** *(um weenige miinuuten)*: um ein paar Minuten
- ✔ **um einige Minuten** *(um ainige miinuten)*: um ein paar Minuten mehr
- ✔ **auf unbestimmte Zeit** *(auf unbeschtimte tsait)*: man weiß nicht, wie lange es noch dauert
- ✔ **der Zug zur Weiterfahrt nach** *(dea tsuuk tsua waitafaat naxx)*: der (ankommende) Zug nach
- ✔ **steht bereit an Gleis 4** *(schteet berait an glais fiia)*: ist am Gleis 4
- ✔ **fährt an Gleis 4 ein** *(feat an glais fiia ain)*: kommt an Gleis 4 angefahren
- ✔ **die Einfahrt** *(ainfaat)*
- ✔ **Ich wiederhole** *(ich wiidahoole)*: ich sage alles noch ein zweites Mal

Lautsprecherdurchsagen auf dem Bahnhof

Hier einige Beispiele für Lautsprecherdurchsagen, die oft am Bahnhof zu hören sind:

- ✔ **Der IC aus Mühlheim, planmäßige Abfahrt 15:46 Uhr, hat etwa zehn Minuten Verspätung.** *(dea ii tsee aus müülhaim plaanmeesige apfaat fünftseen uua zeksunfiatsich hat etwa tseen miinuuten faschpeetung)*
- ✔ **Auf Gleis 5 fährt ein: der Intercity aus München zur Weiterfahrt nach Hamburg. Bitte Vorsicht bei der Einfahrt.** *(auf glais fünf feat ain dea intasitii aus münchen tsua waitafaat naxx hambuak / bitt foazicht bai dea ainfaat)*
- ✔ **Der Regionalexpress 7658 nach Tübingen steht bereit an Gleis 7.** *(dea reegiionaalekspres naxx tüübingen schteet berait an glais ziiben)*
- ✔ **An Gleis 13 bitte einsteigen, Vorsicht an den Türen und bei der Abfahrt.** *(an glais draitseen bite ainschtaigen / foazicht an deen tüüren unt bai dea apfaat)*

Lautsprecherdurchsagen im Zug

Auch im Zug gibt es häufig Lautsprecherdurchsagen. Hier einige Beispiele für Lautsprecherdurchsagen im Zug:

- ✔ **Meine Damen und Herren, im ICE der Deutschen Bahn nach Hamburg begrüßen wir Sie herzlich. Wir wünschen Ihnen eine angenehme Fahrt.** *(maine daamen unt heren im ii tsee ee dea doischen baan naxx hambuak begrüssen wia zii heatslich / wia wünschen inen aine angeneeme faat)*; **jemanden begrüßen** *(begrüüsen)*: guten Tag sagen, willkommen heißen; **angenehm** *(anqeneem)*: gut, schön, nett
- ✔ **Informationen zu Ihren Anschlusszügen entnehmen Sie bitte dem ausliegenden Fahrplan.** *(infoamatsjoonen tsuu iiren anschlustsüügen entneemen zii bite deem ausliigenden faaplaan)*; **der Anschlusszug** *(anschlustsuuk)*: der Zug, in den Sie umsteigen wollen; **ausliegen** *(ausliigen)*: in der Nähe liegen

- ✔ **Meine Damen und Herren, in wenigen Minuten erreichen wir Bonn Hauptbahnhof. Sie erreichen dort alle vorgesehenen Anschlusszüge. Wir wünschen Ihnen noch einen angenehmen Tag.** *(zii araichen doat ale foagezeenen anschlustsüüge/wia wünschen iinen noxx ainen angeneemen taak)*; **erreichen** *(araichen)*: rechtzeitig kommen, nicht zu spät kommen

- ✔ **Der Ausstieg ist in Fahrtrichtung links/rechts.** *(dea ausschtiik ist in faatrichtung links/rechts)*; **der Ausstieg** *(ausschtiik)*: wo man aussteigt; **die Fahrtrichtung** *(faatrichtung)*: die Richtung, in die der Zug fährt

- ✔ **Der Zug endet hier. Wir bitten alle Fahrgäste auszusteigen.** *(dea tsuuk endet hia/wia biten ale faageste austsuuschtaigen)*

- ✔ **In Kiel haben Sie Anschluss nach Flensburg.** *(in kiil haaben zii anschlus naaxx flensburg)*

- ✔ **Aufgrund einer Störung im Betriebsablauf verzögert sich unsere Weiterfahrt um circa zwanzig Minuten.** *(aufgrunt aina schtöörung im betriipsaplauf fatsöögat zich unzere waitafaat um tsika tswantsich miinuuten)*; **aufgrund** *(aufgrunt)*: wegen; **die Störung im Betriebsablauf** *(schtöörung im betriipsaplauf)*: nicht genannter Grund, es wird nicht genau gesagt, warum; **die Weiterfahrt** *(waitafaat)*: der Zug fährt weiter; **die Weiterfahrt verzögert sich:** der Zug hält noch

- ✔ **Wir setzen die Fahrt in Kürze fort.** *(wia zetsen dii faat in küatse foat)*; **in Kürze** *(in küatse)*: in kurzer Zeit, bald; **die Fahrt in Kürze fortsetzen:** bald weiterfahren, bald wieder fahren

Nachfragen bei unverständlichen Lautsprecherdurchsagen

Sie haben nun erfahren, warum Lautsprecherdurchsagen manchmal so schwer zu verstehen sind: Der Wortschatz und Satzbau ist schwierig, weil er recht förmlich ist. Durch einen Lautsprecher klingen die Wörter manchmal außerdem verzerrt. Hinzu kommt, dass man bei einem Lautsprecher die sprechende Person nicht sieht und nicht nachfragen kann.

So kann man nachfragen, ob die Mitreisenden die Lautsprecherdurchsage verstanden haben:

- ✔ **Entschuldigung, haben Sie die Durchsage eben mitbekommen?** *(entschuldigung/haaben zii dii duachzaage eeben mitbekomen)*; **eben** *(eeben)*: kurz vorher, gerade, vor kurzer Zeit; **mitbekommen** *(mitbekomen)*: hören und verstehen

Der Zug nach Hamburg ist verspätet?

- ✔ **Um wie viele Minuten ist der Zug verspätet?** *(um wii fiile miinuuten ist dea tsuuk faschpeetet)*

- ✔ **Von welchem Gleis fährt der Zug nach Köln jetzt ab?** *(fon welchem glais feat dea tsuuk naaxx köln jetst ap)*; **jetzt** *(jetst)*: nun, nach der Änderung

12 ➤ Unterwegs mit unterschiedlichen Verkehrsmitteln

Bei den Lautsprecherdurchsagen haben Sie gelernt, dass man Gehörtes besser versteht, wenn man die Vokabeln kennt. Nutzen Sie dieses Wissen auch für andere Übungen zum **Hörverstehen**: Lernen Sie erst den Wortschatz zum Thema und hören Sie dann den Text.

Am Flughafen

Auf Flughäfen sieht man Menschen aus vielen Ländern und so läuft an Flughäfen vieles **mehrsprachig** *(measprachich)* ab. Viele der Wörter sind international und in vielen Sprachen gleich oder ähnlich. Oft gibt es auch Wörter, die ursprünglich englische Elemente enthalten, wie zum Beispiel **der Check-in-Schalter**, **der Duty-free-Bereich** oder die **Bordkarte.**

Wortfamilie »fliegen«

Wenn Sie das Wort **fliegen** kennen, können Sie gleich die verwandten Wörter dazu lernen:

- ✔ **abfliegen** *(apfliigen)*: losfliegen, von Hamburg abfliegen, in Helsinki ankommen
- ✔ **hinfliegen** *(hinfliegen)*: an einen Ort fliegen
- ✔ **zurückfliegen** *(tsurükfliegen)*: wieder an den ursprünglichen Ort zurück, wieder nach Hause fliegen
- ✔ **der Papierflieger** *(papiiafliiga)*: Flugzeug aus Papier, Kinderspielzeug

fliegen → der Flug

- ✔ **der Flug** *(fluuk)*: die Reise durch die Luft, wie ein Vogel, mit einem Flugzeug
- ✔ **das Flugzeug** *(fluuktseuk)*: fliegt Menschen, Passagiere durch die Luft
- ✔ **der Flughafen** *(fluukhaafen)*: dort starten und landen Flugzeuge
- ✔ **die Fluggäste** *(fluukgeste)*: Passagiere
- ✔ **die Fluggesellschaft** *(fluukgezelschaft)*: Firma, zum Beispiel Lufthansa
- ✔ **die Flugangst** *(fluukangst)*: Angst vor dem Fliegen
- ✔ **der Langstreckenflug** *(langschtrekenfluuk)*: langer Flug
- ✔ **die Flügel** *(flüügel)*: damit fliegt ein Vogel oder ein Flugzeug

Lernen Sie auch andere Wörter in **Wortfamilien**. Nehmen Sie sich dazu ein Verb (wie fliegen oder fahren) und suchen Sie aus dem Wörterbuch Wörter heraus, in denen das Wort Bestandteil ist, wie ab**fliegen**, der Papier**flieger** oder der **Flug**hafen.

Fliegen, flog, geflogen: Die sogenannten starken Verben

Viele Verben bilden ihre Vergangenheitsform, indem Sie einfach die Endung **-te** anhängen:

- lachen → er lacht → er lach-**te**
- suchen → sie sucht → sie such-**te**

Diese Verben heißen **schwache Verben**. Viele andere Verben bilden ihre Vergangenheitsform »unregelmäßig«. Fliegen ist eines dieser Verben.

- fliegen → er fliegt → er **flog**
- schwimmen → sie schwimmt → sie **schwamm**

Diese Art von Verben heißen **starke Verben**. Mehr zur Vergangenheitsbildung schwacher und starker Verben finden Sie im Anhang.

Beim Check-in

Haben Sie Ihren Flug schon gebucht? Dann können Sie weiter zum Check-in-Schalter. Wenn nicht, müssen Sie noch einmal zum Schalter der Reisegesellschaft, in ein Reisebüro oder ins Internet.

Einen Flug buchen:

- **Ich würde gern einen Flug nach Rom buchen.** *(ich wüade gean ainen fluuk naxx room buuxxen)*; **buchen** *(buuxxen)*: sich anmelden und kaufen
- **Wann geht der nächste Flug nach Rom?** *(wan geet dea neechste fluuk naaxx room)*
- **der Direktflug** *(diirektfluuk)*: Nonstop-Flug
- **der Hinflug** *(hinfluuk)*: Flug hin zum Ziel
- **der Rückflug** *(rükfluuk)*: Flug zurück
- **der Hin- und Rückflug** *(hin unt rükfluuk)*

Am Check-in-Schalter

Gehen Sie als Erstes zum Check-in-Schalter. Brauchen Sie für Ihr Gepäck einen Gepäckwagen?

- **der Gepäckwagen** *(gepekwaagen)*: der Kofferkuli, kleiner Handwagen für das Gepäck
- **der Check-in-Schalter** *(tschekinschalta)*: hier checken Sie ein
- **einchecken** *(aintscheken)*: sich anmelden, registrieren

Zeigen Sie Ihren Reisepass und Ihr Flugticket vor:

- **der Reisepass** *(raizepass)*: Pass, Identifikation
- **das Flugticket** *(fluuktiket)*: haben Sie bei der Buchung erhalten oder ausgedruckt

12 ▶ Unterwegs mit unterschiedlichen Verkehrsmitteln

Dann wird das Gepäck aufgegeben:

- ✔ **Gepäck aufgeben** *(gepek aufgeeben)*: Gepäck ins Flugzeug einladen lassen
- ✔ **das Gepäckband** *(gepekband)*: darauf wird das Gepäck automatisch weggefahren

Sie werden gefragt:

- ✔ **Wie viele Gepäckstücke haben Sie dabei?** *(wii fiile gepekschtüke haaben zii dabei)*; **das Handgepäck** *(hantgepek)*: Tasche oder Rucksack, die Sie mit ins Flugzeug tragen

Haben Sie noch Fragen zum Gepäck?

- ✔ **Wie viele Gepäckstücke sind erlaubt?** *(wii fiile gepekschtüke sint alaupt)*; **erlaubt** *(alaupt)*: darf man mitnehmen
- ✔ **Wie schwer darf das Gepäck sein?** *(wii schweea daaf das gepek zain)*
- ✔ **Geht diese Tasche noch als Handgepäck?** *(geet diize tasche noxx als hantgepek)*
- ✔ **das Freigepäck** *(fraigepek)*: ohne Extrakosten
- ✔ **das Übergepäck** *(übagepek)*: kostet extra oder kann nicht mitgenommen werden
- ✔ **das Sperrgepäck** *(schpeagepek)*: ist sehr groß oder hat eine ungewöhnliche Form
- ✔ **Wollen Sie einen Fensterplatz oder einen Platz am Gang?** **der Fensterplatz** *(fenstaplats)*, **der Platz am Gang** *(plats am gang)*
- ✔ **Ich hätte gern einen Fensterplatz.** *(ich hete gean ainen fenstaplats)*

Dann erhalten Sie Ihre Bordkarte und können durch die Sicherheitskontrolle zum Gate gehen:

- ✔ **die Bordkarte** *(boatkaate)*: braucht man, um an Bord zu kommen, zeigt Gate und Platznummer an
- ✔ **die Sicherheitskontrolle** *(zichahaitskontrole)*: Überprüfung des Gepäcks
- ✔ **der Duty-free-Bereich** *(djuuti frii beraich)*: hier kann man einkaufen
- ✔ **das Gate** *(geet)*: der Zugang zum Flugzeug und Wartebereich davor; **Gate 12** *(geet tswölf)*

Willkommen an Bord

Wahrscheinlich suchen Sie zuerst Ihren Sitzplatz. Auf der Bordkarte steht die Sitznummer:

- ✔ **an Bord gehen** *(an boat geen)*: ins Flugzeug einsteigen
- ✔ **die Sitznummer** *(sitsnuma)* oder Sitz Nr.: Nummer des Sitzplatzes

Falls jemand anderes auf Ihrem Platz sitzt, können Sie sagen:

- ✔ **Entschuldigen Sie. Ich glaube, dies ist mein Platz.** *(entschuldiigen zii/ich glaube diis ist main plats)*

Verstauen Sie das Handgepäck im Gepäckfach; **das Gepäckfach** *(gepekfaxx)*: Box für Gepäck oberhalb der Sitze, oben.

Fragen an den Flugbegleiter:

- ✔ **der Flugbegleiter** *(fluukbeglaita)* / **die Flugbegleiterin** *(fluukbeglatarin)*
- ✔ **Könnte ich … bekommen?** *(könnte ich … bekomen)*
- ✔ **ein Kissen** *(kisen)*: für den Kopf, zum Schlafen
- ✔ **eine Decke** *(deke)* Es ist kalt.
- ✔ **einen Kopfhörer** *(kopfhööra)*: zum Musik hören
- ✔ **noch einen Tomatensaft** *(tomaatenzaft)* Ich habe Durst.

Gepäckrückgabe, Pass- und Zollkontrolle

Nach der Ankunft gehen Sie zur Gepäckausgabe und dann zur Pass- und Zollkontrolle:

- ✔ **die Gepäckausgabe** *(gepekausgaabe)*: Hier bekommen Sie Ihr Gepäck zurück.

Manche Koffer sehen sehr ähnlich aus:

- ✔ **Entschuldigen Sie. Ich glaube, das ist mein Koffer.** *(entschuldiigen zii / ich glaube das ist main kofa)*

Haben Sie etwas zu verzollen?

- ✔ **der Zoll** *(tsoll)*: Behörde, die Zoll erhebt
- ✔ **der Zollbeamte** *(tsolbeamte)* / **die Zollbeamtin** (t*solbeamtin*): Beamter der Zollbehörde
- ✔ **etwas verzollen** *(fatsolen)*: anmelden, Zollabgabe zahlen

Pünktlich sein, verspätet oder früher als geplant ankommen

Manchmal ist man **auf die Minute pünktlich, pünktlich** *(pünktlich)*: genau in der Zeit. Wenn ein Mensch sehr pünktlich ist, kann man sagen: **pünktlich wie die Eisenbahn** *(pünktlich wii dii aizenbaan)*. Manchmal aber ist man auch **spät dran** oder **zu spät**.

Kommen wir noch pünktlich?

Im Zug können Sie den Schaffner (**der Schaffner** *(schafna)* / **die Schaffnerin** *(schafnarin)*, **der Zugbegleiter** *(tsuukbeglaita)* / **die Zugbegleiterin** *(tsuukbeglaitarin)*) fragen:

- ✔ **Sind wir verspätet?** *(sint wia faschpeetet)*
- ✔ **Um wie viele Minuten sind wir verspätet?** *(um wiifiile miinuuten sint wia faschpeetet)*
- ✔ **Um wie viel sind wir verspätet?** *(um wiifiil sint wia faschpeetet)*
- ✔ **Bekomme ich meinen Anschluss noch?** *(bekome ich mainen anschlus noxx)*
- ✔ **Was kann ich tun, wenn ich meinen Anschluss verpasse?** *(was kann ich tuun wen ich mainen anschlus fapase)*

12 ▸ Unterwegs mit unterschiedlichen Verkehrsmitteln

Bescheid sagen

Vielleicht müssen Sie Ihre Freunde, im Hotel oder wo immer Sie hinwollen anrufen und Bescheid sagen, dass Sie sich verspäten; **Bescheid sagen** *(beschait zaagen)*: informieren:

- ✔ **Hallo, hier ist Ben. Ich wollte Bescheid sagen, dass wir eine halbe Stunde später kommen.** *(halo hia ist ben / ich wolte beschaid zaagen das wia aine halbe schtunde schpeeta komen)*

- ✔ **Wir sind leider erst eine halbe Stunde später am Bahnhof, der Zug hat Verspätung.** *(wia sint laida east aine halbe schtunde schpeeta am baanhoof dea tsuuk hat faschpeetung)*

- ✔ **Wir kommen leider erst eine Stunde später an. Wir haben den Anschluss verpasst.** *(wia komen laida east aine schtunde schpeeta an / wia haaben deen anschlus fapast)*

- ✔ **Wir kommen früher als geplant. Wir sind schon um drei da.** *(wia komen früüa als geplaant / wia sint schoon um drai daa)*

- ✔ **Schulz hier. Können wir auch zwei Stunden später im Hotel einchecken? Unser Zug hat leider Verspätung.** *(schults hia / könen wia auxx tswai schtunden schpeeta im hootel aintscheken / unza tsuuk hat laida faschpeetung)*

- ✔ **Wie lange sind Sie heute Abend noch da?** *(wii lange sint zii hoite aabent noxx daa)*

Track 38

Anna kauft eine Fahrkarte direkt im Bus. Leider ist es keine Kurzstrecke mehr und sie kann auch nicht zurückfahren. Schließlich empfiehlt die Fahrerin ihr eine Tageskarte.

Anna: **Guten Tag. Wie viel kostet eine Fahrkarte?**

(guuten taak / wii fiil kostet aine faakaate)

Busfahrerin: **Kommt darauf an, wo es hingehen soll. Wohin wollen Sie denn?**

(komt drauf an / woo es hingeen zoll / woohin wolen zii den)

Anna: **Einmal zum Dreiecksplatz, bitte.**

(ainmaal tsum draieksplats bite)

Busfahrerin: **Das macht 2,70 Euro, bitte.**

(das maxxt zwai oiroo ziiptsich bite)

Anna: **Ist das nicht eine Kurzstrecke?**

(ist das nicht aine kuatsschtreke)

Busfahrerin: **Nein, das sind fünf Stationen, eine Kurzstrecke gilt nur für vier Stationen.**

(nain / das sint fünf schtatsjoonen / aine kuatsschtreke gilt nua füa fiia schtatsjoonen)

Anna: **Ach so. Kann ich mit der Fahrkarte dann auch zurückfahren?**

(axx zoo / kann ich mit dea faakaate dan auxx tsuurükfaan)

Busfahrerin: **Nein, der Fahrschein ist nur in eine Richtung gültig. Wie viele Fahrten wollen Sie denn heute machen?**

(nain / dea faaschain ist nua in aine richtung gültich / wii fiile faaten wollen zii den hoite maxxen)

Anna: **Drei oder vier, mal sehen.**

(drai oda fiia / maal zeen)

Busfahrerin: **Dann lohnt sich auch keine Tageskarte. Sie könnten das nächste Mal an einer Vorverkaufsstelle eine Mehrfahrtenfahrkarte kaufen, dann kostet die einzelne Fahrt nur 2,45 Euro. Oder Sie überlegen, ob sich eine Monatskarte für Sie lohnt. Hier, Ihr Fahrschein.**

(dan loont zich auxx kaine taageskaate / zii könten das neechste maal an aina foafakaufschtele aine meafaatenfaakaate kaufen / dan kostet dii aintselne faat nua tswai oiroo fünwunfiatsich / ooda zii übaleegen op zich aine moonatskaate füa zii loont / hiia iia faaschain)

Anna: **Vielen Dank. Nein, eine Monatskarte lohnt sich nicht, ich bin nur heute und morgen aus Bielefeld hier. Da kann man übrigens mit dem gleichen Fahrschein innerhalb von 90 Minuten hin- und zurückfahren.**

(fiilen dank / nain / aine moonatskaate loont zich nicht / ich bin nua hoite unt moagen aus biielefelt hiia / daa kan man übrigens mit deem glaichen faaschain inahalp fon nointsich minuuten hin unt tsuurük faaren)

Busfahrerin: **Ja, bei jeder Busgesellschaft ist das ein bisschen anders geregelt.**

(jaa / bai jeeda busgezelschaft ist das ain bischen andas gereegelt)

Deutsch schreiben:
Eine Jahreskarte beantragen oder kündigen

Wenn Sie das ganze Jahr Bus fahren, lohnt sich oft sogar eine Jahreskarte; **die Jahreskarte** *(jaareskaate)*: Ticket, Fahrkarte, gilt ein Jahr lang.

Einige Fragen vorab

Wichtige Fragen, die Sie hierzu vorab (zuerst) stellen wollen, sind:

✓ **Gilt die Karte für ein Jahr ab Ausstelldatum oder für ein Kalenderjahr?** *(gilt dii kaate füa ain jaa ap ausschteldaatum ooda füa ain kalendajaa)*

12 ➤ Unterwegs mit unterschiedlichen Verkehrsmitteln

- **das Ausstelldatum** *(ausschteldaatum)*: ein von Ihnen gewählter Tag, wird auf der Karte eingetragen
- **ein Jahr ab Ausstelldatum** *(ain jaa ap kaufdaatum)*: von diesem Tag an ein Jahr lang
- **das Kalenderjahr** *(kalendajaa)*: ein Jahr von Januar bis Dezember
- **der Kalendermonat** *(kalendamoonat)*: ein Monat vom 1. bis zum 30. oder 31. Tag

✔ **Gibt es Ermäßigungen?** *(giipt es ameesigungen)*
- **die Ermäßigung** *(ameesigung)*: Preisnachlass, Preisreduktion, es wird billiger
- **die Studentenermäßigung** *(schtuudentenameesigung)*: für Studenten

✔ **Ist die Jahreskarte übertragbar?** *(ist dii jaareskaate üübatraakbaa)*
- **übertragbar** *(übatraakbaa)*: es dürfen auch andere Personen die Karte benutzen
- **nicht übertragbar** *(nicht übatraakbar)*, **persönlich** *(pazöönlich)*: nur Sie dürfen die Karte benutzen

✔ **Darf ich am Wochenende andere Personen auf meine Karte mitnehmen?** *(daaf ich am woxxenende andere pazoonen auf maine kaate mitneemen)*

✔ **Gibt es eine Mitnahmeregelung am Wochenende?** *(gipt es aine mitnaamereegelung am woxxenende)*
- **die Mitnahmeregelung** *(mitnaameregelung)*: legt fest, wann weitere Personen mit der Karte fahren können

Oft ist eine Jahreskarte eine Monatskarte im **Abonnement**, Sie bekommen also jeden Monat eine neue Monatskarte, bis Sie das **Abonnement kündigen**.

✔ **das Abonnement** *(abünemong)*, **das Abo** *(aboo)*: man bekommt etwas immer wieder und zahlt immer wieder

✔ **das Abonnement kündigen** *(abünemong kündigen)*: den Vertrag kündigen, aufhören

✔ **ein Abonnement beantragen** *(abünemong beantragen)*: den Vertrag unterschreiben, anfangen

Daher ist es wichtig zu wissen, bis wann das Abonnement **beantragt** werden muss und wann man es **kündigen** kann.

✔ **Bis wann muss ich das Abonnement beantragen, wenn ich ab März fahren will?** *(bis wan muss ich das abünemong beantragen wen ich ap määts faaren will)*

✔ **Wann kann ich das Abo kündigen?** *(wan kann ich das aboo kündigen)*

Die Antwort könnte so lauten: **Bis zum zehnten Kalendertag des Vormonats** *(bis tsum tseenten kalendataak des foamoonats)*. Das heißt, wenn Sie ab März mit der Fahrkarte fahren wollen, müssen Sie sie bis zum 10. Februar (Vormonat) beantragen. Der Vormonat ist der Monat vor dem Monat, um den es sich handelt.

Einen Bestellschein ausfüllen

Ein Abonnement kann man meist mit einem Formular bestellen. Hier müssen Sie so einiges ankreuzen und ausfüllen.

✔ **ankreuzen** *(ankroutsen)*: ein Kreuz bei der zutreffenden Antwort machen

✔ **ausfüllen** *(ausfülen)*: Informationen in die Lücken schreiben

Das Formular heißt beispielsweise **Bestellschein für ein Jahreskartenabonnement** oder **Antrag für Zeitkarten**.

✔ **der Bestellschein:** Formular zum Bestellen

✔ **der Antrag:** Formular

✔ **die Zeitkarte:** Fahrkarte für längere Zeit, Monatskarte oder Jahreskarte

Vielleicht müssen Sie ankreuzen, ob Sie Neukunde sind oder schon eine Kundennummer haben:

✔ **der Kunde:** jemand, der etwas kauft

✔ **der Neukunde:** jemand, der zum ersten Mal etwas kauft oder bestellt

✔ **die Kundennummer:** eine Kennzahl für den Kunden, Zahl, an der man den Kunden erkennen kann

Dann müssen Sie angeben, wo die Fahrkarte gelten soll:

✔ **der Geltungsbereich:** wo die Fahrkarte gelten soll, wo man fahren will; **der Tarifbereich**

Der Bereich kann auch durch die **Busverbindung von Haltestelle zu Haltestelle** definiert werde. Dann sind **persönliche Daten** notwendig. Wer ist der Vertragsnehmer, wer ist der Nutzer?

✔ **der Vertragsnehmer:** unterschreibt den Vertrag, bezahlt

✔ **der Nutzer:** benutzt die Fahrkarte, fährt

Manchmal ist das dieselbe Person, manchmal sind Vertragsnehmer und Nutzer unterschiedliche Personen, zum Beispiel wenn Eltern eine Schülerfahrkarte für ihr Kind kaufen. Es muss außerdem eine Bankverbindung angegeben werden, von der das Geld abgebucht werden kann.

✔ **die Bankverbindung:** Kontonummer, IBAN-Nummer

✔ **der Kontoinhaber:** Name der Person, der das Konto gehört

Wenn Sie eine Ermäßigung beantragen, muss meist ein Nachweis vorliegen. **Der Nachweis** ist ein Dokument, das zeigt, dass es wirklich Ermäßigung geben kann, beispielsweise ein Schülerausweis **vorliegt** (**liegt vor**: wurde gezeigt oder eine Kopie wurde mitgeschickt).

Vielleicht gibt es auch ein Feld zum Ankreuzen: **Ermäßigungsnachweis Schülerausweis liegt vor.**

Schließlich unterschreiben Sie, dass Sie mit den **Vertragsbedingungen** einverstanden sind:

✔ **die Vertragsbedingungen:** die Regeln des Vertrags, die Einzelheiten des Vertrags

✔ **einverstanden sein, zustimmen:** akzeptieren

Manchmal werden die Vertragsbedingungen als **das Kleingedruckte** *(klaingedrukte)* bezeichnet, weil sie oft in kleinerer Schrift gedruckt sind. Haben Sie auch das Kleingedruckte gelesen? Was genau steht denn im Kleingedruckten?

Manchmal wird im selben Formular noch die Erlaubnis für Werbung eingeholt. Dazu müssen Sie ankreuzen, ob Sie einverstanden sind, wenn Sie per Telefon/E-Mail über neue Angebote informiert werden; **per Telefon oder E-Mail über neue Angebote informiert werden:** Werbung, Angebote am Telefon oder als E-Mail erhalten.

Kündigungsschreiben aufsetzen

Für das Kündigungsschreiben gibt es meist kein Formular. Wann können Sie die Jahreskarte kündigen? Hier ein paar Beispiele aus unterschiedlichen Vertragsbedingungen:

✔ **Kündigungen bedürfen der Schriftform/müssen schriftlich erfolgen:** müssen geschrieben werden.

✔ **Der Vertrag verlängert sich automatisch um zwölf weitere Monate:** Wird nicht gekündigt, besteht der Vertrag noch ein weiteres Jahr.

✔ Jahreskarten verlängern sich automatisch um zwölf weitere Monate, wenn sie nicht **gemäß Punkt 10** gekündigt werden: Unter Punkt 10 steht, wie man kündigen kann.

✔ Es kann **mit einer Frist von sechs Wochen zum jeweiligen Vertragsende** gekündigt werden: nicht später als sechs Wochen vor Ende des Vertrags.

✔ **Mit einer Frist von einem Monat zum Ende eines Kalendermonats:** am Ende des Monats für den übernächsten Monat, beispielsweise bis Ende Februar für eine Kündigung zum 1. April.

Vorzeitige Kündigung

Viele Jahreskarten (Monatskarten im Abo) können auch vor einem Jahr gekündigt werden, oft muss man aber etwas extra bezahlen:

✔ **Auch vor Ablauf der Zwölf-Monats-Laufzeit** kann jeweils zum Ende des Monats **vorzeitig** gekündigt werden: **Vorzeitig** bedeutet früher, die Vertragszeit ist kürzer als ein Jahr.

✔ **Es wird hierbei ein Betrag nacherhoben.** Es kostet extra: **Der Betrag** ist der Geldbetrag, Geld.

Oft muss man dann den Preis für einzelne Monatskarten bezahlen, zwölf zusammen wären billiger. Dann gibt es vielleicht auch noch eine Bearbeitungsgebühr (**die Bearbeitungsgebühr**: die Verwaltungsgebühr, Extrageld dafür, dass die Kündigung bearbeitet wird).

Muster für ein Kündigungsschreiben

Peter Petersen
Grendelweg 34
22567 Hamburg

Kundennummer: 45789-98 　　　　　　　　　　　　Hamburg, den 20.4.2016

Sehr geehrte Damen und Herren,

hiermit kündige ich mein Monatskarten-Abonnement mit der Nummer 99876-88 zum 1. 4. 2016. Zu diesem Datum widerrufe ich auch die Einzugsermächtigung. Ich bitte um eine schriftliche Bestätigung meines Schreibens.

Mit freundlichen Grüßen

Peter Petersen

Auf Reisen

In diesem Kapitel

▸ Eine Reise planen

▸ Kalender und Datum

▸ Wortschatz für Gespräche im Hotel

▸ Höfliche Sprache

▸ Urlaubspostkarten schreiben

Eine gelungene Reise beginnt mit der Planung. Wohin soll es denn gehen und wann? Wie kommen wir dorthin und was machen wir dort? Haben wir alle Dokumente beisammen? Wo werden wir übernachten: im Hotel, in der Jugendherberge oder im Zelt? Und wo liegt noch mal das Adressbuch? Ich wollte doch diesmal Urlaubspostkarten schreiben. Dieses Kapitel dreht sich rund ums Reisen, angefangen mit der Planung bis hin zum Schreiben der Urlaubspost.

Eine Reise planen

In Kapitel 2 lernen Sie Fragewörter kennen. Hier brauchen wir wieder einige davon:

✔ **Wohin** *(woohin)* soll die Reise gehen? **Nach** *(naaxx)* …

✔ **Wie** *(wii)* kommen wir dorthin? **Mit** *(mit)* …

✔ **Wann** *(wan)* wollen wir reisen? Wann ist eine gute Reisezeit? **Im** *(im)* …

✔ **Von wann bis wann** *(fon wan bis wan)* sind wir unterwegs?

✔ **Wie viele** *(wii fiile)* Tage (Wochen) sind wir unterwegs?

✔ **Was** *(was)* brauchen wir für die Reise, was muss alles mit?

✔ **Wo** *(woo)* übernachten wir?

✔ **Wer** *(wea)* bucht die Bahnfahrt oder den Flug und das Hotel?

Peter und Martin unterhalten sich über ihre Ferienpläne.

Peter: **Was machen wir denn nun in den Sommerferien?**

(was maxxen wia den nuun in deen zomafeerijen?)

Martin: **Ich hätte Lust, mal nach München zu fahren.**

(ich hete lust / maal naxx münchen tsuu faaren)

Peter: **Nur nach München? Wir könnten doch eine Rundreise machen und noch ein paar andere Städte mitnehmen.**

(nuua naxx münchen? wia könten doxx aine runtraize maxxen unt noxx ain paa andere schtääte mitneemen)

Martin: **Ja, das hört sich auch gut an.**

(jaa/das höat zich auxx guut an)

Peter: **Wo sollen wir übernachten? In Jugendherbergen oder in Hotels?**

(woo wolen wia übanaxxten? in juugentheabeagen ooda in hootels?)

Martin: **Kommt drauf an. Können wir ja noch mal sehen, was es so gibt.**

(komt drauf an/könen wia jaa noxx maal zeen was es zoo giipt)

Peter: **Und du übernimmst dann die Buchung?**

(unt duu übanimst dan dii buuxxung?)

Martin: **Okay, kann ich machen.**

(okee/kann ich maxxen)

Um was für eine Reise handelt es sich denn?

✔ **die Urlaubsreise** *(ualaupsraize)*: zur Erholung, im Urlaub, in den Ferien

✔ **die Rundreise** *(runtraize)*: mit gleichem Start- und Endpunkt und verschiedenen Stationen

✔ **die Städtereise** *(schteteraize)*: in eine bestimmte Stadt

✔ **die Berlinreise** *(bealiinraize)*: nach Berlin

✔ **die Geschäftsreise** *(gescheftsraize)*: aus beruflichen Gründen, während der Arbeitszeit

✔ **die Schulreise** *(schulraize)*: mit der Schulklasse

✔ **die Sprachreise** *(schpraxxraize)*: um in einem Land die Sprache zu lernen

✔ **die Bildungsreise** *(bildungsraize)*: um etwas über Geschichte und Kultur zu lernen

✔ **die Wanderreise** *(wandaraize)*: um zu wandern

✔ **die Hochzeitsreise** *(hoxxtsaitsraize)*: zu zweit, gleich nach der Hochzeit, Flitterwochen

✔ **der Kurztrip** *(kuatstrip)*: kurze Reise

✔ **die Weltreise** *(weltraize)*: zu verschiedenen Stationen auf verschiedenen Kontinenten

✔ **die Fantasiereise** *(fantaziiraize)*: nur in der Fantasie, im Kopf

Was für eine Reise ist Ihre **Traumreise** *(traumraize)*, wo wollten Sie schon immer gerne hin? Und was würden Sie dort gerne tun? Ist es eher eine Städtereise oder eine Erholungsreise? Wollen Sie Sightseeing machen oder lieber am Strand liegen und sich erholen?

13 ▶ Auf Reisen

Kalender und Daten

Wann planen Sie Ihre Anreise und wann Ihre Abreise?

- ✔ **die Anreise** *(anraize)*: Ankommen im Hotel oder am Reiseziel; Anreise **am** (Datum)
- ✔ **die Abreise** *(apraize)*: vom Hotel wegfahren; Abreise **am** (Datum)

Wie gibt man die Reisedaten richtig an? (Die Zahlen finden Sie in Kapitel 2.) Das waren die sogenannten **Kardinalzahlen**. Zur Angabe des Datums muss man sie leicht verändern in die sogenannten **Ordinalzahlen**.

Die Tagesdaten angeben

Der erste, zweite und dritte sind Lernwörter. Die anderen verändern sich nicht so besonders. Es wird nur die Endung **-te** an die (Kardinal-)Zahl gehängt. Aufpassen müssen Sie eigentlich nur noch bei der Aussprache von **siebente** *(ziimte)*.

- ✔ **der erste** *(easte)*
- ✔ **der zweite** *(tswaite)*
- ✔ **der dritte** *(drite)*
- ✔ **der vierte** *(fiate)*
- ✔ **der fünfte** *(fümfte)*
- ✔ **der sechste** *(zekste)*
- ✔ **der siebente** *(ziimte)*
- ✔ **der achte** *(axxte)*

…

- ✔ **der zwanzigste** *(tswantsikste)*

…

- ✔ **der einunddreißigste** *(ainundraisikste)*

Die Monate

- ✔ **Januar** *(januaa)*
- ✔ **Februar** *(feebruuaa)*
- ✔ **März** *(merts)*
- ✔ **April** *(april)*
- ✔ **Mai** *(mai)*
- ✔ **Juni** *(juuni)*
- ✔ **Juli** *(juuli)*

- ✔ **August** *(august)*
- ✔ **September** *(zeptemba)*
- ✔ **Oktober** *(oktooba)*
- ✔ **November** *(nowemba)*
- ✔ **Dezember** *(detsemba)*

Die Monatsnamen Juni und Juli klingen sehr ähnlich. Vor allem am Telefon kann man sie leicht verwechseln. Daher gibt es für diese beiden Monate besondere Namen, um sie zu unterscheiden. Man kann für den Monat Juni zur Unterscheidung auch **Juno** *(juunoo)* und für den Monat Juli auch **Julei** *(julai)* sagen.

Reisedaten aussprechen

Das Datum 25.5.2016 würde man also als Reisedatum mündlich so angeben:

- ✔ **Ich komme am fünfundzwanzigsten Mai zweitausendsechzehn an.** *(ich kome am fümwuntswntsiksten mai twaitauzentzechtseen an)*

Wie lange bleiben Sie und für wann planen Sie Ihre Abreise?

- ✔ **Ich bleibe eine Woche und reise dann am 1. Juni ab.** *(ich blaibe aine woxxe unt raize dan am easten juuni ap)*
  - **ankommen** *(ankomen)*, **die Ankunft** *(ankunft)*
  - **bleiben** *(blaiben)*, **der Aufenthalt** *(aufenthalt)*
  - **abreisen** *(apraizen)*, **die Abreise** *(apraize)*

Die Jahreszeiten

Wann ist die beste Reisezeit? Im Frühling, im Sommer, im Herbst oder im Winter?

- ✔ **der Frühling** *(früüling)*
- ✔ **der Sommer** *(zoma)*
- ✔ **der Frühsommer** *(früüzoma)*
- ✔ **der Spätsommer** *(schpeetzoma)*
- ✔ **der Herbst** *(heapst)*
- ✔ **der Winter** *(winta)*

Und wann ist Saison?

- ✔ **die Saison** *(zezong)*: wenn die meisten Leute reisen
- ✔ **die Hauptsaison** *(hauptzezong)*: die Hauptreisezeit
- ✔ **die Nebensaison** *(neebenzezong)*: die Nebenreisezeit

13 ► Auf Reisen

- ✔ **die Schulferien** *(schuulferjen)*: wenn die Schulen Ferien machen
- ✔ **die Sommerferien** *(zomafeerjen)*: sechs Wochen im Sommer
- ✔ **die Osterferien** *(oostafeerjen)*: zwei Wochen um Ostern herum
- ✔ **die Herbstferien** *(heapstfeerjen)*: im Oktober
- ✔ **in den Schulferien** *(in den schuulferjen)*: wenn Schulferien sind
- ✔ **außerhalb der Schulferien** *(ausahalp dea schuuferjen)*: wenn keine Schulferien sind
- ✔ **Pfingsten** *(fingsten)*: Sonntag und Montag, im Mai oder Juni
- ✔ **das Himmelfahrtswochenende** *(himelfaatswoxxenende)*: ein Donnerstag, viele nehmen sich dann den darauf folgenden Freitag, Samstag und Sonntag auch frei

Jedes Bundesland hat andere Schulferien. Bayern hat andere Sommerferien als Schleswig-Holstein oder Thüringen andere Osterferien als das Saarland. Alle Bundesländer haben Sommerferien, Herbstferien, Weihnachtsferien und Osterferien. Manche haben zusätzlich auch noch Winterferien, meist im Februar.

Pässe, Visa und andere Reiseformalitäten

An welche Formalitäten müssen Sie denken, bevor Sie Ihre Reise antreten? Was steht alles auf Ihrer Checkliste?

Den Reisepass verlängern

Ist der Pass noch gültig oder schon abgelaufen?

- ✔ **gültig** *(gültich)*: kann noch verwendet werden
- ✔ **abgelaufen** *(apgelaufen)*: muss verlängert werden
- ✔ **verlängern** *(falengan)*: erneuern

Ein Visum beantragen

So kann man sich nach den Visumsformalitäten erkundigen:

- ✔ **Brauche ich ein Visum für ...?** *(brauxxe ich ain wiizum füa)*
- ✔ **Brauche ich für eine vierzehntägige Reise nach ... ein Visum?** *(brauxxe ich füa aine fiatseenteegige raize naxx ... ain wiizum)*
  - **eintägig** *(ainteegich)*: einen Tag lang
  - **zweitägig** *(tswaiteegich)*: zwei Tage lang
  - **siebentägig** *(ziibenteegich)*: sieben Tage lang
  - **vierzehntägig** *(fiatseentägich)*: vierzehn Tage lang
  - **einwöchig** *(ainwöchich)*: eine Woche lang

- **zweiwöchig** *(tswaiwöchich)*: zwei Wochen lang
- **dreimonatig** *(draimoonatich)*: drei Monate lang
- **zweijährig** *(tswaijeerich)*: zwei Jahre lang

Bei einer zweiwöchigen Reise sagt man meist **vierzehntägig** *(fiatseentägich)*. Beides ist aber richtig. Wie lange soll die Reise gehen? Ist es eine Tagesreise, eine Wochenendreise, eine siebentägige oder eine vierzehntägige Reise?

Geld wechseln

Was Sie auf der Bank fragen und sagen können:

✔ **Wie ist der Wechselkurs für Schweizer Franken?** *(wii ist dea wekselkuas füüa schwaitsa franken)*
- **der Wechselkurs** *(wekselkuas)*: Verhältnis zwischen zwei Währungen
- **die Währung** *(weerung)*: Geld einer Wirtschaftsregion

✔ **Ich möchte norwegische Kronen in Euro wechseln, bitte.** *(ich möchte noaweegische kroonen in oiroo wekseln bite)*

✔ **Wie hoch ist die Gebühr?** *(wii hooxx ist dii gebüüa)*
- **die Gebühr** *(gebüüa)*: Extrakosten für den Service

✔ **Ich möchte möglichst kleine Scheine, bitte.** *(ich möchte mööklichst klaine schaine bite)*
- **der Schein** *(schain)*: Geld aus Papier
- **ein kleiner Schein:** Geld aus Papier mit niedrigerem Wert, zum Beispiel ein Fünfeuroschein
- **ein großer Schein:** Geld aus Papier mit höherem Wert, zum Beispiel ein Zehneuroschein
- **die Münze** *(müntse)*: Geld aus Metall
- **Kleingeld** *(klaingelt)*: kleinere Münzen

Man kann natürlich auch mit einer international gültigen Bankkarte einfach Geld aus dem **Geldautomaten** ziehen (mehr zu Geldautomaten finden Sie in Kapitel 7).

13 ▶ Auf Reisen

Im Reisebüro

Sie können Ihre Reise allein planen und buchen oder sich in einem Reisebüro beraten und helfen lassen:

- ✔ **das Reisebüro** *(raizebüüroo)*: hier kann man eine Reise buchen und sich beraten lassen
- ✔ **eine Reise buchen** *(aine raize buuxxen)*: bestellen, registrieren, kaufen
- ✔ **einen Flug buchen** *(ainen fluuk buuxxen)*
- ✔ **eine Zugfahrt buchen** *(aine tsuukfaat buuxxen)*
- ✔ **einen Sitzplatz reservieren** *(ainen zitsplats rezawiiren)*: einen Platz freihalten
- ✔ **ein Hotelzimmer reservieren** *(ain hoteltsima rezawiiren)*: ein Hotelzimmer freihalten

> Nomen und Verben, die zusammen stehen, nennt man Kollokationen: **eine Reise buchen** oder **ein Hotelzimmer reservieren** sind Beispiele dafür. Lernen Sie solche Sets von Wörtern zusammen, als Einheit.

Selbst machen oder machen lassen

Das sogenannte Lassen-Passiv ist eine einfachere Form des Passivs. Und so geht es:

- ✔ Ich schneide mir die Haare (selbst). Ich **lasse** mir die Haare schneiden (beim Friseur).
- ✔ Ich kürze meine Hose (selbst). Ich **lasse** meine Hose kürzen (von einem Schneider).

Und so geht es auch mit dem Reisebüro:

- ✔ Ich buche eine Reise. Ich **lasse** eine Reise buchen.
- ✔ Ich reserviere mir ein Hotelzimmer. Ich **lasse** mir ein Hotelzimmer reservieren.

Und auch generell:

- ✔ Etwas allein machen. Sich helfen **lassen**. Sich beraten **lassen**.

Mehr zum Passiv finden Sie im Anhang.

Was für eine Reise soll es sein?

Wollen Sie Pauschalreise oder eine individuellere Reise?

- ✔ **die Pauschalreise** *(pauschaalraize)*: ein Gesamtpreis für mehrere Reisebestandteile, beispielsweise Flug, Hotel und Verpflegung
- ✔ **der Transfer vom Flughafen zum Hotel** *(transfeer)*: Fahrt vom Flughafen zum Hotel
- ✔ **die Verpflegung** *(fafleegung)*: das Essen
- ✔ **die Vollpension** *(folpengzjoon)*: Frühstück, Mittagessen und Abendessen
- ✔ **die Halbpension** *(halppengzjoon)*: Frühstück und Abendessen

- ✔ **das Ausflugsprogramm** *(ausfluuksproogram)*: verschiedene Ausflüge
- ✔ **der Ausflug** *(ausfluuk)*: kurze Reise, Tagesreise
- ✔ **das Unterhaltungsprogramm** *(untahaltungsprogram)*: Shows
- ✔ **das Animationsprogramm** *(animatjoonsprogram)*: zum Mitmachen

Haben Sie noch Zeit oder soll es eine Last-Minute-Reise werden? Für beides gibt es im Reisebüro sicher Angebote.

- ✔ **das Angebot** *(angeboot)*: ein besonderer Preis
- ✔ **die Last-Minute-Reise** *(laast minit raize)*: Reisebeginn bald nach der Buchung
- ✔ **der Frühbucherrabatt** *(früübuuxxarabat)*: ein günstigerer Preis beim Buchen länger vor Reisebeginn

Wichtig sind auch hier die Vertragsbedingungen. Können Sie umbuchen oder sogar stornieren? Oder benötigen Sie eine Reiserücktrittversicherung?

- ✔ **umbuchen** *(umbuuxxen)*: etwas an der Reise ändern
- ✔ **stornieren** *(schtoniiren)*: die Reise absagen
- ✔ **die Reiserücktrittversicherung** *(raizerüktritfazicharung)*: trägt bestimmte Stornokosten

Oft kann man lange Wörter verstehen, wenn man sie in ihre Teile zerlegt:
- die Reiserücktrittversicherung = die Reise + der Rücktritt + die Versicherung
- der Frühbucherrabatt = früh + buchen + der Rabatt

Was deckt die Reiserücktrittversicherung ab?

- ✔ **abdecken** *(apdeken)*: was zahlt die Versicherung, in welchem Fall zahlt die Versicherung

Hotel, Jugendherberge, Zelt und wo man sonst noch übernachten kann

Sie möchten ein größeres Zimmer, Zimmerservice, einen Wellnessbereich und ein gutes Hotelrestaurant? Oder darf es auch ein einfacheres Hotel sein?

- ✔ **das Hotel** *(hotel)*
- ✔ **die Pension** *(pangzjoon)*: kleines, privateres Haus
- ✔ **die Jugendherberge** *(juugentheabeage)*: einfacher, preiswerter
- ✔ **das Privatzimmer** *(priiwaattsima)*: ein Zimmer in einer privaten Wohnung
- ✔ **die Ferienwohnung** *(feerjenwoonung)*: mit Möbeln und Küche
- ✔ **Ferien auf dem Bauernhof** *(feerijen auf deem bauanhoof)*: auf dem Land mit Kühen und Pferden

Ein Zimmer reservieren

Für welchen Zeitraum wollen Sie reservieren?

✔ **vom 12.4. bis zum 15.4.** *(fom tswölften fiaten bis tsum fünftseenten fiaten)*

Für wie viele Übernachtungen wollen Sie reservieren?

✔ **für drei Übernachtungen** *(füa drai übanaxxtungen)*

✔ **für drei Nächte** *(füa drai nechte)*

Was für ein Zimmer möchten Sie? Wie viele Betten brauchen Sie?

✔ **ein Einzelzimmer** *(aintseltsima)*: ein Zimmer mit einem einzelnen Bett

✔ **ein Doppelzimmer** *(dopeltsima)*: ein Zimmer für zwei Personen

✔ **mit einem Doppelbett** *(dopelbet)*: ein Bett für zwei Personen

✔ **mit zwei Einzelbetten** *(mit tswai aintselbeten)*: zwei getrennte Betten

✔ **mit einem Zustellbett** *(tsuuschtelbet)*: ein klappbares, einfaches Extrabett

✔ **mit einem Babybett** *(beebibet)*: ein Gitterbett, kleines Bett für ein Baby oder Kleinkind

Mit oder ohne ...

✔ **mit Dusche** *(duusche)*: Badezimmer mit Dusche

✔ **mit Badewanne** *(baadewane)*: Badezimmer mit Wanne

✔ **mit Ausblick** *(ausblik)*: schöner Blick aus dem Fenster

✔ **mit Fernseher** *(feanzeea)*: zum Fernsehen gucken

✔ **mit WLAN** *(weelaan)*: Internetverbindung ohne Kabel

✔ **mit Frühstück** *(früüschtük)*

✔ **mit Frühstücksbuffet** *(früüschtüksbüfee)*: Frühstück zum Selbstwählen

✔ **ein Nichtraucherzimmer** *(nichtrauxxatsima)*: Zimmer, in dem nicht geraucht wird

✔ **ein barrierefreies Zimmer** *(barijeerefraies tsima)*: Zimmer, in dem ein Rollstuhl ohne Problem fahren kann

Ankommen und Einchecken

Haben Sie reserviert?

✔ **Ich habe ein Zimmer auf den Namen Wolf reserviert.** *(ich haabe ain tsima auf deen naamen wolf rezawiiat)*

✔ **Haben Sie noch ein freies Doppelzimmer?** *(haaben zii noxx ain fraies dopeltsima)*

Das Zimmer vorab besichtigen:

✔ **Kann ich das Zimmer vorher sehen?** *(kan ich das tsima foahea zeen)*

✔ **Ich würde das Zimmer gerne vorab sehen. Ist das möglich?** *(ich wüade das tsima geane foaap zeen/ist das mööklich)*

Den Schlüssel erhalten:

✔ **Könnten wir zwei Schlüssel bekommen, bitte?** *(könten wia tswai schlüsel bekomen bite)*

✔ **Geht mit der Schlüsselkarte auch das Licht zu bedienen?** *(geet mit dea schlüselkaate auxx das licht tsuu bediinen)*

✔ **Wo kann ich meine Wertsachen einschließen?** *(woo kan ich maine weatzaxxen ainschliisen)*

- **die Wertsachen** *(weatzachen)*: wertvolle Dinge, Geld, Schmuck, Pass
- **der Tresor** *(trezoor)*: Aufbewahrungsort mit Code für Wertsachen

Wünsche äußern und Fragen stellen:

✔ **Könnten Sie mich bitte um 6:30 Uhr wecken?** *(könten zii mich bitte um halp ziiben weken)*

✔ **Könnte ich eine wärmere Decke bekommen?** *(könte ich aine weamere deke bekomen)*

✔ **Könnte ich bitte neue Handtücher haben?** *(könnte ich bite noie hanttücha haaben)*

✔ **Können Sie mir ein gutes Restaurant in der Nähe empfehlen?** *(könen zii mia ain guutes restoorang in dea neee emfeelen)*

✔ **Könnten Sie mir dort einen Tisch reservieren?** *(könten zii mia doat ainen tisch rezawiiren)*

✔ **Wo ist die nächste Bushaltestelle?** *(woo ist dii neechste bushalteschtele)*

✔ **Könnten Sie mir ein Taxi rufen, bitte?** *(könten zii mia ain taksii ruufen bite)*

✔ **Verkaufen Sie Briefmarken?** *(fakaufen zii briifmaaken)*

Probleme beheben:

✔ **Es ist zu kalt. Könnten Sie nachsehen, ob die Heizung in Ordnung ist?** *(könten zii naxxzeen op dii haitsung in ooatnung ist)*

✔ **Es ist zu laut. Könnte ich ein Zimmer zur Hofseite haben?** *(könte ich ain tsima tsua hoofzaite haaben)*

✔ **Es ist zu schmutzig. Könnten Sie das Zimmer noch einmal reinigen lassen, bitte?** *(könten zii das tsima noxx ainmaal rainigen lasen bite)*

✔ **Es gibt kein … Haben Sie …** *(haaben zii)*

✔ **… ist kaputt. Bitte reparieren Sie …** *(bite repariiren zii)*

✔ **… ist leer. Könnten Sie das wieder auffüllen, bitte?** *(könten zii das wiida auffülen bite)*

Viele Hotelgäste wünschen sich frische Blumen und eine Flasche frisches Mineralwasser auf dem Zimmer, Schokolade auf dem Kopfkissen und **flauschige Handtücher** *(flauschige hanttüücha)*. Flauschige Handtücher sind Handtücher, die sehr weich sind.

Höfliche Sprache

Im Hotel benutzt man eine besonders höfliche Sprache. Grammatisch bedeutet das, Sie verwenden Modalverben oder den Konjunktiv oder sogar beides.

- **werden:** ich würde gern *(ich wüade gean)*
- **haben:** ich hätte gern *(ich hete gean)*

Modalverben:

- **darf ich:** dürfte ich *(düafte ich)*
- **können Sie:** könnten Sie? *(könten zii)*

Immer höflicher:

- **Geht das?** *(geet das?)*
- **Ist das möglich?** *(ist das mööklich?)*
- **Wäre das möglich?** *(weere das mööklich?)*
- **Wäre das eventuell möglich?** *(weere das ewentuel mööklich?)*

Zu höflich ist auch nichts. Manche Wörter und Ausdrücke, die früher einmal sehr höflich waren, wurden nach und nach **ironisch** benutzt. So ist der Satz **Mach die Tür gefälligst zu!** heute nicht mehr höflich, sondern bedeutet im Gegenteil: Mach sofort die Tür zu.

Mehr über Modalverben und den Konjunktiv finden Sie im Anhang.

Vor der Abreise: Auschecken

Wann muss vor der Abreise ausgecheckt werden?

- **Bis wie viel Uhr müssen wir auschecken?** *(bis wiifiil uua müsen wiia austscheken)*
- **Ich würde gerne auschecken.** *(ich wüade gean austscheken)*
- **Könnte ich bitte die Rechnung haben?** *(könte ich bite dii rechnung haaben)*
- **Hier ist der Schlüssel.** *(hiia ist dea schlüsel)*
- **Kann ich mein Gepäck bis heute Nachmittag hier stehen lassen?** *(kan ich main gepek bis hoite naaxxmitag hiia schteen lasen)*

Track 39

Simon und Janna kommen im Hotel an. Das erste Zimmer ist ihnen allerdings zu laut, dann bekommen sie eines, das ihnen gut gefällt.

Rezeptionist: **Guten Tag. Willkommen im Hotel Sonnenblume.**

(guuten taak/wilkomen im hootel zonenbluume)

Simon: **Guten Tag. Wir sind ein bisschen später als angekündigt.**

(guuten taak/wia zint ain bischen schpeeta als angekündikt)

Rezeptionist: **Das macht doch nichts. Hier ist der Schlüssel für Ihr Zimmer.**

(das maxxt doxx nichts/hia is dea schlüsel füa iia tsima)

Simon: **Könnten wir zwei Schlüssel bekommen? Und, ach ja, könnten wir das Zimmer vielleicht vorab sehen?**

(könten wia tswai schlüsel bekomen? unt/axx jaa / könten wiia das tsima filaicht foaap zeen?)

Rezeptionist: **Ja, natürlich, kein Problem.**

(jaa natüüalich/kain proobleem)

(Nach kurzer Zeit)

Simon: **Das Zimmer ist uns ein bisschen zu laut. Könnten wir ein Zimmer zur Hofseite haben?**

(das tsima ist uns ain bischen tsuu laut / könten wiia ain tsima tsua hoofzaite haaben?)

Rezeptionist: **Ja, das geht auch. Dann nehmen Sie diese beiden Schlüssel bitte. Zimmer 345 im dritten Stock.**

(jaa/das geet auxx/dan neemen zii diize baiden schlüsel bite/ tsima draihundatfünwunfiatsich im driten schtok)

Simon: **Ach so, und könnte ich bei Ihnen meine Wertsachen einschließen?**

(axx zoo/unt könte ich bai iinen maine weatzaxxen ainschliisen?)

Rezeptionist: **Das können Sie. Aber im Zimmer befindet sich auch ein Tresor.**

(das könen zii/aaba im tsima befindet zich auxx ain trezooa)

(Nach kurzer Zeit)

Simon: **Das Zimmer ist sehr schön. Wir würden jetzt gerne noch etwas essen gehen. Können Sie ein gutes Restaurant in der Gegend empfehlen?**

(das tsima ist zeea schöön / wiia wüaden jetst geane noxx etwas geen/könen zii ain guutes restoorang in dea geegent emfeelen?)

Rezeptionist:	**Unser Hotelrestaurant ist ganz ausgezeichnet. Gleich hier entlang bitte.**

(unza hootelrestoorang ist gants ausgetsaichnet/glaich hiia entlang bite)

Simon:	**Ja, dann machen wir das doch.**

(jaa/dan maxxen wiia das doxx)

Auf Deutsch schreiben: Eine Urlaubspostkarte schreiben

Hier lernen Sie ein paar Beispielsätze für Standard-Urlaubspostkarten. Lesen Sie zuerst einen Beispieltext.

Aus dem Urlaub schreiben

Liebe Elke,

viele Grüße aus Kiel! Ich mache hier eine Woche Urlaub und das Wetter ist sehr schön. Ich gehe jeden Tag an den Strand. Morgen mache ich einen Ausflug ins Freilichtmuseum nach Molfsee. Darauf freue ich mich schon.

Bis bald.

Viele Grüße auch an Thorsten

Deine Sandra

- ✔ viele Grüße aus …
- ✔ **Ich mache hier** drei Tage/eine Woche/zwei Wochen **Urlaub.**
- ✔ **Das Wetter ist** sehr schön/schön/meistens schön.
- ✔ **Das Wetter ist** schlecht, aber es ist trotzdem schön hier.
- ✔ **Ich gehe jeden Tag** an/in/auf …
- ✔ **Morgen** mache ich/gehe ich/will ich …
- ✔ **Darauf freue ich mich schon.**
- ✔ **Das wird bestimmt interessant.**
- ✔ **Das wird bestimmt spannend**
- ✔ **Bis bald!/Bis dann!/Tschüss**
- ✔ **Viele Grüße auch an …**
- ✔ **Deine/Dein …**

Im Notfall Feuerwehr und Krankenwagen oder Polizei rufen

In diesem Kapitel

- Bei Notfällen um Hilfe rufen oder Hilfe anbieten
- Wortschatz Körper und Gesundheit
- Mit dem Arzt sprechen
- In der Apotheke
- Auf Deutsch schreiben: Gute Besserung wünschen

Wir alle hoffen natürlich, dass nie ein Notfall eintritt. Trotzdem ist es gut, sprachlich vorbereitet zu sein und sich den Wortschatz angesehen zu haben. Zum Arzt muss eigentlich jeder einmal: Wenn nicht wegen einer Krankheit, dann zur Vorsorgeuntersuchung. Außerdem geht es in diesem Kapitel über Erledigungen in der Apotheke, Kommunikation mit der Polizei und Besuche im Krankenhaus. Sollten Sie Ihre Freunde nicht persönlich besuchen können, finden Sie am Ende dieses Kapitels einen Beispieltext und Textbausteine für eine Gute-Besserung-Karte.

Bei Notfällen oder einem Unfall um Hilfe bitten

In einem wirklichen Notfall ist keine Zeit für lange Reden. Die kürzesten Hilferufe sind: **Hilfe!** *(hilfe)* Bitte helfen Sie mir. Dies wird auch gerne auseinandergezogen gerufen: **Hiiil-fe!** *(hil-fe)* und **Feuer!** *(foia)* Es brennt!

Um Hilfe bitten

Wenn Sie eine Person direkt ansprechen können, wird der Satz ein wenig länger:

- ✔ **Bitte helfen Sie mir.** *(bite helfen zii miia)*
- ✔ **Es ist dringend.** *(es ist dringent)*; **dringend**: wichtig und eilig, es muss sofort etwas passieren
- ✔ **Es ist lebensgefährlich.** *(es ist leebensgefeealich)*; **lebensgefährlich**: Leben ist bedroht
- ✔ **Rufen Sie einen Krankenwagen!** *(ruufen zii ainen krankenwaagen)*; **der Krankenwagen** *(krankenwaagen)*
- ✔ **Es brennt! Rufen Sie die Feuerwehr!** *(es brent / ruufen zii dii foiaweea)*; **die Feuerwehr** *(foiaweea)*: löscht Brände, hilft bei Katastrophen
- ✔ **Rufen Sie die Polizei!** *(ruufen zii dii poolitsai)*

Wenn es nicht dringend ist, haben Sie vielleicht Zeit für ein bisschen Höflichkeit. Dann wird der Satz ein wenig länger:

- ✔ **Haben Sie ein Handy dabei und könnten einen Krankenwagen rufen, bitte?** *(haaben zii ain hendi dabai unt könten ainen krankenwaagen ruufen bite)*
- ✔ **Ist ein Arzt anwesend?** *(ist ain aatst anweezent)*; **anwesend** *(anweezent)*: hier

Notfallnummern für Feuerwehr, Krankenwagen und Polizei

Die Notfallnummer für Feuerwehr und Krankenwagen ist 112, für die Polizei 110.

- ✔ **Rufen Sie 112!** *(ruufen zii ains ains tswai)*
- ✔ **Rufen Sie 110!** *(ruufen zii ains ains nul)*

Besonders an der Autobahn gibt es **Notrufsäulen**, die mit den Buchstaben **SOS** gekennzeichnet sind.

Ein Problem schildern

Sagen Sie, **wo** Sie sind und **was** passiert ist.

- ✔ **Ich bin an der Kreuzung Schillerstraße/Ostring.** *(ich bin an dea kroitsung schilaschtraase ostring)*
- ✔ **Es ist ein Unfall passiert.** *(es ist ain unfal pasiat)*; **der Unfall** *(unfal)*: das Unglück; **der Autounfall** *(autoounfal)*
- ✔ **Ich bin verletzt.** *(ich bin faletst)*; **verletzt** *(faletst)*: braucht medizinische Hilfe
- ✔ **Eine Person ist verletzt.** *(aine pazoon ist faletst)*
- ✔ **Zwei Personen sind verletzt.** *(tswai pazoonen sind faletst)*; **schwer verletzt** *(schweea faletst)*
- ✔ **Ein Mann ist bewusstlos.** *(ain man ist bewustloos)*; **bewusstlos** *(bewustloos)*: nicht ansprechbar, antwortet nicht, nicht bei Bewusstsein
- ✔ **Ein Mann blutet stark.** *(ain man bluutet schtaak)*; **stark bluten** *(schtaak bluuten)*: viel Blut verlieren

Einer anderen Person helfen

Wenn die Person bei Bewusstsein ist, können Sie sie ansprechen; **bei Bewusstsein** *(bai bewustzain)*: ansprechbar, kann sprechen.

- ✔ **Soll ich einen Arzt rufen?** *(zol ich ainen aatst ruufen)*
- ✔ **Soll ich einen Krankenwagen rufen?** *(zol ich ainen krankenwaagen ruufen)*

14 ▶ Im Notfall Feuerwehr und Krankenwagen oder Polizei rufen

Vielleicht haben mehrere Personen beobachtet, was passiert ist:

- ✔ **Was ist passiert?** *(was ist pasiat)*
- ✔ **Hat jemand schon einen Arzt gerufen?** *(hat jeemant schoon ainen aatst geruufen)*
- ✔ **Wer macht jetzt Erste Hilfe?** *(wea maxxt jetst easte hilfe)*
- ✔ **Erste Hilfe** *(easte hilfe)*: Sofortmaßnahmen, Hilfe, die sofort gemacht werden muss
- ✔ **der Erste-Hilfe-Kasten** *(easte hilfe kasten)*: Verbandskasten, Rot-Kreuz-Kasten
- ✔ **der Verband** *(fabant)*: wird um die Verletzung gewickelt
- ✔ **die Beatmung** *(beaatmung)*: die Mund-zu-Mund-Beatmung, Notfallmedizin, wenn die Atmung gestört ist
- ✔ **die Herz-Lungen-Massage** *(heatslungenmasasche)*: die Herz-Lungen-Wiederbelebung, Notfallmedizin, Reanimation

Nach einer Person fragen, die Ihre Sprache spricht

Wenn Sie vom Unfall betroffen sind, ist es gut, jemanden zu haben, der Ihre Muttersprache oder eine andere Ihnen gut bekannte Sprache spricht. Auch für die Begleitung zum Arzt ist es gut, wenn jemand noch mehr erklären und vermitteln kann:

- ✔ **Gibt es hier jemanden, der ... spricht?** *(giipt es hia jeemanden dea ... schpricht)*
- ✔ **Gibt es hier jemanden, der Englisch spricht?** *(giipt es hia jeemanden dea englisch schpricht)*
- ✔ **Kann mich jemand zum Arzt begleiten?** *(kan mich jeemand tsum aatst beglaiten)*; **begleiten** *(beglaiten)*: mitgehen, helfen, unterstützen

Krankheiten vorbeugen

Ein Sprichwort sagt: Wer morgens nüchtern dreimal schmunzelt, bei Regen nicht die Stirne runzelt, wer abends singt, dass es so schallt, wird neunundneunzig Jahre alt. Was kann man noch tun, um Krankheiten vorzubeugen (**vorbeugen** *(foabeugen)*: vorsorgen, dass man möglichst keine Krankheit bekommt)? Viele Ärzte raten, sich ausgewogen zu ernähren, ausreichend zu schlafen, Sport zu treiben und auf Zigaretten und Alkohol zu verzichten.

- ✔ **die Ernährung** *(eaneerung)*: was man isst, Essen
- ✔ **eine ausgewogene Ernährung** *(aine ausgewoogene eaneerung)*: eine gute Auswahl an Lebensmitteln
- ✔ **Vitaminmangel** *(witamiinmangel)*: zu wenig Vitamine
- ✔ **der Mangel** *(mangel)*: zu wenig von etwas
- ✔ **ausreichender Schlaf** *(ausraichenda schlaaf)*: genug schlafen
- ✔ **das Immunsystem** *(imuunsisteem)*: körpereigener Schutz

Krankenkassen bieten Kurse zur Gesundheitsvorsorge an.

Körper und Gesundheit

Wenn Krankheiten gar nicht erst entstehen sollen, hilft vorbeugen und Vorsorge. Darum geht es in diesem Abschnitt. Zunächst aber wird es noch grundlegender. Wie heißen die einzelnen Körperteile?

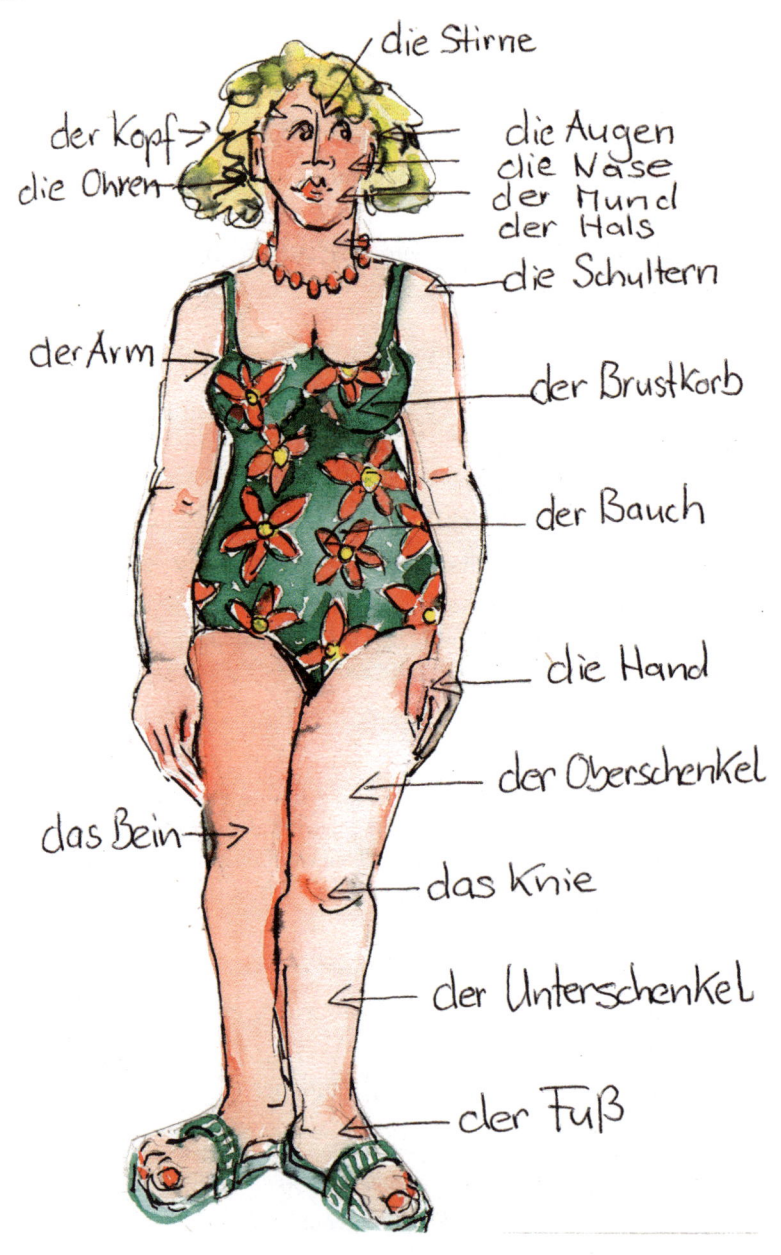

Abbildung 14.1: Körperteile

14 ➤ Im Notfall Feuerwehr und Krankenwagen oder Polizei rufen

- das Haar *(haa)*
- der Kopf *(kopf)*
- das Gehirn *(gehian)*
- das Gesicht *(gezicht)*
- die Stirn *(schtian)*
- das Auge *(auge)*
- die Nase *(naaze)*
- das Ohr *(ooa)*
- der Mund *(munt)*
- der Hals *(hals)*
- der Nacken *(naken)*
- die Schultern *(schultan)*
- die Brust *(brust)*
- das Herz *(heats)*
- die Lunge *(lunge)*
- der Arm *(aam)*
- die Hand *(hant)*
- das Handgelenk *(hantgelenk)*
- die Finger *(finga)*
- der Bauch *(bauxx)*
- der Rücken *(rüken)*
- die Haut *(haut)*
- die Leber *(leeba)*
- die Nieren *(niiren)*
- die Hüfte *(hüfte)*
- das Bein *(bain)*
- der Oberschenkel *(oobaschenkel)*
- das Knie *(knii)*
- der Unterschenkel *(untaschenkel)*
- der Fuß *(fuus)*
- das Fußgelenk *(fuusgelenk)*

Die Finger der Hand heißen: **Daumen, Zeigefinger, Mittelfinger, Ringfinger** und **kleiner Finger**. Bei den Zehen gibt es den **großen Zeh** und den **kleinen Zeh**, die Zehen dazwischen haben keine eigenen Namen. Scherzhaft kann man zu dem großen Zeh auch **großer Onkel** sagen.

Mit dem Arzt sprechen

Wenn Sie krank sind, gehen Sie zum Arzt, Sie suchen eine Arztpraxis auf; **die Arztpraxis** *(aatstpraksis)*: dort arbeitet ein Arzt / eine Ärztin oder mehrere Ärzte. Dort wird man Sie fragen:

- **Was haben Sie für Beschwerden?** *(was haaben zii füa beschweaden)*

Das ist recht förmlich ausgedrückt. Ärzte benutzen oft eine besonders höfliche Sprache.

- **Was fehlt Ihnen?** *(was feelt iinen?)*

Oder, scherzhaft unter Freunden, könnte man auch sagen:

- **Wo drückt der Schuh?** *(woo drükt dea schuu?)*

Sie werden dann erst einmal sagen:

✔ **Ich bin krank.** *(ich bin krank)*

✔ **Ich fühle mich nicht wohl.** *(ich füüle mich nicht wool)*

✔ **Mir geht es nicht gut.** *(miia geet es nicht guut)*

Alles andere kann dann durch die Befragung, Untersuchung und Diagnose beim Arzt geklärt werden.

> Wenn Sie sagen wollen, dass es sich bei einer kleinen Verletzung oder kleinen Wunde um nichts Ernstes handelt, es nur eine Kleinigkeit ist, die Sie bedrückt, können Sie scherzhaft sagen: **Es ist nur ein Wehwehchen** *(weeweechen)*. Oder noch schwächer ausgedrückt: »Es ist nichts. Nur ein kleines Wehwehchen.«

Zu welchem Arzt müssen Sie?

Es gibt viele verschiedene Fachärzte. Oft hilft der Hausarzt bei der ersten Orientierung und behält den Überblick.

✔ **der Hausarzt** *(hausaatst)*: der Arzt für Allgemeinmedizin

✔ **der Hals-Nasen-Ohren-Arzt** *(halsnaazenoorenaatst)*, **HNO-Arzt**: für Krankheiten im Rachen, in der Nase und den Ohren

✔ **der Augenarzt** *(augenaatst)*: für Augenheilkunde

✔ **der Hautarzt** *(hautaatst)*: der Dermatologe

✔ **der Frauenarzt** *(frauenaatst)*: der Gynäkologe, für Frauenkrankheiten und Geburtshilfe

✔ **der Kinderarzt** *(kindaaatst)*: für Kinder und Jugendliche

✔ **der Psychiater/Psychotherapeut** *(psüchaata psüchooterapoit)*: für seelische Krankheiten

Bei der Sprechstundenhilfe

Die Sprechstundenhilfe wird Sie nach Ihrer Versichertenkarte fragen. Bevor Sie an der Reihe sind, müssen Sie wahrscheinlich im Wartezimmer warten. Hier finden Sie mögliche Fragen der Sprechstundenhilfe und mögliche Beispielantworten:

✔ **Haben Sie einen Termin? Ja, ich habe einen Termin um 15:45 Uhr bei Dr. Lüdemann.** *(haaben zii ainen tamiin/jaa ich haabe ainen tamiin um fünftseen uua fünwunfiatsich bai doktoa lüüdeman)*

✔ **Wie sind Sie versichert? – Ich bin bei der Barmer Ersatzkasse.** *(wii zint zii fazichat/ich bin bei dea baama azatskase)*

✔ **Kann ich Ihre Versichertenkarte haben, bitte? – Ja, hier, bitte.** *(kan ich iire fazichatenkaate haaben bite / jaa / hiia/bite)*

14 ▶ Im Notfall Feuerwehr und Krankenwagen oder Polizei rufen

✔ **Bitte gehen Sie noch ins Wartezimmer, Sie werden dann aufgerufen.** *(bite geen zii noxx ins waatetsima/zii weaden dan aufgeruufen)*

✔ **Sie kommen bald dran.** *(zii komen balt dran)*

✔ **Sie müssen sich auf eine längere Wartezeit einstellen.** *(zii müsen zich auf aine lengere waatetsait ainschtelen)*

- **das Wartezimmer** *(waatetsima)*: zum Warten, Zeitschriften lesen
- **das Sprechzimmer** *(schprechtsima)*: hier spricht man den Arzt / die Ärztin

Wann sind Sie dran?

✔ **Sie sind als Übernächster dran.** *(zii sint als üübaneechsta dran)*

✔ **an der Reihe sein** *(an dea raie zain)*, **dran sein** *(dran zain)*: den Arzt jetzt sprechen dürfen

✔ **als Nächster** *(als neechsta)*: Sie sind die nächste Person, die den Arzt sprechen darf.

✔ **als übernächster** *(als üübaneechsta)*: Es ist noch jemand vor Ihnen dran.

✔ **Es sind noch drei Leute vor Ihnen dran.** *(es zint noxx drai loite fooa iinen dran)*

Bei der Vorsorgeuntersuchung

Gehen Sie regelmäßig zur Vorsorgeuntersuchung. Für Kinder gibt es spezielle Vorsorgeuntersuchungen beim Kinderarzt.

✔ **die Vorsorgeuntersuchung** *(foazoageuntazuuxxung)*: zum frühen Erkennen von Krankheiten

✔ **die Krebsvorsorge** *(kreepsfoazoage)*

✔ **Krebs** *(kreeps)*: Tumor

✔ **Brustkrebs** *(brustkreeps)*: Krebs in der Brust bei Frauen

✔ **Darmkrebs** *(daamkreeps)*: Krebs im Darm

✔ **die Organe** *(ogaane)*: Herz, Leber, Nieren

✔ **die Blutuntersuchung** *(bluutuntazuuxxung)*: Untersuchung des Bluts

✔ **das Screening** *(skriining)*

✔ **die Impfung** *(imfung)*: das Impfen

✔ **die U1** *(uu ains)* **bis U11** *(uu elf)*: elf verschiedene Vorsorgeuntersuchungen für Kinder

✔ **die J1** *(jot ains)* **und J2** *(jot tswai)*: zwei verschiedene Vorsorgeuntersuchungen für Jugendliche

Wo tut es weh? Schmerzen beschreiben

Wo tut es weh und wie tut es weh? Wenn Sie Ihre Schmerzen richtig beschreiben, kann der Arzt eine gute Diagnose stellen:

- ✔ **Es tut weh.** *(es tuut wee)* **Es schmerzt.** *(es schmeatst)*
- ✔ **Wo tut es weh? Hier.** *(woo tuut es wee/hiia)*
- ✔ **Tut es hier weh? – Aua! Ja.** *(tuut es hiia wee/aua/jaa)*
- ✔ **Kopfschmerzen** *(kopfschmeatsen)*
- ✔ **Halsschmerzen** *(halsschmeatsen)*
- ✔ **Bauchschmerzen** *(bauxxschmeatsen)*, **Magenschmerzen** *(maagenschmeatsen)*
- ✔ **Gliederschmerzen** *(gliidaschmeatsen)*: in den Armen und Beinen
- ✔ **starke Schmerzen** *(schtaake schmeatsen)*: es tut sehr weh
- ✔ **stechende Schmerzen** *(schtechende schmeatsen)*: stechen, wie Nadeln
- ✔ **brennende Schmerzen** *(brenende schmeatsen)*: brennen, wie Feuer
- ✔ **pochende Schmerzen** *(pochende schmeatsen)*: wie der Puls, klopfend
- ✔ **dumpfe Schmerzen** *(dumfe schmeatsen)*: tiefer, schwer zu lokalisieren

Andere Krankheitssymptome beschreiben

Es gibt noch viele andere Krankheitssymptome. Achten Sie auf die Phrasen. Manchmal sagt man **ich bin ...**, manchmal **ich habe ...** und manchmal **mir ist ... Das Symptom** *(sümptoom)* ist das Zeichen, etwas, das sich zeigt, das man merkt:

- ✔ **Ich bin erkältet.** *(ich bin akeltet)*; **erkältet** *(akeltet)*: Schnupfen, Husten, Halsschmerzen, müde
- ✔ **Ich habe Schnupfen.** *(ich haabe schnupfen)*; **der Schnupfen** *(schnupfen)*: laufende Nase, verstopfte Nase; **der Husten** *(huusten)*: Husten haben, husten
- ✔ **Ich habe 39 Grad Fieber.** *(ich haabe noinundraisich graat fiiba)*; **das Fieber** *(fiiba)*: höhere Körpertemperatur; **die Verstopfung** *(faschtopfung)*: kein Stuhlgang; **Durchfall** *(duachfal)*: flüssiger Stuhlgang
- ✔ **Ich muss mich erbrechen.** *(ich mus mich abrechen)*; **erbrechen** *(abrechen)*: spucken, sich übergeben, vor Übelkeit
- ✔ **Mir ist übel. Mir ist schlecht.** *(miia ist üübel) (miia ist schlecht)*; **übel** *(üübel)*: man denkt, man muss sich übergeben
- ✔ **Mir ist schwindelig.** *(miia ist schwindelich)*; **schwindelig** *(schwindlich)*: man denkt, alles schwankt, dreht sich
- ✔ **Ich habe mich verbrannt.** *(ich haabe mich fabrant)*; **verbrannt** *(fabrant)*: an etwas Heißem, Feuer, Herd

14 ➤ Im Notfall Feuerwehr und Krankenwagen oder Polizei rufen

✔ **Ich habe mir die Hand verbrannt.** *(ich haabe miia dii hant fabrant)*

✔ **Ich bin gestochen worden.** *(ich bin geschtoxxen woaden)*; **gestochen** *(geschtoxxen)*: von einem Insekt, einer Biene, Wespe, Hornisse

✔ **Meine Haut juckt.** *(maine haut jukt)*; **jucken** *(juken)*: man möchte sich kratzen

✔ **Ich habe mir den Knöchel verstaucht.** *(ich haabe miia deen knöchel faschtauxxt)*; **verstaucht** *(faschtauxxt)*: an Bändern oder am Gelenk

✔ **Ich habe mir den Fuß gebrochen.** *(ich haabe miia deen fuus gebroxxen)*; **gebrochen** *(gebroxxen)*: den Knochen gebrochen

Ich habe eine Allergie: Besondere Umstände nennen

Welche besonderen Umstände von Ihnen muss der Arzt unbedingt wissen?

✔ **Ich habe eine chronische Krankheit.** *(ich haabe aine kroonische krankhait)*

  • **chronisch** *(kroonisch)*: dauerhaft

  • **Diabetes** *(diabeetes)*: Zuckerkrankheit

  • **Epilepsie** *(epilepsii)*: Krampfanfälle

  • **Ich habe einen hohen Blutdruck.** *(ich haabe ainen hoohen bluutdruk)*

  • **Ich habe einen niedrigen Blutdruck.** *(ich haabe ainen niedrigen bluutdruk)*; **der Blutdruck** *(bluutdruk)*: Druck des Blutflusses

✔ Aber auch andere Besonderheiten muss der Arzt wissen:

  • **Ich bin schwanger.** *(ich bin schwanga)*; **schwanger** *(schwanga)* **sein**: ein Kind erwarten

  • **Ich bin im sechsten Monat schwanger.** *(ich bin im zeksten moonat schwanga)*

  • **Ich habe eine Allergie gegen ...** *(ich haabe aine aleagii geegen)*; **die Allergie** *(aleagii)*: die Unverträglichkeit, die Intoleranz

✔ Und dann fragt er Sie vielleicht:

  • **Nehmen Sie regelmäßig Medikamente?** *(neemen zii reegelmeesich meedikamente)*

  • **Welche Medikamente nehmen Sie regelmäßig?** *(welche meedikamente neemen zii reegelmeesich)*; **regelmäßig**: immer wieder

Untersucht werden

Bevor eine Diagnose gestellt werden kann, müssen Sie noch weiter befragt und dann untersucht werden; **die Untersuchung** *(untazuuxxung)*: die Betrachtung des Patienten.

✔ **Seit wann bestehen die Symptome?** *(sait wan beschteen dii sümptoome)* Seit wann haben Sie diese Symptome, Beschwerden?

✔ **Haben Sie etwas Ungewöhnliches gegessen?** *(haaben zii etwas ungewöönliches gegesen)*; **etwas Ungewöhnliches**: etwas, das Sie sonst nicht essen

✔ **Haben Sie etwas Ungewöhnliches gemacht?** *(haaben zii etwas ungewöönliches gemaxxt)*

✔ **Haben Sie viel Stress in letzter Zeit?** *(haaben zii fiil schtress in letsta tsait)*

Anweisungen des Arztes verstehen

Diese Aufforderungen hören Sie möglicherweise von Ihrem Arzt:

✔ **Bitte streifen Sie den rechten Ärmel hoch. Ich möchte Ihren Blutdruck messen.** *(bite schtraifen zii deen rechten eamel hooxx) (ich möchte iiren bluutdruk mesen)*

✔ **Bitte machen Sie sich obenrum frei. Ich möchte Sie abhören.** *(bite maxxen zii sich oobenrum frai/ich möchte zii aphöören)*

✔ **sich frei machen** *(frai maxxen)*: sich ausziehen

  • **obenrum** *(oobenrum)*: der Oberkörper, den Pullover und das Hemd ausziehen

  • **abhören** *(aphöören)*: hören, ob die Lunge frei ist, mit einem Stethoskop

✔ **Bitte atmen Sie jetzt einmal tief ein.** *(bite aatmen zii jetst ainmaal tiif ain)*

✔ **Bitte atmen Sie aus.** *(bite atmen zii aus)*

  • **einatmen** *(ainaatmen)*: Luft in den Körper einatmen

  • **ausatmen** *(ausaatmen)*: Luft aus dem Körper ausatmen

✔ **Öffnen Sie bitte den Mund. Ich möchte in Ihren Rachen schauen.** *(öfnen zii bite deen munt, ich möchte in iiren raxxen schauen)*

✔ **Bitte sagen Sie »Aaa«.** *(bite zaagen zii aa)* Bitte öffnen Sie den Mund.

✔ **Ich möchte eine Blutuntersuchung machen.** *(ich möxxte aine bluutunterzuuxxung maxxen)*: ein Blutbild erstellen

✔ **Ich möchte eine Röntgenaufnahme machen.** *(ich möxxte aine röntgenaufnaame maxxen)*: ein Röntgenbild machen

Höfliche Sprache beim Arzt

Damit der Arzt / die Ärztin die Distanz wahren kann, benutzt er/sie eine sehr höfliche Sprache mit eigenen höflichen Wörtern.

✔ **sich frei machen:** sich ausziehen

✔ **die Beschwerden:** die Symptome, die Probleme

✔ **die Erkrankung:** die Krankheit

✔ **sich erbrechen:** sich übergeben

✔ **Stuhlgang haben, Urin abgeben:** ausscheiden, auf Toilette gehen

14 ▶ Im Notfall Feuerwehr und Krankenwagen oder Polizei rufen

Die Diagnose verstehen

Nachdem der Arzt Sie untersucht hat, kann er eine Diagnose stellen. Auf Ihre Frage **Was habe ich denn?** *(was haabe ich den)* wird er dann antworten:

✔ Sie haben ...

- **einen grippalen Infekt** *(ainen gripaalen infekt)*: eine Erkältung
- **eine Virusinfektion** *(wiirusinfektjoon)*: durch Viren verursacht
- **einen bakteriellen Infekt** *(ainen bakterijellen infekt)*: durch Bakterien verursacht
- **eine Entzündung** *(aine enttsündung)*
- **Mandelentzündung** *(mandelenttsündung)*: die Rachenmandeln sind entzündet
- **Lungenentzündung** *(lungenenttsündung)*: die Lunge ist entzündet
- **Blinddarmentzündung** *(blintdarmentsündung)*: der Blinddarm ist entzündet
- **eine Verstauchung** *(faschtauxung)*
- **ein verstauchtes Handgelenk** *(ain fastauxxtes hantgelenk)*
- **ein gebrochenes Handgelenk** *(ain gebroxxenes hantgelenk)*

Behandelt werden

Jetzt gibt der Arzt Ihnen Ratschläge, verschreibt vielleicht ein Medikament und überweist Sie, wenn es nötig ist, zu einem Facharzt.

Ärztliche Ratschläge

Wenn der Arzt empfiehlt, etwas zu tun, nennt man das auch einen »ärztlichen Ratschlag«; **der ärztliche Ratschlag** *(ertstliche raatschlaak)*. Ein ärztlicher Ratschlag könnte lauten: Vermeiden Sie starke körperliche Belastung und gönnen Sie sich viel Ruhe.

✔ **körperliche Belastung** *(köapaliche belastung)*: Anstrengung

✔ **Ruhe** *(ruue)*: Pause, Schlaf, ausruhen

✔ **Bettruhe** *(betruue)*: im Bett bleiben

Ein Medikament verschrieben bekommen

Wenn es nötig ist, verschreibt der Arzt Ihnen ein Medikament und stellt dafür ein Rezept aus:

✔ **das Rezept** *(retsept)*: Mit diesem Schein können Sie das Medikament in der Apotheke kaufen.

✔ **das Medikament** *(meedikament)*: die Medizin, die Arznei

✔ **das Schmerzmittel** *(schmeatsmitel)*: Medikament gegen Schmerzen

✔ **Nasentropfen** *(naazentropfen)*: Medikament gegen Schnupfen

✔ **das Antibiotikum** *(antibjootikum)*: Medikament gegen bakterielle Entzündungen

Es gibt verschiedene Formen von Medikamenten (und Heilmitteln), beispielsweise:

✔ **Tabletten** *(tableten)*: Tabletten einnehmen

✔ **Pulver** *(pulwa)*: Pulver auflösen

✔ **Saft** *(zaft)*: Saft einnehmen

✔ **Tropfen** *(tropfen)*: Tropfen einträufeln

✔ **Salbe** *(zalbe)*: Salbe auftragen

✔ **Spritze** *(spritse)*: eine Spritze geben

✔ **Verband** *(fabant)*: einen Verband anlegen, einen Verband wechseln

Einnahmeanweisungen erhalten

Der Arzt gibt Ihnen auch Anweisungen für die Einnahme:

✔ **dreimal täglich** *(draimaal teeklich)*: drei Mal am Tag

✔ **bis zu dreimal täglich** *(bis tsuu draimaal teeklich)*: höchstens drei Mal am Tag

✔ **alle sechs Stunden** *(ale zeks schtunden)*: vier Mal am Tag

✔ **höchstens alle sechs Stunden** *(höchstens ale seks schtunden)*: höchstens vier Mal am Tag

✔ **vor dem Essen** *(foa deem esen)*, **auf nüchternen Magen** *(auf nüchtanen maagen)*

✔ **nach dem Essen** *(naxx deem esen)*

✔ **zum Essen** *(tsum esen)*: während des Essens, beim Essen, mit dem Essen zusammen

✔ **unzerkaut** *(untseakaut)*: ganz

✔ **aufgelöst** *(aufgelööst)*: in Wasser zerfallen

Medikamente haben Wirkungen und Nebenwirkungen:

✔ **die Wirkung** *(wiakung)*: was das Medikament erreichen soll, machen soll

✔ **die Nebenwirkung** *(neebenwiakung)*: was es außerdem verursacht

Medikamente haben über die Wirkung hinaus, die erwünscht ist, manchmal unerwünschte Nebenwirkungen. Deshalb muss bei jeder Werbung für Medikamente gesagt werden: **Zu Risiken und Nebenwirkungen fragen Sie Ihren Arzt oder Apotheker.**

Überweisung zum Facharzt

Vielleicht sagt Ihr Hausarzt zum Abschied zu Ihnen:

✔ **Gute Besserung!** *(guute beserung)* Ich wünsche Ihnen, dass Sie schnell wieder gesund werden.

✔ **Kommen Sie nächste Woche noch einmal wieder.** *(komen zii nechste woxxe noch ainmaal wiida)*

14 ▶ Im Notfall Feuerwehr und Krankenwagen oder Polizei rufen

✔ **Falls es sich nicht bessert oder schlimmer wird, kommen Sie bitte wieder.** *(falls es zich nicht besat ooda schlima wiat komen zii bite wiida)*

✔ **sich bessern** *(zich besan)*: besser werden

✔ **sich verschlimmern** *(zich faschliman)*, **sich verschlechtern** *(faschlechtan)*: schlechter werden

Vielleicht überweist der Arzt Sie auch zu einem Facharzt:

✔ **Bitte gehen Sie damit einmal zu einem Augenspezialisten.** *(bite geen zii daamit ainmaal tsuu ainem augenschpeetsialisten)*

Falls Sie niemanden kennen, können Sie fragen:

✔ **Können Sie mir jemanden empfehlen?** *(könen zii miia jeemanden emfeelen?)*

Sich krankschreiben lassen

Wenn Sie wegen einer Krankheit bei der Arbeit, in der Schule oder im Studium fehlen, benötigen Sie eine Krankschreibung. **Die Krankschreibung** *(krankschraibung)* ist eine Bestätigung vom Arzt, dass Sie krank sind.

✔ **Benötigen Sie eine Krankschreibung?** *(benöötigen zii aine krankschraibung)*

✔ **Ich brauche noch eine Krankschreibung.** *(ich brauche noxx aine krankschraibung)*

✔ **Ich schreibe Sie zunächst einmal drei Tage krank. Wenn das nicht reicht, kommen Sie bitte wieder.** *(ich schraibe zii tsuuneechst ainmaal drai taage krank/wen das nicht raicht komen zii bite wiida)*

Ich habe ein Rezept: In der Apotheke

Ein **Rezept** *(retsept)* ist der Zettel, den Sie vom Arzt erhalten haben. Darauf steht, was Sie in der Apotheke kaufen sollen. Wenn Sie ein Rezept haben, brauchen Sie nur dem Apotheker/der Apothekerin den Zettel zu geben und zu sagen:

✔ **Ich habe ein Rezept.** *(ich haabe ain retsept)*

Dann bekommen Sie, was Sie brauchen. Oder aber es ist gerade nicht da. Dann sagt der Apotheker/die Apothekerin:

✔ **Das habe ich nicht da. Ich kann es bis heute Nachmittag bestellen.** *(das haabe ich nicht daa/ich kann es bis hoite naaxxmitag beschtelen)*

Oder Sie fragen:

✔ **Bis wann können Sie es bestellen?** *(bis wan könen zii es beschtelen)*

Dann lautet die Antwort:

✔ **bis heute Nachmittag** oder

✔ **bis heute Abend** oder

✔ **bis morgen**

Wenn Ihnen das zu lange dauert, möchten Sie vielleicht versuchen, ob eine andere Apotheke Ihr Medikament vorrätig (da) hat:

✔ **Ich würde es gerne erst einmal bei einer anderen Apotheke versuchen.** *(ich wüade es geane east ainmaal bai aina anderen apoteeke fazuuxxen)*

Josi und Anton unterhalten sich. Josi erzählt von ihrer Erkältung:

Anton: **Hallo Josi! Wie geht es dir? Geht es dir gut? Du siehst so blass aus.**

(haloo dschoozi/wii geeht es diia/geet es diia guut/duu siist zoo blas aus)

Josi: **Hallo Anton! Ja, ich war ein paar Tage krank. Aber jetzt geht es mir schon besser.**

(haloo antoon/jaa ich waa ain paa taage krank/aaba jetst geet es miia schoon besa)

Anton: **Was hattest du denn?**

(was hatest duu den)

Josi: **Das Übliche: Husten, Schnupfen, Fieber. Ich war drei Tage lang krankgeschrieben und dann war ja zum Glück Wochenende. Ab heute arbeite ich wieder. Und bei dir ist alles in Ordnung?**

(das üüpliche/huusten/schnupfen/fiibaa/ich waa drai taage lang krankgeschriiben unt dan waa jaa tsum glük woxxenende/ap hoite aabaite ich wiida/unt bai dia ist ales in ooatnung)

Anton: **Ja, zum Glück. Mich hat's in diesem Jahr noch nicht erwischt.**

(jaa tsum glük/mich hats in diizem jaa noxx nich awischt)

Josi: **Das ist gut. Und, wo gehst du jetzt hin?**

(das ist guut/unt/woo geest duu jetst hin)

Anton: **Ich habe noch eine Vorlesung und dann will ich in die Kletterhalle.**

(ich haabe noxx aine foaleezung unt dan will ich in dii kletahale)

Josi: **Das klingt gut, viel Spaß.**

(das klingt guut/fiil schpaas)

Anton: **Na dann, tschüss, und weiterhin gute Besserung!**

(naa dan/tschüss unt waitahin guute beserung)

Josi: **Danke!**

(danke)

Bei vielen Rezepten müssen Sie etwas dazubezahlen, einen **Eigenanteil** *(aigenantail)* bezahlen. Den Rest übernimmt Ihre Krankenkasse.

14 ➤ Im Notfall Feuerwehr und Krankenwagen oder Polizei rufen

In der Apotheke können Sie Folgendes auch **rezeptfrei** *(retseptfrai)*, ohne Rezept kaufen:

✔ **Pflaster** *(flasta)*: für Wunden, zugeschnitten (fertige Streifen) oder zum Zurechtschneiden (selbst schneiden)

✔ **Kopfschmerztabletten** *(kopfschmeatstableten)*: ein Medikament gegen Kopfschmerzen

✔ **Halsschmerztabletten/Lutschtabletten** *(halsschmeatstableten)*: ein Medikament gegen Halsschmerzen

✔ **Kräutertee** *(kroutatee)*: Tee aus Kräutern

✔ **Nasentropfen** *(naazentropfen)*: ein Medikament gegen Schnupfen zum Einträufeln in die Nase

So fragen Sie Ihren Apotheker/Ihre Apothekerin nach einer Empfehlung:

✔ **Ich habe ...** *(ich haabe)*

✔ **Ich brauche etwas gegen ...** *(ich brauxxe etwas geegen)*

Viele Apotheken haben einen Namen, der mit einem Bild dargestellt wird. Eine gute Möglichkeit, neue Wörter zu lernen! Manchmal sind es:

✔ Tiere: Löwenapotheke, Rabenapotheke, Storchenapotheke, Adlerapotheke

✔ Gebäude: Marktapotheke, Rathausapotheke, Postapotheke, Brunnenapotheke

✔ Fantasiewesen: Einhornapotheke

Manche Apotheken sind auch nach berühmten Komponisten oder Dichtern benannt: Bachapotheke, Schillerapotheke, Goetheapotheke, Beethovenapotheke.

Wo ist die nächste Apotheke?

Egal wie die Apotheke heißt, wichtig zu wissen ist, wo sich die nächste Apotheke befindet und welche Apotheken in der Nacht oder am Wochenende Notdienst haben:

✔ **Wo ist die nächste Apotheke?** *(woo ist dii neechste apooteeke)*

✔ **Welche Apotheken haben heute Notdienst?** *(welche apooteeken haben hoite nootdiinst)*

✔ **Haben Sie einen Notdienstplan für die umliegenden Apotheken?** *(haaben zii ainen nootdiinstplaan füa dii umliigenden apooteeken)*

✔ **der Notdienst** *(nootdiinst)*: der Bereitschaftsdienst, Öffnung in der Nacht oder am Wochenende

✔ **der Notdienstplan** *(nootdiinstplaan)*: hier steht, welche Apotheken wann Notdienst haben

✔ **die umliegenden** *(umliigenden)* **Apotheken:** die Apotheken in der Nähe

Im Krankenhaus

Sie wollen Ihre Freundin im Krankenhaus besuchen. Auf welcher Station liegt sie denn?

✔ **die Station** *(schtatsjoon)*: Abteilung im Krankenhaus

Wenn Sie die richtige Station gefunden haben, fragen Sie dort eine **Krankenschwester** *(krankenschwesta)* oder einen **Krankenpfleger** *(krankenfleega)*, in welchem Zimmer Ihre Freundin zu finden ist:

✔ **In welchem Zimmer liegt Maria Schaller?** *(in welchem tsima liikt maariija schala)*

Oder müssen Sie zur Notaufnahme? Dann können Sie so fragen:

✔ **Wo ist die Notaufnahme, bitte?** *(woo ist dii nootaufnaame bite)*

✔ **Ich muss dringend in die Notaufnahme, bitte.** *(ich mus dringent in dii nootaufnaame bite)*; **die Notaufnahme** *(nootaufnaame)*, **die Notfallambulanz** *(nootfalambulants)*

Wenn Sie ein Baby bekommen, müssen Sie in den Kreißsaal:

✔ **Ich muss dringend in den Kreißsaal, bitte.** *(ich mus dringent in deen kraiszaal bite)*; **der Kreißsaal** *(kraiszaal)*: dort werden Babys geboren

Wenn Ihr Arzt keine Sprechstunde hat, stellen viele Krankenhäuser auch eine Notfallpraxis zur Verfügung. Dort finden Sie Allgemeinärzte und Kinderärzte im Bereitschaftsdienst. **Die Notfallpraxis** *(nootfalpraksis)* ist eine Arztpraxis, die geöffnet ist, wenn die normalen Arztpraxen geschlossen sind.

Beim Zahnarzt

Auch der Arbeitsplatz der Zahnärzte heißt Praxis. Dort arbeiten außerdem noch Zahnarzthelfer, die Zahnärzte bei ihrer Arbeit unterstützen:

✔ **der Zahnarzt** *(tsaanaatst)* / **die Zahnärztin** *(tsaanerststin)*

✔ **die Zahnarztpraxis** *(tsaanartstpraksis)*

✔ **der Zahnarzthelfer** *(tsaanaatsthelfa)* / **die Zahnarzthelferin** *(tsaanaatsthelfarin)*

✔ **der zahnmedizinische Angestellte / die zahnmedizinische Angestellte** *(tsaanmeeditsiinische angeschtelte)*

✔ **die Sprechstundenhilfe** *(schprechschtundenhilfe)*: arbeitet am Empfang, macht die Termine

Ein Zahnarzt, der auch kleine Operationen durchführt, heißt Kieferchirurg: **der Kieferchirurg** *(kiifaschiruak)*, **der Oralchirurg** *(ooraalschiruak)*.

Im Idealfall müssen Sie nur zur Kontrolle kommen. Dann schaut sich der Zahnarzt alle Ihre Zähne an und überprüft, dass sich keine Löcher gebildet haben. **Die Kontrolle** *(kontrole)*: der Zahnarzt sieht sich alle Zähne an, kontrolliert alle Zähne.

14 ➤ Im Notfall Feuerwehr und Krankenwagen oder Polizei rufen

✔ **Ich komme heute nur zur Kontrolle.** *(ich kome hoite nuua tsua kontrole)*

✔ **Ich möchte einen Termin zur halbjährlichen Kontrolle, bitte.** *(ich möchte ainen tamiin tsua halpjeealichen kontrole bite)*

Alle Zähne im Oberkiefer und Unterkiefer werden kontrolliert:

✔ **der Oberkiefer** *(oobakiifa)*: die obere Zahnreihe

✔ **der Unterkiefer** *(untakiifa)*: die untere Zahnreihe

✔ **der Zahn** *(tsaan)*

✔ **der Schneidezahn** *(schnaidetsaan)*: die vier vorderen Zähne

✔ **der Eckzahn** *(ektsaan)*: spitze Zähne an den Ecken

✔ **Backenzahn** *(bakentsaan)*: Zähne weiter hinten, zum Kauen

✔ **der Weisheitszahn** *(waishaitstsaan)*: Zähne ganz hinten, nur bei Erwachsenen

✔ **Milchzähne** *(milchtseene)*: die ersten Zähne bei Kindern

✔ **bleibende Zähne** *(blaibende tseene)*: die Zähne, die nach den Milchzähnen wachsen

Dazu sagte der Zahnarzt vielleicht:

✔ **Öffnen Sie bitte den Mund.** *(öfnen zii bite deen munt)*

✔ **Können Sie den Mund noch ein bisschen weiter öffnen?** *(könen zii deen munt noxx ain bischen waita öfnen)*

✔ **der Mund** *(munt)*

✔ **die Lippen** *(lipen)*: sind geschlossen bei geschlossenem Mund

✔ **die Zunge** *(tsunge)*: im Mund

✔ **das Zahnfleisch** *(tsaanflaisch)*: darin sitzen die Zähne

Während der Zahnarzt Ihre Zähne kontrolliert, sagt er vielleicht zum Zahnarzthelfer: »6 oben o.B., 7 oben o.B., 5 unten o.B. ...« Die Abkürzung **o.B.** *(oo bee)* bedeutet, dass der Zahn **ohne Befund**, also gesund, ist.

Wenn Sie doch ein Loch haben, macht der Zahnarzt eine Füllung:

✔ **das Loch** *(loxx)*: Loch im Zahn, von Bakterien verursacht

✔ **Karies** *(kaaries)*: schwarze Stellen

✔ **die Füllung** *(fülung)*: damit wird das Loch gefüllt, zugemacht

✔ **die provisorische Füllung** *(provizoorische fülung)*: die erste, vorläufige Füllung, nur für ein paar Tage

Was man noch so beim Zahnarzt erleben kann:

- ✔ **die Zahnreinigung** *(tsaanrainigung)*: Zähne werden gereinigt, sauber gemacht
- ✔ **die Wurzelbehandlung** *(wuatsel)*: die Zahnwurzel wird behandelt
- ✔ **ein (Weisheits-)Zahn wird gezogen** *(getsoogen)*: entfernt
- ✔ **ein Zahnersatz** *(tsaanazats)* **wird erstellt:** künstliche Zähne oder Teile von Zähnen

Wichtig dabei ist, wie man sich fühlt und wer das bezahlt:

- ✔ **Ist Ihre Praxis auf Angstpatienten eingestellt?** *(ist iire praxis auf angstpatsjenten aingestelt)*
- ✔ **der Patient** *(patsjent)*: die Person, die behandelt wird
- ✔ **der Angstpatient** *(angstpatsjent)*: ein Patient, der Angst hat
- ✔ **eingestellt** *(aingestelt)* **sein auf:** erwarten, sich gut kümmern können um
- ✔ **Welche Kosten übernimmt die Krankenkasse?** *(welche kosten übanimt dii krankenkase)* Was bezahlt die Krankenkasse?
- ✔ **die Kostenübernahme** *(kostenübanaame)*: die Krankenkasse bezahlt die Kosten
- ✔ **der Anteil** *(anteil)*: ein Teil
- ✔ **eine anteilige Kostenübernahme** *(antailiige kostenübanaame)*: die Krankenkasse bezahlt einen Teil der Kosten

Mit der Polizei sprechen

Bei der Polizei melden Sie unter anderem Verkehrsunfälle und wenn Ihnen etwas gestohlen wurde: **Wo ist das nächste Polizeirevier?** *(woo ist das neechste politsairewiia)*; **das Polizeirevier** *(politsairewiia)*: Diensträume der Polizei.

Beschreiben, was gestohlen wurde

Ich möchte einen Diebstahl melden. *(ich möchte ainen diipschtaal melden)*; **der Diebstahl** *(diipschtaal)*: etwas wurde gestohlen.

- ✔ **Mir wurde ... gestohlen.** *(miia wuade ... geschtoolen)*
  - meine Handtasche *(maine hanttasche)*: kleine Tasche, vor allem von Frauen
  - Geld *(gelt)*
  - mein Portemonnaie *(main poatmonee)*: darin ist das Geld und wichtige Karten
  - meine Brieftasche *(briiftasche)*: darin sind Geld und oft wichtige Dokumente
  - mein Pass *(pas)*: Reisepass
  - mein Smartphone *(smaatfoon)*: Handy
  - mein Fahrrad *(faaraat)*

Auf Deutsch schreiben: Gute Besserung wünschen

Ihr Freund oder Ihre Freundin ist krank und Sie möchten eine Karte schreiben. Wie können Sie es gut formulieren? Hier finden Sie Anregungen. Lesen Sie zuerst den Beispieltext.

Ein Gute-Besserung-Wunsch

Liebe Karin,

nun hat die Erkältungswelle Dich also auch erwischt …

Ich wünsche Dir gute Besserung. Nimm Dir Zeit, Dich auszuruhen, und dann werd schnell wieder gesund!

Mit diesem Brief schicke ich Dir auch ein kleines Trostpäckchen. Ich hoffe, es gefällt Dir.

Liebe Grüße

Deine Sofia

Hier ein paar Variationsmöglichkeiten:

✓ **Die Anrede:**
- Liebe Karin
- Lieber Peter

✓ **Der erste Satz. Was ist passiert? Warum schreibe ich?**
- Ich habe gehört, dass Du krank bist.
- Von Ingo habe ich erfahren, dass Du im Krankenhaus bist.
- Nun hat es Dich auch erwischt. Du bist auch krank geworden (wie viele zurzeit).
- Du machst ja Sachen! Du Arme! Es tut mir leid, dass Du krank bist.

✓ **Ich wünsche Dir gute Besserung.**
- Ich wünsche Dir gute Besserung. Ich wünsche Dir, dass es Dir bald wieder besser geht.
- Weiterhin gute Besserung. Ich habe Dir schon einmal geschrieben oder es gesagt, jetzt schreibe ich noch einmal gute Besserung.
- und baldige Genesung. Werde bald wieder gesund.
- Werd schnell wieder gesund!
- Komm schnell wieder auf die Beine.

✓ **Ich denke an Dich.**
- Ich denk an Dich.
- Ich schicke Dir mit diesem Brief ein kleines Trostpäckchen. Ein kleines Geschenk zum Aufmuntern, damit Du Dich freust und nicht so traurig bist

✔ **Deine/Dein**

- Deine Sofia
- Dein Jan
- Im Namen von allen; ich schreibe im Namen von allen Freunden
- Viele Grüße auch von Markus und Andrea. Markus und Andrea denken auch an Dich.

Mündlich ist freundlich: Wenn Sie an Freunde schreiben, wirkt es freundlich, ein wenig so zu schreiben, wie man spricht.

✔ **Werd** bald wieder gesund. statt **Werde** bald wieder gesund.

✔ Ich **denk** an dich. statt Ich **denke** an dich.

✔ Ich **hab** dich lieb. statt Ich **habe** dich lieb.

Teil IV
Der Top-Ten-Teil

web Extras

Besuchen Sie uns auf www.facebook.de/fuerdummies!

In diesem Teil ...

kommen noch ein paar nette Extras. Verschiedene Lerntipps von ernst bis spielerisch helfen Ihnen, sprachlich am Ball zu bleiben. Sie zeigen Ihnen, wie Sie Ihr Deutsch ganz nebenbei mithilfe von Fernsehen und Kino, dem Internet oder auch Musik und Bewegung verbessern können oder auch bewusst mithilfe von Lernpartnern (Tandempartnern) und Wörterbüchern weiterlernen können. Diese Tipps ermuntern Sie auch, schon bekannte Lerntechniken abzuwandeln und zu kombinieren, wie etwa Hören und Lesen gleichzeitig. Mit einer Übersicht über die Ausdrücke zu besonderen Anlässen haben Sie immer die richtige Phrase parat, sei es eine Geburtstagsfeier oder Neujahr oder eine bestandene Prüfung. Verschiedene norddeutsche und süddeutsche Floskeln laden Sie ein, sich mit Dialekten und Sprachvarianten zu beschäftigen. Eine Liste verschiedener Sprichwörter lässt Sie mit Sprache spielen und ermuntert dazu, weitere Sprichwörter zu sammeln. Schließlich erfahren Sie noch einige praktische Ausdrücke, die Ihnen helfen, noch fließender zu klingen, das Gespräch am Laufen zu halten und in jeder Situation die richtigen Worte zu finden.

In Windeseile: Zehn Tipps, um schnell Deutsch zu lernen und zu verbessern

15

In diesem Kapitel

- Die Motivation steigern
- Verschiedene Lernmedien sinnvoll nutzen
- In Gruppen lernen
- Lernen und Freizeitvergnügen verbinden

Das Wichtigste beim Sprachenlernen ist die Motivation. Hier finden Sie zehn Tipps, wie Sie Ihre Motivation steigern können, beispielsweise dadurch, dass Sie Lernen und Freizeitspaß miteinander verbinden. Mit Musik, in Bewegung, beim Fernsehen, im Kino, überall können Sie nebenbei ein bisschen Deutsch aufschnappen (nebenbei lernen). Neue und neueste Medien machen es möglich, mit vielen Sinnen zu lernen. Als besonders sinnvoll hat sich eine Kombination aus Hören und Lesen erwiesen. Das Internet bietet zahllose oft kostenfreie Lerngelegenheiten wie Podcasts, Blogs oder Diskussionsforen. Besonders viel Spaß macht es auch, mit anderen zusammen zu lernen, zum Beispiel mit einem Tandempartner oder einer Tandempartnerin.

»Aufbaukurs Deutsch für Dummies« lesen

Wenn Sie bis hierhin gelesen oder auch nur im Buch herumgeblättert haben und hier und da hängen geblieben sind, haben Sie den ersten Schritt bereits getan. *Aufbaukurs Deutsch für Dummies* hilft Ihnen, in verschiedenen Alltagssituationen den richtigen Satz und den passenden Wortschatz zu haben, die Dialoge auf der Audio-CD bieten zusätzliche Übungsgelegenheiten.

Mit anderen lernen

Besonders viel Spaß macht es, mit anderen zu lernen. Das können Ihre Mitlerner aus einem Deutschkurs sein oder auch Freunde, die Sie kennen, die auch gerade Deutsch lernen wollen. Gründen Sie eine Lerngruppe und tauschen Sie sich aus. Fragen Sie sich gegenseitig Vokabeln ab oder spielen Sie Lernspiele. Sinnvolle Lernspiele sind zum Beispiel:

- ✔ Vokabelmemory: Das wird gespielt wie normales Memory. Die Paare bestehen aus einem Wort und einem Bild oder aus einem Wort und dessen Übersetzung in Ihrer Muttersprache. Es gilt, so viele Paare wie möglich zu finden. Fortgeschrittene können das Spiel auch mit Gegenteilen spielen.

- ✔ Tabu: Dieses Spiel kann man kaufen. Für den Anfang empfiehlt sich die leichtere Version Tabu Junior. Bei diesem Spiel sollen Begriffe umschrieben werden, ohne bestimmte andere Begriffe zu benutzen. Zum Sprachenlernen ist es sinnvoll, so zu spielen, dass man diese Tabubegriffe benutzen darf.
- ✔ Dixit war das Spiel des Jahres 2010. Der Spieler, der an der Reihe ist, wird zum Erzähler und muss eine der sechs Karten beschreiben, die er in der Hand hält.

Suchen Sie sich auch einen Tandempartner oder eine Tandempartnerin, also jemanden mit Deutsch als Muttersprache, der gerne Ihre Muttersprache (oder eine andere Sprache, die Sie schon gut beherrschen) lernen möchte, und lernen Sie gemeinsam. Eine klare Regelung ist hierbei sinnvoll. Treffen Sie sich regelmäßig ein- oder zweimal in der Woche. Sprechen Sie zuerst 30 Minuten in Ihrer Muttersprache und dann 30 Minuten Deutsch. Sie können für den Tandemunterricht auch das Buch *Aufbaukurs Deutsch für Dummies* als Grundlage benutzen und dazu ein zweites Buch, das Ihre Muttersprache lehrt, zum Beispiel *Spanisch für Dummies*.

Die Gelegenheit ergreifen

Versuchen Sie, unterschiedliche Situationen zu nutzen. Stellen Sie den Bankautomaten beim Geldabheben auf Deutsch ein. Schreiben Sie eine deutsche SMS oder E-Mail. Verwickeln Sie die Person, die an der Bushaltestelle neben Ihnen wartet oder im Bus neben Ihnen sitzt, in ein kurzes Gespräch. Lassen Sie sich im Restaurant ein Gericht empfehlen und stellen Sie Fragen dazu. Die Möglichkeiten sind zahlreich. Werden Sie zur **Plaudertasche** *(plaudatasche)*.

- ✔ Plaudertasche: Person, die viel und gern redet
- ✔ plaudern: zum Spaß reden und erzählen
- ✔ schnacken: sich zum Spaß unterhalten (norddeutsch)

Filme im Fernsehen und Kino anschauen

Eine bequeme Gelegenheit Deutsch zu lernen sind Fernsehen und Kino. In Deutschland sind fast alle Filme synchronisiert, das heißt, in deutscher Sprache. Sehen Sie sich alles an, was Ihnen gefällt, den neuesten amerikanischen Blockbuster oder einen Film, der auf der Berlinale ausgezeichnet wurde. Stellen Sie Ihre Lieblings-DVD, die sie bereits auf Englisch kennen, auf Deutsch ein. Kaufen Sie sich eine Fernsehzeitschrift und wählen Sie aus. Nehmen Sie Ihre Lieblingssendungen auf und sehen Sie diese wiederholt an. Halten Sie an den Stellen an, die Sie nicht verstehen, und spulen Sie zurück. Nutzen Sie Fernsehserien, um Deutsch zu lernen. Fragen Sie Ihre deutschen Freunde und Nachbarn nach ihren Lieblingsserien und schauen Sie sie gemeinsam an. Wenn Sie dies mögen, sind auch Kindersendungen, die sich mit Sachthemen beschäftigen, sinnvoll, wie zum Beispiel »Wissen macht Ah«, »Willi will's wissen« oder »Die Sendung mit der Maus«.

15 ▶ Zehn Tipps, um schnell Deutsch zu lernen und zu verbessern

Mit Musik geht alles besser

Liedtexte sind sehr einprägsam. Nutzen Sie diese Tatsache und hören Sie Musik mit deutschen Texten. Das muss nicht unbedingt Volksmusik sein. Lernen Sie die aktuelle deutsche Musikszene kennen und suchen Sie sich aus, was Ihnen gefällt. Auch Karaoke, bei dem die Liedtexte unten am Bildschirm zum Ablesen mitlaufen, ist hierfür natürlich sehr geeignet. Auch zum Einprägen von Grammatik kann Musik sinnvoll sein. Es gibt im Internet zahlreiche Lieder und Hörbeispiele. Googeln Sie doch einmal »Lied mit Präpositionen« und hören Sie sich die Präpositionen, die mit Akkusativ stehen, als Lied gesungen an.

Auch der Konjunktiv lässt sich gut durch Lieder einprägen. In wie vielen Liedern geht es doch darum, was »wäre wenn« und was »sein könnte«. Ein Beispiel hierfür ist der Schlager »König von Deutschland« von Rio Reiser (»Wenn ich König von Deutschland wär«). Die zahlreichen Abkürzungen, die es gibt, werden auf unterhaltsame Weise in dem Lied »MfG – Mit freundlichen Grüßen« der Fantastischen Vier vorgestellt.

Was interessiert Sie besonders?

Lehrbuchtexte können ganz schön langweilig sein. Lesen Sie doch lieber das, was Sie sowieso interessiert. Abonnieren Sie eine deutsche Zeitschrift zu Ihrem Lieblingsthema oder -hobby oder lesen Sie gleich mehrere davon in der Bibliothek oder in einem netten Café, in dem sie ausliegen. Werden Sie Mitglied in einem Verein oder beteiligen Sie sich in einem Diskussionsforum im Internet über ein Thema, das Ihnen besonders am Herzen liegt. Bald werden Sie so vertieft sein, dass Sie gar nicht mehr merken, dass Sie nebenbei auch noch Deutsch lernen.

Hören und Lesen gleichzeitig

Oft hören Sie Deutsch, oft lesen Sie etwas. Studien in der Lernforschung haben ergeben, dass sich Wörter und Satzstrukturen besonders gut einprägen, wenn Sie gleichzeitig hören und lesen. Das ist mithilfe des Internets leicht zu machen. Viele Zeitungen bieten dort ihre Artikel auch als vorgelesene Hörversion an. Dann können Sie den Artikel gleichzeitig hören und dabei mit den Augen mitverfolgen. Auch auf den Internetseiten der Deutschen Welle (www.dw.de) finden Sie viele Texte zum gleichzeitigen Lesen und Hören.

Im Internet

Neben der Homepage der Deutschen Welle, auf der Sie Lernmaterialien und Nachrichten (mit Vokabeln) finden, gibt es zahlreiche hilfreiche Seiten zum Deutschlernen. Hier ein paar davon:

- ✔ Die Internetseiten des Goethe-Instituts: www.goethe.de
- ✔ Ein Blog über das Deutschlernen: deutschlernen-blog.de/
- ✔ Die Mediathek der ARD (Erstes Deutsches Fernsehen): www.ardmediathek.de/tv,
  die Mediathek des ZDF: www.zdf.de/ZDFmediathek,
  Mediathek von Arte: www.arte.tv/guide/de/plus7/?country=DE,
  Mediathek von 3sat: www.3sat.de/mediathek/

✔ Der Duden: www.duden.de

✔ Die Wortschatzdatenbank der Universität Leipzig: wortschatz.uni-leipzig.de

Stellen Sie sich doch Ihre eigene Linksammlung mit Ihren Lieblingsblogs, Nachrichtenseiten und Lernportalen zusammen, die Sie hin und wieder durchklicken.

Im Wörterbuch nachschlagen

Sie brauchen zwei oder drei Wörterbücher:

✔ ein großes zweisprachiges Wörterbuch für zu Hause und für die Arbeit in der Bibliothek

✔ ein Lernerwörterbuch mit Erklärungen auf Deutsch, zum Beispiel von Langenscheidt oder de Gruyter

✔ ein kleines Wörterbuch zum Mitnehmen

Schlagen Sie in Ihrem kleinen Wörterbuch nach, wenn Ihnen unterwegs ein Wort fehlt oder Sie ein Wort nicht verstehen. Falls es nicht in Ihrem kleinen Wörterbuch steht, machen Sie sich eine Notiz. Sinnvoll für die Arbeit in der Bibliothek ist auch ein Bildwörterbuch.

In Bewegung bleiben

Langweilt es Sie, Grammatik und Vokabeln am Schreibtisch zu lernen? Es hat sich herausgestellt, dass man besser lernt und sich die Dinge besser merkt, wenn man in Bewegung ist. Gehen Sie beim Lernen im Zimmer auf und ab oder noch besser, machen Sie einen Spaziergang. Merken Sie sich so die unregelmäßigen Verben im Rhythmus Ihrer Schritte: ge-hen, ging, ge-gan-gen. In Bewegung bleiben heißt im übertragenen Sinne natürlich auch geistig beweglich bleiben. Denken Sie sich immer neue kleine Tricks aus, um Ihre Motivation und Lernfreude zu steigern und so schnell Deutsch zu lernen.

Zehn besondere Anlässe und die dazugehörigen Redewendungen

In diesem Kapitel

▸ Glückwünsche oder Beileid aussprechen

▸ Begrüßungen für besondere Situationen und an Feiertagen

▸ Antworten auf Glückwünsche und besondere Grüße

Meist reichen nur zwei oder drei Worte, um bei bestimmten Anlässen auszudrücken, was man sagen möchte: Die Freude darüber, dass jemand zu Besuch gekommen ist. Einen guten Wunsch für einen schönen Geburtstag oder Feiertag. Die Anerkennung dafür, dass jemand eine schwierige Prüfung geschafft hat. Den Wunsch, dass es jemandem, der krank ist, schnell besser gehen soll.

Herzlich willkommen

Mit **Herzlich willkommen!** *(heatslich wilkomen)* begrüßen Sie jemanden bei sich zu Hause und drücken dadurch Ihre Freude über den Besuch aus. Sie können es auch ein bisschen länger machen: **Herzlich willkommen! Schön dass du da bist!** *(heatslich wilkomen/schöön das duu daa bist)*. Die Antwort auf **Herzlich willkommen!** ist meistens **Danke** *(danke)*. Sind Sie eingeladen, passt auch **Danke für die Einladung** *(danke füa dii ainlaadung)*.

Herzlichen Glückwunsch zum/zur ...

Herzlichen Glückwunsch *(heatslichen glükwunsch)* sagt man zu fröhlichen Anlässen wie dem Geburtstag, der Geburt eines Kindes oder zur Hochzeit, aber auch zu bestandenen Prüfungen:

✔ **Herzlichen Glückwunsch zum Geburtstag!** *(heatslichen glükwunsch tsum gebuatstaak)*

✔ **Herzlichen Glückwunsch zur Geburt eurer Tochter/eures Sohns!** *(heatslichen glükwunsch tsua gebuat oira toxxta oires zoons)*

✔ **Herzlichen Glückwunsch zur Hochzeit!** *(heatslichen glükwunsch tsua hoxxtsait)*

✔ **Herzlichen Glückwunsch zur bestandenen Prüfung!** *(heatslichen glükwunsch tsua beschtandenen prüüfung)*

✔ **Herzlichen Glückwunsch zum Führerschein!** *(heatslichen glükwunsch tsum füüraschain)*

- **der Geburtstag:** der Tag, an dem eine Person geboren wurde, der 20. Geburtstag, der 35. Geburtstag

- **die Geburt:** ein Kind kommt auf die Welt
- **die Hochzeit:** zwei Menschen heiraten
- **die Prüfung:** ein Test, ein Examen
- **eine Prüfung bestehen:** die Prüfung gut machen
- **eine bestandene Prüfung:** die Prüfung war gut, erfolgreich
- **der Führerschein:** die Fahrprüfung, mit einem Führerschein darf man Auto fahren

All diese Sätze eignen sich auch als Text für eine **Glückwunschkarte** *(glükwunschkaate)*. Die Glückwunschkarte ist eine Postkarte oder Briefkarte, auf der gute Wünsche stehen. Dann müssen nur noch die Namen ergänzt werden, fertig ist die Post. Viel brauchen Sie nicht zu schreiben:

Lieber Ingo,

herzlichen Glückwunsch zum Geburtstag!

Deine Sabine

Herzliches Beileid

Der einfache Ausdruck **Herzliches Beileid** *(heatsliches bailait)* wird verwendet, wenn jemand gestorben ist, und soll zeigen, dass Sie mit der Person fühlen, die einen lieben Menschen verloren hat. Je nachdem, wie gut Sie die Person kennen, der Sie **Herzliches Beileid** wünschen, können Sie ihr die Hand geben oder sie umarmen. Auf Trauerkarten steht auch oft **Aufrichtige Anteilnahme**. Dies würde man aber nicht sagen.

Frohe Weihnachten, Frohe Ostern

Zu den Weihnachtsfeiertagen am Abend des 24. Dezember sowie am 25. und 26. Dezember kann man sich mit der Grußformel **Frohe Weihnachten** *(frooe wainaxxten)* oder auch **Fröhliche Weihnachten** *(frööliche weinaxxten)* begrüßen. Die Antwort ist entweder eine Wiederholung der Formel (**Frohe Weihnachten!**) oder ein **Dir auch!** *(diia auxx)* / **Ihnen auch!** *(iinen auxx)* / **Das wünsche ich auch!** *(das wünsch ich auxx)*. Sie können auch **Frohes Fest!** *(frooes fest)* oder **Schöne Feiertage!** *(schööne faiataage)* sagen. Der Ostertermin ändert sich jedes Jahr und liegt im März oder April. Nach Karfreitag (dem Freitag vor Ostern) und dem Ostersamstag (dem Samstag vor Ostern) können Sie dann am **Ostersonntag** und **Ostermontag** mit **Frohe Ostern!** *(frooe oostan)* grüßen.

Frohes neues Jahr

Zwölf Uhr Mitternacht am **Silvesterabend** (31.12.) ist vorbei. Nun können Sie Ihren Freunden, Bekannten, Nachbarn, Kollegen und allen Umstehenden ein **Frohes neues Jahr!** *(frooes noies jaa)* wünschen. Und diese Grußformel ist auch noch in den nächsten Tagen nützlich. Jeden,

den Sie im neuen Jahr das erste Mal sehen (etwa bis zum 14. Januar), können Sie jetzt mit **Frohes neues Jahr!** begrüßen. Die Antwort darauf ist die einfache Wiederholung: **Frohes neues Jahr! Frohes neues Jahr!**

Gute Besserung

Ist jemand krank oder liegt gar im Krankenhaus, wünschen Sie ihm **Gute Besserung** *(guute besarung)*. Wenn Sie zu Besuch kommen oder anrufen, können Sie sagen: **Ich wollte dir gute Besserung wünschen** *(ich wolte diia guute besarung wünschen)*. Blumen oder ein kleines Geschenk unterstützen den Wunsch. Auf Karten steht auch oft das Wort **Genesung**. Auch das bedeutet »gesund werden«.

Meist wiederholen Sie Ihren Wunsch zum Abschied von dem Kranken noch einmal:

- ✔ **Auf Wiedersehen. Und gute Besserung!** *(auf wiidazeen / unt guute besarung)*
- ✔ **Tschüss! Und weiterhin gute Besserung!** *(tschüüs / unt waitahin guute besarung)*

Gute Reise

Gute Reise! *(guute raize)* ist ein Abschiedsgruß an jemanden, der eine etwas längere Fahrt unternimmt. Bei einem Tagesausflug würde man meist eher **Viel Spaß** *(fiil schpaas)* wünschen. Oft wird **Gute Reise!** mit **Auf Wiedersehen!** kombiniert: **Auf Wiedersehen! Und gute Reise!** *(auf wiidazeen / unt guute raize)*. Wenn Sie es winkend am Bahnhof einem Zug hinterherrufen, klingt es wahrscheinlich so: **Guute Rei-se!** *(guute raii ze)*

Guten Rutsch

An den Tagen vor dem neuen Jahr (ab dem 1. Januar), also etwa am 29., 30. und 31. Dezember, wünscht man sich noch kein **Frohes neues Jahr**, sondern einen **Guten Rutsch** *(guuten rutsch)*. Sie können auch sagen: **Guten Rutsch ins neue Jahr!** *(guuten rutsch ins noie jaa)*. Eine passende Antwort ist: **Danke. Guten Rutsch** *(danke / guten rutsch)*.

Helau! Alaaf

Dies sind Karnevalsgrüße, die sich die verkleideten (im Kostüm) Menschen in der Karnevalszeit zurufen. Die Karnevalszeit ist jedes Jahr im Februar. Offiziell beginnt sie zwar schon am 11.11. um 11:11 Uhr (am elften elften um elf Uhr elf), aber richtig gefeiert wird dann am Rosenmontag und Faschingsdienstag. Bei diesen Grüßen müssen Sie ein bisschen aufpassen. Es kommt darauf an, wo Sie sich gerade befinden.

- ✔ In Mainz ruft man **Helau!** *(helau)*
- ✔ In Köln ruft man **Alaaf!** *(alaaf)*

Mainz und Köln und einige andere Städte, in denen man Karneval feiert, gelten als Karnevalshochburgen (Städte, in denen viel Karneval gefeiert wird). In Norddeutschland hingegen wird man Sie seltsam ansehen, wenn Sie **Helau** oder **Alaaf** rufen, denn dort wird kaum Karneval gefeiert. In Bayern hingegen gibt es wieder eigene Variationen, wie beispielsweise das **Radi-Radi** *(raadi raadi)* in Regensburg. Am besten, Sie hören darauf, was die Jecken (Leute, die verkleidet sind und Karneval feiern) um Sie herum rufen. Oder Sie verbringen ein paar ruhige Ferientage in Hamburg oder Berlin.

Viel Glück

Viel Glück! *(fiil glück)* können Sie zu vielen Anlässen wünschen: vor einer bevorstehenden Prüfung, bei einer Bewerbung, vor einem wichtigen Fußballspiel … **Viel Glück und alles Gute** *(fiil glük unt ales guute)*. Oder Sie wünschen Erfolg, es soll erfolgreich sein, gelingen, funktionieren: **Viel Erfolg** *(fiil aafolk)*. Eine passende Antwort hierauf ist **Danke** *(danke)* oder auch **Wird schon werden** *(wiat schoon weaden)*. Dies ist eine Verkürzung und bedeutet: Es wird bestimmt gut werden. Noch kürzer wäre: **Wird schon** *(wiat schoon)*.

Zehn deutsche Sprichwörter

In diesem Kapitel

▶ Eindruck machen mit sprachlichen Bildern
▶ Ein kluger Spruch für jede Gelegenheit

Sprichwörter sind Lebenserfahrungen, die in kurze prägnante Worte gefasst wurden und bei passender Gelegenheit wiederholt werden. Da sich einige der Sprichwörter widersprechen, stellt sich die Frage, ob sie immer so stimmen. So oder so bieten sie einen passenden klugen Spruch für jede Gelegenheit. Nehmen Sie diese Liste als Anfang und sammeln Sie weitere deutsche Sprichwörter. Vergleichen Sie auch mit Sprichwörtern Ihrer Muttersprache und anderen Sprachen, die Sie kennen.

Aller Anfang ist schwer

(ala anfang ist schweea) Wenn man mit etwas anfängt, scheint alles sehr schwierig und kompliziert zu sein. Bleibt man aber dabei, wird es nach und nach immer leichter. »Ich glaube, ich lerne die Tanzschritte nie!« »Ach, komm einfach nächste Woche wieder, dann geht es schon besser! Aller Anfang ist schwer!«

Eile mit Weile

(aile mit waile) Dieses Sprichwort rät zur Ruhe und Gelassenheit. Man soll die Dinge nicht zu schnell angehen und immer mal eine Pause einlegen. »Wo willst du denn so schnell hin?« »Ich muss in die Stadt, ich muss heute noch tausend Dinge erledigen!« »Ach, hetz dich doch nicht so. Eile mit Weile!«

Wer rastet, der rostet

(wea rastet dea rostet) Und schon haben Sie ein Beispiel für sich widersprechende Redewendungen: »Eile mit Weile« und »Wer rastet, der rostet«. Wer rastet (also eine Pause macht), setzt Rost an, wie eine Maschine aus Eisen, die nach und nach rotbraune, rostige Stellen bekommt. Also, soll man nun langsam machen und viele Pausen einlegen oder nicht? Am besten, man entscheidet selbst und benutzt das passende Sprichwort in der passenden Situation.

Es ist nicht alles Gold, was glänzt

(es ist nicht ales golt was glenzst) Die Dinge sind oft nicht so, wie sie scheinen. Nicht alles, was wie Gold leuchtet, ist auch wirklich Gold. Nicht alles, was wertvoll erscheint, ist wirklich wertvoll. Und umgekehrt gilt es genauso: Manche Dinge, die ganz unscheinbar aussehen, sind in Wirklichkeit vielleicht sehr wertvoll.

Hunde, die bellen, beißen nicht

(hunde dii belen baisen nicht) Bellen ist der Tierlaut, den Hunde machen. Hunde bellen, Katzen miauen, Kühe muhen, Frösche quaken, Bienen summen, um nur einige Tierlaute aufzuzählen. In diesem Sprichwort sind mit »Hunden« im übertragenen Sinne Menschen gemeint, mit »Hunden, die bellen« Menschen, die sehr laut und unfreundlich reden. Die Bedeutung ist: Manche Menschen reden laut und unfreundlich, aber tun dann doch nichts.

Kommt Zeit, kommt Rat

(komt tsait komt raat) Dieses Sprichwort empfiehlt, geduldig zu sein und abzuwarten. Es bedeutet so viel wie: Mit der Zeit wird sich eine Lösung finden. Es ist das Beste, erst einmal abzuwarten. »Der Rat« ist ein anderes Wort für »der Ratschlag«, »die Meinung eines anderen«.

Lachen ist die beste Medizin

(laxxen ist dii beste meeditsiin) Sich zu freuen, zu lachen ist gesund. Wer lacht, wird schnell gesund. Humor hilft in vielen Situationen. Für Menschen, die gerne lachen, hier nur ein paar der zahlreichen Synonyme für »lachen«: kichern (leise lachen), prusten (laut lachen), gackern (ein Lachen, das so klingt wie ein Huhn) oder glucksen (ein Lachen, das wie Wasser klingt).

Scherben bringen Glück

(scheaben bringen glück) Wenn etwas, beispielsweise ein Teller, in Scherben zerbrochen und kaputtgegangen ist, soll man nicht traurig sein und die Situation nicht zu schwer nehmen. Es bringt Glück und bald kommt wieder etwas Gutes. Am **Polterabend** (dem Abend vor der Hochzeit) wird deshalb auch altes Geschirr zerschlagen.

Je später der Abend, desto netter die Gäste

(jee schpeeta dea aabent destoo neta dii geste) **Je später der Abend, desto netter die Gäste** kann man sagen, um Besucher willkommen zu heißen, die noch spät am Abend kommen, und so zeigen, dass man sich freut, dass sie noch gekommen sind. »Sind wir zu spät?« »Aber nein, kommt rein, kommt rein! Je später, der Abend, desto netter die Gäste!«

Ende gut, alles gut

(ende guut ales guut) Am Ende wird alles gut. Alle Schwierigkeiten sind am Ende vergessen. »Wir waren am Sonntag beim Fußball 0:2 im Rückstand und dachten schon, wir würden das Spiel verlieren. Aber dann hat Micha in den letzten zehn Minuten noch zwei Tore geschossen und Tommi noch eins oben drauf und dann haben wir tatsächlich das Spiel noch gewinnen können.« »Siehst du – Ende gut, alles gut.«

Zehn Redewendungen, um Gespräche in Gang zu halten

In diesem Kapitel

▶ Kleine Wörter mit großer Wirkung

▶ Fließend klingen

▶ Gespräche in Gang halten

Einige kleine Wörter machen viel aus, wenn Sie Ihre Sprache fließen lassen wollen. Ein **nicht wahr?** am Ende eines Satzes rundet ihn ab und bezieht Ihren Gesprächspartner ein. Ein eingeworfenes **Genau!** oder **Na klar!** an der richtigen Stelle zeigt, dass Sie zuhören und mitdenken. Wenn Sie das Gespräch wieder übernehmen wollen, tun Sie dies geschickt mit einem **Dazu fällt mir ein …**

Nicht wahr? ne?

(nicht waa nü) Beenden Sie Ihre Sätze öfter mal mit einer kurzen Rückfrage an Ihren Gesprächspartner: **… nicht wahr? … ne?** ist eine verkürzte Variante.

✔ **Das Essen schmeckt wirklich gut, nicht wahr?** *(das esen schmekt wiaklich guut nicht waa)*

✔ **Du kennst das schon, ne?** *(duu kenst das schoon nü)*

Genau

(genau) Wenn Sie Ihrem Gesprächspartner zuhören und zustimmen, signalisieren Sie dies mit einem **Genau!** *(genau)*: Das ist genau meine Meinung. Das finde ich auch.

✔ **Der Schauspieler war perfekt geeignet für die Rolle. Genau!** *(dea schauschpiila waa pafekt gaiknet füa dii role, genau)*

Echt?

(echt) **Echt?** oder **Wirklich?** *(wiaklich)* können Sie sagen, wenn Sie eine neue Information erhalten. Sie muss nicht unbedingt unglaubwürdig sein. Es zeigt einfach, dass Sie zuhören und hält das Gespräch am Laufen. Echt: Stimmt das? Ist das wahr?

Monika wird morgen 30. Echt? *(moonika wiat moagen draisich / echt)*

Na klar

(na klaa) **Na klar!** Das ist doch selbstverständlich.

✔ **Und die Joggingrunde um den See hat dann doch länger als eine Stunde gedauert. Na klar!** *(unt die tschogingrunde um deen zee hat dan doxx lenga als aine schtunde gedauat, na klaa)*

Hervorragend

(hafoaragent) Wenn Sie etwas sehr, sehr gut finden, können Sie das Gesagte mit **Hervorragend!** kommentieren.

✔ **Und das klappt dann doch noch mit der Bezahlung. Hervorragend!** *(unt das klapt dan doxx noxx mit dea betsaalung, hafoaragent)*

Auch das noch

(auxx das noxx) Etwas Unvorhergesehenes, Überraschendes, das Ihnen nicht gefällt, kommentieren Sie am besten mit **Auch das noch.**

✔ **Und dann hat es zu allem Unglück auch noch angefangen zu regnen! Auch das noch!** *(unt dan hat es tsuu alem unglück auxx noxx angefangen tsuu reeknenauxx das noxx)*

Wichtig hierbei ist, das Sie das Wort **das** betonen: Auch **das** noch!

Das kann ja wohl nicht wahr sein

(das kann jaa wool nicht waa zain) Wenn es noch schlimmer kommt und Sie einen noch stärkeren Ausdruck brauchen als **Auch das noch**, können Sie **Das kann ja wohl nicht wahr sein** sagen.

✔ **Und dann ist bei Schneiders auch noch eingebrochen worden. Das kann ja wohl nicht wahr sein!** *(unt dan ist bai schnaidas auxx noxx aingebroxxen woaden, das kann jaa wool nicht waa zain)*

Dazu fällt mir ein ...

(daatsuu felt miia ain) Ihr Gesprächspartner hat schon lange geredet und Sie wollen jetzt auch etwas sagen? Oder Ihnen kommt gerade eine passende Idee? Übernehmen Sie das Gespräch geschickt mit dem Ausdruck **Dazu fällt mir ein ...**

✔ **Vera hat sich einen Hund gekauft. Dazu fällt mir ein, ich wollte dich schon lange fragen, ob ...** *(weera hat zich ainen hunt gekauft, daatsuu felt mia ain ich wollte dich schoon lange fraagen op)*

Gesundheit

(gezunthait) Wenn Ihr Gesprächspartner erkältet ist, kann es sein, dass das Gespräch durch ein Niesen oder zwei unterbrochen wird. Wenn Ihr Gegenüber also während des Gesprächs niest, wünschen Sie einfach kurz **Gesundheit** *(gezunthait)* und weiter geht's mit der Unterhaltung. Die Antwort auf **Gesundheit** ist **Danke**.

Alles klar

(ales klaa) Mit **Alles klar** drücken Sie aus, dass Sie alles gut verstanden haben und zustimmen.

✔ **Wir gehen dann um halb vier zu der Geburtstagsfeier und ich bringe Getränke mit und du das Geschenk und später fahren wir mit dem Bus zurück. Alles klar!** *(wia geen dan um halp fiia tsuu dea gebuatstaaksfaia unt ich bringe getrenke mit unt duu das geschenk unt schpeeta faaren wiia mit deem bus tsuurük, ales klaa)*

Anhang
Das fällt mir leicht! Grundlagen der deutschen Grammatik

Wenn Sie das Buch durchgearbeitet haben, haben Sie bereits viel über die deutsche Grammatik gelernt. Hier finden Sie noch mehr zu den grundlegenden drei Wortarten, zu Substantiven, Verben und Adjektiven. Außerdem erfahren Sie das Wichtigste über den Satzbau und wie man verschiedene Sätze miteinander zu längeren Sätzen verbindet. Schließlich geht es noch um verschiedene Arten des Neinsagens und darum, über Vergangenes und über die Zukunft zu reden. Viel Spaß mit der Grammatik. Sie werden schnell merken, dass es gar nicht so schlimm ist, und dann sagen können: **Das fällt mir leicht!**

Was Sie schon gelernt haben oder noch einmal nachschlagen können

Aussprache	Kapitel 1
Grundlegendes zu den Wortarten (Substantive, Verben, Adjektive)	Kapitel 2
Der Akkusativ	Kapitel 5
Der bestimmte Artikel	Kapitel 2
Einzahl (Singular) und Mehrzahl (Plural)	Kapitel 5
Vergangenheitsform des Verbs	Kapitel 4 und 12
Vergleiche mit Adjektiven (Komparativ und Superlativ)	Kapitel 6 und 12
Präpositionen	Kapitel 12 und 14
Fragesätze	Kapitel 3
Passiv	Kapitel 7 und 14
Höfliche Sprache	Kapitel 3, 5 und 14

Mehr zum Substantiv

Substantive haben oft einen Begleiter (Artikel). Das kann ein bestimmter Artikel (der, die, das) oder ein unbestimmter Artikel (ein, einer, eines) sein. Wichtig ist auch, ob es sich bei einem Substantiv um die Einzahl (Singular) oder um die Mehrzahl (Plural) handelt.

Nominativ, Akkusativ, Dativ und Genitiv

Substantive und ihre Begleiter (Artikel) können in den vier Fällen Nominativ, Genitiv, Akkusativ und Dativ auftreten. Den Unterschied zwischen Nominativ und Akkusativ lernen Sie in Kapitel 5 kennen.

Der **Nominativ** ist die Grundform. Sie verwenden sie beispielsweise nach dem Verb **sein**:

✔ Das ist + ein Liter Milch → Das ist ein Liter Milch.

Es verändert sich nichts.

Akkusativ bedeutet zum Beispiel, dass Sie nach bestimmten Verben den Artikel ein wenig verändern müssen. Ein solches Verb ist **möchten**:

✔ Ich möchte + ein Liter Milch → Ich möchte ein**en** Liter Milch.

Die gute Nachricht ist: Sie müssen nur die Artikel bei den Substantiven verändern, die in der Grundform ein **der** haben, wie zum Beispiel der Liter.

Alles andere bleibt gleich:

✔ Ich möchte + eine Kiste Wasser → Ich möchte eine Kiste Wasser.

Ein Verb, das den Artikel in die **Dativ**form ändert, ist beispielsweise **helfen**:

✔ Ich helfe + der Bruder → Ich helfe **dem** Bruder.

✔ Ich helfe + mein Bruder → Ich helfe **meinem** Bruder.

Ob Nominativ, Akkusativ, Dativ oder Genitiv (die sogenannten Fälle) verwendet werden muss, hängt von den verwendeten Verben im Satz (wie **sein, möchten** oder **helfen**) und von den Präpositionen (wie beispielsweise **mit, ohne, in**) ab. Lernen Sie die Verben und Präpositionen also am besten zusammen mit dem zugehörigen Fall.

Eine gute Merkstrategie ist es, Beispielsätze auswendig zu lernen. Lernen Sie zuerst den Akkusativ, er ist nach dem Nominativ (der Grundform) die wichtigste und häufigste Form. Danach nehmen Sie sich den Dativ vor. Der kompliziertere Genitiv kann warten. Deswegen wurde in dieser Grammatikübersicht (wie in vielen modernen Lehrwerken) auch die Reihenfolge Nominativ – Akkusativ – Dativ – Genitiv gewählt. Meistens ändert sich am Substantiv nichts oder nicht viel, aber der Artikel ändert sich manchmal. Im nächsten Abschnitt finden Sie eine Übersicht über die Artikelformen.

Der bestimmte und der unbestimmte Artikel

In Tabelle A.1 finden Sie eine Übersicht über alle Formen des bestimmten Artikels (**der, die, das**), in Tabelle A.2 die Formen des unbestimmten Artikels (**ein, eine**). Beachten Sie vor allem die fett markierten Endungen.

Das fällt mir leicht! Grundlagen der deutschen Grammatik

Fall	Wörter mit »der«	Wörter mit »die«	Wörter mit »das«
Nominativ	der Mann	die Frau	das Kind
Akkusativ	**den** Mann	die Frau	das Kind
Dativ	**dem** Mann	**der** Frau	**dem** Kind
Genitiv	des Mannes	der Frau	des Kindes

Tabelle A.1: Der bestimmte Artikel

Fall	Wörter mit »der«	Wörter mit »die«	Wörter mit »das«
Nominativ	ein Mann	eine Frau	ein Kind
Akkusativ	ein**en** Mann	eine Frau	ein Kind
Dativ	ein**em** Mann	eine**r** Frau	ein**em** Kind
Genitiv	eines Mannes	einer Frau	eines Kindes

Tabelle A.2: Der unbestimmte Artikel

Mehrzahlformen (Pluralformen)

Die Mehrzahl wird im Deutschen auf verschiedene Arten gebildet. Am einfachsten ist es, für jedes Wort, das oft in der Mehrzahl vorkommt (wie Beine) die Mehrzahl gleich mitzulernen. Häufige Substantive und ihre Mehrzahlformen finden Sie im nächsten Abschnitt.

✔ Möglichkeit 1: Es ändert sich nur der Artikel (**der** wird zu **die**). Einzahlform und Mehrzahlform des Substantivs sind gleich:

- das Fenster → viele Fenster, die Fenster
- ein Koffer → zwei Koffer
- ein Brötchen → zwei Brötchen

✔ Möglichkeit 2: Der Vokal wird zu einem Umlaut. Ein **a** wird zu **ä**, ein **o** wird zu **ö**, ein **u** wird zu **ü** und ein **au** wird zu **äu**:

- der Mantel → viele Mäntel, die Mäntel
- ein Apfel → zwei Äpfel
- ein Bruder → zwei Brüder

✔ Möglichkeit 3a: Ein **-e** wird ans Ende des Wortes gehängt:

- der Tisch → viele Tische, die Tische
- ein Arm → zwei Arme
- ein Tag → sieben Tage

✓ Möglichkeit 3b: Ein **-e** wird ans Ende des Wortes gehängt und der Vokal wird zu einem Umlaut:

- der Stuhl → viele Stühle, die Stühle
- der Arzt → viele Ärzte
- der Wunsch → viele Wünsche

✓ Möglichkeit 4a: Ein **-er** wird ans Ende des Wortes gehängt:

- das Kind → die Kinder
- das Bild → die Bilder
- ein Lied → viele Lieder

✓ Möglichkeit 4b: Ein **-er** wird ans Ende des Wortes gehängt und der Vokal wird zu einem Umlaut:

- das Buch → die Bücher
- ein Fahrrad → zwei Fahrräder
- ein Blatt → viele Blätter

✓ Möglichkeit 5: ein **-n** oder **-en** wird ans Ende des Wortes gehängt:

- die Hose → die Hosen
- die Katze → die Katzen
- die Uhr → die Uhren

✓ Möglichkeit 6: ein **-s** wird ans Ende des Wortes gehängt:

- das Auto → die Autos
- eine Mango → zwei Mangos
- eine DVD → viele DVDs

Der Artikel bei Wörtern in der Mehrzahl

Auch im Plural ändert sich der Artikel, je nachdem, um welchen Fall (Nominativ, Akkusativ, Dativ oder Genitiv) es sich handelt (siehe Tabelle A.3). Es egal, ob es sich um Wörter mit **der**, **die** oder **das** handelt. Auch sind der Nominativ und der Akkusativ gleich. Sie müssen also nur noch den Dativ und den Genitivartikel lernen.

Fall	Wörter mit »der«	Wörter mit »die«	Wörter mit »das«
Nominativ	die Männer	die Frauen	die Kinder
Akkusativ	die Männer	die Frauen	die Kinder
Dativ	**den** Männer**n**	den Frauen	den Kindern
Genitiv	**der** Männer	der Frauen	der Kinder

Tabelle A.3: Der Artikel in der Mehrzahl

Das fällt mir leicht! Grundlagen der deutschen Grammatik

Häufige Substantive mit Artikel und Pluralform

Tabelle A.4 zeigt eine Liste mit häufig auftretenden Substantiven und ihren Pluralformen.

Einzahl (Singular)	Mehrzahl (Plural)
die Antwort	viele Antworten
der Apfel	drei Äpfel
der Arm	zwei Arme
der Arzt	die Ärzte
die Aufgabe	die Aufgaben
das Auge	zwei Augen
das Auto	viele Autos
das Baby	zwei Babys
das Bein	zwei Beine
der Berg	viele Berge
der Beruf	die Berufe
das Bild	viele Bilder
das Blatt	viele Blätter
die Blume	viele Blumen
der Brief	drei Briefe
der Bruder	drei Brüder
das Buch	drei Bücher
der Bus	die Busse
die CD	drei CDs
die DVD	drei DVDs
die E-Mail	viele E-Mails
der Euro	zwei Euro
das Fahrrad	zwei Fahrräder
der Fehler	drei Fehler
der Film	die Filme
das Foto	die Fotos
die Frage	viele Fragen
die Frau	die Frauen
der Fuß	zwei Füße
das Getränk	drei Getränke
das Glas	drei Gläser
das Haus	viele Häuser
das Hobby	viele Hobbys

Einzahl (Singular)	Mehrzahl (Plural)
die Hose	zwei (Paar) Hosen
der Hund	zwei Hunde
das Jahr	viele Jahre
der Junge	zwei Jungen
die Katze	zwei Katzen
das Kind	viele Kinder
der Koffer	drei Koffer
die Lampe	drei Lampen
das Land	viele Länder
der Lehrer	die Lehrer
die Lehrerin	die Lehrerinnen
das Lied	zwei Lieder
der Liter	zwei Liter
das Mädchen	zwei Mädchen
der Meter	zwei Meter
die Minute	zwei Minuten
die Münze	drei Münzen
der Nachbar	die Nachbarn
die Person	die Personen
die Pflanze	die Pflanzen
der Punkt	die Punkte
der Schuh	zwei Schuhe, ein Paar Schuhe
die Schwester	drei Schwestern
die Sekunde	zehn Sekunden
der Tag	sieben Tage
die Tasse	zwei Tassen
der Teller	drei Teller
das Tier	die Tiere
die Tochter	drei Töchter
der Vogel	die Vögel
die Woche	zwei Wochen
der Wunsch	viele Wünsche
die Zahl	die Zahlen
der Zettel	drei Zettel
das Zimmer	vier Zimmer

Tabelle A.4: Wichtige Substantive und ihre Pluralformen

Pronomen

Pronomen sind Wörter wie **ich** und **du** (Personalpronomen) oder **mein** und **dein** (besitzanzeigende Possessivpronomen). Will man die Grammatik gut beherrschen, muss man wissen, wie die Pronomen verändert (flektiert) werden. Tabelle A.5 zeigt eine Übersicht über die Flexion der Personalpronomen.

	Nominativ	Akkusativ	Dativ	Genitiv
1. Person Singular	ich	mich	mir	meiner
2. Person Singular	du	dich	dir	deiner
3. Person Singular (m)	er	ihn	ihm	seiner
3. Person Singular (f)	sie	sie	ihr	ihrer
3. Person Singular (n)	es	es	ihm	seiner
1. Person Plural	wir	uns	uns	unser
2. Person Plural	ihr	euch	euch	euer
3. Person Plural	sie	sie	ihnen	ihrer
Höfliche Form	Sie	Sie	Ihnen	Ihrer

Tabelle A.5: Personalpronomen

- ✔ Das ist unser Baby.
- ✔ Gehört das Fahrrad Ihnen?
- ✔ Meine Schwester ist älter als ich.
- ✔ Die Jacke gehört mir.
- ✔ Das ist meine Tasche.
- ✔ Ich habe mich verlaufen.

Mehr zu Verben

Das Verb ist die vielleicht wichtigste Wortart in der Grammatik. Verben verändern sich je nach Person (**ich** oder **du**) und nach der Zeit (heute oder gestern). Es gibt sogenannte regelmäßige und sogenannte unregelmäßige Verben. Diese Angaben beziehen sich auf die Zeitenbildung (ob etwas jetzt passiert oder schon geschehen ist). Regelmäßige Verben bilden die Vergangenheitsform immer auf die gleiche Weise. Unregelmäßige Verben hingegen müssen einzeln gelernt werden. Tabelle A.6 hilft dabei.

»Ich« oder »du«

Je nach Person (**ich, du** oder **er/sie/es**) und Numerus (eine Person oder mehrere Personen) erhält das Verb eine andere Endung (siehe Tabelle A.6). Das sind die Endungen am Beispiel des regelmäßigen Verbs schwimmen. Einige unregelmäßige Verben ändern ihren ersten Vokal (den sogenannten Stammvokal von e nach i – ich esse, du isst). Dazu essen und schlafen.

Person	Verb	Unregelmäßiges Verb mit e/i-Wechsel	Unregelmäßiges Verb mit Umlaut
ich	schwimm-e	ess-e	schlaf-e
du	schwimm-st	iss-t	schläf-st
er, sie, es	schwimm-t	iss-t	schläf-t
wir	schwimm-en	ess-en	schlaf-en
ihr	schwimm-t	ess-t	schlaf-t
sie	schwimm-en	ess-en	schlaf-en

Tabelle A.6: Regelmäßige und unregelmäßige Verben in der Gegenwart

Weitere wichtige Verben mit e/i-Wechsel sind:

- lesen: du liest, er/sie/es liest
- sehen: du siehst, er/sie/es sieht
- geben: du gibst, er/sie/es gibt
- helfen: du hilfst, er/sie/es hilft
- nehmen: du nimmst, er/sie/es nimmt
- sprechen: du sprichst, er/sie/es spricht

Weitere wichtige Verben mit Umlaut sind:

- fahren: du fährst, er/sie/es fährt
- fallen: du fällst, er/sie/es fällt
- halten: du hältst, er/sie/es hält
- laufen: du läufst, er/sie/es läuft
- tragen: du trägst, er/sie/es trägt
- waschen: du wäscht, er/sie/es wäscht

Regelmäßige und unregelmäßige Verben

Hier geht es um die Vergangenheitsbildung. Regelmäßige Verben bilden ihre Vergangenheitsform immer gleich, bei den unregelmäßigen Verben gibt es viele Variationen. Die Vergangenheitsform bildet man, um über etwas zu reden, was früher passiert ist, wie gestern, vor einer Woche oder vor einem Jahr. Es gibt zwei Vergangenheitsformen: das Präteritum und das Perfekt. Das Perfekt wird häufiger verwendet, es lohnt sich also, es zuerst zu lernen.

Regelmäßige Vergangenheit

Hängen Sie ein **-te** an das Verb (für die erste Vergangenheitsform, das Präteritum) oder bilden Sie es mit haben + **ge-...-t** (für die zweite Vergangenheitsform, das Perfekt) wie in Tabelle A.7.

Das fällt mir leicht! Grundlagen der deutschen Grammatik

Person	Präteritum	Perfekt
ich	lachte	ich habe ge-lach-t
du	lachtest	du hast ge-lach-t
er, sie, es	lachte	er, sie, es hat ge-lach-t
wir	lachten	wir haben ge-lach-t
ihr	lachtet	ihr habt ge-lach-t
sie	lachten	sie haben ge-lach-t

Tabelle A.7: Präteritum und Perfekt von einem regelmäßigen Verb

✔ lachen: ich lach-te, ich habe ge-lach-t

✔ lernen: ich lern-te, ich habe ge-lern-t

✔ kaufen: ich kauf-te, ich habe ge-kauf-t

Unregelmäßige Verben

Die Vergangenheitsformen von unregelmäßigen Verben müssen Sie auswendig lernen. Viele davon kommen häufig vor. In Tabelle A.8 finden Sie die Vergangenheitsformen der häufigen unregelmäßigen Verben.

Grundform	Präteritum	Perfekt
backen	backte/buk	gebacken
beginnen	begann	begonnen
binden	band	gebunden
bitten	bat	gebeten
bleiben	blieb	**ist** geblieben
brechen	brach	gebrochen
bringen	brachte	gebracht
denken	dachte	gedacht
einladen	lud ein	eingeladen
einsteigen	stieg ein	**ist** eingestiegen
empfehlen	empfahl	empfohlen
essen	aß	gegessen
fahren	fuhr	**ist** gefahren
fallen	fiel	**ist** gefallen
fangen	fing	gefangen
finden	fand	gefunden
fliegen	flog	**ist** geflogen
fliehen	floh	**ist** geflohen
frieren	fror	gefroren

Grundform	Präteritum	Perfekt
geben	gab	gegeben
gehen	ging	**ist** gegangen
gewinnen	gewann	gewonnen
gießen	goss	gegossen
graben	grub	gegraben
greifen	griff	gegriffen
haben	hatte	gehabt
halten	hielt	gehalten
heißen	hieß	geheißen
helfen	half	geholfen
kennen	kannte	gekannt
kommen	kam	**ist** gekommen
lassen	ließ	gelassen
laufen	lief	**ist** gelaufen
leihen	lieh	geliehen
lesen	las	gelesen
liegen	lag	gelegen
lügen	log	gelogen
messen	maß	gemessen
nehmen	nahm	genommen
nennen	nannte	genannt
raten	riet	geraten
reißen	riss	gerissen
reiten	ritt	**ist** geritten
rennen	rannte	**ist** gerannt
riechen	roch	gerochen
rufen	rief	gerufen
scheinen	schien	geschienen
schieben	schob	geschoben
schlafen	schlief	geschlafen
schlagen	schlug	geschlagen
schließen	schloss	geschlossen
schneiden	schnitt	geschnitten
schreiben	schrieb	geschrieben
schreien	schrie	geschrien
schweigen	schwieg	geschwiegen
schwimmen	schwamm	**ist** geschwommen
sehen	sah	gesehen

Grundform	Präteritum	Perfekt
sein	war	**ist** gewesen
singen	sang	gesungen
sitzen	saß	gesessen
sprechen	sprach	gesprochen
springen	sprang	**ist** gesprungen
stehen	stand	gestanden
stehlen	stahl	gestohlen
sterben	starb	gestorben
streichen	strich	gestrichen
streiten	stritt	gestritten
tragen	trug	getragen
treffen	traf	getroffen
trinken	trank	getrunken
tun	tat	getan
vergessen	vergaß	vergessen
verlieren	verlor	verloren
wachsen	wuchs	**ist** gewachsen
waschen	wusch	gewaschen
werden	wurde	**ist** geworden
werfen	warf	geworfen
wiegen	wog	gewogen
wissen	wusste	gewusst
ziehen	zog	gezogen

Tabelle A.8: Häufige unregelmäßige Verben

Die zweite Vergangenheitsform, die Perfektform, wird mit »haben« gebildet: Er **hat** geschlafen. Manche Verben brauchen allerdings eine Form des Verbs **sein**. Dieses sind unter anderem Verben der Fortbewegung, wie **gehen, rennen, laufen, schwimmen** oder **fliegen** (siehe Tabelle A.9).

Person	Perfekt mit haben (Grundform sehen)	Perfekt mit sein (Grundform gehen)
ich	habe gesehen	bin gegangen
du	hast gesehen	bist gegangen
er, sie, es	hat gesehen	ist gegangen
wir	haben gesehen	sind gegangen
ihr	habt gesehen	seid gegangen
sie	haben gesehen	sind gegangen

Tabelle A.9: Perfekt mit »haben« und »sein«

- ✔ Ich bin gegangen.
- ✔ Er ist gerannt.
- ✔ Sie sind gelaufen.
- ✔ Sie ist geschwommen.
- ✔ Ihr seid geflogen.

Die Verben »sein« und »haben«

Die häufigsten und vielleicht wichtigsten Verben sind **sein** und **haben**. Sie sind vielseitig einsetzbar. Sie können als Vollverb (ein Verb, das allein steht) verwendet werden oder als Hilfsverben mit anderen Verben zusammen, wie bei der Vergangenheitsbildung oben. Hier finden Sie eine Übersicht über die wichtigsten Formen dieser Verben.

Die Formen von »sein« in der Gegenwart

- ✔ Ich **bin** ein Berliner.
- ✔ Du **bist** ein Berliner.
- ✔ Er **ist** ein Berliner./Sie ist eine Berlinerin.
- ✔ Wir **sind** Berliner.
- ✔ Ihr **seid** Berliner.
- ✔ Sie **sind** Berliner.

Die Formen von »haben« in der Gegenwart

- ✔ Ich **habe** zwei Kinder.
- ✔ Du **hast** zwei Kinder.
- ✔ Er **hat** zwei Kinder./Sie hat zwei Kinder.
- ✔ Wir **haben** zwei Kinder.
- ✔ Ihr **habt** zwei Kinder.
- ✔ Sie **haben** zwei Kinder.

Die Formen von »sein« in der Vergangenheit

- ✔ Ich **war** früher ein guter Schüler.
- ✔ Du **warst** früher ein guter Schüler.
- ✔ Er **war** früher ein guter Schüler./Sie war früher eine gute Schülerin.
- ✔ Wir **waren** früher gute Schüler.
- ✔ Ihr **wart** früher gute Schüler.
- ✔ Sie **waren** früher gute Schüler.

Die Formen von »haben« in der Vergangenheit

✔ Ich **hatte** früher ein rotes Auto.

✔ Du **hattest** früher ein rotes Auto.

✔ Er/sie **hatte** früher ein rotes Auto.

✔ Wir **hatten** früher ein rotes Auto.

✔ Ihr **hattet** früher ein rotes Auto.

✔ Sie **hatten** früher ein rotes Auto.

Was man so will, soll, kann, darf oder muss: Modalverben

Andere wichtige besondere Verben sind die sogenannten Modalverben. Dazu gehören **können, müssen, dürfen, wollen** und **sollen.**

✔ können: Ich kann gut Englisch sprechen.

✔ müssen: Ich muss jeden Morgen um 6 Uhr aufstehen.

✔ dürfen: Ich darf keine Milch trinken, weil ich eine Allergie habe.

✔ wollen: Ich will dieses Wochenende unbedingt den neuen Film im Kino sehen.

✔ sollen: Ich soll für meine Freundin heute Abend noch einkaufen.

Tabelle A.10 und Tabelle A.11 zeigen die wichtigsten Formen dieser Verben.

Person	können	müssen	dürfen	wollen	sollen
ich	kann	muss	darf	will	soll
du	kannst	musst	darfst	willst	sollst
er/sie/es	kann	muss	darf	will	soll
wir	können	müssen	dürfen	wollen	sollen
ihr	könnt	müsst	dürft	wollt	sollt
sie	können	müssen	dürfen	wollen	sollen
Sie	können	müssen	dürfen	wollen	sollen

Tabelle A.10: Die Formen der Modalverben in der Gegenwart

Person	können	müssen	dürfen	wollen	sollen
ich	konnte	musste	durfte	wollte	sollte
du	konntest	musstest	durftest	wolltest	solltest
er/sie/es	konnte	musste	durfte	wollte	sollte
wir	konnten	mussten	durften	wollten	sollten
ihr	konntet	musstet	durftet	wolltet	solltet
sie	konnten	mussten	durften	wollten	sollten
Sie	konnten	mussten	durften	wollten	sollten

Tabelle A.11: Die Formen der Modalverben in der Vergangenheit

Modalverben stehen immer zusammen mit einem anderen Verb, einem Grundverb, und verändern die Bedeutung.

- ✔ Ich esse.
- ✔ Ich konnte wieder essen. Ich war wieder gesund.
- ✔ Ich musste essen. Ich hatte großen Hunger und war schon ganz schwach.
- ✔ Ich durfte essen was ich wollte. Die Diät war zu Ende.
- ✔ Ich wollte essen. Ich hatte großen Appetit.
- ✔ Ich sollte mehr essen. Der Arzt hatte es gesagt.

Ein bisschen knifflig: Adjektivendungen

Die Endungen der Adjektive sind etwas kompliziert. Je nachdem, ob vor dem Adjektiv ein bestimmter, ein unbestimmter oder kein Artikel steht, ändert sich der Schluss des Wortes. Am besten, Sie legen beim Schreiben am Anfang Tabelle A.12, Tabelle A.13 und Tabelle A.14 daneben.

	Wörter mit »der«	Wörter mit »die«	Wörter mit »das«	Mehrzahl
Nominativ	der neue Tisch	die neue Straße	das neue Auto	die neuen Autos
Akkusativ	den neuen Tisch	die neue Straße	das neue Auto	die neuen Autos
Dativ	dem neuen Tisch	der neuen Straße	dem neuen Auto	den neuen Autos
Genitiv	des neuen Tisches	der neuen Straße	des neuen Autos	der neuen Autos

Tabelle A.12: Adjektivendungen nach bestimmtem Artikel

	Wörter mit »der«	Wörter mit »die«	Wörter mit »das«	Mehrzahl
Nominativ	ein neuer Tisch	eine neue Straße	ein neues Auto	neue Autos
Akkusativ	einen neuen Tisch	eine neue Straße	ein neues Auto	neue Autos
Dativ	einem neuen Tisch	einer neuen Straße	einem neuen Auto	neuen Autos
Genitiv	eines neuen Tisches	einer neuen Straße	eines neuen Autos	neuer Autos

Tabelle A.13: Adjektivendungen nach unbestimmtem Artikel

	Wörter mit »der«	Wörter mit »die«	Wörter mit »das«	Mehrzahl
Nominativ	neuer Tisch	neue Straße	neues Auto	neue Autos
Akkusativ	neuen Tisch	neue Straße	neues Auto	neue Autos
Dativ	neuem Tisch	neuer Straße	neuem Auto	neuen Autos
Genitiv	neuen Tisches	neuer Straße	neuen Auto	neuer Autos

Tabelle A.14: Adjektivendungen ohne Artikel

Präpositionen für Orte und Zeiten

Sie haben schon viel über Präpositionen gelernt. Hier finden Sie noch einmal eine Übersicht über die wichtigsten Präpositionen für Orte und Zeiten. Achten Sie darauf, nach den Präpositionen den **Dativ** zu verwenden, wie es in den Beispielsätzen gezeigt wird.

Präpositionen für Zeitangaben

- **am** fünften Mai
- **um** 17 Uhr
- **von** 15 bis 17 Uhr
- **vor** dem Mittagessen
- **nach** dem Mittagessen
- **seit** zwei Wochen

Präpositionen für Ortsangaben

- **auf** dem Tisch
- **unter** dem Tisch
- **vor** dem Tisch
- **hinter** dem Tisch
- **im** Tisch
- **neben** dem Tisch
- **über** dem Tisch
- **zwischen** den Tischen

Wechselpräpositionen

Manche Präpositionen ziehen den Akkusativ **oder** den Dativ nach sich, je nach Inhalt des Satzes.

- Das Bild hängt an der Wand. (Dativ) Antwort auf die Frage: Wo hängt das Bild?
- Ich hänge das Bild an die Wand. (Akkusativ) Antwort auf die Frage: Wohin hänge ich das Bild?
- Das Buch liegt auf dem Tisch. (Dativ) Antwort auf die Frage: Wo liegt das Buch?
- Ich lege das Buch auf den Tisch. (Akkusativ) Antwort auf die Frage: Wohin lege ich das Buch?

Einfache Sätze bilden

Lernen Sie zu den wichtigsten Verben Beispielsätze. So können Sie am Anfang nach diesem Muster immer wieder ähnliche Sätze bauen. Stellen Sie in diesen einfachen Sätzen das Verb an die **zweite Stelle** und bauen Sie den Rest drum herum.

Einfache Satzbaupläne

Hier finden Sie zu einigen wichtigen Verben Beispielsätze. Lernen Sie sie auswendig und bilden Sie dann immer mehr Beispiele.

Ich heiße Martin. Er heißt Peter. Er heißt Peter und arbeitet als Arzt.

Ich wohne in Köln. Sie wohnt in Stuttgart. Sie wohnt in Stuttgart, aber arbeitet in Tübingen.

Die ersten Satzbaupläne

- Ich **heiße** Martin.
- Ich **arbeite** als Arzt.
- Ich **lerne** Deutsch.
- Ich **spiele** Tennis.
- Ich **komme aus** Berlin.
- Ich **wohne in** Köln.
- Ich **fahre** morgen **nach** Hamburg.
- Ich **gehe nach** Hause.

Einfache Satzbaupläne mit Akkusativobjekt

- Ich **sehe** ein rotes Auto. (Akkusativ)
- Ich **brauche** neue Schuhe. (Akkusativ)
- Ich **suche** meinen Schlüssel. (Akkusativ)
- Ich **koche** Nudeln. (Akkusativ)
- Ich **kann** das.
- Ich **verstehe** das.
- Ich **versuche** das einmal.

Einfache Satzbaupläne mit zwei Akkusativen

- Ich **lege** das Buch **auf** den Tisch.
- Ich **hänge** das Bild **an** die Wand.
- Ich **stelle** das Regal **an** die Wand.

Das fällt mir leicht! Grundlagen der deutschen Grammatik

Einfache Satzbaupläne mit Dativ und Akkusativ

✔ Ich gebe dir (Dativ) meinen Schüssel (Akkusativ).

✔ Ich schenke dir (Dativ) dieses Buch (Akkusativ).

✔ Ich wünsche dir (Dativ) viel Glück (Akkusativ).

Trennbare Verben

Manche Verben haben eine abtrennbare Vorsilbe, wie »mit-bringen« oder sich »hin-setzen«. Diese Vorsilbe kommt in einfachen Sätzen ans Ende.

✔ Ich **bringe** einen Kuchen **mit**. (mitbringen)

✔ Ich **setze** mich **hin**. (sich hinsetzen)

✔ Er **stehe** jeden Morgen um 6 Uhr **auf**. (aufstehen)

Sätze mit Hilfsverben

Die Formen der Hilfsverben stehen weiter vorn in diesem Anhang. Hier lernen Sie, wie man Sätze mit Modalverben baut. Das Modalverb kommt an die **zweite Stelle**, das Verb ans **Ende**:

✔ Ich sehe ein Haus. Ich **kann** (zweite Stelle) ein Haus **sehen** (Ende).

✔ Ich trinke mehr Wasser. Ich **soll** (zweite Stelle) mehr Wasser **trinken** (Ende).

✔ Ich fahre morgen nach Berlin. Ich **will** (zweite Stelle) morgen nach Berlin **fahren** (Ende).

Fragesätze

Eine Frage hat oft ein **Fragewort** an erster Stelle. Häufige Fragewörter sind:

✔ Wer? **Wer** ist das?

✔ Wo? **Wo** ist der Bahnhof?

✔ Wann? **Wann** fängt der Film an?

✔ Was? **Was** gibt es zum Abendessen?

✔ Wie? **Wie** ist das Wetter in Hamburg?

✔ Warum? **Warum** lernst du Deutsch?

Eine Frage kann aber auch mit dem Verb beginnen:

✔ **Siehst** du das Haus dort?

✔ **Lernst** du jetzt Deutsch?

✔ **Schläfst** du schon?

Nein, das geht nun wirklich nicht! Wie man Nein sagt

Wenn Sie das Gegenteil von etwas meinen, können Sie dies durch die Wörter **nicht** oder **kein** ausdrücken.

Verwendung von »nicht«

Mit **nicht** drücken Sie das Gegenteil aus:

- Sie schläft. Sie schläft **nicht**.
- Er fährt mit dem Bus. Er fährt **nicht** mit dem Bus.
- Ich habe gut geschlafen. Ich habe gestern die ganze Nacht **nicht** geschlafen.

Mit »nicht« können Sie auch viele andere Dinge verneinen:

- Ich bin gut im Fußball. Ich bin **nicht gut** im Fußball.
- Ich komme aus Hamburg. Ich komme **nicht** aus Hamburg.
- Er steht jeden Morgen um 6 Uhr auf. Ich stehe **nicht** um 6 Uhr auf.

Verwendung von »kein«

»Kein« ist das Gegenteil von »ein«. Sie können es anstelle von »ein« vor dem Nomen verwenden oder auch verwenden, um Nomen generell zu verneinen.

- Das ist **ein** Apfelbaum. Das ist **kein** Apfelbaum.
- Ich trinke gerne Tee. Ich trinke **keinen** Tee.
- Ich spreche Französisch. Ich spreche **kein** Französisch.

»Doch« und »sondern«

Ein **Nein** kann ziemlich hart sein. Mit dem kleinen Wort **doch** machen Sie Ihren Satz ein wenig höflicher.

- Das ist eine Katze. Nein, das ist **doch** keine Katze.
- Das ist Vollmilch. Nein, das ist **doch** fettarme Milch.
- Ist das ein Fahrrad? Nein, das ist **doch** kein Fahrrad, das ist ein Motorrad.

Mit dem Wort **sondern** können Sie sagen, wie etwas wirklich ist:

- Ich komme nicht aus Berlin, **sondern** aus Hamburg.
- Ich trinke keinen Tee, **sondern** nur Kaffee.
- Ich spreche doch kein Bayerisch, **sondern** Schwäbisch.

Das fällt mir leicht! Grundlagen der deutschen Grammatik

Lange Sätze zusammenbauen: Satzverbindungen

Wenn Sie zwei Sätze miteinander verbinden wollen, brauchen Sie Satzverbindungen. Hier ein paar wichtige Satzverbindungen mit Beispielsätzen.

»Und«, »oder«

Bei dem Wort **und** gelten beide Dinge:

✔ Ich trinke gerne Kaffee **und** ich trinke gerne Tee. (Ich mag beides gern.)

✔ Ich esse morgens Butter **und** abends esse ich Margarine. (Ich esse beides.)

✔ Ich fahre nächste Woche nach Hamburg **und** dann fahre ich weiter nach Karlsruhe. (Ich fahre nacheinander an beide Orte.)

Mit **oder** benennen Sie eine Auswahl:

✔ Morgens trinke ich Kaffee **oder** ich trinke schwarzen Tee. (eines von beiden)

✔ Kommst du um 15 Uhr **oder** kommst du um 16 Uhr? (zu einer der beiden Zeiten)

✔ Magst du lieber Mohnbrötchen **oder** magst du lieber Sesambrötchen? (welches von beiden)

»Aber« und »sondern«

Das Wort **aber** drückt einen Gegensatz aus:

✔ Ich kann gut Handball spielen, **aber** im Fußball bin ich schlecht.

✔ Ich spiele gerne Schach, **aber** Kartenspiele mag ich nicht.

✔ Ich kann Englisch sprechen, **aber** Deutsch spreche ich nicht.

Sondern folgt nach einer Verneinung und stellt die Sache richtig:

✔ Sie kommt nicht am Montag zu Besuch, **sondern** Sie kommt am Dienstag.

✔ Sie kommt nicht aus Berlin, **sondern** sie kommt aus Hamburg.

✔ Sie trägt kein blaues Kleid, **sondern** sie trägt ein grünes Kleid.

»Weil« und »obwohl«

Mit **weil** können Sie begründen, warum Sie etwas tun oder warum etwas so ist, wie es ist:

✔ Sie lernt Französisch, **weil** sie im Urlaub nach Frankreich fahren möchte.

✔ Er kommt zu spät, **weil** der Bus Verspätung hatte.

✔ Ich habe einen Fehler gemacht, **weil** ich noch so müde bin.

Obwohl drückt aus, dass man eigentlich etwas anderes erwarten würde:

- **Obwohl** es regnet, jogge ich.
- **Obwohl** es kalt ist, hat er keinen Schal umgebunden.
- **Obwohl** ich müde bin, bleibe ich noch wach.

»Als«, »seit«, »während« und »nachdem«

Als, seit, während und **nachdem** drücken aus, wann etwas passiert oder passiert ist:

- **Als** ich noch ein Kind war, kostete eine Kugel Eis nur 20 Pfennig.
- **Seit** ich in Berlin wohne, nehme ich immer die U-Bahn zur Uni.
- **Während** andere noch schlafen, steht Michael schon auf und geht zur Arbeit.
- **Nachdem** er das Wohnzimmer sauber gemacht hatte, nahm er sich die Küche vor.

»Damit«, »sodass« und »um zu«

Diese Wörter drücken ein Ziel aus. Beachten Sie die etwas kompliziertere Grammatik bei **um ... zu**:

- Martina lernt Spanisch, **damit** sie sich in ihrem Urlaub in Spanien verständlich machen kann.
- Martina lernt Spanisch, **sodass** sie sich in ihrem Urlaub in Spanien verständlich machen kann.
- Martina lernt Spanisch, **um** sich in ihrem Urlaub verständlich machen **zu können**.

»Wenn«

Mit dem Wort **wenn** kann man sich alles Mögliche vorstellen, Wahrscheinliches und Unwahrscheinliches. Wenn ich einmal reich wär ...

- **Wenn** du heute Nachmittag kommst, backe ich dir einen Kuchen.
- **Wenn** es am Wochenende regnet, bleiben wir zu Hause.
- **Wenn** ich mehr Geld gespart habe, kaufe ich mir ein Fahrrad.
- **Wenn** ich viel Geld hätte, würde ich mir ein großes Haus kaufen.

»Entweder ... oder« und »sowohl ... als auch«

Müssen Sie sich entscheiden (**entweder ... oder**) oder können Sie beides haben (**sowohl ... als auch**)?

- Du kannst den Kuchen **entweder** bis Sonntag aufheben, **oder** du kannst ihn auch schon heute essen.

Das fällt mir leicht! Grundlagen der deutschen Grammatik

- Sie können das Zugticket **entweder** am Schalter **oder** am Automaten kaufen.
- Ich werde dich am Wochenende besuchen. Ich komme **entweder** am Samstag, **oder** ich komme am Sonntag. Ich muss noch mal sehen, wie es am besten passt.
- Ich habe heute großen Hunger. Ich möchte als Beilage **sowohl** Pommes essen **als auch** Kartoffeln.
- Martin lernt **sowohl** Englisch **als auch** Chinesisch.

Vergangenheit und Zukunft ausdrücken

Je nachdem, was Sie ausdrücken möchten, müssen Sie die richtige Zeitform wählen: Geht es um die Gegenwart, die Vergangenheit oder die Zukunft?

Wie war dein Tag? In der Vergangenheitsform erzählen

Wenn Sie etwas erzählen, verwenden Sie meist das Perfekt, die zweite Vergangenheitsform. Wie diese Form gebildet wird, können Sie weiter vorn in diesem Anhang sehen.

Ich **bin** heute früh um 6 Uhr **aufgestanden** und zum Bäcker **gegangen**. Dann **habe** ich gefrühstückt und **bin** mit dem Bus zur Arbeit **gefahren**. Ich **konnte** viel **erledigen**. Nach Feierabend **bin** ich noch beim Fußballtraining **gewesen** und danach **habe** ich mir noch einen Film im Fernsehen **angeschaut**.

Es war einmal ... – die andere Vergangenheitsform

Im Wechsel mit der Vergangenheitsform gibt es, vor allem in der schriftlichen Sprache, auch noch eine andere Vergangenheitsform, das Präteritum: Es **war** einmal ein König. Der **lebte** in einem Land weit, weit weg. Er **hatte** drei Töchter. Eines Tages **sagte** der König zu seinen Töchtern: ...

Wie wird das Wetter? Vermutungen über die Zukunft anstellen

Vermutungen über die Zukunft können Sie am besten mit **wird** (werden) anstellen.

- Wie wird das Wetter morgen? Ich glaube, es wird schön werden.
- Wird es Regen geben?
- Ob es wohl ein schöner Ausflug werden wird?

Auch der aufmunternde Spruch **Das wird schon!** ist eine Voraussage über die Zukunft und bedeutet: Es wird schon gut werden. Das wird schon gelingen. »Ich mache mir Sorgen wegen meiner Prüfung. Ich habe zwar viel gelernt, aber ich bin immer noch nervös.« »Keine Sorge. Das wird schon!«

Stichwortverzeichnis

A

Abendbrot 107, 113
Abendessen 107, 113 f.
Abkürzung 125, 185, 239 f., 309
Absage 205, 208 ff.
Abteilung 114 f., 139
Adjektiv 69, 236, 321, 334
   Temperatur 95
Adjektivendung 334
Adjektivsteigerung 236
Adverb 97
   Adjektiv modifizieren 95
Ämterlotse 170
Änderung 152
Akkusativ 124 f., 138, 227, 321 ff., 327, 334 ff.
Allergie 110
Alphabet 41
Amt 161, 167 ff., 173
Amtssprache 167 f.
Anrede 75, 104
Apotheke 285, 295, 297 ff.
Arbeiten 83
Architektur 222
Artikel 64, 321 ff., 334
   der, die, das 109
Arzt 285 ff., 289 ff., 300
Audioguide 221
Ausdruck, alltäglicher 57
Ausflug 222, 278, 283
Auskunft 254
Ausruf 62
Aussprache 41, 273
Ausstellung 220 f.
Auswahlfrage 108

B

Bad 186
Bäcker 125
Bahn 243 f., 247 f., 252 ff., 259, 271
Bahnhof 228, 231 ff., 235, 239 f., 242 ff., 249 f., 256 ff., 265, 313
Ballett 218
Band 219 f.
Bank 161, 163 f., 276
Bankkarte 151

Baumarkt 194
Bauwerke
   Wortschatz 223
Befinden (Wie geht's) 76 f.
Begrüßung 73 f., 76, 311
Behörde 167 f., 170
Behördenanschreiben 174
Bekleidung 139
Beraten 137
Beratung 149, 173
Beruf 79, 82, 153
Berufsausbildung 83
Besteck
   Wortschatz 112
Bestellen 107, 130, 132
Betonung 50
Bezahlen 133, 151
Bibliothek 309 f.
Bibliotheksarbeit 121
Bildwörterbuch 41
Blume 124
Brief 104, 161 f., 303
Brotsorten 126
Buchladen 154 f.
Buchstabieren 180 f.
Bücherei 41
Büromaterialien 156
Bus 243 ff., 256, 265 f.
Bushaltestelle 233

C

Café 107 f., 127
Check-in 261 f.
-chen 107
City Card 222

D

Dativ 227, 235, 322 ff., 327, 334 f., 337
Datum 104, 271, 273 f.
   Aufzählung 87
Deutsche Welle 173, 309
   Hörverstehen 101, 173
Diphthong 45
Dolmetscher 168
Drogeriemarkt 157 f.
Durchsage 250, 258, 260
Duzen 75

E

E-Mail 176
Eigenschaftswort 69
Einkaufen 107
   Wortschatz 36 f.
Einkaufszettel 107, 135
Einladen 113
Einladung 205, 208, 212 ff., 225 f.
Einrichtung 192, 195
Eintrittskarte 205, 216 f., 219
Einzahl 120, 321, 325 ff.
Entfernung 239
Erste Hilfe 287
Erwiderung 317
Essen 107, 109 f.
   Redewendungen 110
   Wortschatz 107
Essen gehen 107
Eszett 46

F

Fahrkarte 243 ff., 249 ff., 256 f., 265 ff.
Fahrplan 248 f., 254, 259
Fahrzeug 228, 230
Familie 91
   Wortschatz 92
Familienname 79
Farbe 69, 146, 151
   Adjektivendung 146
   Wortschatz 145
Faustregel 120
Feiertag 98 f.
   Öffnungszeiten 140
Ferien 91, 98
Fernsehen 307 ff.
Fest 211 f.
Feuerwehr 285 f.
Film 100, 205, 215 f.
Fisch 123
Fleischsorten 123
Flohmarkt 137, 158
Flug 261 f.
Flughafen 261
Fortbewegung 227 f., 231, 331
Frage 123
   Auswahlfrage 108

Fragesatz 91, 321, 337
Fragewort 60, 91, 337
Freizeit 91, 97
Frühstück 107 f.
Führerschein 171 f.
Führung 221
Fundbüro 172

G

Gebäude 232, 234
    Wortschatz 223
Gegenteil 69
Gegenwart 328, 332 f., 341
Geld 61, 137, 151, 164, 276, 280
Geldautomat 40, 163 f.
Gemüse
    Wortschatz 122
Genitiv 322 ff., 327, 334
Gepäck 256 f., 262 ff.
Geschäft 137 f.
    Kleidungsgeschäft 137
    Lebensmittelgeschäft 137
    Möbel 138
    Musik 138
    Schreibwarengeschäft 155
    Schuhgeschäft 137
    Wortschatz 137 f.
Geschenk 212, 214
Geschirr 111 f.
    Wortschatz 112
Gesundheit 285, 288
Getränk
    Wortschatz 128
Glückwunsch 311 f.
Größe 147
Grundverb 230
Grundwortschatz 57
Guten Tag 73 f.

H

Händeschütteln 78
Haltestelle 233, 242 f., 248 f., 251 f., 254 f., 268
Handwerker 195
Handy
    Mobiltelefon 90
Hauptwort 64
Haus 189
    Wortschatz 30, 189 f.
Haushaltsgerät 192, 199 f.
Hausnummer 233
Haustier 187
    Wortschatz 93

Hilfe 149 f.
Hilfsverb 332, 337
Himmelsrichtung 189, 236
Hobby 91, 97, 309
Höflichkeitsform 107 f., 130, 132 f., 271, 281
Hörverstehen 94, 309
Hotel 271, 273, 277 f., 281 f.

I

Information 222
Informationen 167, 173, 179
Interesse 97

J

Jahreszeit 274
Jugendherberge 278

K

Käsesorten 123
Kalender 271, 273
Kaufhaus 137, 139
Kilo 120 ff., 124
    Mehrzahl 118
Kino 100, 207, 215 ff., 307 f.
    Wortschatz 205
Kleidung 141, 147 f.
    Wortschatz 153
Kleidungsgröße 147
Kochen 107
Kochgerät 107
Körper 285, 288, 294
Körperteile 288
Kollokation 277
Kompliment 150 f.
Konjunktiv 130, 309
Kontaktdaten 86, 88, 90
Konto 164
Konzert 205, 218
Krankenhaus 285, 300, 303, 313
Krankenwagen 285 f.
Krankheit 285, 287 f., 290 f., 293 f., 297
Krankheitssymptom 292
Kreditkarte 151
Kuchensorten 127
Küche 186, 192
Küche und kochen
    Wortschatz 125
Küchengerät 112
    Wortschatz 112

Kündigung 269
    Fahrkartenabonnement 269
Kunst 220 f.
Kunsthalle 221
Kurznotiz 90
Kurzstrecke 247, 249 f., 265

L

Laden 137 f.
Länder-Ticket 245
Land 80
    Wortschatz 79
Lautschrift 43
Lautsprecherdurchsage 243, 258 ff.
    Wortschatz 258
Lebensmittel 107
    Wortschatz 107
Lebensmittelgeschäft 137
Lernerwörterbuch 121
Lerngruppe 307
Lernspiel 307
Lerntipps 37, 52, 70, 307
Lieblings- 109
Lieblingswort 69
Linie 248 f., 252 ff.
Liniennetz 248, 252

M

Markt 107, 118, 122 f., 125
Maßangabe 61, 197 f.
Material 147
Medikament 295 f., 298 f.
Mehrzahl 93, 107, 120 ff., 127, 321, 323 ff., 334
Meinung 91, 99, 150
Mengenwort 124
Merkhilfe 64
Miete 186 f., 193
Mietvertrag 194
Miniwörterbuch 65
Mittagessen 107 f.
Modalverb 333 f., 337
Möbel 186, 192, 195, 197 f., 200
Monat 86, 273 f.
Monatskarte 243, 245, 266 ff., 270
Motivation 307, 310
Museum 220 ff.
Musik 97, 218, 307, 309
    Wortschatz 205
Muster 146

Stichwortverzeichnis

N

Nachname 79
Nachricht hinterlassen 176, 178
Nachrichten 101, 309
Name 78
Natur 222
Nicht (Verneinung) 100
Nominativ 322 ff., 327, 334
Norddeutsch 73, 86, 122, 125
Notfall 285
Notfallnummern 286

O

Oberbegriff 112, 115
Obst
    Wortschatz 118, 120
Öffnungszeiten 140, 168, 170, 205
Oper 218

P

Paar 144
Party 211 ff.
Passiv 172, 277
Perfekt 328 ff., 341
Person 130, 326 ff., 331, 333
Personalien 169
Plural *siehe* Mehrzahl
Polizei 285 f., 302
Post 161 f.
Präposition 234, 309, 321 f., 335
Präteritum 328 ff., 341
Pronomen 327

R

Rathaus 170
Rechtsanwalt 174
Redewendung 311, 317
    beim Essen 110 f.
Regelmäßiges Verb 327 f.
Regen
    Wortschatz 96
Reise 98, 271 f., 275 ff., 313
Reisebüro 277 f.
Reiseführer 205, 222 f.
Reisepass 275
Renovieren 194
Reparatur 166
Reservieren 107, 130
Reservierung 129, 131, 179
Restaurant 107 f., 129, 131, 133

Richtung 242
Rufname 79

S

s-Laut 46
Satzbau 321
Satzbauplan 336 f.
Satzverbindung 339
Schneider 152
Schönes-Wochenende-Ticket 245
Schreibübung
    Behördenanschreiben 174
    Brief 104, 303
    Einkaufszettel 135
    Einladung 225
    Fahrkartenabonnement 266
    Kurznotiz 90
    Telefonnotiz 183
    Urlaubsgrüße 283
    Verkaufsanzeige 159
    Wegbeschreibung 242
    Wohnungsanzeige 202
Schreibwaren 156
    Wortschatz 155 f.
Schreibwarengeschäft 155
Schuhgeschäft 137
Schuhgröße 147
Schule 83
Schulferien 275
Schuster 152
Schwaches Verb 262
Schweiz 73, 81
Sehenswürdigkeit 205, 221 f.
Siezen 75
Singular *siehe* Einzahl
Small Talk 91, 97, 101 f., 213
SMS (Textnachricht) 182
Speisekarte 131 f.
Spitzname 79
Sport 97
Sprache 81, 167 f.
    Wörterbuch 167
    Wortschatz 79
Sprichwort 315
Stadt 80, 82
    Wortschatz 34
Stadtleben 205
Stadtmagazin 220
Stadtplan 222, 227, 232 f., 235
Stadtrundfahrt 222, 224
Stadtrundgang 222 ff.
Stammvokal 327
Stockwerk 139

Straße 228, 232, 235, 237 f., 241 f.
    Wortschatz 29
Stück 121 f., 127
Substantiv 64, 321 f., 325
Süddeutsch 73, 86, 122, 125
    Österreich 73
Supermarkt 107, 114 f., 118
Symptom 292
Synonym 68, 231

T

Tagesgeschehen 91
    Nachrichten 101
Tageskarte 244, 247, 250, 266
Tageszeit 74
Tandempartner 55, 307 f.
Taxi 243 f., 255 f., 280
Teile von Wörtern
    zusammengesetzte Wörter 30
Telefon 90
Telefongespräch 130
Telefonieren 175 ff.
Telefonnotiz 181, 183
Telefonnummer 176, 178
Temperatur 95
Termin 178 f., 290, 301
Textnachricht 175, 182
Theater 208, 215 ff.
    Wortschatz 205
Tisch reservieren 129
Toilette 133
Touristeninformation 222
Trinkgeld 133

U

U-Bahn 244, 248, 252 ff.
Übersetzer 168
Übersetzung 171
Uhrzeit 62
Umlaut 44 f.
Umtausch 137, 151 f.
Umzug 200
Unfall 285 ff.
Unregelmäßiges Verb 329
Unterbegriff 112, 115
Unterlagen 170, 172
Urlaub 98 f., 125

V

Vegetarier 108 ff., 132
Verabreden (sich verabreden) 86, 205, 207 f., 210

345

Verabredung 178
Verabschiedung (Auf
    Wiedersehen) 88 f.
Veranstaltung 222
Verb 65, 321 f., 327 ff., 331 ff.,
    336 f.
    der Bewegung 66
    der Wahrnehmung 66
    regelmäßiges 327 f.
    schwaches 262
    starkes 262, 310
    trennbares 248, 337
    unregelmäßiges 327, 329
    Wortbildung 68
    zur Sprache und Kommunikation 67
Verbindungswort
    Reihenfolge 132
Verbraucherzentrale 174
Vergangenheit 231, 328, 332 f., 341
Vergangenheitsform 104, 262, 321, 327 ff., 331, 341
Vergleich 137, 148 f.
Verkaufsanzeige 159
Verkehrsmittel 243
Verkleinerungsform 107
Verneinung 100, 109, 338
Versicherung 165, 278, 290
Verständnisprobleme 179 f.

Visum 275
Vokabelheft
    Wortschatzarbeit 77
Vokabelkarte 70
Vokal 42
Vollverb 332
Vorlieben 108 f.
Vorname 79
Vorsorgeuntersuchung 285, 291
Vorstellen (sich vorstellen) 78

W

Waschen 111
Wechselpräposition 335
Weg 227, 229 ff., 235, 237 f., 240 ff.
Wegbeschreibung 227, 235, 237, 242
Wetter 91, 94 ff.
Wetterbericht 94
Wiederholung 70
Wochentag 86, 206
Wörterbuch 310
Wörterbucharbeit 78, 92, 94, 104, 131, 168, 223
Wohnung 188 f.
Wohnungsanzeige 185, 187, 202
Wohnungsbesichtigung 187, 193

Wortart 321
Wortbildung 68 f., 230, 253, 278
Wortfamilie 261
Wortkombinationen 169
Wortschatz
    auf der Straße 29
    Bauwerke 223
Wortschatzarbeit 115, 135
Würde 132

Z

Zählwort 132
Zahl 60, 273
Zahlen 129
Zahnarzt 300 ff.
Zeitangabe 205 ff., 239
Zeitbegriff 104, 130
Zeitenbildung 327
Zeitschriftenladen 245
Zeitung 108, 185
Zeitung und Zeitschriften
    Wortschatz 154
Zimmer 186 f., 189, 192, 278 ff.
ZOB 250
Zug 243 f., 247, 254 f., 257 ff., 264 f.
Zungenbrecher 48 f.
Zusage 205, 208 f.
Zustimmen 58

FÜR DUMMIES

PERFEKT GERÜSTET FÜRS STUDIUM

Besser schreiben für Dummies
ISBN 978-3-527-70558-0

Die erfolgreiche Abschlussarbeit
für Dummies
ISBN 978-3-527-71016-4

Ein besseres Gedächtnis für Dummies
ISBN 978-3-527-7071-3

Effektiver lernen für Dummies
ISBN 978-3-527-70856-7

Erfolgreich studieren für Dummies
ISBN 978-3-527-70842-0

Erfolgreich präsentieren für Dummies
ISBN 978-3-527-70606-8

Gedächtnistraining für Dummies
ISBN 978-3-527-71158-1

Motivation für Dummies
ISBN 978-3-527-70565-8

Office 2010 für Dummies
Alles-in-einem-Band
ISBN 978-3-527-70614-3

Ordnung halten für Dummies
ISBN 978-3-527-71160-4

Stressmanagement für Dummies
Das Pocketbuch
ISBN 978-3-527-70467-5

Wissenschaftliche Paper publizieren
für Dummies
ISBN 978-3-527-71171-0

YOU CAN SAY YOU TO ME!

Auf Englisch verhandeln für Dummies
ISBN 978-3-527-70716-4

Business Englisch für Dummies
ISBN 978-3-527-70675-4

Englisch für Dummies
ISBN 978-3-527-70547-4

Englisch für Wiedereinsteiger für Dummies
ISBN 978-3-527-71007-2

Englische Grammatik für Dummies
ISBN 978-3-527-70747-8

Korrespondenz auf Englisch für Dummies
ISBN 978-3-527-70839-0

Meetings auf Englisch für Dummies
ISBN 978-3-527-70715-7

Small Talk auf Englisch für Dummies
ISBN 978-3-527-70722-5

Sprachführer Englisch für Dummies
ISBN 978-3-527-70526-9

Übungsbuch Englische Grammatik für Dummies
ISBN 978-3-527-70969-4

FÜR DUMMIES

Oh Grammatik, mir graut vor dir

ISBN 978-3-527-71058-4

Damit die deutsche Grammatik für Sie eher nützlich als ätzend ist, finden Sie in diesem Buch das Wichtigste verständlich erklärt und mit vielen Beispielen und Tabellen.

ISBN 978-3-527-70747-8

Lars M. Blöhdorn und Denise Hodgson-Möckel helfen all jenen, die Englische Grammatik jetzt pauken müssen und deren Schulenglisch schon ein wenig eingerostet ist.

ISBN 978-3-527-70857-4

Dieses Buch motiviert und unterstützt Sie durch verständlich erklärte Regeln und eine lockere Darstellung beim Lernen. Mit vielen Übungsaufgaben samt Lösungen.

ISBN 978-3-527-70971-7

Zwischen Konjugationen und Deklinationen erfahren die Leser in diesem Buch viel über die römische Gesellschaft, Literatur und über den ganzen Rest, der Latein auch noch heute interessant macht.

DIE FEDER IST MÄCHTIGER ALS DAS SCHWERT

Besser Schreiben für Dummies
ISBN 978-3-527-70558-0

Deutsche Grammatik für Dummies
ISBN 978-3-527-71058-4

Die erfolgreiche Abschlussarbeit
für Dummies
ISBN 978-3-527-70562-7

Journalismus für Dummies
ISBN 978-3-527-70746-1

Pressearbeit für Dummies
ISBN 978-3-527-70503-0

Rechtschreibung für Dummies
ISBN 978-3-527-70740-9

Wissenschaftliche Paper publizieren
für Dummies
ISBN 978-3-527-71171-0

ALLES, WAS MAN WISSEN MUSS

Allgemeinbildung für Dummies
ISBN 978-3-527-70824-6

Deutsche Geschichte für Dummies
ISBN 978-3-527-70880-2

Deutsche Grammatik für Dummies
ISBN 978-3-527-71058-4

Rechtschreibung für Dummies
ISBN 978-3-527-70740-9

Testbuch Allgemeinbildung für Dummies
ISBN 978-3-527-70958-8